普通高等教育“十一五”国家级规划教材
国家级精品课“新闻编辑”配套教材
中国人民大学“十三五”规划教材

新编21世纪新闻传播学系列教材

• 新闻学系列 •

新闻编辑学

第四版

News Editing

蔡 雯 许向东 方 洁 著

中国人民大学出版社
· 北京 ·

作者简介

蔡雯，中国人民大学新闻学院教授、博士生导师，中国人民大学新闻与社会发展研究中心主任。入选文化名家暨“四个一批”人才、“万人计划”哲学社会科学领军人才、“百千万人才工程”国家级人选、教育部“新世纪优秀人才资助计划”、北京市“教学名师”。新闻传播学界第一位“全国优秀博士学位论文”获得者。负责并主讲的“新闻编辑”课程2004年被评为高等教育“全国精品课”“北京市精品课”。研究方向为应用新闻学、新闻媒介研究。

许向东，中国人民大学新闻学院教授、博士生导师，中国人民大学新闻与社会发展研究中心研究员。马克思主义理论研究和建设工程重点教材《新闻编辑》专家组成员。主要讲授“新闻编辑”“信息图表”“报刊平面设计”“媒介素养”等课程。参与国家级精品课“新闻编辑”的建设和讲授。

方洁，中国人民大学新闻学院副教授、硕士生导师，国内最早研究和讲授数据新闻的学者之一。2015年年初开始主讲“数据新闻基础”和“数据新闻与数据可视化”等课程，著有《数据新闻概论》（第二版），参与编写《新闻编辑学》（第三版），在《国际新闻界》《新闻与写作》《中国记者》等刊物上发表了几十篇学术论文。

内容简介

本书深入剖析各类新闻媒介的共同规律和基本原则，同时侧重于纸质传媒——报纸，以管中窥豹的方式阐述了新闻编辑的主要任务和作用以及技术操作层面的理论。第四版以全媒体新闻编辑业务为教学基本点，在各个章节的内容编写中都突出媒介融合进程中融合新闻编辑的理论、知识和技能，更紧密地与当前媒体变革和新闻编辑业务改革实践相结合，更加注重对传统媒体编辑业务与网络新媒体编辑业务的兼顾、比较和整合。

本书在理论和案例两方面都更加切合当下的新闻业发展需要，采用理论阐述与案例分析并重的方式，每一章都穿插了若干独立的案例及相关分析，并在每节之前对知识要点加以提示，在每章之后配有思考与练习题，并特别设计了贯穿全部教学内容的综合练习题，引导学生将新闻编辑业务的全部知识融会贯通，将编辑业务的各个环节整体串联，掌握从设计新闻产品、策划报道、选稿改稿到版面设计的全过程操作。

总　序

中国人民大学出版社策划出版的“新编21世纪新闻传播学系列教材”，是一套在新闻传播学领域内，皋牢百代，卢牟六合，贯穴古今，笼罩中外，密切联系新闻传播工作的实际，广泛吸收新闻传播学的最新研究成果，高挹遐揽，取精用宏，供新世纪的高等院校新闻传播院系教学使用的系列教材。

20世纪初以来的100年，是世界新闻传播事业飞速发展的100年。这100年来，随着科学技术的不断发展，继报纸、期刊、通讯社之后，广播、电视、网络和多种新媒体相继问世，新闻传播的媒介日趋多元化，新闻传播的手段日趋现代化，“地球村”变得越来越小，新闻传播事业对世界政治、经济和文化的影响则变得越来越大。

这100年，也是中国新闻事业飞速发展的100年。尤其是中国改革开放以来，发展得尤为迅猛。

进入新世纪以后，中国新闻事业发展的势头更为迅猛。报纸、期刊、通讯社、广播电台、电视台的数量在宏观调控下，虽无大变化，但软硬件的实力都有了很大的提高。据2011年12月出版的《中国新闻年鉴》的最新统计数字，2010年全国共出版报纸1 939种，平均期印数2.14亿份。共出版期刊9 884种，平均期印数1.63亿份。全国共有广播电台227座，电视台247家，广播电视台2 130家，教育电视台44家。广播综合人口覆盖率为96.78%，电视综合人口覆盖率为97.62%。

另据2012年1月中国互联网络信息中心（CNNIC）发布的《第29次中国互联网络发展状况统计报告》，截至2011年12月底，中国网民规模已达到5.13亿，互联网普及率达到38.3%。其中，手机网民数量为3.56亿，博客和个人空间用户数量为3.19亿，微博用户数量为2.5亿，社交网站用户数量为2.44亿，网络视频用户数量为3.25亿。中国居民中具备上网条件和技能的人已经基本转化为网民，大专及以上学历人群中互联网使用率已达96.1%。中国网站总数为230万个，网页数量为866亿个。

这样大的发展规模，这样快的发展速度，在世界和中国新闻事业史上都是空前的。回顾既往，盱衡未来，新闻传播事业在21世纪还将保持旺盛的发展势头。新闻传播，作为上层建筑和意识形态的一个重要组成部分，在全面准确地宣传党的基本理论、基本路线和基本方针以及各项决策，反映人民群众的伟大业绩和精神风貌，以及推动改革开放和社会主义现代化建设等方面，必将继续发挥重要的作用。

与新闻传播事业的发展相配合，这100年来，为中国的新闻战线培养和输送人才的中国新闻教育，也有了相应的发展。中国的新闻教育起始于20世纪初，迄今有近90年的历史。新中国成立前的30年，虽然先后在个别院校中设立了新闻系或新闻专科，但规模都不大，设备也不够完善，在校学生人数，最多的时候不超过400人，30年间累计培养出来的毕业生还不到3 000人。新中国成立后，为了给新中国的新闻事业培养人才，新闻教育有了新的发展，但到20世纪60年代中期为止，全国的新闻教育机构也还只有14家。当时全国只有343家报社、78座广播电台和13家电视台，革命老区来的新闻工作骨干正当盛年，足以支撑大局，新闻系和新闻专业的学生统招统分，基本上能够满足中央和省市以上新闻单位梯队建设方面的需要。“文化大革命”爆发后，新闻事业进入低谷，新闻人才的培养也被迫中辍。拨乱反正之后，新闻事业有了飞速的发展，但新闻工作的人才却出现了断层，明显供不应求，因而极大地推动了新闻教育的发展。中国的新闻教育得以重振旗鼓并得到空前迅猛的发展，主要是改革开放以来的这30多年的事情。30多年来，中国新闻教育和中国新闻事业同步发展。截至2011年，全国设有新闻传播学类院、系、专业的高校已由改革开放之初的两三所增加到800所以上，各种类型和层次的专业教学点已不下1 000个。新闻专业的教学已从单一的大学本科教育，发展到博士生、硕士生、本科生、大专生、成人教育、函授教育等多层次的格局，不少院系还设置了新闻传播学方向的博士后流动站。改革开放之初，全国在校新闻系科学生总共只有500来人，现在仅在校本科生就有16万人左右，硕士和博士研究生3万人左右，办学层次、办学规模、办学水平都有了很大的提高。进入新世纪以后，随着新闻传播事业的加速发展和新闻战线人才需求的不断增加，中国的新闻教育还将有更大幅度的发展。

一般说来，新闻教育质量的高低，起决定作用的主要是两个因素：一个是师资，一个是教材。两者之间，教材的作用更大。这是因为，师资的多少和良窳，往往受办学主客观条件的限制，而教材一旦完成，就可以直接嘉惠于学子，风行四海，无远弗届。进一步说，一部好的教材，不仅可以满足教学的需要，培养出一大批人才，而且还可以同时拥有一定的学术含量，推动新闻传播学研究的发展。1919年出版的徐宝璜的《新闻学》，1927年出版的戈公振的《中国报学史》，就是这方面的很好的例子。这两本书都是作者在高等学校从事新闻学理论和新闻史教学时作为教材编写出来的，出版之后，立即引起世人的关注和推崇，一再重版，历久不衰，至今仍然是公认的新闻学理论和新闻史方面的传世之作和经典之作。正因为这样，新闻教育的前辈们，历来十分重视教材的建设。新中国成立初期的十来年，坊间出版的新闻学方面的书籍，绝大部分是教材。改革开放以后，新闻传播学研究空前繁荣，新闻学方面的书籍大量问世，但教材仍然在其中占了很大的比重。这些教材，覆盖了新闻传播学的方方面面，经过出版家和众多作者们的长期努力，门类和品种基本配套齐全，曾经为同时期的新闻教学做出过重要的贡献。但是，随着时间的推移和新闻工作实际的飞速发展，这些教材的体例日显陈旧，观点和内容也亟待调整和更新。一些属于学科前沿和科技含量较高的新开课程的教材尚付阙如，使现有的教材出现了不少缺口。在新世纪已经到来之际，集聚力量，重新编写出一套体系完整，门类齐全，能够为新世纪的新闻教育和新闻人才培养服务的新闻传播学的系列教材，已经成为人们的共识和新闻业界与新闻教育界的迫切需求。

呈现在读者面前的，就是应这样的需求产生的一套系列教材，它将涵盖新闻学、传播学两个二级学科的方方面面内容，满足新闻、广播、电视、广告、媒体经济、新媒体等多个专业的教学需要。负责这些教材编写工作的，是中国人民大学、复旦大学、北京大学、清华大学、中国传媒大学、中国青年政治学院等多所著名院校长期从事新闻传播学方面教学与研究工作的专家学者，其中有相当大的一部分编写者是相关学科的国家级的学术带头人，堪称一时之选。收入本系列的教材中，既有国家级重点教材，也有部级重点教材，其他的也是经过严格筛选的精品，所以，本套系列教材的质量是有保证的，其权威性也将得到社会的认同。

21 世纪是一个高度信息化的时代，是信息经济和知识经济占主导地位的时代。信息经济和知识经济有两大支柱，一是以高科技为代表的传播技术产业，二是从事新闻和信息产品生产的媒体产业。新闻传播学作为将这两大领域有机联结的桥梁，在今后的国家建设和社会发展中必将发挥越来越重要的作用。中国人民大学出版社经过精心策划，隆重推出这套系列教材，是具有高度的前瞻性和战略眼光的。在这里，我谨代表编委会和全体作者向中国人民大学出版社表示由衷的感谢。

这部系列教材开始策划于 20 世纪的最后一年，21 世纪初起陆续问世，迄今已编写出版了 50 余种。在体例和内容的创新和开拓等方面，远远超过同时期出版的同类教材。其中的有些教材，还根据整个新闻传播理论与实践的发展和新闻传播学教学与研究的发展，陆续作了必要的补充和修订，重新出版，实现了内容的与时俱进。

这批教材的问世，将会为新闻传播事业和新闻教育事业的发展和繁荣、为新世纪新闻传播人才的培养做出它应有的贡献。这是出版者和全体作者共同的一点希望。是为序。

方汉奇

2012 年 3 月 15 日

于中国人民大学宜园

目　　录

第一章
新闻编辑概论

第一节　新闻编辑工作与媒介形态变化

【知识要点】

- 新闻编辑作为一种职业，是在新闻媒介产生以后才出现的。随着新闻传播的发展，报纸，新闻性杂志，报道新闻的广播、电视、网站及各类网络新媒体等依次都有了专职的新闻编辑。
- 新闻编辑业务伴随着媒介形态的变化而发展，报纸新闻编辑的原理和规范为后来各类新媒介的新闻编辑业务奠定了基础，新媒介的编辑特点总是在汲取传统媒介的编辑经验中衍生出来的，而且这种特点后来还会反过来影响传统媒介的编辑业务改革。

"编辑"一词早在 1 300 多年前就出现了。唐贞观年间的史学家李延寿在他撰写的《南史·刘苞传》中写道，刘苞"少好学，能属文，家有旧书，例皆残蠹，手自编辑，筐箧盈满"。这里的"编辑"，是指文章、资料的收集和整理。今天我们所说的"编辑"虽然同样也包含此意，但已不限于此。因为人类的信息传播已经走过漫长的历史，无论是传播的内容，还是传播的渠道和方式都发生了天翻地覆的变化，编辑作为传播机构中的一种特殊职业，其工作职能、业务范畴和专业技巧也在不断地丰富、发展和变革之中。

一、报纸的出现与新闻编辑的确立

编辑作为一种职业的出现与大众传播媒介的诞生密不可分，这种职业的变化也与媒介形态的变化密不可分。

人类传播发展史研究证明，在语言还没有产生之前，原始人群就开始通过手势、体态、面部表情或具有约定俗成含义的声音进行传播，这种传播是直观的，但表达信息很有限，并受到时空限制。在口头语言这种声义结合的符号出现之后，传播内容丰富了，传播效率也提高了，但口头语言传播必须面对面共时进行的特点，使传播仍然受到时空限制。文字的发明导致了书面语言传播的出现，这是继口头语言传播之后的又一次革命。文字符号作为信息载体，使信息与信息传播者得以分离，使传播具有了超越时空的能力，但这种传播同时也丧失了口头语言传播的直接互动感和现场感，而且同样无法实现远距离、大范围的共时传播。

最终使人类传播活动发生“质变”的，是在造纸技术和印刷技术成功发明的基础上诞生的第一类大众传播媒介——印刷媒介，包括书籍和报刊。印刷媒介使信息得到大量的复制和更大范围的传播，将人类传播活动推进到大众传播这一崭新的历史阶段。

中国是最早发明印刷术的国家。公元450年，中国就发明了雕版印刷术。约公元1040年，宋代民间发明家毕昇发明了活字印刷术。北宋末年和南宋初年的一些“小报”开始委托于坊间的书肆镂版印行，成为世界上最早的印刷新闻。公元1450年，德国人古登堡发明了金属活字印刷术。从1529年起，欧洲一些地方出现了第一批不定期出版的印刷小报，内容有奇闻逸事、社会新闻、时事消息等。1566年意大利出现了单面印刷的报纸《威尼斯新闻》，1609年德国的《报道与新闻报》作为世界上最早的印刷周报问世。1663年，最早的印刷日报《莱比锡新闻》在德国出版。在中国，清朝末年西学东渐，出现了《察世俗每月统记传》等近代报刊，报纸的编辑业务也逐渐得到发展。辛亥革命以后，报纸越办越多，办报人员的分工也越来越细，报馆纷纷借鉴日本和欧美的报社制度，设置主笔、访员、编辑等职，这才使报纸编辑的名义、地位和学术价值逐渐确立。

报纸编辑内部的分工有一个逐渐发展演变的过程。有学者将这个过程分做三个阶段。① 在早期，报纸从业人员很少，他们身兼多职，既是记者、编辑，又是广告员和报纸销售员，编辑部内部几乎没有分工。报业发展到一定阶段，需要的新闻种类和数量日益增多，一家报纸的采访力量显得不足，于是，一部分从业人员从报社分离出来，成立了通讯社，专门从事新闻采访活动，向各家报纸提供稿件。在报社内部，从业人员也有了专门从事编辑工作和专门从事记者工作的分工，以求提高工作效率。在第一次分工中，言论工作还是编辑工作的一部分。第二次分工，则出现了撰写言论的主笔，或者总编辑兼任主笔。在新闻采写这一部分，有了专门负责与读者、作者和通讯员联系的“通联”，负责接收各方面的新闻线索和来稿。在此基础上，后来出现了通联部，也称群众工作部，统一负责来稿初步处理和向社外组织稿源，工作已属于编辑工作范围。这样，记者如果不与通讯员合作采写新闻，就很少向通讯员组织稿件了。在第三次分工中，编辑工作有了更细的划分，根据其负责的报道领域，分为经济编辑、文教编辑、图片编辑等等（见图1-1）。

报纸与书籍相区别的一个主要特点是以传播新闻信息为主要职能，因为报纸的页面比书籍少，出版周期比书籍短，在快速传递新闻信息方面更具有优势。所以，新闻编辑自然是报纸编辑工作中最重要的一项内容。也可以说，新闻编辑作为一种职业，最早是在报纸编辑领域中出现的，报纸是新闻信息的第一代载体。

报纸的新闻编辑最早主要是从事文字新闻稿件的编辑加工，因为报纸的图片新闻传播相对于文字新闻传播要晚得多。我国报纸上最早出现的图片是新闻画。1876年，《申报》开始配合新闻刊载插画，同一时期，该报还出版了不定期的画刊《寰瀛画报》，但内容没有新闻性。史

---

① 钟立群．新闻编辑学研究．北京：人民日报出版社，1997：41-44.

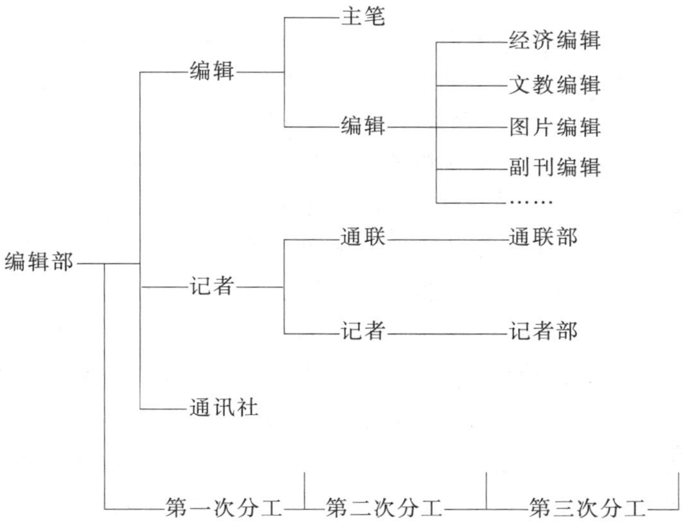

图 1－1　报纸编辑部内部分工的演变过程

学家认为，“能够较密切地联系时事以图像配合新闻进行报道的，在当时只有一份《点石斋画报》”①。这份画报创办于 1884 年，附属于《申报》，上面的新闻画都是“画”出来的，并非后来新闻照片那样的真实记录。

对图片新闻传播起决定性作用的新闻摄影和报纸本身一样，也是科学技术发展的产物。1839 年，法国科学院确认了路易斯·达盖尔的摄影术，这为新闻摄影的诞生提供了技术基础。1842 年就有德国的两位画家利用照相机拍摄了汉堡的一场大火，其中一张照片保存至今，堪称世界上最早的新闻照片。但照片真正出现在报纸上则要晚几十年，因为在报纸上印刷铜版照片有许多技术问题需要解决。直到 1897 年 1 月 2 日美国《纽约论坛报》上刊登出一张有中间层次的照相制版照片，才算宣告照相铜版印刷术发明成功。此后，照相机技术、照相制版技术和传真技术不断得到改进，新闻摄影在新闻传播中越来越显出其重要地位。20 世纪初，照相制版技术传入中国后，报刊采用新闻照片成为可能，北京、上海的报纸上开始出现新闻照片，图片编辑开始成为报纸新闻编辑工作的一项重要内容。随着报纸的逐步发展，新闻编辑还越来越重视对单篇稿件的组合和展示，使报纸版面的设计编排不断完善。早期的报纸与书籍相仿，版面小而且没有分栏，直到 20 世纪初期，报纸的版面才发展得比较接近现代报纸的形象。

美国传播学者罗杰·菲德勒认为：“传播媒介的形态变化，通常是由可感知的需要、竞争和政治压力，以及社会和技术革新的复杂相互作用引起的。”② 这个判断对于报纸是适用的。21 世纪，人类社会正以前所未有的速度走向经济全球化、一体化，资本在全球范围的高速流动与优化配置，国与国、地区与地区之间的经济互接互补、贸易合作关系，使得产业经济的知识含量迅速递增，人类由此迎来了知识经济新时代。在新的历史时期，报纸编辑面对的是更加

① 方汉奇．中国近代报刊史．太原：山西人民出版社，1981：54.

② 菲德勒．媒介形态变化．北京：华夏出版社，2000：19.

开放也更具挑战性的新环境。

首先，社会变革加剧使报纸编辑面对更加复杂多变的社会环境。我国由计划经济体制向社会主义市场经济体制的转轨，使社会利益组织出现多元化的趋势。这些组织与个人对新闻信息的需求都迅速增长，需要依赖新闻信息进行各种生产经营活动、社会交往活动和家庭生活与个人生活的决策，计划经济时期的单一的机关报模式已经远远不能满足这种新闻信息需求。报纸的类型因此日益多样化，出现了机关报、晚报、都市报、晨报、专业报、家庭生活服务报等各类报纸共同繁荣的局面。报纸的版面也在不断增加，到 20 世纪末，全国性大报与各地主要报纸的版面一般都达到十多版至几十版，报纸版面容量与西方发达国家报纸的差距不断缩小。另外，社会对信息的需求还呈现出差异性、变动性越来越显著的特点，报纸的读者出现了不断“细分”的趋势，报纸编辑面对的是越来越“挑剔”、越来越难以把握的服务对象，做好新闻传播工作的难度因此越来越大。与此同时，社会转型时期的新情况、新问题层出不穷，比如社会观念变革，企业制度改革，人事制度改革以及医疗、教育、住房、工资等各个领域、各个方面的变化，使得新闻传播客体也表现出复杂性、多变性的特点，因此编辑在传播活动中的决策和操作的难度不断加大。社会的加速发展还使知识更新的速度继续加快，报纸编辑需要掌握的新知识日益增多，从事这项工作使人感到前所未有的压力。

其次，媒介种类与数量的递增使报纸编辑面对压力巨大的市场竞争环境。我国报纸在改革开放以来经历了高速发展的“黄金时代”以后在 2003 年达 2 119 种之多，不少中心城市甚至出现了多家定位相同或相近的报纸。此外，财经类、体育类、娱乐类等专业性报纸也在与日俱增，报业内部的竞争日趋白热化。在报纸高速发展的同时，电子新闻媒介也迅速崛起，2 000 多家广播电台、3 000多家电视台已经成为当代报纸的强大竞争对手，而迅速发展的网络媒介进一步对报纸形成冲击。网络传播的实时性、交互性，以及随着技术发展做得越来越好的多媒体传播，是报纸这种印刷媒介无法企及的。因此，报纸编辑工作在这些新媒体的冲击下，要参与新闻传播竞争，就要不断寻找和发挥自己的优势。

最后，现代科技发展使报纸编辑处在崭新的技术环境。早在 20 世纪 40 年代，西方就研制出了与电脑相连的照排技术，70 年代美国、日本和西欧一些发达国家在新闻出版业中普遍使用了激光照排与胶印。1986 年，我国《经济日报》采用北京大学教授王选等人研制出的华光电子出版系统获得成功，成为世界上第一家采用计算机激光屏幕组版、整版输出的中文报纸。后来，北京大学在华光电子出版系统的基础上又推出了功能更全、速度更快的“北大方正”新一代激光照排出版系统，进一步推动我国报纸告别“铅与火”的历史，走入“光和电”的时代。继电子出版系统在报界普及之后，90 年代，越来越多的报社着力于研制报社内部的计算机采编系统，使报纸编辑彻底告别了纸和笔，采、编、改、排、签发等多个环节全部在网络上进行。现代科技不但改善了编辑工作条件，还使报纸编辑能够更好地开发新闻信息资源，并使编辑工作流程更加合理、高效。20 世纪 90 年代兴起的国际互联网对我国报纸编辑工作产生了巨大影响，越来越多的编辑记者利用互联网检索、浏览各类信息，由此得到的新闻线索无穷无尽。编辑记者还可以利用联网数据库发掘各类新闻资料，甚至利用电子邮件进行远距离采访调查。90 年代以后，越来越多的报纸利用网络资源开办了“在线”类的专版、专栏，扩大了报道面。从报社内部来看，报纸编辑流程完全成为一种网络上的运作之后，不但工作效率显著提高，而且这一流程本身的运转更加合理，并最大限度地利用了信息资源。现代科技还推动了报纸编辑业务的改进，带动了报纸质量的提高和形象的改观。如计算机新闻处理系统配合使用数码相机、扫描仪及现代通信技术，淘汰了传统的暗房冲片及晒版工艺，新闻图片处理进入了高质量的数字化与快速网络传输的新阶段。在新闻处理系统中，新闻图片设有独立的部门库、版面库、见报图片库，能像文字稿件一样投送、转投、签发、改签，图片流动有历史记录。编辑能够在自己的工作微机上对图片进行缩放、剪裁及其他加工。在版面编排方面，激光照排系统的运用使标题与正文的字体字号变化空间更大，电脑还可以帮助设计制作各式各样的图表，使报纸的版面语言更为丰富。这些新技术的运用推进了报纸编辑业务的创新，从报道的策划组织，到稿件的修改、版面的设计，方式更多，技艺更高。此外，卫星接收和传版系统的运用使报纸能够在异地多点印刷，保证了新闻传播的时效性，提高了报纸的服务质量。新型彩色印刷设备的使用使报纸版面告别了以往“黑、白、灰”或者只能单色套印的历史，进入了五彩缤纷的新时代，报纸的形象彻底改观。

二、媒介变迁与新闻编辑的发展

相对于报纸而言，广播、电视和网络媒介及其他新媒体都是新闻媒介家族的后裔。

19 世纪 40 年代，电报技术成功发明，70 年代电话技术又成功发明，为电子媒介的出现奠定了基础。1907 年，被称为“无线电之父”的美国物理学家德福雷斯特研制出三极管，使无线电技术有了重大突破，口语广播成为可能。1920 年 11 月 2 日，美国西屋公司电气专家弗兰克·康拉德主持建立的广播电台在匹兹堡正式播音，呼号 KDKA。这是美国第一座持有营业执照的商业广播电台，也是被公认的世界上第一个正式的广播电台。1923 年 1 月，美国记者奥斯邦与一位旅日华侨合作建立的“中国无线电公司”在上海创办了中国境内的第一座广播电台，呼号为 XRO，播送音乐和上海《大陆报》上刊登的新闻。这座电台因为侵犯了中国无线电主权，触犯了政府法律，加之设备简陋，经营不利，三个月就宣布倒闭。但随后不久，外商创办的其他广播电台、北洋政府的官办广播电台、国民党政府创办的广播电台，以及旧中国的民营广播电台相继登台，广播这一继报纸之后问世的第二代大众媒介越来越为人们所熟悉。但是，中国的广播事业真正发展起来是在中华人民共和国成立之后。

20 世纪 40 年代，美国贝尔实验室三位科学家研制成功的晶体管，在收音机生产中取代了电子管，从此体积小、价格低、携带方便的晶体管收音机开始走进千家万户，无线电广播进入了普及阶段。以电波传播信号的广播与报纸相比，传播速度快，覆盖面广，而且口语传播能够做到声情并茂，感染力强，听众接收信息不受文化水平限制，比阅读报纸更加方便简单、经济实惠。然而，广播的优势在传播新闻方面最初并没有发挥得很好，因为早期的广播电台不具备自采力量，新闻主要靠报纸提供，时效性弱于报纸。在美国，早在 30 年代广播的影响就日渐扩大，夺走了原属于报纸的大量广告客户，对报纸形成威胁。出于反击，报纸联合通讯社纷纷停止对广播电台出售新闻。在这种压力下，美国哥伦比亚广播公司（CBS）率先建立了自己的新闻采集机构，在美国各主要城市和伦敦都设立了办事处。美国全国广播公司（NBC）也建立了类似的新闻社。广播在新闻采编方面的独立运行，使这一新兴媒介打破了报纸的压制，充分显示出固有的优势，也使新闻编辑这一特殊的职业在广播电台开始占据重要的位置。

我国的广播新闻事业是在新中国成立后建立了全国广播网的基础上发展起来的，新中国成立初期以中央人民广播电台为代表的中国广播新闻在报道量、报道内容和报道方式方面都有较大发展。1950 年 4 月中央台的新闻节目从每天 4 次增加到每天 7 次，《首都报纸摘要》和国际新闻节目在这一年诞生。第二年又推出晚间节目《各地人民广播电台新闻联播》。1954 年 5 月 30 日，中央台开始分为两套节目，新闻节目增加到每天 11 次。到 1956 年，中央台的新闻节目进一步增加到每天 22 次。这 22 次新闻节目，除了全国一起转播的《首都报纸摘要》和《各地人民广播电台新闻联播》，还有全天分布较为均匀的 10 次新闻节目，每次 15 分钟，另外还有一些专门性新闻节目，如《国际新闻》《工业新闻》《农业新闻》《文教新闻》等，时间长度从 5 分钟到 30 分钟不等。20 世纪 50 年代抗美援朝战争期间，中央台记者奔赴朝鲜前线进行战地采访，我国广播新闻发展史上第一次出现了录音报道。然而，“文化大革命”期间，我国广播新闻事业的发展受到严重阻碍，新闻广播内容大量重复，稿件冗长，新闻节目中播出的新闻报道条数锐减，广播新闻报道水平与世界先进水平的差距被拉大了。

“四人帮”被粉碎以后，我国广播新闻事业进入了新的发展时期。改革开放初期，我国对内广播还是以各级人民广播电台为主体的综合性广播，在 20 世纪 80 年代中后期和 90 年代初，全国范围掀起的两次“广播热”打破了这种持续几十年的格局。

第一次热潮源自 1986 年 12 月 15 日珠江经济广播电台（原广东二台）的开播，这是国内第一个专业广播电台。有学者认为：“‘珠江模式’在社会上掀起了‘广播热’，推动了广播的结构性改革，使广播改革从单项改革进入整体改革。由各级人民广播电台构成的中国广播业格局 40 年不变，结构和功能过于单一，节目雷同，从选题到制作编播都较少考虑市场需求，越来越不适应市场竞争。‘珠江模式’的诞生和推广为中国广播业注入了新的活力。珠江经济台敢为天下先，为中国广播界树立了改革榜样。系列台、专业台的推广改变了中国广播长期以来只能在四级纵向发展的局面，开拓了横向发展的新空间，同时拓展了广播媒介的功能。”①

第二次热潮起始于 1992 年 10 月 28 日上海东方广播电台开播。东方台是与上海人民广播电台并列的具有独立法人资格的新型广播电台，它的出现打破了我国计划经济时期形成的一省一台的格局，开创了同省市同类广播电台相互竞争的新时期。东方台建在上海浦东，实行双向选择、招聘上岗的新体制，并设计了从内容到形式都令人耳目一新的节目系统。东方台派人到北京联络首都各大报社，积极开拓新闻信息来源，又到南方考察学习兄弟广播电台的办台经验，确立了大时段、大板块的节目架构，将新闻资讯类节目作为主体推出。东方台的开播在上海及长江三角洲地区形成了一股强大的电台冲击波，收音机成为畅销品，电台在开播两个月的时间中广告收入便达到 300 多万元。此后，全国各地专业台、系列台纷纷建立，1993 年被称为“广播年”。

无论是珠江经济广播电台的成功，还是上海东方广播电台的崛起，都标志着广播经营理念的变革和新闻采编业务的创新。在这一系列改革中，宏观如广播定位的个性化、广播内容的结构性调整、广播节目设计的“板块式”尝试，微观如新闻节目对现场直播的重视、对互动性传

① 饶立华，杨钢元，钟新．电子媒介新闻教程：广播与电视．北京：中国人民大学出版社，2000：73.

播方式的运用等，无不说明广播新闻编辑在吸取报纸新闻编辑经验的基础上，越来越重视对广播新闻独特优势的发挥。

电视相对于广播，是科学技术进一步发展的产物。随着光电效应的发现，科学家们在19世纪80年代开始研制电视机，到20世纪30年代，英国、美国、法国、苏联、日本等国先后进行了电视广播实验。1936年11月，英国广播公司（BBC）建成了世界上第一座实用电视台，这一年成为世界电视事业的开元年。到五六十年代，电视技术又有新的进步，彩色电视机得以问世。1958年，我国第一座电视台中央电视台的前身——北京电视台宣告成立。

和广播最初完全依赖报纸的新闻信息一样，电视在早期也是模仿广播的传播方式。有学者将电视新闻传播的发展分为四个阶段：第一阶段是口播新闻阶段。从BBC正式播送电视节目到20世纪40年代美国出现最早的电视新闻，都是由记者编辑写稿，播音员读播，观众只闻其声不见其形，评论家评价当时的电视新闻是单调、冗长而又沉闷的。[①] 1939年美国无线电公司在纽约世界博览会上展示电子产品并当场播放了美国总统罗斯福出席博览会的讲话，被称为最早的有现场图像的电视新闻。然而，40年代美国的电视新闻采用的仍然是分割式播放，每5分钟播报一段落，虽然播音员出镜，但沿用的还是广播新闻形式，而无电视特点。电视新闻的第二阶段是影片新闻阶段。1947年美国全国广播公司和哥伦比亚广播公司先后和电影厂商合作，生产专供拍摄电视新闻用的16毫米摄影机和胶片，从此开始了电视新闻以形象画面为特点的传播历史。70年代以后，电视新闻进入了第三阶段——电子摄录新闻阶段。电子新闻采摄手段（ENG）的运用，使电视记者在新闻事件现场的采访报道能够摄录同步，使电视新闻摆脱了新闻电影的模式而有了自己的语言。80年代，ENG开始在我国电视台逐步普及。电视新闻发展的第四个阶段是卫星传送阶段。通信卫星传播极大地提高了电视新闻的时效性和覆盖面，使其成为观众最多、最有影响的新闻媒介。

在我国，卫星传播有力地推动了有线电视的发展。20世纪90年代，卫星上天、有线落地已经成为我国电视传播与接收的主要方式。全国电视网的建立和完善，进一步带动了电视新闻改革，继70年代创办的《新闻联播》、80年代创办的《观察与思考》等新闻栏目之后，中央电视台1989年推出的《经济半小时》、1993年推出的《东方时空·焦点时刻》、1994年推出的《焦点访谈》和1996年推出的《新闻调查》等一系列著名新闻栏目，在全国产生了极大的社会影响，也促使新闻性栏目在全国各地的电视节目中比重越来越大，地位不断提高。1993年，中央电视台新闻实行滚动播出，每天12次，电视新闻的时效性进一步得到提高。1997年72小时的我国对香港恢复行使主权的直播，1999年36小时的我国对澳门恢复行使主权的直播，2000年24小时世界各地人民喜迎新千年的直播等，进一步展示了电视新闻传播的独特魅力。在借鉴国外先进经验的基础上，经历了较长时期的论证和摸索之后，2003年5月，中央电视台正式推出了新闻频道。新闻频道的节目主体是新闻和专题，每逢整点有新闻，全天24档。安排在整点新闻后的分类新闻主要有财经、体育、文化、国际四大类。这一频道尤其重视以现场直播的手段对国际、国内重要新闻事件在第一时间向观众报道。

电视新闻传播的历史告诉我们，电视新闻编辑是伴随着电视新闻传播技术的发展一步步成

---

① 叶子．电视新闻节目研究．北京：北京师范大学出版社，1999：16.

熟起来的。从口播新闻到电子摄录新闻，从国内新闻报道到国际新闻报道，从新闻录播到现场实况转播，从新闻栏目到新闻频道，无一不是现代科技与新闻采编业务相结合的结果。ENG的应用，使电视新闻告别了完全依赖电影胶片的历史，简化了电视节目制作程序，缩短了电视新闻的制作时间。20世纪80年代计算机系统应用于传送稿件和字幕制作等，再次提高了电视编辑的工作效率。90年代，多媒体非线性编辑系统进入电视节目制作领域，克服了ENG设备只能顺序看片，不能随意挑选画面的缺陷，同时大大丰富了电视制作手段，提高了电视画面质量，节省了编辑制作的时间。技术发展为电视编辑提供了更广阔的舞台，也促使电视新闻节目的类型更丰富。

崛起于20世纪后期的国际互联网为新闻传播提供了一个全新的载体。网络媒介是一种前所未有的综合媒介，它集印刷媒介、广播和电视的优势于一身，更重要的是它还具备前几种媒介所不具备的优势。一是信息容量之大无与伦比。由于网络媒介以光纤为传输载体，传递的是数字信息，不因介质而容量受限制，传播速度之快也远非其他媒介可比。二是它提供的人机交流界面，使信息传播由单向式变为双向互动，传受双方都掌握了信息交流的主动权，进而从根本上改变了新闻传播的传统模式。三是互联网络的全球化，使网络传播能够跨越地域和国界的限制，信息传播范围无限地扩大了。

网络新闻及信息服务的探索起始于20世纪70年代，但由于技术不成熟且费用过高，直到70年代末多媒体技术仍然不能运用于新闻传播。80年代末，网络中传播的新闻还只局限于静态的文字和图片。1987年美国《圣何塞信使新闻》（*San Jose Mercury News*）首先将报纸通过互联网发行，成为世界上第一家电子报纸。90年代，随着多媒体技术和网络通信技术逐渐成熟，尤其是万维网及网络浏览器的推出，多媒体新闻在网络上逐步发展起来。1996年年初，全球有900家左右的报纸上网，1997年10月上网的报纸递增到2 300家。1995年，教育部主办的《神州学人》杂志经中国教育和科研计算机网进入国际互联网，成为我国第一份中文电子杂志。1995年《中国贸易报》正式上网，成为中国第一家上网发行的日报，国内媒介大批上网的序幕由此拉开。此外，商业网站如新浪网、搜狐网等也纷纷开设了新闻频道，进行新闻传播活动。

传统媒介走进互联网大致经历了三个阶段：第一阶段是翻版阶段，即将印刷版直接搬上网络，除了版面设计不同外，内容与母报并无区别。广播电视上网初期，重点也是介绍自己，作用类似于广播电视报。第二阶段是变化阶段，网络媒介开始自觉地利用网络传播的特点来进行内容与形式的取舍。这一时期报纸网站的内容与印刷版有了较大区别，新增了针对网络读者对象并利用网络优势进行服务的新内容。广播电视的网站除了介绍电视或电台的新闻外，也开始提供自己编辑的新闻。这一阶段的新闻传播注重时效性，开始建立有关数据库，对关键字或有关背景建立超链接，方便读者查阅相关信息。第三阶段是综合发展阶段，网络媒介成为一种真正独立的媒介，综合了多种媒介形式，包括声音、图像、影像、动画等。网络媒介同时还是一个综合的信息服务者，具有商业、娱乐、网上社区等其他服务项目。[1] 目前，我国网络新闻媒介正向这一目标迈进，2000年人民网、新华网等都以此为目标进行改版，体现出向综合网站

① 彭兰．网络传播概论．北京：中国人民大学出版社，2001：134－135.

发展的思路。

新闻编辑工作在网络媒介诞生之后进一步发展，表现出两种趋势：第一种趋势是对各类传统新闻媒介编辑业务的融汇和整合，即将报纸的文字、图片、版面编辑方式和广播的音频编辑，电视的音频与视频编辑相融汇，同时根据网络的传播特点进行整合，形成真正的多媒体传播模式。第二种趋势是新闻编辑业务与新闻信息采集的一体化趋势。因为在灵活的网络传播模式中，受众也是传播者，而且他们在进行传播活动时，集新闻信息采集、编辑和发布于一身。即使在专业化的网络传播媒介中，由于网络传播追求时效性、讲求互动性的特点，也在促使新闻采集与编辑一体化。1999 年《人民日报》网站派了两名网络记者到澳门报道我国对澳门恢复行使主权的盛况，这是我国网络媒介第一次派出专职记者进行的报道活动。据这两位记者自述，他们带到报道现场的设备除了摄像机、数码相机、笔记本电脑等用于采、摄、写的工具，还有包括显示器、非线性编辑机、编辑录像机、监视器等编辑工具。他们在这次报道中不仅要拍摄新闻照片和录像，还要用非线性编辑系统进行剪辑，配上解说，制作成音频或视频新闻，再设法传输给网站。后来回顾这段经历时，他们说："以我们两个人的智力和精力，既要联系采访，写文字报道，又要拍照片，还要摄像，做后期非线性编辑，还要上网传输数据，实在有些捉襟见肘。无论哪一个环节出了问题，都会导致报道的失败或发布时间上的延误。"① 人民网记者的这次报道，真实地反映了网络新闻采集与编辑、传输工作的一体化运作。现在，网络新闻编辑除了编辑新闻稿和设计新闻网页外，还兼做部分采访和全部的新闻发布工作。网络新闻从传统的采写、编辑、发布分离的方式向采编合一、编发合一的无纸传送、网络下载和打印的方向发展，大大降低了新闻产品生产的成本。

2005 年 8 月，国家新闻出版总署报刊司在第二届中国报业竞争力年会上首次提出了"数字报业"；次年 8 月，正式启动"数字报业实验室计划"，全国 15 家媒体以及提供技术支持的北大方正、诺基亚（中国）、中国网通 3 家公司，成为首批试点单位。第一阶段的实验确立了数字报业的九大创新方向，即报业数字信息资源平台、电子网站、电子商务平台、电子阅读器、移动采编系统、户外互动媒体、手机报、手机二维码、多媒体数字报刊。而无线互联网与移动终端的快速普及以及"云计算""大数据"的应用，进一步推动了媒介的融合与创新，如一些报社进行了"云报纸"的试验，各类媒介均致力于开发适合于移动终端的 App 应用，新闻产品日趋多样化。

2010 年以后，社交网络平台在社会生活中的影响越来越大，新闻媒体纷纷在新浪网、腾讯网及自己的网站上开设官方微博，作为新闻传播的新渠道。2011 年，腾讯公司推出一款支持语音、图片、消息和多人群聊的即时通信工具——微信，两年时间用户超过 3 亿。其中，作为附加功能模块的微信公众平台提供了与特定群体进行全方位沟通的渠道，很快便成为各类媒体试水新闻传播新模式的试验场。随着市场进一步向移动化方向发展，用户转向客户端渠道去追求更加聚合的信息，媒体开始重视新闻客户端的开发，力争发扬自己的优势，加速垂直化发展，提供小而精、快速而全面的媒体资源。迄今，传媒业的数字化转型依然还在探索之中，以移动化、智能化为基本特征的移动互联网、物联网、大数据与云计算等技术力量，已经开始渗

---

① 罗华，王淑军．我们是第一个"吃螃蟹"的人：网络记者澳门采访日记．新闻记者，2000（1）．

透到专业机构新闻生产的核心环节，如由传感器带来的新闻源与新闻反馈机制的再定义，由机器写作带来的写作者与写作模式的再定义，由虚拟现实和增强现实等新技术带来的新闻体验。[①] 在媒介融合发展的进程中，新闻编辑业务一直在持续变革和发展。

2017 年，人工智能（AI）在新闻传播领域中的应用引起广泛的关注，从新闻自动化到机器人写作，以及智能推荐和新闻聊天机器人等，人工智能影响了新闻业的各个环节。如腾讯网的 Dreamwriter 自动化写作机器人、新华社的“快笔小新”等基于大数据采集、处理、加工自动生成新闻稿件，在财经、体育领域得到率先应用。“今日头条”等新闻聚合平台运用算法进行内容分发与推荐，在新闻传播过程中产生了传统媒介无法达到的效果。但是在未来相当长的时间中，新闻业务运作并不可能完全交予人工智能。在机器、算法的背后，依然是新闻人的价值观在起决定性作用。对于新闻编辑来说，如何运用好不断出现的新技术，通过人机协同来更好地完成新闻内容的生产和传播，更好地为公众服务，是一个永恒的课题。

西方学者在研究媒介形态变化时发现并总结出若干原则，其中“共同演进与共同生存”的原则、“形态变化”的原则和“增值”的原则为我们了解新闻业务活动的发展演变规律提供了一个传播学的视角。所谓“共同演进与共同生存”原则，是指“一切形式的传播媒介都在一个不断扩大的、复杂的自适应系统以内共同相处和共同演进，每当一种新形式出现和发展起来，它就会长年累月和程度不同地影响其他每一种现存形式的发展”；“形态变化”原则，是指“新媒介绝不会自发地和孤立地出现——它们都是在旧媒介的变化中逐渐脱胎出来的。当比较新的形式出现时，比较旧的形式就会去适应并且继续进化而不是死亡”；而“增值”原则，则是指“新出现的传播媒介形式会增加原先各种形式的主要特点”[②]。事实上，媒介形态变化与传播手段和方式演进分不开，正因为有广播、电视和网络这些后起之秀的一轮轮冲击，报纸的新闻编辑业务才得以不断改进，最终使这一历史最悠久的媒介的特点更鲜明，使其潜在优势更充分地发挥出来。同时，报纸编辑本身又为新媒介的编辑业务奠定了基础，新媒介的编辑特点总是在汲取传统媒介的编辑经验中衍生出来的，而且这种特点后来还会反过来影响传统媒介的编辑改革。也正因为各类型新闻媒介共同演进和共同生存，新闻编辑才从最初的单一文字编辑发展到多媒体形式并存的编辑，其工作内容和操作手段都在日益丰富和变革之中。

第二节　新闻编辑部与编辑工作内容

【知识要点】

- 负责新闻采访编辑工作的组织机构是新闻编辑部，编辑部内有“采编合一”与“采编分离”两种不同的分工模式，也有媒介混合采用这两种模式。
- 媒介融合带来的新闻传播的变革集中体现为融合新闻的出现。融合新闻表现为，新闻编

① 彭兰．移动化、智能化技术趋势下新闻生产的再定义．新闻记者，2006（1）.
② 菲德勒．媒介形态变化．北京：华夏出版社，2000：24－25.

辑部中的从业人员一起工作，为多种媒介的平台生产多样化的新闻产品，并以互动性的内容服务大众，通常是以一周七日、每日 24 小时的周期运行。

- 新闻编辑工作流程是指将新闻媒介由创办伊始至产品问世作为一个完整的生产周期，新闻编辑在这一周期中各项工序的安排程序。
- 新闻编辑的工作种类按管辖范围和责任大小划分，有总编辑、编辑部主任、版面主编、新闻编辑、校对等；按业务程序划分，有日班新闻编辑、夜班新闻编辑、内务编辑等；按编辑内容的专业领域或对象特点划分，可分为政治编辑、文教编辑、经济编辑、体育编辑、图表编辑、版式编辑、视频编辑等；按照媒体形态划分，可分为报纸编辑、网站编辑、手机报编辑、微博编辑、微信公号编辑等。
- 新闻编辑工作是新闻编辑在新闻媒介产品生产过程中所进行的一系列工作。新闻编辑工作的内容包括：新闻产品设计、新闻报道的策划与组织、新闻作品的修正和把关、新闻信息的整合与展示、新闻互动与公共交流的组织与引导。

一、新闻编辑部

新闻编辑，从广义上应该包括所有对新闻作品进行编辑加工的人，今天在网络传播活动中，任何一个在网络上发布新闻信息的人都有可能扮演这个角色。但是，本书讲授的新闻编辑不是这样一种泛化的编辑概念，而是新闻机构中专职从事新闻传播工作的新闻编辑。新闻编辑最初是从报纸编辑开始的，后来随着媒介发展，在广播电台、电视台、网站及各类网络新媒体中也有了新闻编辑。我们以报纸为例，来看新闻编辑在媒介机构中的位置和职能。

报纸是以刊载新闻和时事评论为主的定期向公众发行的印刷出版物，是大众传播的一种重要载体，具有反映和引导社会舆论的功能。同时，报纸作为一种公开出售的文化产品，要通过市场流通实现其价值和使用价值，因此又具有商品属性。在市场经济条件下，报纸的编辑、出版和发行既是一项政治性很强的工作，又要遵循市场竞争的规律，实行企业化的经营管理。

报业作为信息产业的一部分，最初是由报纸生产和报纸销售两大系统有机组成的。报纸生产包括产品设计、信息采集、编辑和制版印刷等多环节，参与这部分运作的主要有记者、编辑、排版录入人员、制版印刷工人等；报纸销售包括向读者出售报纸和向广告商出售广告版面两方面，参与这部分运作的主要是发行部和广告部的工作人员，他们通过广告代理公司和邮局、报刊发行公司等完成广告版面和报纸的销售任务。

随着报业数字化转型，报社的新闻产品已经不限于报纸这一种平面媒介，报业的经营模式发生了变化，内部的组织结构也更加复杂。但在报社内部的分工中，负责新闻采访编辑工作的组织机构——新闻编辑部，依然是媒介集团中最重要的核心部分。因为它承担着核心产品的设计与生产任务，决定了媒介的品牌与影响力。

新闻编辑部的最高领导者是总编辑，最高领导机构是编委会。编委会通常是由正副总编辑和一些重要编辑部门的负责人组成的。

报纸编辑部下辖的部门是各专业部，如人民日报社编委会管辖之下，有总编室、评论部、经济社会部、政治文化部、理论部、内参部、国际部、文艺部、体育部等部门。在一些报社，专业部直接负责报纸版面编辑工作，如总编室负责要闻版的编辑，经济部负责经济新闻版的编辑，国际部负责国际新闻版和国际副刊的编辑等，这些报社专业部的人员在家是编辑，出外是记者，称作“采编合一”。也有一些报社实行“采编分离”制度，专门设版面主编负责版面编辑工作，编辑人员不采访，专业部的记者只做采访工作，不承担编版任务。还有一些报社混合采用上述两种分工模式，对时效性强的新闻编辑内容如要闻版、时事版等实行“采编分离”，对时效性相对较弱而报道深度要求较高的内容如新闻性专版实行“采编合一”。

在报纸编辑部门中，总编室地位特殊，除了负责要闻版的编辑，还负有协调其他各部门版面矛盾的责任。

【案例】

《人民日报》的编辑部结构

人民日报社事业编制人员有 1 660 人，其中编辑部包括国内分社 322 人，香港特别行政区分社、澳门特别行政区分社 20 人，国外分社 78 人，《人民日报》海外版编辑部 150 人。

报社方面高层负责人依次是：社长 1 人、总编辑 1 人、副总编辑 5 人、海外版总编辑 1 人。

《人民日报》编辑部内部的部门设置如下：

总编室：主任 1 人，副主任 3 人，部务委员 2 人，编辑 120 多人。主要职责是：编辑《人民日报》要闻版、新闻版；承担《人民日报》的视觉设计、版式统筹工作；承担《人民日报》的校对、检查和一读工作；承担《人民日报》的版面管理工作；参与人民网要闻、新闻的专题宣传报道；承担与报社数字传播系统的对接工作；承担《人民日报》藏文版的选编工作。

总编室设 19 个内设机构：综合室、要闻一版编辑室、要闻二版编辑室、要闻四版编辑室、要闻六版编辑室、要闻九版编辑室、经济新闻版编辑室、政治新闻版编辑室、文化新闻版编辑室、社会新闻版编辑室、生态新闻版编辑室、体育新闻版编辑室、假日生活新闻版编辑室、报网互动编辑室、摄影图片室、视觉编辑室、校检室、一读室（审读《人民日报》二校大样）、藏文版编辑室。

新闻协调部：主任 1 人，副主任 3 人，编辑 40 多人。主要职责是：承担《人民日报》和《人民日报》海外版、人民网及社属报刊新闻宣传的统筹协调工作；承担报社重大、应急新闻报道的选题策划和组织实施工作；承担中央和国家领导机关布置的宣传任务的组织实施工作；承担报社公共稿库的运行和管理工作；承担《人民日报》编辑

《人民日报》编辑部混合采用了“采编合一”与“采编分离”制度，对时效性强的新闻版实行“采编分离”，而对时效性相对较弱而报道深度要求较高的一些专业性新闻版实行“采编合一”。

部门的业务协调工作；承担《人民日报》和《人民日报》海外版、人民网与报社数字传播系统的协调工作。

新闻协调部设4个内设机构：综合室、研究策划室、组织协调室、稿库管理室。

地方部：主任1人，副主任2人，编辑20多人。主要职责是：协调国内分社发布新闻信息，解读方针政策，进行热点引导，开展舆论监督；承担国内分社记者稿件的策划和编辑工作；参与人民网地方新闻的专题宣传报道；承担与国内分社的业务及日常事务联系；协助报社职能部门管理和监督国内分社国有资产及经费使用情况。

地方部设5个内设机构：综合室、机动采访室、地方新闻编辑室、通联室、分社联络室。

经济社会部：主任1人，副主任3人，编辑记者50多人。主要职责是：承担《人民日报》和《人民日报》海外版、人民网经济和社会等新闻的采写、评论工作，发布所联系部门和领域的新闻信息，解读方针政策，进行热点引导，开展舆论监督；编辑《人民日报》经济和社会建设类专刊；参与人民网经济和社会建设领域的专题宣传报道。

经济社会部设8个内设机构：综合室、工业采访室、农村采访室、财经采访室、商贸采访室、民生采访室、科技采访室、环境采访室。

政治文化部：主任1人，副主任3人，人大首席1人、政协首席1人、编辑记者50多人。主要职责是：承担《人民日报》和《人民日报》海外版、人民网政治和文化等新闻的采写、评论工作，发布所联系部门和领域的新闻信息，解读方针政策，进行热点引导，开展舆论监督；编辑《人民日报》政治和文化建设类专刊；参与人民网政治和文化建设领域的专题宣传报道；联系驻香港、澳门分社，发布新闻信息。

政治文化部设10个内设机构：综合室、政法采访室、党建采访室、统战群团采访室、教育采访室、文化采访室、港澳台采访室、军事采访室、读者来信采访室、周刊编辑室。

国际部：主任1人，副主任3人，编辑110人左右。主要职责是：承担《人民日报》和《人民日报》海外版、人民网国际新闻的采写、评论工作，报道党和国家的重大外事活动，协调国外分社报道国际重大事件，对世界热点问题做出分析；编辑《人民日报》国际新闻版和相关专版；参与人民网国际新闻的专题宣传报道；承担与国外分社的业务及日常事务联系工作。

国际部设14个内设机构：综合室、亚太编辑室、西亚非洲编辑室、欧洲编辑室、欧亚编辑室、美洲编辑室、国际经济科技编辑室、国际评论编辑室、国际专刊编辑室、国际新闻版编辑一室、国际新闻版编辑二室、国际新闻版编辑三室、国际新闻版编辑四室、分社联络室。

文艺部：主任1人，副主任2人，编辑20多人。主要职责是：承担《人民日报》的文学、艺术、文艺理论与评论方面的宣传；编辑《人民日报》文学、艺术类专刊；参与人民网文学、艺术类的专题宣传。

文艺部设5个内设机构：综合室、理论评论室、文学编辑室、艺术编辑室、美术编辑室。

评论部：主任1人，副主任3人，编辑与评论员20多人。主要职责是：承担《人民日报》评论的撰写和编辑工作；承担《人民日报》和《人民日报》海外版、人民网评论的指导协调工作。

评论部设6个内设机构：综合室、要论编辑室、专栏编辑室、政论研究室、评论版编辑室、新媒体评论室。

理论部：主任1人，副主任2人，编辑20多人。主要职责是：承担《人民日报》的理论宣传；编辑《人民日报》理论版和学术版；参与人民网的理论宣传工作。

理论部设5个内设机构：综合室、中国特色社会主义理论体系室、哲学·科社室、党建·历史室、经济·社会室。

内参部：主任1人，副主任2人，编辑记者40多人。主要职责是：向中央报送各类重要信息；承担内参的组织、策划、采写、编辑工作；开展专题调研，为中央提供重大决策参考；配合中央有关部门做好内参复核督查工作；接待群众来信来访；负责有关内部刊物的编辑工作。

内参部设6个内设机构：综合室、《情况汇编》编辑室、《内部参阅》编辑室、专题调研室、研究策划室、网络舆情编辑室。

体育部：政治文化部下属的独立部门，主任1人，副主任1人，记者编辑10多人。主要职责是：承担《人民日报》和《人民日报》海外版、人民网体育新闻的采写、评论工作；参与人民网体育新闻的专题报道；完成编委会交办的其他工作。

体育部设3个内设机构：综合室、体育新闻采访室、体育评论室。

数据来源：人民日报社2018年的内部统计结果。

21世纪初，中外媒体的新闻编辑部大都对组织结构进行了调整。一些报社以设立新部门的方式推进报网融合，如《广州日报》2006年设立“滚动新闻部”，负责报纸与网站之间的新闻报道联动与资源共享。还有一些报社更进一步，将报纸编辑部与网站编辑部合并到一起。在我国较早出现的一个案例是，2006年3月，《上海证券报》全面改版，社长关文在解释这次改版时说，这是在媒介融合时代的发展之路。“不要把上证报理解为只是一份报纸，上证报不是报，是一个平台，是财经媒体的资讯供应商。”① 改版后的“中国证券网”和《上海证券报》

① 任秋菊．左手办报，右手办网：谈报纸与网络的“宝莲灯效应”．青年记者，2006（24）.

全面融合，实行一个班子，一套架构，不设立重叠机构。对报网统一业务生产流程，统一考核。把报社的盈利模式从比较单一的信息披露收入转变为内容产品收入、活动产品收入和互动产品收入。此外，烟台日报传媒集团在2008年将旗下报纸的编辑进行整合，成立全媒体新闻中心，进行“从集团层面再造采编流程，并实现内容集约化制作”的实验；杭州日报报业集团2009年开通杭州日报网，结束《杭州日报》作为单一纸媒的历史，宣告报网合一的新媒体诞生……这些都是新闻编辑部组织重构的案例。

在传统媒体向新媒体转型的进程中，上海报业集团所创立的“澎湃新闻”是引人瞩目的一个案例。2014年7月22日，“澎湃新闻”在其网页、Wap、App客户端、官方微博和微信公号上发布了题为《我心澎湃如昨》的发刊词，宣告正式全平台上线。在发刊词中，“澎湃新闻”将自身发展目标定位为“一个专注时政与纳税人的新闻客户端，并立志成为中国第一时政品牌”。它推出了一系列比较有影响力的栏目，如中国政库、中南海、打虎记、人事风向、一号专案、舆论场等，在社会上产生了广泛影响。“澎湃新闻”的主要管理人员和记者团队为《东方早报》的原班人马，同时做报纸和新媒体的“双线作战”令这个团队的工作任务和采编流程都发生了变化，他们的努力得到了同行的赞赏和社会的认同。在经历了两年多的探索之后，上海报业集团决定，从2017年1月1日起《东方早报》休刊。《东方早报》原有的新闻报道、舆论引导功能，全部转移到“澎湃新闻”。

国外媒体的新闻编辑部同样也在发生变化，如美国最大的报业集团甘奈特集团首席执行官克雷格·杜博（Craig Dubow）2006年11月2日在一份备忘录中宣布，集团旗下的所有报纸都将设立“信息中心”，全面取代已有的新闻编辑室，让原先的报纸读者能在任何时候、任何地方、通过任何他们喜欢的平台，接收新闻和信息。这一消息在美国报界引起了广泛关注。杜博对此决定的解释是：“甘奈特集团日益意识到报纸读者感兴趣的远远不只是新闻本身。他们还对其他信息，特别是对本地信息（如天气、航班、饭店、电影等与读者生活密切相关的信息）有需求，而且这样的需求越来越多、越来越重要。使用‘信息中心’这一名词可以突出我们对这些需求的回应，而且突出了我们不仅在为报纸，而且也在为网站、手持移动设备以及其他多种平台搜集新闻和信息。”根据这一构想，甘奈特信息中心不再采用新闻编辑室的原有部门设置（如城市、经济、体育等新闻采编部门），而是将其分为七个功能部：数字部（以数据库为基础快速搜集新闻和信息）、公共服务部（媒介监督）、社区对话部（原评论专栏的延伸，帮助实现传-受交流和受-受交流）、本地新闻部、内容定制部（为小众市场定制专门信息）、数据部（发布生活类“有用”信息）以及多媒体内容制作部。据分析，甘奈特集团的这一改革主要有四个目的：一是进一步突出本地新闻和信息优先于全国和国际新闻信息的地位；二是发表更多的由受众提供的内容；三是每周7天、每天24小时不间断地跨平台更新和发布新闻和信息（报纸的作用从而下降，网站的作用因此上升）；四是在与受众的互动中进一步发挥他们的舆论监督作用。

美国《纽约时报》2007年进驻新的办公大楼时，将报纸编采团队与数字新闻运营队伍整合为一体化的新闻编辑部。在约1 200人的编辑部中，执行主编之下设两名副主编，分别负责新闻、政策事务与运营，再下设9位主编助理，分别负责摄影、设计、杂志、首都记者站及日常报道、企业报道、预算行政管理、编辑记者职业发展及职业标准、道德和伦理等工作。记者全部成为"连续报道记者"，不间断地为报纸和网站滚动报道正在发生的新闻。他们不断更新内容形成网上新闻的"升级版"，并最终完成"终极版"的见报稿。在记者写稿时编辑也要跟进，同时拟定网站新闻标题和报纸标题。这种流程还改变了记者与信源、读者的关系，读者可以提供更多有用的信息和报道角度来影响最终的报道或见报稿件。编辑部还设有互动技术组，与编辑、记者和图表制作人员合作制作有表现力的新闻产品，设视觉设计部负责整个网站架构，设视频部保证网络视频内容等。

新闻编辑部的组织结构调整是新闻传播模式变革的必然结果。当报社的新闻产品不再局限于报纸这一种平面媒介，而是要生产更加多样化的新闻产品如网站、手机报、微博、客户端等等时，就必然要探索新的内容生产模式，并对新闻编辑部进行重新调整。在融合的新闻编辑部中，新闻传播模式的变革集中体现为"融合新闻"（convergence journalism）。对此，美国南加州大学安利伯格传播学院教授拉里·普雷尔（Larry Pryor）这样描述："融合新闻发生在新闻编辑部中，新闻从业人员一起工作，为多种媒介的平台生产多样化的新闻产品，并以互动性的内容服务大众，通常是以一周七日、每日24小时的周期运行。"[①]

我国媒介组织变革中的一项重要改革尝试，是传统新闻媒体纷纷投入力量建设"中央厨房"。2013年，党的十八届三中全会提出整合新闻媒体资源，推动传统媒体和新兴媒体融合发展；2014年，中央全面深化改革领导小组第四次会议审议通过了《关于推动传统媒体和新兴媒体融合发展的指导意见》，媒体融合上升为国家战略，对于"中央厨房"建设是一次极大的推动。

"中央厨房"的概念源自餐饮业，原指统一采购、标准化生产、集中分发配送的大厨房模式。这一概念在21世纪初被我国新闻传媒界借用，表达了对新闻内容生产适应媒体融合需要，实现"一次采集、多次加工、多媒体发布"的构想。2014年3月，《人民日报》成立媒体技术股份有限公司，承建人民日报社媒体融合发展的技术平台、运营平台和资本平台，以"中央厨房"正式命名，这一概念在全国范围内引起了广泛的关注和热议。其实在此之前，类似"中央厨房"的设计和实验已经有不短的历史。如2005年，南方报业传媒集团曾提出构建"新闻数码港"设想，碍于条件不成熟未能实现。前面提到的《广州日报》《烟台日报》《杭州日报》的改革等也体现了同样的改革思路。

2014年，除了《人民日报》开建"中央厨房"，羊城晚报报业集团也开始搭建全媒体采编大平台，开展了内部机构重新设置和硬件技术升级，纸媒、网站、微博、微信等多元平台24小时不间断发布新闻；成都传媒集团数字采编中心正式运营；广州日报社成立"中央编辑部"。到2015年7月，经过半年试运行的新华社全媒报道平台正式启动，一年内推出了300多组"新华全媒头条"；2016年8月，新华社与首批42家传统主流媒体签署协议，成立全国首个国家级开放全媒体平台，新平台具有内容生产、渠道分发、版权追踪等功能，共享新华社全媒体传播渠道。2016年10月，人民日报社融媒体工作室计划正式启动，一年后即有麻辣财经、学习大国、新地平线、半亩方塘、一本政经、智理行间、国策对话场等27个融媒体工作室的新闻产品实现了线上线下深度融合。2017年1月，《中国青年报》在周六、周日不再出版纸质报纸，取而代之为"移动周末版"；《南方都市报》成立的"智媒体实验室"推出写稿机器人"小

① Quinn S，Filak V F. Convergent journalism：an introduction. Elservier Inc.，2005：5.

南”。同年2月，《经济日报》全媒体中心“中央厨房”启动试运行，创新实现“一支队伍采集、多个平台生产、多个渠道分发、全部流程调度”的运行机制。总体上看，“中央厨房”为新闻生产提供了新技术和新平台，开创了新闻内容生产的新模式。

二、新闻编辑工作流程

新闻编辑工作是新闻媒介产品生产中最重要的组成部分，由多道工序组成，新闻编辑工作各工序安排的程序就是新闻编辑工作流程。

对新闻编辑工作流程全面的理解，是将新闻媒介由创办伊始至产品问世作为一个完整的生产周期，新闻编辑在这一周期中各项工序的安排程序就是新闻编辑工作流程。前面已经谈到，各类不同的新闻媒介中新闻编辑的具体工作任务及其分工是不同的，这里我们以报纸新闻编辑为例，来考察新闻编辑工作流程（见图1-2）。

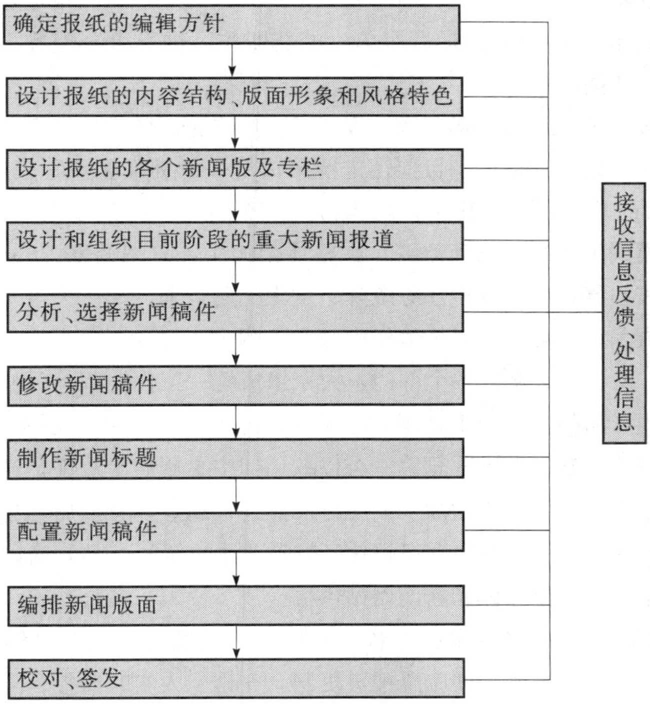

图1-2　报纸编辑部中的新闻编辑工作流程

在报纸编辑部的新闻编辑工作流程中，首先是以总编辑为首的编辑委员会在调查读者需求和媒介市场的基础上，根据办报方针，确立报纸的编辑方针，并设计出报纸方案。报纸设计方案对报纸的规模（即共出多少版）、报纸结构（即各类型版面的分工组合以及报纸的整体版面形象）、风格特色等作出详细规划。在报纸设计方案中，新闻版组或新闻版（含新闻性专版）的设计是最重要的内容。

然后，各专业编辑部门的负责人或版面主编对当前阶段的重大新闻报道进行策划，包括确定报道选题、设计报道范围与重点、确定报道规模与进程、拟订发稿计划、设计报道方式与表现形式、确定报道力量的配置和报道运行机制等。

在上述决策性工作程序之后，将策划方案具体落实到人，新闻编辑工作就进入了微观操作阶段，从分析和选择稿件、修改稿件、制作标题、配置稿件、编排版面到校对和签发清样。

接收信息反馈和处理各类信息是这一流程中贯穿始终的一项工作，报纸编辑在任何一道工作程序中都要有意识地接受来自记者、作者、读者等各方面的意见和建议，并据此对正在进行的工序作出必要的修正。

新闻编辑工作流程既包括较为宏观的编辑决策与设计工序，又包括具体的编稿、组版工序。对于一张新创办的报纸，或者面临改版的报纸来说，这两方面缺一不可，而且决策与设计对编稿与组版具有指导和制约作用，也就是说，编辑选择、修改稿件，制作标题和组拼版面，都要依据报纸的编辑方针，以及报纸的整体设计方案和当时的新闻报道设计方案进行操作。

广播、电视、网络新闻编辑工作的流程在总体结构上与报纸新闻编辑是一致的，即也是由确定编辑方针，设计新闻载体的结构、形态和风格到设计并组织新闻报道，再到编辑加工新闻作品（具体手段和操作方式不同），最后对单一的新闻作品进行组合配置，将单个节目串联成完整的栏目，并发布或播出。

在媒介融合的进程中，新闻编辑工作流程必然有所变化。各类传统媒介根据自身的条件在流程改造方面有不同的思路和举措，目前还未能形成统一的标准化流程模式。以《人民日报》为例，“中央厨房”的建立，并非作为报社内部的一个机构，而是作为一套内容生产、协作、分发的业务机制和模式带来了一系列改变。在整体架构中，总编调度中心是指挥中枢，是策、采、编、发网络的核心层，负责宣传任务统筹、重大选题策划、采访力量指挥；采编联动中心是常设运行机构，由采访中心、全媒体编辑中心和技术中心组成，负责执行指令、收集需求反馈，人员来自“报、网、端、微”各个部门，大家组成统一工作团队，听从总编调度中心的指挥，进行全媒体新闻产品的生产加工，所有产品直接进入中央稿库（见图1-3）。《人民日报》总编室、新媒体中心总编室、人民网总编室可以取用“中央厨房”稿件，这些稿件既可作为成品直接发布，也可作为素材进行二次加工。所有产品在社属媒体首发后，再向国内外合作媒体推广。目前，《人民日报》“中央厨房”可提供18个语种的新闻产品，向国内2 000多家媒体和网站，以及几百家海外主流媒体和新闻网站供稿。

在这样的组织架构下，人民日报社配备了相应的运行机制，包括总编辑协调会、采前会等。此外，还建立了重大、突发事件应急报道机制，安排专人实时监控、随时调度，第一时间进行融合采集、加工、生产和传播。为提升内容质量和产品的多样性，让媒体人的创意产生更大的价值，《人民日报》“中央厨房”创新机制，另建了一条崭新的业务线——融媒体工作室，鼓励“报、网、端、微”采编人员按兴趣组合，以项目制施工，资源嫁接，跨界生产，充分释放全媒体内容生产能力。融媒体工作室采取“四跨五支持”机制：“四跨”即允许记者、编辑跨部门、跨媒体、跨地域和跨专业组成小规模的“战斗突击队”；“五支持”是“中央厨房”作为孵化器，负责提供资金、技术、渠道、运营、经营等五方面支持。《人民日报》“中央厨房”的探索具有一定的代表性，并且取得了较丰硕的成果。在其他新闻媒体集团中，还有其他的类似尝试。这些改革措施还在进一步完善中，最终的效果有待实践的检验。

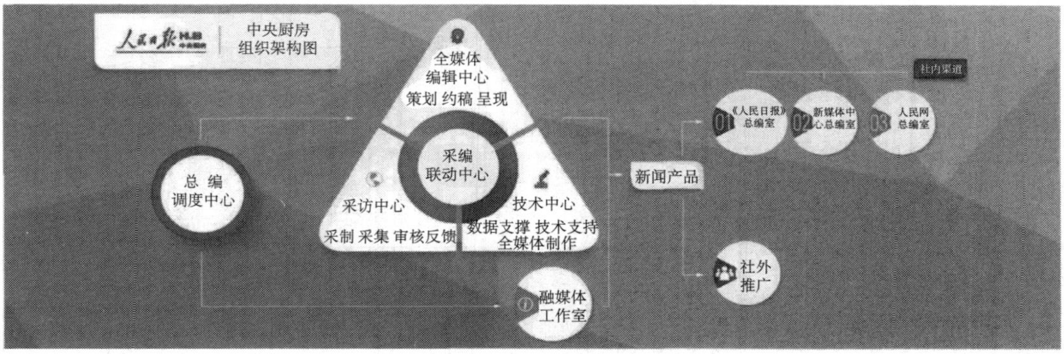

《人民日报》中央厨房组织构架图

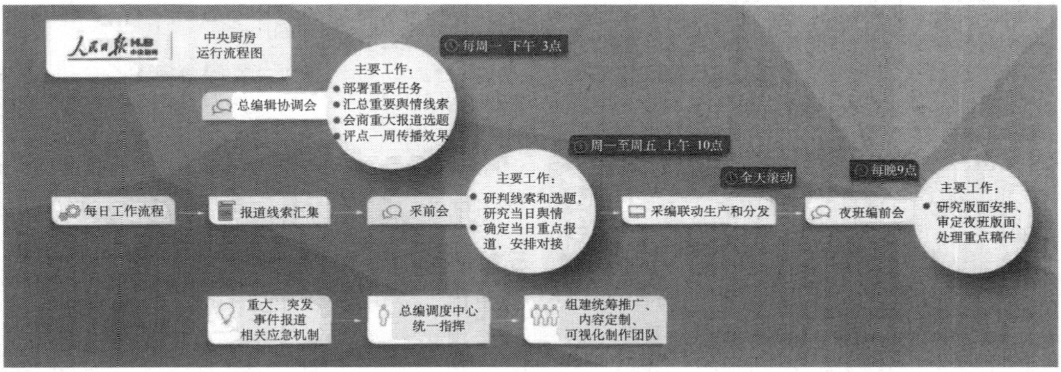

《人民日报》中央厨房运行流程图

图 1-3　《人民日报》“中央厨房”组织架构与运行流程图

在我国报业向全媒体转型的探索过程中，北大方正电子有限公司等一批技术供应商开发出了一系列适用于报业全媒体模式的解决方案。以北大方正为例，其陆续研发并提供给报业全媒体的系列方案包括：全媒体的新闻采集系统、手机移动的采编、数字编辑一体化平台、新媒体发布平台、新闻阅读器解决方案等。目前国内 80％的报业传媒在采编系统及全媒体资源库上采用了北大方正提供的解决方案。北大方正帮助报业搭建了全媒体采编平台。其对全媒体流程的思路是，将报业在内容采集的源头进行集中，把来自各个渠道的新闻线索、未经采用见报的内容以及其他资源整合起来，再通过资源管理系统进行深度开发、使用。图 1-4 能够体现北大方正的全媒体采集系统解决方案的总体思路。

在这张流程图中，从“线索”到“策划”“采集”“编审”“发布”“跟踪”，再到发现新的“线索”开始又一轮循环，新闻编辑工作的职责和任务与图 1-2 中描述的报纸新闻编辑工作流程的总体架构其实是基本一致的，只是没有将确定新闻编辑方针、设计新闻产品这些在创刊伊始所做的宏观业务程序纳入进来，而是以每天常规性工作（策划报道、编辑和发布稿件）作为主体内容。

那么，全媒体的新闻编辑工作流程究竟会在哪些方面与做单一新闻产品的平面媒介不同呢？我们需要进一步仔细察看有关每一个核心环节的详细说明。

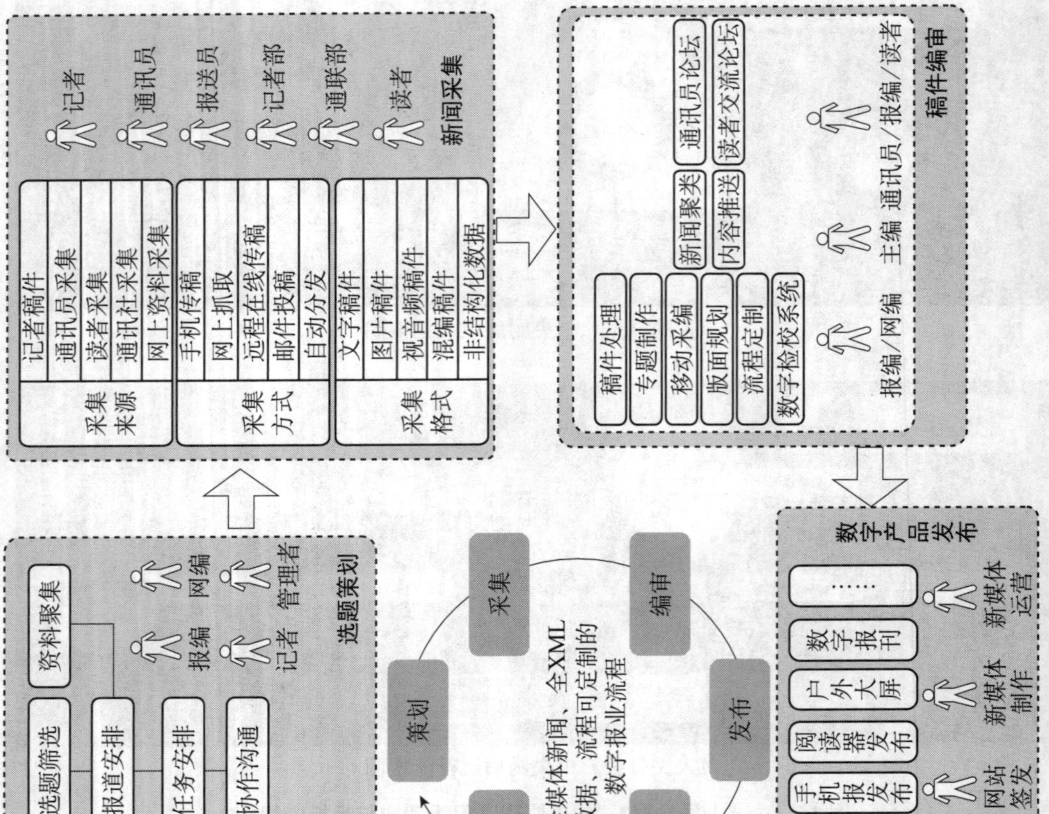

图1-4 北大方正设计的全媒体生产流程整体结构图

第一，在线索和策划环节，新闻编辑的具体工作内容有了变化。比如，通过网络获取线索和相关资料，通过舆情分析和网上热点发现报道选题显得更加重要。在现实工作中，新闻编辑通过微博、微信等社交网络平台获取报道线索和新闻资料的做法今天已经非常普遍。

第二，在采集和编审环节，新闻编辑根据记者采集新闻的方式和稿件形态的多样化，也相应要采用更多的新技术和新方法进行后期编辑制作。如在传统的文字与图片编辑之外，要完成音视频新闻编辑，要和技术人员合作完成互动式新闻的设计和制作，还要通过数据挖掘发现新的线索或内容，以提高新闻报道专业水平。更重要的是，新闻采集和编审的过程不再像过去那样是在新闻编辑部内部封闭性进行，而是会通过互联网、利用各类社交媒体与公众不断地交流和互动，以开放性的内容生产模式将用户提供的内容纳入新闻报道。

第三，在发布和跟踪环节，新闻编辑同时使用多种媒体形态和信息终端，需要在新闻产品的定位与设计上更加精准，尤其是对使用无线移动终端的用户，还应该尽可能根据他们的地理定位、个人身份以及媒介消费习惯等方面的数据分析，设计更加个性化、更具针对性的内容推送。对新闻产品与服务效果的跟踪与分析也将变得更加重要和可行。对媒体内部人员的业务考核和管理也能够比以往更加精确和科学。

由此可见，在融合的编辑部中，新闻编辑工作流程的改变增加了编辑工作的难度。新增加的所有工作任务，都是为了实现媒体转型的最终目标：让用户在任何时间、任何地点、通过任何渠道获得自己所需要的任何新闻及资讯服务。

在新闻编辑部中，对于新闻编辑工作流程的管理非常重要。总编辑与编委会对辖下各部门和各岗位的领导，以及各个部门、各种岗位之间的协调合作，主要通过内部会议制度来落实，如在报界很早就实行的“编前会”“采前会”等，以及在媒介融合改革后出现的“采编协调会”“总编协调会”等。

“编前会”，最早是在每期报纸组版之前，由报社的值班总编辑、编委或总编室主任主持、各专业部门负责人参加的版面协调会。各版主编在编前会上汇报第二天版面编排的设想和稿件情况，各部门沟通情况，对版面上可能出现的问题及时安排解决，对近期的重要报道选题进行落实和部署。在传统媒体组织不断向新媒体转型的过程中，“编前会”的工作内容也开始发生变化，不仅要决定报纸版面的编排，还要研究决定稿件在其他各种媒体终端上的使用，以及这些媒体终端之间的相互配合和协调。

“采前会”实际也是一种“编前会”，但会议时间通常在中午之前，是在传统的“编前会”之前的一次会议。“采前会”的出现，是因为新闻竞争不断加剧，一些报社对新闻报道的策划和组织工作越来越重视，认为以往每天召开一次的“编前会”（通常在下午或晚上举行）已经不能很好地担负起策划和指挥新闻报道的重任，因此在“编前会”之前再增加一次“采前会”，参与者与“编前会”人员相似。也有报社为了使新闻报道活动与报纸的发行、广告经营更好地进行联动，还邀请了经营部门的有关负责人参与“采前会”。“采前会”的工作内容也随着媒介的转型不断变化，如《人民日报》从 2017 年开始把“采前会”作为“中央厨房”运行的一个关键环节，是总编调度中心的重要日常工作，由白班副总编或新闻协调部主任主持召开，主要负责传达上级有关精神，通报宣传提示，汇集新闻线索，分析研判舆情，拟定策划方案，布置采编对接，检查编发情况和评估传播效果。

除了作为每日常规性工作会议的“编前会”“采前会”，一些新闻媒体还根据媒介融合的需要建立了新的会议制度加强对各类新闻产品生产的统筹和管理。如人民日报社在建立“中央厨房”之后，每周召开一次“总编辑协调会”。该会由总编辑主持，部署重要宣传任务，会商重大报道选题，评点一周传播效果，协调采编对接联动。这个会议是在更高的组织层面上对全报社重大报道的全媒体生产和融合传播进行统筹管理。

三、新闻编辑工作的主要内容

在新闻编辑部中，新闻编辑工作是一项由众多环节组成的“系统工程”，不同的岗位，不同的业务职能，以及不同的媒体类型，形成了编辑工作的多种类型。

对新闻编辑工作种类的划分较为复杂，划分的标准不同，编辑工作种类也不同。如在我国报业集团中，主要的划分方式如下。

（一）按管辖范围和责任大小划分，有总编辑、编辑部主任、版面主编、新闻编辑、校对等

总编辑是编辑部门总负责人。其主要职能是：拟定编辑方针，设计报纸方案；随时指导编辑部人员（包括编辑、记者、评论员、资料员等）的工作；对编辑部工作中出现的问题进行裁决；对重要的或有疑问的稿件、主要的标题、报纸的大样清样进行审读、签发。

编辑部主任是编辑部下属各具体新闻部门的负责人。其主要职能是：拟定本部门报道规划并组织和调控报道；审读、挑选、修改、签发本部门记者和通讯员的稿件，并分类提供给有关版面主编。

版面主编是负责设计、组拼报纸新闻版及新闻性专版的编辑。其主要职能是：设计版面的报道内容与形式，审读、选择和修改稿件，修改标题，配置版的内容，设计版面，校对样张。需要说明的是，有些报社还设有专门设计版面的版式编辑，在这种情况下，新闻版主编则只负责版面的内容，而不再设计版面。

新闻编辑是协助编辑部主任和版面主编工作、担负一定范围的稿件编辑任务的人员。其主要职能是：审读、初选和修改稿件，制作标题。

校对是从事新闻出版过程中校对工作的专职人员。其主要职能是：根据文字原稿或定本核对校样，订正差错，保证出版物的质量。

（二）按业务程序划分，可分为日班新闻编辑、夜班新闻编辑、内务编辑等

日班新闻编辑是编辑部组织日常新闻报道的人员。其主要工作包括策划报道，布置采访，联系作者，处理、修改和提供新闻稿件等。夜班新闻编辑是负责每天报纸最后发排工作的编辑，因上夜班故名。其主要职能是处理日班编辑送来的新闻稿件，确定当天报纸的内容，对版面的内容进行配置，修改标题、设计版面等，并必须在规定的付印时间之前完成。通常只有日报才有夜班新闻编辑。内务编辑又称“编务”，是负责编辑部内部业务事宜的工作人员。其主要工作是搜集、研究和整理内部情况，汇集和编写各种资料，出版内部新闻业务交流刊物，培

训通讯员骨干等。

（三）按编辑内容的专业领域或对象特点划分，可分为政治编辑、文教编辑、经济编辑、体育编辑、图表编辑、版式编辑、视频编辑等

这种划分在不同的报社情况不同，有粗有细。如综合性报纸，负责编辑经济新闻的编辑为数不多，称作经济编辑。而在经济类专业报纸中，经济编辑还要更详细地分为工交编辑、财贸编辑、农业编辑等。图表编辑、版式编辑在有些报社也称“美术编辑”，负责图片、图表的编辑制作或版面的设计编排。有些重视版面整体设计的报社还在版式编辑的基础上设有一个位置更高的“版面总监”岗位，对报纸的所有版面进行前期的总体设计和长期监控。视频编辑则是报社针对网站及新媒体的视频报道设置的一个新岗位。

（四）按照媒体形态划分，可分为报纸编辑、网站编辑、手机报编辑、微博编辑、微信公号编辑等

这种划分在不同的报社也会有不同的情况，如：有些报社已经将报纸编辑与网站编辑合为一体，有些报社则是不同的编辑负责不同终端的编辑发布；有些报社的网站编辑同时负责微博编发，有些报社的微博编辑却是相对独立的岗位。随着媒介形态的进一步变化，这样的分工还会继续发生改变。

需要说明的是，广播电视台的新闻编辑与报业集团的编辑又不相同，除了对文字稿件进行编辑之外，重点是运用电子编辑设备对前期摄录的音响、影像素材进行选择、剪辑、组合等处理，配以解说词、字幕、音响效果、音乐等而制作成一个完整的节目，因此广播电视新闻编辑的工作内容要比报纸新闻编辑繁杂。如在电视新闻制作和播出阶段，新闻编辑从广义上说，实际包括了新闻总监、制片人、责任编辑、策划、编辑、统稿、编务、录音师、美工、多媒体制作、字幕员、导播、音频切换、视频切换、放像员等多工种所承担的工作，分工非常细。

虽然不同类型的媒介中新闻编辑工作的具体任务有所不同，但从新闻编辑业务的共性方面进行分析，可以对新闻编辑工作进行如下概括：

新闻编辑工作是新闻编辑在新闻媒介产品生产过程中所进行的一系列工作。新闻编辑工作的内容包括：新闻产品设计、新闻报道的策划与组织、新闻作品的修正和把关、新闻信息的整合与展示、新闻互动与公共交流的组织与引导。

新闻产品设计是宏观的、前期性的新闻编辑业务，具体包括对报刊新闻版组或新闻版（含新闻性专版）的定位与设计、对广播电视新闻频道或新闻栏目的定位与设计、对网站的新闻频道或新闻栏目的定位与设计，以及对微信公号、新闻移动客户端等各类新媒体新闻产品的定位与设计等。

新闻报道的策划与组织是中观的、贯穿传播活动全过程的新闻编辑业务，具体包括对各个时期新闻报道选题的决策、对报道方案的设计，以及对新闻报道活动的组织实施和调控。

新闻作品的修正和把关是微观的、更加具体的新闻编辑业务，具体包括了对所有表现形态的新闻作品的选择、修正和核查把关。这些新闻作品包括了文字稿件、新闻图片、信息图表、数据新闻、广播音响报道、电视影像报道、网络多媒体新闻、网络互动新闻等等。

新闻信息的整合与展示是介于微观与中观之间、后期性的新闻编辑业务，具体包括对单个新闻作品的组合配置，对报刊版面的设计编排，对广播电视新闻栏目的组合编排和播出，对网络新闻栏目的组合编排，以及新闻网页、新闻移动客户端页面的设计编排等。

新闻互动与公共交流的组织与引导也是贯穿新闻传播整个过程的新闻编辑业务，具体包括：围绕报道主题向社会公众征集线索与素材，展开思想交流，吸引用户提供内容，并且在公共交流中对话题加以引导，把握新闻传播的主动权。

第三节　新闻编辑工作特点

【知识要点】

- 新闻编辑担负着对新闻传播活动进行总体和局部策划、对记者进行指挥调度的任务。
- 新闻编辑工作是对所有新闻传播活动的“集大成”和“总把关”。
- 新闻编辑对记者、作者与用户提供的新闻素材要进行“再认识”与“再创作”。
- 新闻编辑是公共论坛的“主持人”和新闻话题的“引导者”。

在新闻媒介产品生产过程中，新闻信息的采集和编辑制作是互为依靠、最为重要的两大业务工种。在日常新闻传播中，新闻信息采集只是整个新闻生产过程中的一个重要环节，而新闻编辑工作从前期新闻产品设计、新闻报道的策划与组织，到新闻作品的修正和把关以及新闻信息的整合与展示等，贯穿了整个新闻生产过程。随着科技发展与媒介形态演变，新闻采集和编辑两大工种的相互交融，也是值得重视的一个趋势。尤其是在新闻竞争的压力下，出于提高时效和发挥媒介潜在优势的目的，广播电视对突发性事件的现场直播报道，以及网络多媒体新闻报道，采、摄、编、播往往由同一主体连贯操作，一气呵成。不过，操作上的合并和简化，并不意味着编辑功能在新闻传播中的丧失或衰退，尤其是宏观与中观编辑业务，在采编交融和互动的工作体系中，将更充分更有效地展开。因此，我们还是有必要通过新闻采集与新闻编辑两大工种的相互关系来考察新闻编辑工作特点的。

如果把新闻产品比作一座大厦，那么负责采集新闻信息的记者就是建设这座大厦的材料和部件的提供者，而新闻编辑则是设计师和建筑师。原材料的质量好坏，决定了建筑物的质量优劣和档次高低，而设计水平和建筑工艺，又对原材料功用的发挥程度和建筑物的总体水平具有决定性作用。

编与采共存于一个新闻生产系统，具有共同的宗旨和目标，那就是以优质的新闻产品为用户服务。它们在实际运作中相互依存不可分割，同时又相互矛盾不断碰撞。这种对立统一的关系缘于两者在共性之中还存在着个性。这表现在以下方面：其一，采、编工作性质不同。采访是一线工作，面向社会现实；编辑是二线工作，或为采访提供指南，或对新闻作品进行修改加工。其二，采、编工作目的不同。采访的目的是写稿和摄录，产品是单个体，主要体现记者个人的劳动；编辑的目的是编出新闻版或新闻栏目，产品是综合体，主要体现集体的劳动。其三，采、编工作方式不同。采访可以由记者独立承担，除了电视台新闻摄制组需由若干人分工合作完成摄像采访任务外，报社、电台、网络媒介的记者基本上都能够独自一人承担一项采访任务；而编辑工作必须集体来做，由许多环节组成，从总编辑、频道总监、主编等进行新闻产品设计，编辑部主任、策划人等策划组织报道，到后期编辑设计出版面，编排栏目，可谓环环相扣，全体协作。

新闻采集与编辑这两大业务的不同点导致了两者不可避免的矛盾。一是新闻编辑的指挥是否得当、决策是否正确，影响记者采访的成败和水平的发挥，容易出现矛盾。二是编辑对新闻作品的取舍、修改和整合展示，关系记者劳动成果的体现，容易出现意见分歧。三是编辑的人品修养和业务素质能影响采编的合作效果，比如那些以稿牟利或业务水平低下、工作不负责任的编辑就难以公正、合理地处理与记者的关系，难免造成种种冲突和矛盾。因此，对新闻编辑工作的特点需要从编辑在新闻生产系统中所处的特殊位置以及编采关系的这种矛盾统一性中来把握。

更值得关注的是，社会化媒介（social media）自 20 世纪末期诞生以后呈现出增速不断加快的趋势。一方面，这类媒介成为职业新闻工作者的一种专业工具，如《中国青年报》特别报道部副主任刘万永认为，记者可以通过微博实现身份与职业的拓展。他以自己的采访经历证实了微博对记者的三大作用：发布新闻线索，动员社会资源；发现新闻线索，助力记者采访；建立职业共同体的平台。另一方面，社会化媒介所支持的在线活动中包含大量新闻信息的传播，如人们在微信朋友圈中可以随时随地分享新闻信息并交换意见。

公众参与新闻传播，推动了新闻内容生产的改变。如美国 2005 年诞生的《赫芬顿邮报》号称“互联网第一大报”，被认为“代表了一种建立在新的社区基础上的内容生产的新模式”。它只有 150 名带薪工作人员，但依赖超过 3 000 名投稿者为每一个可以想到的话题制造内容。它有另外 12 000 名“公民记者”，这是它的“眼睛和耳朵”。它的读者也生产了网站的许多内容，每个月有多达 200 万条投稿。《赫芬顿邮报》的编辑分为两部分，一部分人从事传统的采编业务，另一部分人则坐在编辑室里，时刻紧盯谷歌网站，看哪些搜索关键词最受关注，然后根据这些关键词撰写发布新闻故事。这个案例说明，新闻编辑与媒介用户的关系对于新闻内容生产具有了前所未有的重要性。

2016 年，《人民日报》“中央厨房”数据新闻与可视化实验室创立了“国策对话场”微信公号，并在其中打造了一个叫“众议厅”的微社区。为什么要新创办这样一个公号和社区？因为《人民日报》时政新闻的解读稿件过去多采用中办、国办的统一稿件，编辑希望通过“国策对话场”做出老百姓看得懂的时政新闻，用图解、大数据、H5 这些生动形象的多媒体方式，挖掘政策文件中的新闻要点。他们在所有融媒体产品的下方，都附加“国策对话场”二维码，引导读者来到微信公众平台，参与话题讨论。而且，编辑还会对公众讨论内容进行大数据分析，“二次加工”成新闻产品或研究报告，反馈报告通过内参直达中央决策层。

媒体变革带给职业新闻工作者的最大挑战是：信源、传播者、媒介、受众之间的关系变化改变了新闻传播的性质和形态，因为掌握了自媒体的受众有时就是信息来源，与过去不同的是，他们今天能够越过记者和大众媒介直接发布新闻。同时，通过各类社会化媒介接受新闻信息的用户也可以随时随地、自由地参与新闻传播活动，为揭示真相提供事实依据，甚至成为新闻传播中的意见领袖，对事件的发展起到关键性的作用。因此说，在某些时候，受众、传播者、媒介、信源可能合为一体。新闻报道既是职业化的工作，同时也是全民参与的公民新闻活动。因此，新闻编辑工作的特点还需要进一步从编辑与媒介用户的关系角度重新加以认识。但这并不否定新闻编辑在新闻传播中的主导性和能动性，恰恰相反，在新的传播环境下，对新闻编辑专业化水平的要求会比以往更高。

一、新闻传播活动的“总设计”与“总指挥”

在社会主义市场经济条件下，我国新闻媒介面对的已经不是媒介供不应求的“卖方市场”，而是受众自由选择媒介的“买方市场”。媒介间的竞争首先是媒介产品质量和服务质量的竞争，而产品质量和服务质量又主要体现在新闻传播效果上。受用户欢迎的是新闻信息量大、时效性强、可信度高、可读性强的媒介产品，媒介产品的这些品质不可能自然地生成，而必须靠有创意的新闻产品设计和有意识、有组织的新闻传播活动来营造。而新闻编辑工作的一项重要任务就是设计媒介的新闻产品和策划并组织新闻报道。

（一）新闻编辑是编辑方针的制定者，是媒介新闻产品形象的设计师

在报纸、广播、电视、网络新媒体的创办或者改版时，以总编辑为首的编辑委员会担负着制定编辑方针的任务，编辑方针规定了媒介的受众对象、报道内容、媒介水准和风格特色，这将成为今后编辑部全体人员共同遵守的行动纲领，成为所有新闻业务活动的指南。新闻编辑还担负着设计新闻媒介产品的信息规模、结构和外在形象的任务，每一个新闻版组、每一块新闻版面、每一个新闻频道、每一个新闻栏目都是编辑策划的结晶，它们作为新闻媒介的有机组成部分，成为向广大受众传递新闻信息的载体。媒介产品的政治水平、文化水平以及专业水平，都直接受编辑策划的制约，媒介的外在形象更是编辑设计的产物。20 世纪 80 年代以后，我国报界出现“扩版热”“改版热”，新创办的报纸层出不穷。报纸作为一种文化产品，其读者定位、产品设计和形象包装问题引起越来越广泛的注意，报纸编辑工作在这方面的功能还将不断加强。90 年代，我国电视新闻改革步步推进，名牌新闻栏目不断涌现。21 世纪初，中央电视台新闻频道问世，树立了电视新闻发展的又一块里程碑。在电视新闻发展的过程中，新闻编辑的决策与设计作用越来越得到充分的显示。

目前正在不断向前推进的媒介融合，对新闻编辑的决策与设计水平提出了更高的要求，如在一个融合的媒体集团中，每一个媒体的定位要求更加精准和个性化，而这些不同终端产品的设计同时还需要有一体化的设计思路以促进“产品链”的生成和传播效果及媒体收益的最大化。

（二）新闻编辑是每一阶段新闻报道活动的策划者和组织者

报纸的总编辑、编辑部主任、版面主编，电台电视台的总编辑、新闻频道总监、新闻部主任、栏目制片人、编辑策划人等都担负着策划和组织新闻报道的任务，这项任务在任何新闻媒介都常规性地、日益频繁地进行着。现代科学技术的发展，使社会公众对新闻传播的需求不断扩大，他们已经不仅仅满足于获知新近变动的新闻事实，而且要求媒介围绕新闻事件或社会现象提供尽可能详尽的背景资料，解释其产生的原因，分析其带来的影响，预测其发展的趋向。

为此，新闻报道要由平面式走向立体式，从单向性走向多向性，追踪报道、系列报道、组合报道等运用得越来越多，新闻编辑设计报道和组织报道的任务也越来越重。

媒介融合之后，策划内容生产与管理内容分配的高层编辑人员将占据更加重要的地位。美国学者研究发现，“多媒体分配总编辑”（multiple assignment editor）就是在媒介融合之后担负着特殊任务的高层编辑人员。在美国中型和大型市场（排名在前 100 名的市场）的新闻编辑部中，“多媒体分配总编辑”往往由多人担任，他们根据责任或工作时间分段来分工，如在大型新闻编辑部中有分设“策划总编辑”（planning editor）和“分配助理”（assignment desk assistant）的，也有分设“白班分配总编辑”“夜班分配总编辑”和“周末分配总编辑”的。而在小型编辑部中，通常只设一个“分配总编辑”，每周 7 天、每天 24 小时都在负责内容生产。研究者认为，“在多媒体的或融合的新闻编辑部中，制片人和分配总编辑的角色变得更加复杂和重要。他们现在要考虑的已经不仅仅是在电视新闻中报道什么与如何报道，他们必须决定如何最好地同时在报纸、广播电视和在线平台上完成新闻报道”①。显然，高层编辑人员策划和组织传播的工作对象已经由单媒体变成多媒体，策划与管理报道活动的难度大大提高了。

（三）新闻编辑是记者从事采访写作的指挥员和参谋

新闻编辑不仅策划报道，而且是每一个重大报道战役的指挥者。他们向记者部署采访任务，协调各部门、各工种以及记者之间的关系，随时了解记者的工作情况并为其提供力所能及的帮助，比如提供采访线索、提供资料、推荐合作者等。在记者的采写过程中，编辑还要为其做好参谋。在新闻竞争日趋激烈的今天，即使是并不重要的报道，记者也愿意和编辑沟通情况，听取他们的意见和建议，因为编辑与记者的工作性质不同，编辑更习惯于站在全局的高度看问题，可以弥补记者对报道客体认识的不足，帮助记者找到更有价值的选题和更好的报道角度，使其写出优秀的新闻作品。可以说，新闻竞争越激烈，媒介就越需要足智多谋、指挥有方的新闻编辑。

二、对新闻传播活动的“集大成”和“总把关”

如果说记者的工作对象是单篇的新闻作品，编辑的工作对象则是报纸、频道、栏目等这样一种集合体。如在报纸编辑部中，由于编辑工作的目标是生产出由各类稿件组合成的综合产品——报纸，报纸编辑就必然处在精加工和总合成的位置。编辑部的各类工作人员如记者、资料员、评论员、照排技术人员等，无一不与编辑工作发生联系，他们的劳动成果通过编辑工作汇集成一体。在已经运用计算机采编系统的报社，网络系统上的一个个编辑工作站实际就是一个个枢纽，来自各方面的稿件都集中在这些工作站的“备稿库”中。各部门编辑对这些稿件进行分类、选择、加工，不合格的产品被退还，编好准备采用的稿件则放进“成品库”中。总编室白班编辑根据当天版面的需要，从“成品库”中选取稿件再度进行加工和配置，经过这轮处理的稿件就进入了“上版库”，留待版面编辑将其设计成完整的版面。设计好的版面再由技术

---

① Quinn S，Filak V F. Convergent journalism：an introduction. Elservier Inc.，2005：22.

人员照相制版，印刷成报纸。采编系统中的三类稿库，既是编辑的作业场所，又是记者、评论员、资料员等劳动成果的集中地。采编网络系统的运行，使编辑在网络上与各工种对话、合作，而编辑工作的最终目标，就是将编辑部门所有人的劳动成果在报纸上集中体现出来，而且，在媒介融合之后，新闻编辑还应积极争取媒介用户参与新闻传播，将他们提供的内容纳入新闻报道。所以说，编辑工作既是对各项采编业务的集大成，也是对专业新闻工作者的成果与用户提供的内容的整合和集成。

在新闻传播活动过程中，编辑工作又是新闻传达至读者的最后一个关卡。以一篇新闻稿来说，从最初的选题、采写、修改到上版面、印成铅字与读者见面，编辑是它的加工者，也是最后一个把关人。有人把编辑比作足球场上的守门员，如果说传球失误还可以寻找机会更正，或者被守门员拦住而不至造成败局的话，守门员的失误却无法修正，造成的损失无法弥补。虽然记者、作者对新闻都有自行"把关"的责任，但编辑由于其特殊的地位，在把关上担负的责任更为重大。这种把关既包括杜绝新闻报道在政治思想和政策上的差错，也包括消除其事实的技术性的差错。新闻编辑无法阻止各种差错的出现，但必须把一切差错消灭在版面之外，保证新闻传播的真实性和准确性。

三、对新闻素材的"再认识"和"再创作"

当记者、作者把新闻稿交到编辑部时，或者编辑从网络与社会化媒介上发现有价值的内容时，这些稿件通常已是对原始的新闻素材选择和加工后的成品，但是，这些成品并不一定完全符合媒体发布的要求。编辑选择和处理稿件，首先是对新闻素材重新认识的过程。由于新闻采写与编辑工作的种种差异，编辑和记者往往是从不同的角度看待新闻选题和新闻素材的，工作在一线的记者对事物的感受更加真实、深切，但也可能因为身在其中难以保持客观冷静，而且视野会受到限制。来自媒介用户的内容更有可能存在各种问题和缺陷。编辑所处的位置相对超脱，更多地从全局上考虑问题，对报道立场和原则把握得更加到位，对同类情况有更多的报道经验，因此有可能看到记者和媒介用户尚未意识到的问题，发现新闻素材中潜在的价值，找到更好的报道角度。编辑对于新闻素材的再认识，还与编辑面对的新闻稿件众多，可以相互比较、相互联系有关系。有时一稿件的主题与另一稿件的主题是对立的或者相关的，编辑通过对比、联想、拓展，就能从中提升出一个更深刻的报道主题，或者发现更有价值的新闻线索，重新策划和组织报道。

新闻编辑对于新闻稿件的加工修改，不是简单的"剪刀加糨糊"的工作，而是根据编辑方针和报道意图对新闻素材进行再挖掘和再表现的过程，是富有创造性的劳动。当然，编辑对新闻素材的"再创作"要以新闻事实为依据，不能主观随意地添加或杜撰，不能违背事物的本质和规律，从这一点来说，新闻编辑的能动性、创造性又是受制约的。

新闻编辑对新闻素材的再创作主要从这几个方面体现：

一是对新闻素材的重新选择和组合。编辑与记者的岗位不同，视野也往往不同。记者一般对社会现实了解颇多，对自己所从事报道的领域非常熟悉，但对全面的情况和读者的要求却往往不如编辑清楚，在写稿时可能不得要领，使新闻素材的潜力得不到充分发挥。编辑选稿、改稿、制作标题，就是要使最有新闻价值的内容得到突出处理，更深入、更全面地报道新闻事实。同时，编辑对于用户提供的内容有选择地加以使用，还会使报道的视角更加多样化，报道的内容更加完善。

二是对新闻表现形式的再创造。形式是为内容服务的，形式的运用往往又关系到内容传播的效果。新闻编辑对于新闻表现形式的创造主要通过变换稿件的写作方式、编排手法，设计包装版面或栏目等来实现。此外，对单个的稿件进行扩展或组合，通过一系列稿件的综合的表现形式，使受众了解事物发展的全貌，也是编辑对于新闻素材的创造性运用。在媒介融合之后，编辑利用网络传播的互动优势对新闻内容重新编排设计，如以多媒体混合编排的形式讲述新闻、以互动的技术设计吸引用户参与报道等，都更加突出地表现出编辑的创造性。近几年来广受用户欢迎的"数据新闻"，更是新闻编辑创造性地运用数据挖掘和可视化技术打造出的新型新闻产品。

四、公共论坛的"主持人"与新闻话题的"引导者"

新技术与新媒体使普通公民获得了从未有过的参与新闻传播的能力，他们能借助手机、博客、播客、BBS 等发布新闻、表达观点。从整个社会的新闻信息流动来看，越来越多的新闻正在职业的"新闻把关人"控制范围之外广泛传播，这已是不容回避的事实。因此，新闻编辑必须在这样一个新的媒介环境下重新思考自己的角色定位。

首先，新闻编辑需要担负起公共论坛"主持人"的新角色，组织与各类新闻相关的公共对话甚至观点交锋。在新媒介不断出现之后，新闻信源也随之发生了结构性的变化，博客、播客、微博、微信等都是不容轻视的个人媒体，来自普通民众的新闻和言论在新闻传播中占据越来越大的比重。在这场变革中，专业新闻媒体如果不能把自己改造成公众交流的平台，就将失去受众、失去市场。因此，新闻编辑必须从幕后走到前台，成为社会公众的对话者和新闻论坛的主持人，并将公众意见纳入新闻传播内容的范畴。现在，已经有越来越多的传统媒介的记者编辑在网络媒介上开设了互动专栏，从中获取信息和线索，主持有关各类新闻议题的讨论。2006 年获得中国新闻奖网络新闻专题一等奖的新华网的专题报道《网民感动总理 总理感动网民——总理记者招待会网上答问》，便是新闻编辑策划与主持报道的一项成果。在温总理记者招待会召开前三天，新华网以"温总理记者招待会，你想问什么?"为题，公开向网民征集问题，并将网民的帖子在新华网首页发布。温总理在记者招待会上回应了网民的提问，新华网立即推出"点评总理记者招待会，温总理深情回应网民"的引导帖文，获得了网民 30 万次点击跟进和约 2 000 条的帖文回复。整个报道还链接直播的视频音频、现场图片，形成了互动性专题。2006 年以来，所有参评中国新闻奖的网络新闻专题都开设了论坛与网民互动，新闻编辑作为主持人的特点也表现得非常突出。

其次，由于技术发展促使新闻传播方式正在从传统媒介主导的单向式变为专业媒介组织与普通公民共同参与的分享式、互动式，大众传播与人际传播更加紧密地结合与汇流。这种新格局一方面造成新闻信息供给过剩，另一方面也促成人们对专业媒体组织整合、诠释信息的更多依赖。因此，新闻编辑需要更好地承担起对公众普遍关注的新闻话题进行引导、解释与评析的任务，而不只是简单地决定报道什么、不报道什么。而且不同的人对于同一条新闻的关注点不同，对于与这条新闻相关的其他信息及服务的诉求也不同，新闻编辑的任务就是要根据受众千差万别的需要，提供千姿百态的内容产品和信息服务，并在这种服务与交流的过程中实现对社会舆论的引导。如 2012 年《人民日报》在北京遭遇特大暴雨时开通官方微博，引起社会广泛关注。微博编辑对于公众最关注的各类社会问题及时发声、引导讨论，并以“微评议”“微调查”等小栏目，整合汇集来自社会各界的观点，实现了反映舆论和引导舆论的功能。

第四节　新闻编辑人才

【知识要点】

- 新闻编辑的知识结构由基础知识、百科知识和专业知识构成。
- 新闻编辑的业务能力包括信息能力、鉴别能力、整合能力、创造能力、组织与沟通能力、写作能力、新技术与工具运用能力。
- 新闻编辑的职业道德修养包括：要有自我奉献的精神；要严于自律、遵纪守法、廉洁奉公，将社会效益放在第一位，不搞任何形式的“有偿新闻”；要自觉维护新闻的真实性，坚持新闻报道的客观公正原则；要有团结协作的精神。

一、新闻编辑的多重角色

新闻编辑部门在媒介产品的生产系统中处于核心位置，这种特殊地位赋予其从业人员多重角色，要求从事这项工作的人具备某些必要的知识与技能。

首先，编辑部门是媒介产品生产系统的设计和决策中心。对于新闻媒介这种特殊的文化产品如何选择目标受众，如何确定报道内容，如何确立传播水准和风格特色，编辑特别是那些负有领导责任的编辑是最有发言权的。编辑的决策与设计为记者采访写作，编辑编稿、组版或栏目编排指明了方向，确定了专业规范，进而从根本上决定了媒介的内在品质和外在形象。此外，报纸、广播、电视和网络新媒体作为大众传播媒介，首要功能是传播新闻信息，而客观存在的新闻信息是无穷无尽的，选择什么信息进行传播，如何传播，新闻编辑也掌握着主动权，他们确定每个时期的报道选题并策划和组织报道，这种设计和决策引导记者根据媒介的需要采访写稿，引导编辑根据媒介的需要处理稿件和版面，最终使新闻报道达到预期的水准。由此而言，“决策者”与“设计师”是编辑部赋予编辑人员的最重要的角色。

其次，编辑部门还是媒介产品生产系统的指挥和调度中心。新闻产品生产是由诸多工种和工序集合进行的，这一系统的有序运转离不开新闻编辑（主要是中高层编辑人员）的指挥调度。特别是在从事重大新闻报道的时候，为了保证新闻传播的时效性，保证新闻产品的高质量高水平，需要记者、编辑、主持人、资料员、技术人员、印刷工人等协同作战，各环节畅通无阻，各工种默契配合。这时，编辑实际上担任了“管理者”的角色，指挥各个生产环节，调度人力物力，并力求提高整体效率，使新闻传播工作顺利进行。

再次，编辑部门是单个新闻产品的加工和组装中心。无论报纸还是广播、电视、网络新媒体，都是以各类稿件或节目组合作为重要内容的大众媒介，新闻编辑的工作对象主要是各种类型的单个的新闻稿件，这些稿件很多不完全合乎媒介的要求，需要编辑进行加工修改。然后，编辑还将根据报纸版面或广播电视栏目的需要对这些稿件进行配置，有的要配资料、言论、图片、新闻等，有的要将若干篇稿件组织在一起，形成“稿群”，再通过版面设计或栏目编排，将各类稿件、稿群组装为统一的整体。编辑所从事的这种加工和组装的工作能够提高原先稿件的质量，并且使新闻材料中潜在的价值得到更大程度的发掘，保证了媒介产品的报道水平和产品质量。在这些工作环节中，编辑作为新闻产品的“生产者”与新闻传播的“把关人”的角色特点得到充分体现。

最后，编辑部门还是媒介产品生产系统与销售系统相互联系的重要枢纽。比如，报纸编辑是报纸的设计者和生产者，而他所生产的报纸必须通过报纸销售系统才能传递到读者手中，实现其价值和使用价值。反过来，报纸销售系统的运转关键又取决于报纸的质量，只有那些办得好的报纸才能赢得较大的读者群，从而也赢得较多的广告份额。因此，报纸的生产系统与销售系统是相互依存、相互影响的，从销售系统反馈回来的读者信息、广告经营信息对报纸的设计和生产具有重大价值，而对报纸设计和生产的改进又是促进报纸销售的主导力量。在这两大系统的互动中，报纸编辑部门是实现信息和能量转换的枢纽，编辑要以销售系统的信息为决策依据之一，将信息转化为报纸改进的能量，进而提高办报水平，促进报纸的销售。从这个角度来看，报纸编辑还是有关报纸运作的“信息采用者”。广播、电视和网络新媒体虽然不像报纸一样进行实物销售，且新媒体的经营模式会不断创新，但生产系统与经营系统的相互依存和相互影响是永远存在的，编辑同样要以受众的视听率、点击率、参与度等为重要依据，对新闻产品进行不断的调整和改进。

二、新闻编辑的知识结构

新闻编辑所担任的多重角色要求编辑具备相对合理的知识结构。所谓知识结构，指的是各种学科知识在人的头脑中的组织方式，包括这些学科知识的配置比例、内部联系和协同关系。新闻编辑的知识结构就是指从事新闻编辑工作的人员所掌握的知识的组合构架情况。

当代社会正处在新学科新知识有如爆炸般剧增的状态，对每一个人来说，时间与精力都是有限的，要真正成为无所不通、无所不精的全才其实很难，新闻编辑也不例外。然而，新闻媒介都是文化载体，如同“大百科全书”，很难说有哪一类知识是媒介不涉及的，编这样的“全书”，不具备广博的知识就会时时碰壁。因此，新闻编辑就要根据自己的工作需要，通过不断的学习与积累，使自己的知识结构能够适应其角色特点的要求。

新闻编辑工作是一种制造文化产品的工作，这与其他文化产品的编辑工作有相通之处，那就是都涉及对人类文化的记载与传播，这一点决定了新闻编辑需要具备一般编辑都应具备的基础知识与百科知识，否则就无法从事这项工作。与此同时，新闻编辑所加工处理的信息又是有个性的信息。从内容上看，这类信息具有新闻性、时效性，因此往往具有更大的社会影响力；

从形式上看，这类信息是以语言、文字、图片、音响、影像等传播符号表现的，在处理方法和技术上各有要求。因此，新闻编辑工作还要求它的从业人员具备某些专业知识。而且，新闻编辑工作往往是细分成不同专业与领域的，还要求从业者成为他所分管的这些专业和领域中的行家，也就是要具备专业学养。所以，归纳起来，基础知识、百科知识和专业知识就是新闻编辑的基本知识构成。

（一）基础知识

基础知识主要指文、史、哲知识。对新闻编辑来说，具备广博的文学知识以及驾驭文字的能力是做好编辑工作的前提，因为编辑每天要选择和处理大量的新闻信息，语言文字是他们进行信息加工处理和传播的重要工具，如果不能熟练地掌握这方面的知识和技能，就无法使新闻报道准确、生动，具有社会影响力。有些报纸上经常出现一些文字差错，广播新闻播报中出现语病或用词不当，电视新闻打字幕时经常出现错别字……这些问题实际上都与新闻编辑语言文字功底不足有关。

社会总是在不断的变动中发展和进步的，今天发生的每一个新闻都有其历史根源，关于这些新闻的报道也往往要依靠对历史的追溯、与相关情况的比较，这样才能真正接近其本质，给读者以启迪。为此，进行新闻传播工作的编辑人员就必须掌握丰富的历史知识，学会以历史的眼光分析问题和组织报道。在 1997 年我国对香港恢复行使主权和 1999 年我国对澳门恢复行使主权的报道中，很多报纸就开设了介绍香港、澳门历史变迁的专栏，而且报道当时盛况的新闻稿件中也大量引用了历史背景资料。还有，关于中华人民共和国成立 50 周年的报道、关于人类迎接 21 世纪的报道、关于美国对伊拉克战争的报道等，对历史的回顾和梳理与对最新新闻事实的报道更是密不可分。新闻编辑如果没有这方面的历史知识积累是很难驾驭这样一些重大报道的。

哲学是帮助人们认识世界的重要工具，新闻编辑更需要借助它来分析和处理新闻信息。因为新闻是对最新事实的报道，而变动的事实是每时每刻都大量地存在着的，新闻工作者如何选择、如何报道，往往受其对世界的认识程度、对事物所持态度观点的影响。马克思主义创始人提出的唯物论和辩证法是我们正确认识世界的指南，只有对其精髓深入领会，才能在风云变幻、纷繁复杂的事物运动过程中认清本质、把握规律，区分主要矛盾和次要矛盾，使新闻传播符合事物发展原貌，避免错误的引导和不良的影响。比如对先进典型的报道，既要看到成绩和优点，又要看到缺欠和不足，既要充分肯定其模范、表率作用，又要处理好他们与周围群众的关系，这才是实事求是的报道态度。再比如对经济发展中各个时期的“热门现象”的报道，要抱有满腔热情的态度，又要保持冷静、辩证的思考，把握好报道量，避免走极端、一哄而上，导致不良后果，等等。马克思早就指出，任何事物都处在发展变化中。事物发展没有穷尽，认识也没有穷尽，我们只能不断向真理靠近，但永远也达不到绝对的真理。新闻报道的客体是不断发展变化的客体，编辑在策划与组织报道、处理新闻稿件时，都要注意用发展的眼光看问题，遵循事物运动发展的规律，逐步深化报道，力争全面反映客观事物的本质与发展趋势，发挥正确的舆论导向作用。

（二）百科知识

百科知识是指包罗万象的知识，这种知识不限于一两个领域或专业，而是无所不及。当然，事实上任何人都不可能掌握所有领域和学科的知识，新闻编辑要具备的百科知识其实也是相对于工作需要而言的一种“杂家”范畴的知识。也就是说，从新闻编辑人员的知识配置来说，他掌握知识的覆盖面应该比一般人广泛，所拥有的知识信息量比一般人大，在具备基础知识与专业知识之外，还能有其他学科的知识作为其知识结构的组成部分，来帮助他完成自己的编辑任务。比如编辑要与记者、通讯员打交道，有时还要与读者、听众、观众沟通，这就需要他具备一定的社会学、心理学、公共关系学的知识。

编辑知识结构中对百科知识的要求还会因人、因岗位而异。比如对于那些位处中高层编辑岗位的编辑人员来说，他们要策划与组织新闻报道，就需要懂得决策学、管理学的知识。编辑的百科知识对于其知识结构起重要作用，因为知识结构的合理性主要是从各学科知识的相关程度及其分布层次上来考察的。假如一个负责证券报道的编辑是由大学中文系培养出来的，文史哲基础知识很丰富，对天文、地理、音乐也有比较大的兴趣和比较深入的了解，却对经济学、财金、证券知之不多，这种知识构成相对于这位编辑所从事的业务工作来说显然就不太合理，因为他掌握的第一层知识文史哲作为基础知识虽然必要，但他掌握的第二层知识天文、地理、音乐等却与本职工作关联不大，而证券新闻编辑工作最需要的一些学科知识如经济、财金、证券等他却没有具备。所以说，编辑人员的百科知识实际上是应该有侧重点的，他所具备的不同学科的知识与其工作需要相关的越多、相关的程度越大，其知识结构才越合理。

此外，百科知识在编辑工作的运用还要求充分发挥这些不同学科知识的相互协同作用，也就是强调知识结构整体功能的发挥程度。如果一位编辑掌握的百科知识很多，知识结构也比较合理，但这些知识在他的头脑中都处于分割状态，他不善于将这些知识融会贯通，那么百科知识对于他的实际工作的帮助就会减弱。

（三）专业知识

专业知识由两部分组成，一部分是新闻编辑作为新闻传播者所应具备的新闻传播学理论知识与业务知识，另一部分是新闻编辑所从事的报道领域所要求具备的专业知识。

新闻编辑是媒介产品与新闻报道活动的设计师，媒介竞争的日趋加剧对媒介产品及其新闻传播的要求不断提高，编辑要做好产品策划与报道策划工作，就要深刻地了解与把握新闻传播规律，要进行专业性的研究。编辑所从事的各项微观业务工作从选择稿件、修改稿件、制作标题到编排版面或栏目，也都需要专业知识和技能，而且在新的历史环境下，这些具体业务都在发生变革，旧的观念和规则不断被打破，新的理念和方式逐渐确立，编辑人员只有不断加强新闻传播专业理论的学习和研究，才能适应这种变化，生产出优秀的新闻产品。比如，曾经先后担任过《经济日报》和《人民日报》总编辑的范敬宜同志就是一位勤于在专业研究上下功夫的人。他在管理报社采编业务的同时，撰写过大量的业务研究文章，不断对新闻实践中出现的新现象新问题进行思考和分析，也正因为有这种深厚的研究做基础，他才能领导策划和组织了像“关广梅现象”大讨论、“用辩证的观点看待经济形势”等一系列在社会上产生巨大反响的重要报道战役。

新闻编辑不仅要成为新闻传播领域的专家，还要对自己分管的报道领域有比较深刻的了解与研究，这样才能使新闻报道全面地反映客观现实，起到正确的舆论导向作用。反之，如果编辑对报道领域知之不多，则无法把握报道方向与传播效果。如20世纪90年代初期，我国汽车工作发展取得了引人瞩目的成绩，1992年全国汽车总产量突破100万辆大关，各报都在显著位置予以报道。这种报道是必要的也是应该的。但是，在报道成绩的同时，记者编辑们由于对汽车行业了解不深，特别是对这一行业国际性的动态知之不多，未能及时发现一个已经普遍存在的隐患：在全国许多地区，一些规模很小、技术水平很差的汽车制造企业也在盲目上马，到1993年我国汽车生产企业超过1 000家，而这么多企业的年生产总值还不到美国通用汽车公司一家年生产总值的1/12。更重要的是，许多小企业盲目生产的汽车成本高、售价高，产品质量低劣，对于“入世”后我国汽车工业迎接世界经济的挑战是非常不利的。但当时由于编辑们没能清醒地认识到这些问题，新闻报道也自然是报喜不报忧，直到1994年各类媒介才开始正视这方面问题，并配合政府的产业调整政策进行反思性的比较客观的报道。这段历史告诉我们，新闻编辑需要像自己所报道的领域中的专家一样熟悉该领域的历史与现状，掌握丰富的专业知识与理论，对相关专业问题保持敏锐的洞察力，善于发现问题、研究问题，具备独立的思考和见解，这样才能对不断变化的客观存在进行全面的、准确的、富有深度的报道。

在新媒体时代，内容产品垂直化的趋势越来越明显，针对特定用户群体的新闻内容也越来越强调其信息量、报道深度和表现形式尽可能满足这一群体的兴趣和需要。因此，新闻内容生产的专业性门槛比过去更高，新闻编辑只有成为所报道领域的专家，才能胜任工作。

三、新闻编辑的能力结构

从事任何活动都离不开一定的能力，越复杂的活动往往对人的能力要求越高。能力结构是由所从事的活动的特点而来的，新闻编辑除了要具备适宜于多种活动要求的一般能力，如观察力、记忆力、抽象概括能力等，还因其工作特点，要特别注意培养以下几方面业务能力。

（一）信息能力

信息能力指的是新闻编辑主动地积极地接收信息和处理信息的能力。新闻编辑是新闻信息的传播者和把关人，而从事这项工作的前提是接收信息。这就是说，编辑的受传能力是其传播活动的基础。

编辑作为受传者，与普通读者接受传播是有区别的。这种区别在于，编辑所接收的信息未经选择和加工，真伪优劣并存，而且数量更多，涉及面更广，编辑获取信息的途径和方式也更加多样、复杂。

获取信息是编辑决策的前提。大到编辑方针的确定、媒介产品的设计，小到一篇稿件的处理，都是以编辑掌握的信息为参考和依据的。在现代社会里，生活节奏加快，社会变化的频率也在加剧，编辑再也不能用一成不变的眼光看待变化无穷的外部世界，更不能闭门造车，主观行事，必须时时刻刻追逐最新的信息。这些信息主要有以下方面：

（1）社会信息，包括时事信息、经济信息、文化信息、社会生活信息等。这类信息是新闻传播的主要内容，它构成媒介产品的主体。

（2）行业信息，即新闻媒介产业的情报和消息。了解本行业的最新动态，知道同行的想法和行为，对媒介定位和设计、报道策划和编稿组版都有重要的参考价值，可避免不必要的重复劳动和浪费。同时，也能从行业信息中发现新情况新问题，不重蹈覆辙。

(3) 来自受众的信息。读者、听众、观众和网民是新闻媒介的服务对象，只有了解他们的需要和愿望，才能使传播有效地进行。接收受众的信息，可以通过阅读受众来信、接受受众来电来访去获取，还可以主动出击，进行大规模的受众调查，也可以“微服私访”，上门调查等。在互联网时代，数据技术的运用，对于编辑掌握受众的信息提供了更大的便利，数据挖掘和分析，比传统的信息获取手段更加高效、准确和全面。

(4) 媒介内部的信息。编辑对媒介的总体策划和对报道的策划都需要以媒介自身所具备的基础和条件为依据，媒介的人才、财力、物力和管理水平、人际关系等都对新闻报道活动形成制约。因此，只有准确把握媒介的内部变化，才能有效地开发和配置新闻资源，提高新闻传播的有效性。

新闻编辑获取信息的能力取决于编辑的社会活动能力和对客观变化的灵敏感受，这就要求新闻编辑养成良好的性格，善于与人相处，做社会活动家，广交朋友。同时，又要求编辑时时刻刻当有心人，不放过任何有价值的线索。新闻编辑不仅要善于获取信息，还要善于处理和利用各方面信息，比如：要善于从受众反馈中把握传播效果，吸收各方面意见和建议改进编辑工作；从各类媒介的报道中发现新闻线索，从互联网上收集各方面资料，策划和组织报道等。如《人民日报》1994 年年初策划的系列报道“来自东西南北中的报告”，其创意就源自一位读者的来信。这封给编辑部的信中说，党的十四届三中全会以来，全国各地经济发展形势很好，希望《人民日报》的记者能积极投身到变革的潮流中，深入采访，反映亿万人民的实践和创造，同时也研究新问题，告诉人们什么是值得提倡的，什么是不值得提倡的，什么是应该做的，什么是不应该做的。这封信引起了编委会的重视，由此引出一场重大报道战役。《人民日报》原副总编辑李仁臣后来谈道：“这组报道的点子，就是五个字：‘东西南北中’，报道的总题目隐藏在读者的这封信里。”①

新闻编辑获取信息能力还与其对数据技术和智能机器的认识和运用水平相关。科技发展使人类进入了万物皆媒的新时代，信息采集越来越大程度上依赖技术，传感器、物联网、云存储等对于数据的抓取提供了极大的便利，虽然目前用户平台、分发平台和信息终端还大多由互联网巨头把持，但新闻媒介组织依然可以通过与这些巨头的合作来进行用户信息的获取和开发，而像新华社、《人民日报》等有实力的中央新闻媒体则在国家的支持下正着力建设自己的平台。平台对于新闻编辑工作具有特别重要的价值。首先，平台掌握着用户画像数据，通过这些数据可以总结用户阅读习惯和兴趣爱好，预测新闻热点。这方面具有代表性的尝试就是“今日头条”的媒体实验室。该实验室基于“今日头条”七亿用户的阅读行为数据，试图为媒体创作者的内容生产提供数据支持。其次，平台对新闻分发效果的衡量有帮助。编辑每天需要关注各种类型的数据，例如一篇稿件十分钟、半个小时、当天累积点击量等等，依据这些数据分析、选择置顶的新闻和策划选题。因此，新闻编辑对于新技术的掌握在很大程度上影响着其信息能力。

---

① 李仁臣．关于重大题材的报道．中国报刊月报，1996 (3).

（二）鉴别能力

鉴别能力指的是新闻编辑迅速、准确地判断新闻事实的报道价值的能力。新闻编辑每天接收的信息是大量的，作为把关者，他在由记者（作者）到编辑的一级传播与从编辑到受众的二级传播之间，如同一个“过滤网”，把适合媒介受众群体的新闻信息筛选出来加以传播，这就要求编辑要有鉴别能力。他应能鉴别信息是否真实、全面、准确地反映了客观事物原貌；鉴别新闻是否为自己的受众所欲知，甚至能预测新闻报道的社会效果；还要鉴别发布新闻的时机是否合适；等等。

鉴别能力是编辑基本修养与工作经验的综合体现。一般说来，理论修养、知识修养和职业道德修养越高的编辑，越具备对新闻信息的鉴别能力。长年从事编辑工作的人由于阅历广、见识多，经验丰富，这种鉴别能力也要较缺少经验的编辑强。

新闻传播讲求时效性，对编辑的鉴别能力有特殊的要求：一是迅速，二是准确。如果优柔寡断，就会贻误良机，使新闻价值受损；如果一味抢速度而不加慎重考虑，又往往会造成不良影响。

（三）整合能力

整合能力指的是新闻编辑对零散的新闻信息资源进行综合性开发利用，使其整体效应大于部分之和的一种操作能力。新闻编辑接收的信息来自不同的信源，无论是新闻稿件还是新闻图片、影像等，原本是分散的、各自独立的个体，它们有不同的报道对象和报道内容，报道的形式也是五花八门。但是，最终的新闻产品不应该是这些零散的个体稿件的随意集聚，而要通过对这些个体的有机组合和配置，形成有序的、重点突出的、合乎认识规律的综合新闻产品，比如专题报道、新闻专版、新闻栏目、新闻频道等，而要实现这个目的，就要求新闻编辑具备对信息的整合能力。

编辑的整合能力是以前面谈的鉴别能力为基础的，因为编辑要对单篇新闻进行组织或配置，首先要鉴别这些新闻信息的潜在价值，分析它们相互之间的内在联系，从而确定以某种编辑手法来对这些新闻信息统一处理。如千龙新闻网在2001年推出了一个题为“中国记者走四方”的小栏目，其中的文章主要是叙述中国记者在异国他乡的所见所闻，内容涵盖了政治、经济、文化的各个方面，但报道风格又超脱了记者写一般新闻报道的模式，读来清新怡人。这个栏目的编辑王冉在谈到该栏目的创意和编辑时说：“我只是千龙新闻网国际频道一名普通网络编辑，网络海量的特点，使我掌握了大量的国际方面的素材，如果这些素材也散落在各个媒体上，如果我进行简单的编辑只不过就是一个照搬，对大家的阅读就没有更多的吸引力，于是我萌发了一个二次创作的念头：将这些素材通过一个好的构思再寻找一个好的表现形式全装进去，说不定能吸引更多的‘眼球’。于是我就大胆地作出了一个创意——做个专题系列报道‘中国记者走四方’。”这组系列报道不但引起了新闻同行的关注，还受到网民的欢迎，他们希望千龙新闻网多推出些相关文章和相关栏目。应大家的要求，编辑开始主动向我国驻外记者们约稿，以吸纳更多的稿件和信息，丰富这组报道。在谈到自己的尝试时，这位编辑说：“现在，网络作为第四媒体已经得到了人们的承认并且它的发展越来越快，这对我们这些网络编辑提出了更高的要求，只简单地粘贴新闻是远远不够的。因为信息资源几乎都是共享的，如何把已有的资源用人们喜闻乐见的形式包装出来，让它们形成自己的特色、成为精品，这就需要我们网络编辑多动脑筋，将更多的智力因素融入新闻编辑中。”① 这位编辑谈到的“智力因素”，就是编辑对新闻信息的一种分析、鉴别、联想和创造的能力。在现代传播活动中，科技发展赋予了新闻媒介更多的信息整合空间和表现形式，最典型的是网络媒介，它能够对传统媒介的所有编辑手段进行综合性运用，而且它特有的超链接功能还能够将不同类型媒介的新闻信息资源相互联系。与此同时，媒介竞争的不断加剧，使得新闻报道资源的独家占有越来越难以做到，新闻传播的独家性将更多地靠报道角度、报道深度和广度、报道形式的独家特点来体现。也就是说，同样的新闻事实，要报道得与众不同，高人一筹，必须依靠过硬的新闻报道策划和新闻信息整合能力。

（四）创造能力

创造能力指的是新闻编辑突破传统思维、创新编辑业务的能力。编辑工作的每一项业务，从新闻产品策划、新闻报道策划到编稿、组版，都是创造性的劳动。一家媒介新闻产品的质量如何，很大程度上取决于新闻编辑的创造性。如 1990 年北京首次举办亚运会，我国报界在这场盛会期间展开了激烈的新闻竞争。看惯了报纸形象呆板而且“千报一面”的读者突然发现，这一时期的报纸“好看”了，版面“亮”起来了。究其原因，是因为许多报纸在这期间有一些突破常规之举，如大胆运用巨幅新闻照片、大字标题，稿件体裁与风格也呈多样化，版面上修饰手法与用黑、留白非常大胆等。

创造学理论认为：“创造性思维是指人类在探索未知领域的过程中，充分发挥认识的能动作用，突破固定的逻辑通道，不断以新颖方式和多维角度的思维转化来寻求获得新成果的思维活动。”② 创造性思维过程往往表现出这样一些品质：一是发现问题的敏锐性，能在大家习以为常之处觉察事物的差异性，能发现处于萌芽状态的矛盾；二是探索过程的发散性，即善于从多侧面、多角度、多层次思考问题；三是解决问题的新颖性，即用前人未尝试过的独特、新奇的思维路径和方法解决问题；四是思维结构的综合性，即借助多种思维形式、运用多种思维能力、借助多种思维原料、巧用多种思维工具，在操作上和内容上进行统摄思维。

新闻编辑需要有意识地培养和训练自己这种创造性的思维能力。首先，要着力于发掘客观事物间的差异性、现象与本质的不一致性，要敢于对惯见的现象和已有的权威理论持分析的、怀疑的、批判的态度。要学会不断将观察到的事物和已知的事物联系起来思考，结合其相似性、特异性，发现其必然联系和本质现象，使自己具备洞察力。其次，要培养自己的想象力。心理学告诉我们，想象是人脑在过去感知的基础上对感知过的形象进行加工、改造、创建出新形象的心理过程，想象是创造的重要条件。编辑应该掌握各种想象方法，如原形启示法、类比法、联想法等，以创造性想象为创造性思维服务。最后，还要让自己具备合理的知识结构和活

---

① 张国伟．一个网络编辑的创意：“中国记者走四方”．（2001－03－08）［2018－10－30］．http：//www.beijingnews.com.cn/.

② 鲁克成，罗庆生．创造学教程．北京：中国建材工业出版社，1997：77.

跃的灵感。因为合理而有特色的知识结构是创造性思维的思维原料，灵感则是创造中特有的突发心理现象，策划者只有凭借自己的合理的知识结构和活跃的灵感，才能形成卓尔不群的策划思路。

创造性思维来自创造欲望和激情，新闻编辑保持对媒介的创新使命感是非常重要的。邹韬奋办《生活》周刊时，从栏目到版式都力求创新，受到读者的喜爱，结果引得一些报刊刻意模仿。邹韬奋为此撰文说："我们以为无论做人做事，宜动些脑子，加些思考，不苟同，不盲从，有自动的精神，有创作的心愿，总能有所树立，个人和社会才有进步的可能。"① 这段话对今天的编辑工作仍有指导意义，因为新闻媒介的竞争，从某种意义上来说，就是人的创造性的竞争。

（五）组织与沟通能力

组织与沟通能力指的是新闻编辑组织报道、组织新闻论坛、组织新闻人才以及与记者、专家、社会公众等各方面人员进行沟通的能力。首先，新闻编辑是新闻报道的组织者，通过对记者采访的部署、组织和调度、协调以及对社外作者约稿，来完成稿件的准备工作；通过对网络论坛的组织实现新闻传播的互动交流。因而，是否具备良好的组织与沟通能力，关系到编辑工作的成败。组织与沟通能力，在一般意义上说，指编辑依据新闻报道的需要，合理安排和使用分散的有关人员，使其形成系统性、整体性，互相配合，完成采编任务；以及在新闻传播过程中，组织公众进行有效的信息交流。其次，对组织能力的更高层次的要求，则还包括为事业发展网罗人才、组建队伍，形成相对稳定的合作群体。后者对于总编辑、编辑部主任、制片人等担负一定领导职务的人尤为重要，关系到媒介事业发展大计。在旧中国广有影响的《大公报》就长于此道。《大公报》总编辑胡政之精心搜罗人才，知人善任，为《大公报》组织了一支精干的队伍。如著名记者范长江还在北大读书期间就因课余投稿深得胡政之赏识，并得其资助到川西一带旅行采访，写出长篇通讯连载于《大公报》上，后结集《中国的西北角》出版，一举成名。还有杨刚、徐盈、子冈等一代名记者也都因胡政之慧眼识才，充分施展了才华和抱负。在新闻竞争不断加剧的今天，善于发现与使用人才，是事业成功的关键。有生气有实力的新闻传媒，往往就是人才集中、使用合理的地方，而这些又和主要编辑人员的组织才能分不开。

组织与沟通能力取决于编辑人员的决策水平、人际关系、活动能力、性格等多方面因素。一般说来，各方面修养高、敢于拍板、富有计谋的编辑组织与沟通能力强；善于与人相处、容易取得他人信任和好感的编辑组织与沟通能力强；热心社交、交友广泛、善于言谈的编辑组织与沟通能力强；性格开朗、乐观，为人坦诚大方的编辑组织与沟通能力强。编辑的社会阅历、风度举止、社会地位和影响等，也往往对其组织与沟通能力有影响。总之，形成编辑组织与沟通能力的相关因素极多，编辑人员只有不断提高自己各方面的素养，才能逐步提高组织与沟通水平。

（六）写作能力

写作能力指的是新闻编辑撰写、修改稿件的文字运用能力。新闻编辑每天处理、修改大量

① 邹韬奋．韬奋文集：第2卷．上海：上海人民出版社，1995：226.

的稿件，还有制作标题、配发言论、编写串联词等任务，这就要求编辑具有较高的写作水平。虽然在人工智能的推进下，机器写作已经越来越多地运用于新闻传播，但主要是对于股市证券、体育赛事等一些特殊领域的一般性消息写作。机器写作能够帮助传媒人从日常烦琐的重复性工作中解放出来，但对于复杂议题的深度报道，对问题的讨论与评议，机器并不能代替人的工作。纵观古今中外，许多优秀的编辑人员都是长于撰文的“大手笔”，有丰厚的著述留传于世。如今许多报纸的主要编辑人员都是“多面手”，《经济日报》在1992年率先推出个人署名的言论专栏，领头的三位作者就是该报的总编辑和编辑部主任，这一举动得到同行们的钦佩。

修改好一篇文章往往难于写一篇文章，何况新闻稿要讲求时效，分秒必争，编辑要在极有限的时间内加工修改稿件、制作标题，就必须有深厚的文字功底和娴熟的写作技巧，以及“倚马可待”的写作速度。写作能力的提高，要靠平日勤学苦练。编辑应该注意阅读各类优秀文章和名著，注意当代新闻文体的变化发展，多加揣摩和借鉴，并勇于创新。

（七）新技术与工具运用能力

新技术与工具运用能力指的是新闻编辑使用与新闻传播有关的现代技术与通信手段、语言工具、交通工具的能力。从报业发展来看，新闻出版业随着科学技术的发展，已经告别了铅与火的年代，不断向现代化迈进。我国报社已经普遍运用计算机采编系统，采用了激光照排和胶版印刷，数码相机、卫星传稿也得到广泛采用。报纸编辑以计算机为代笔工具，以互联网为获取信息的最新工具，彻底摒弃了过去的工作习惯。这对新闻编辑的技术水平提出了更高的要求。

对于广播、电视和网络媒介的新闻编辑来说，除了报纸编辑所要具备的这些现代化操作能力，还必须针对自己媒介的特点，掌握相关编辑技术，比如采用非线性编辑系统进行音响和影像的编辑，实现多媒体报道，再如运用各种软件进行动画制作和超文本编辑等。

在媒介融合发展的新时期，媒体越来越需要具有媒介融合理念与操作技能的新型新闻人才，要求新闻编辑能够运用多种媒体的传播技术，在传统的文字和图片传播之外，还能进行音频、视频以及网络编辑，并运用各类新媒体进行传播。媒介在互联网时代的融合决定了新闻传播的融合，“融合新闻”已经成为新闻传播业务发展的必然趋势。因此，掌握全面的传播技术将是新闻从业人员的必备能力。随着“云计算”和数据挖掘技术的应用推广，新闻编辑还需要进一步学习和掌握数据挖掘的方法，以更好地把握用户的需求和兴趣，也更好地对新闻报道加以拓展。近年来随着人工智能在新闻传媒业的运用日益普遍，“人机协同”模式的新闻生产成为主流趋势，技术的门槛不断升高，新闻编辑面临的挑战也更大。

现代新闻编辑的工作环境越来越开放，他们需要运用国际互联网获取资料，需要与国外同行进行业务交流和合作，甚至需要把新闻产品传发到境外去，这就要求编辑人员掌握现代语言工具，能够使用外语。此外，编辑工作已经不再是单纯坐在办公室里的工作，因为策划媒介产品和策划组织报道的需要，他们与社会各方面的交往和沟通越来越多。在许多媒介的新闻生产过程中，采、编工作并不严格分开，逢有重大报道或紧急情况，新闻编辑经常要奔赴第一线参加采访报道。因此，编辑和记者一样，还应该掌握现代化的通信工具和交通工具，比如学会使用数码相机和便携式电脑，懂得卫星传稿技术，能够驾驶汽车等。总之，在现代科技高度发展的社会中，新闻编辑工作是一项富有挑战性的工作，需要其从业人员不断地学习新知识、新技术，不断地丰富与完善自己。

四、新闻编辑的职业道德修养

新闻编辑工作除了要求从业人员具备合理的知识结构和能力结构，还要求编辑具有敬业精神和良好的职业道德。

第一，新闻编辑需要有自我奉献的精神。因为新闻编辑工作主要是一种“幕后”的工作，体现的是集体的劳动成果，编辑所担负的策划、组织报道的任务和从事的编稿组版业务，责任重大，还经常会面对各种分歧和矛盾，容易得罪人。从事夜班工作的编辑更加辛苦，日夜颠倒，生活不便。这些都说明，编辑人员需要像老黄牛一样，“吃的是草，挤的是奶”，要作出巨大的牺牲和奉献，所以新闻编辑要热爱本职工作、甘于平凡、任劳任怨。

第二，新闻编辑要严于律己、遵纪守法、廉洁奉公，将社会效益放在第一位，不搞任何形式的“有偿新闻”。在新闻信息传播活动中，新闻编辑担任着“把关者”的角色，担负着重大社会责任，因此要以为人民服务为新闻工作的最高宗旨，严格遵循职业道德规范。目前世界上许多国家都制定了新闻人员的职业道德守则，联合国也制定有《国际报业道德规范》。在我国，1981 年中共中央宣传部新闻局和中央新闻单位曾共同拟定了一个《记者守则》（试行草案），是新中国成立以来新闻工作者的第一个职业道德规范。1991 年 1 月中华全国新闻工作者协会第四届理事会第一次全体会议通过了《中国新闻工作者职业道德准则》，是加强新闻工作者自律的一项重要措施。新闻编辑应该自觉学习和遵守这些新闻工作职业规范，遵守宪法和各项法规中与新闻传播相关的条律，遵守新闻宣传纪律，不利用职权以稿谋私，出卖版面；不偏听偏信，造谣惑众；不泄露国家机密，给人可乘之机；杜绝将一切妨碍社会进步和历史发展的不良内容公之于众。

第三，新闻编辑要自觉维护新闻的真实性，坚持新闻报道的客观公正原则。新闻报道是新闻工作者主观认识对客观存在的反映。马克思主义哲学强调：物质是第一性的，意识是第二性的，物质决定意识，意识对物质具有反作用。这一基本原理决定了马克思主义新闻观对新闻真实性的立场，那就是新闻必须与客观存在的事实相符合，新闻报道作为记者对客观存在的事实的反映，不能违背事实本来的面貌。新闻真实性的认识论意义，首先在于反映事实的全面性，它不仅要求新闻报道的事实确实是客观存在的，而且对新闻事实的表述也必须是全面、准确、清晰的。因此对新闻写作才有“五个 W”（何时、何地、何人、何事、何因）的基本要求，对新闻编辑才有对事实的核实与修正的专业标准。这些基本原则和操作标准不会因媒介环境的变化而改变，即使在媒介完全商业化的西方，每一篇新闻报道的真实性同样是按照专业标准来要求的，对每一个新闻事实方面的差错的更正在一些著名大报上早已形成了固定的专栏。这种现象说明，新闻媒介与其他产品的最大不同在于，它是以提供真实反映社会变动的信息为立身之本的。如果新闻丧失了真实性，新闻媒介将无任何价值可言。所以说，真实既是新闻报道发挥引导舆论作用的前提条件，又是新闻媒介建立公信力、保持良好社会声誉的基础。每一个新闻编辑都要以高度的责任心自觉维护新闻报道的真实性原则，严格把好每一条新闻的关，在新闻传播中不偏听偏信，力求全面公正地看问题，防止主观性和片面性，保证新闻报道的客观、公正立场。

第四，新闻编辑还要具有团结协作的精神。随着科学技术的发展，现代新闻传播活动越来越多地需要以团队合作的方式来完成，新闻编辑在新闻传播中的核心地位尤其需要他与记者、通讯员、作者以及广大受众建立良好的沟通渠道。大量的报道策划组织工作、编稿组版工作、信息反馈的接收等，都是通过与他人的交流和配合来完成的。因此，新闻编辑要有团队意识，在日常工作中注意与同事的平等相处、交流合作、虚心学习、团结互助，不能从个人利益或小团体利益出发，故意给他人制造困难，败坏同行声誉，更不能将他人的劳动成果窃为己有。

总之，良好的职业道德、合理的知识结构和全面的业务能力，是一个优秀新闻编辑人才所必备的三方面条件。每一位新闻工作者都应为此不断学习、不断实践、不断提高。

【思考与练习题】

1. 新闻编辑工作是怎样随着媒介形态变化而发展的？

2. 新闻编辑工作的内容是什么？

3. 观察我国传统媒体在媒介融合进程中的最新变化，分析新闻编辑在这种变化中的工作表现。

4. 新闻编辑工作有哪些特点？

5. 新闻编辑人才的知识结构和能力结构应该是怎样的？

第二章 新闻媒介定位与新闻产品设计

第一节　新闻媒介定位

【知识要点】

- 新闻媒介定位，在编辑学范畴中主要解决两个问题：一是媒介的服务对象是谁，二是媒介为这些服务对象做什么。
- 新闻媒介的受众定位，指确定媒介的目标受众，是在对媒介市场进行分析的基础上，对媒介产品的市场占位作出的决策。
- 新闻媒介的功能定位，指确定媒介所要担负的职能和所要发挥的功用，是立足于受众需求和传播目的对媒介产品作出的决策。
- 媒介定位以及媒介定位的改变，是媒介生存环境发生变化，或者媒介自身条件发生变化的结果，因此媒介生存环境和内部环境中各项因素的变化是媒介定位的客观依据。
- 新媒体技术推动媒介定位向更加精准、更加个性化的方向发展。

新闻媒介的定位，是借鉴市场营销学中的市场定位理论生发出的概念。20 世纪 70 年代，美国营销大师 A. 里斯和 J. 屈特最早提出市场定位思想。他们认为，企业应根据消费者对某种产品属性的重视程度，给产品确定一定的市场地位，即为产品制造一定的特色，树立一定的形象，以满足消费者的某种需求和偏好。这一观点在企业界得到广泛采用和发展，逐步形成一整套完善的理论体系。市场定位理论帮助企业赋予自己生产的产品以特色，使其在消费者心目中树立某种特殊形象，从而和竞争者的产品有所区别，有利于企业赢得竞争。

新闻媒介定位可以借鉴市场定位理论中一些适用的内容，但不能完全照搬这套理论。因为新闻媒介产品与普通产品不同，它具有非常鲜明的政治属性，新闻媒介产品的生产必须将社会效益放在第一位。而市场定位理论从本质上说是为企业获取最大利润服务的，其经济效益第一的取向不言而喻。因此，市场定位理论所强调的第一项原则就是“消费者导向”原则，认为成功的定位取决于两个方面：一是企业如何将定位信息有效地传达到消费者脑中，二是定位信息是否与消费者需要相吻合。新闻媒介作为一种信息载体固然要以满足媒介消费者的信息需求为己任，但它作为舆论工具的特殊性，还决定其不能完全被动地迎合受众，在传递信息的同时，还要担负起正确引导舆论的重任。如果我们不加选择地奉行市场定位中的“消费者导向”原则，就可能会出现盲目迎合受众，置经济效益于社会效益之上的错误。即使这样做能为一些新闻媒介带来暂时的局部利益，但损害了党和人民的整体利益，最终也损害了媒介自身的长远利益。西方国家新闻界由崇尚自由主义报刊理论到奉行社会责任论的历史转变，也从另一个角度说明了彻底的市场导向原则是不适合新闻媒介的。在自由主义报刊理论风行的 19 世纪，“从不择手段的相互攻讦到耸人听闻的煽情新闻泛滥，从漫无边际的谎言到煽动战争狂热，都被自由主义报刊理论召唤出来。进入 20 世纪，西方报刊的混乱情况虽然稍有改善，但基本问题依然没有解决。这个基本问题就是：支配着西方报刊的，不是自由主义报刊理论的设计者们理想中的理性至上，而是利润至上、金钱至上”。“一百几十年来，西方报刊的煽情新闻屡禁不止，原因就在于煽情新闻是西方大多数报刊刺激销路的必由之路。”① 因此我们说，新闻媒介的定位不同于普通产品的市场定位，不能完全照搬市场定位理论，而应根据新闻媒介自身的特殊性进行探索和研究。

一、新闻媒介的受众定位与功能定位

新闻媒介具有的“双重属性”决定了媒介定位是一个处在新闻编辑学与媒介营销学相结合地带的新课题，而具体从事媒介定位尤其是媒介产品设计工作的主要是新闻编辑人员尤其是中高层新闻编辑。

受众定位，就是确定媒介的目标受众，是在对媒介市场进行分析的基础上，对媒介产品的市场占位作出决策。随着经济发展和科学技术水平的提高，媒介发展的速度极快，大众传播已经进入了由“大众”变为“小众”（或称“分众”）、由“广播”变为“窄播”的转型时期。一家媒介覆盖全体受众已经不再可能实现，每一媒介都必须有所选择有所放弃，确定最适合自己的目标受众。

媒介的受众定位，实际就是要发现那些信息需求尚未得到充分满足，从而为某种媒介产品创造出市场需求的受众群体，以便针对这种需求进行产品决策。西方经济学理论认为，市场需求＝人口＋购买力＋购买意愿。分析任何一种产品的市场需求都要将这三个要素结合起来。这三个要素中，人口作为消费者是无条件的，居于第一要素。一般说来，当其他条件一定时，人口规模越大，消费者越多，市场规模越大，市场消费需求也越高，反之，亦能成立。这一理论对于媒介的受众定位很有意义。

媒介的功能定位，指确定媒介所要担负的职能和所要发挥的功用，是立足于受众需求和传播目的对媒介产品作出的决策。功能定位是媒介实现传播效益包括社会效益和经济效益的指向性规定。

面向同一地区受众群体的媒介可以有不同的功能定位，比如在同一个城市发行的报纸，有

① 李良荣．西方新闻事业概论．上海：复旦大学出版社，1997：25.

主要承担“耳目喉舌”职能的党政机关报，也有主要为市民生活提供信息服务的晚报、都市报，还有专门为市民提供某一类实用信息的生活服务类报纸，如购物导报、广播电视报等。覆盖同一区域的电视节目，也有新闻频道、经济频道、文艺频道、教育频道、生活频道等划分，每一频道的功能定位也是不同的。

首先，媒介的功能定位要以受众需求为基础。比如：依据党政机关干部需要及时了解国内外大事、了解党的方针政策以及各相关行业的最新变动等信息需求，就能确定机关报的功能定位；依据广大群众需要提前获知广播电视节目信息这一需求，就能确定广播电视报的功能定位。其次，媒介功能定位还以媒介主办者的主观愿望为基础。即媒介主办者投资办报（台）的目的何在，也决定了媒介的功能定位。比如党政机关投资办机关报，主要目的是宣传自己的方针政策、指导实际工作，这一目的就决定了机关报的功能定位。省级机关报社投资办都市报，主要目的不是再办一份宣传方针政策的小机关报，而是为了在当地的报业市场竞争中占据优势，为报业发展创造雄厚的经济基础，这一目的就决定了都市报的主要功能是为城市居民提供最广泛的信息服务，以此获得较大的发行量和广告资源，最终获取良好的经济效益。

在新媒体环境下，媒介的受众定位与功能定位因为传播技术的发展呈现出更加重视市场细分、更加关注每个人的个性化需求的发展趋势。媒体有可能通过用户数据挖掘，发现每个细分的群体甚至每个个体的需求特征，针对这些需求进行媒体定位和产品设计。

媒介的受众定位和功能定位相互之间有着紧密联系，功能定位是在受众定位的基础上，考察受众的信息需求，结合媒介主办者对媒介的角色期待而确定的，它最终是受众的客观需求与媒介主办者的主观愿望相结合的产物。而媒介的受众定位则需要借助于媒介的功能定位才能对媒介产品的设计与生产最终具有指导意义，因为受众定位只是决定了媒介为谁而办，功能定位才能决定媒介给受众什么。我们可以下列图示表现它们相互间的这种依附关系（见图2－1）：

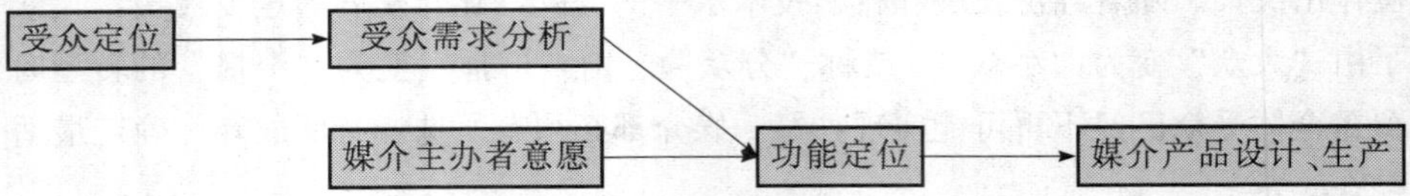

图2－1　媒介受众定位与功能定位关系图

应该看到，媒介定位不是一个单纯的编辑学范畴的问题，它更需要从产业经营的角度进行研究。媒介定位的一些内容如媒介的价格定位、品牌定位等，属于营销学范畴，不是编辑学讨论的话题。同时，我们也要清醒地认识到，正是因为媒介不同于普通产品的特殊性，使得媒介经营和新闻传播有时会产生矛盾，媒介经营对经济效益的追逐与新闻传播的客观公正原则，在对一些具体新闻的处理中会产生利害冲突。因此，对于新闻媒介来说，如何做到坚守新闻专业原则与获取经济效益的平衡，是一个永远存在的难题。

二、媒介定位的客观依据

媒介的受众定位与功能定位应该是调查研究和科学决策的结果，那么，调查的内容是什么？决策的依据是什么？这是一个需要仔细研究的问题。

新闻传播的历史证明，每一个媒介的产生和变更都不是偶然事件，无论是新媒介的诞生，还是已有的媒介进行改版，都是内因外因相结合的产物。党派组织为了政治宣传办报办台，商人为了盈利办报办台，看起来似乎是媒介主办者的主观愿望使然，但这种表象的背后实际隐藏着更复杂的客观条件，党派组织办报和商人办报都要有潜在的受众群体、有客观存在的受众需求、有资金来源、有政策许可、有传播技术和人才……所有这些客观因素具备了，办报办台才能成为现实。媒介定位以及媒介定位的改变，实际是媒介生存环境发生变化或者媒介自身条件发生变化的结果，因此媒介生存环境和内部环境中各项因素的变化是媒介定位的客观依据。

构成媒介生存环境的因素很多，有政治、经济、人口、法律、文化、技术等等。这些因素共同对媒介的发展产生影响，并且在不同的时期各因素影响力的大小及影响方式不同，比如：在市场经济条件下，经济因素对媒介的影响与在计划经济条件下的影响就不一样；改革开放以后，文化因素对于媒介的影响也与改革开放以前不同。因此，媒介生存环境中各相关因素的变动是媒介定位和媒介产品策划的依据。

影响媒介生存的诸多因素是怎样构成新闻媒介策划的参照系的？我们可从总体上做粗略的描述。首先，直接影响媒介的要素主要有五个方面。

（一）受众

从媒介产业发展的角度看，受众是新闻媒介的使用者及服务对象。传播学理论认为大众传媒的受众具有“众多”“混杂”“分散”“流动”“隐匿”的特点，这就使传媒对受众的把握具有一定难度。一个有效的方法就是重视传播过程中的反馈，有意识地进行受众调查。受众的人数、年龄结构、职业结构、文化程度、收入水平，以及受众对媒介的消费心理和行为等都是影响媒介产业发展从而制约媒介定位的要素。这些要素也无一不对新闻媒介的定位与设计起重要作用。

今天，媒介技术发展已经使传统媒介的一些欠缺在新媒体上得到了弥补。例如，随着无线互联网和移动终端的迅速普及，各类新媒体用户与日俱增。他们的身份，使用媒介的具体情况如时间、地点、阅读内容、发布的信息等都是有据可查的。因此，借助数据挖掘技术，新闻编辑有可能更全面更准确地掌握媒介用户的信息，并针对他们的媒介使用习惯和需求设计新闻产品。一些媒体已经开发并投入使用的新闻客户端（App）、微信公号等，可算是初步的成果。而随着对用户资源更深入的研究和挖掘，未来的新闻产品还会向定位更加精准的定制化方向发展。

【案例】

上海《新闻晨报》创办社区报的受众分析

《新闻晨报》是解放日报报业集团旗下的一家都市报纸，在21世纪初开始探索创办社区报纸。截至2012年5月，该报与上海31家街道和单位开展合作创办了31家社区报（见图2-2），其中26份报纸为每月一

社区报在传媒业发达的美国有两百多年的历史，是

期，5 份报纸已成为双周刊。每份社区报有 8～20 个版面，发行量在 2 万～5 万份，单期总发行量超过 100 万份，覆盖上海市 3 000 多个小区。

五角场社区晨报
残疾人有了开心乐园
社区为百姓服务项目化获成效

长风社区晨报
全家都来赛 孕妇也疯狂

花木社区晨报
只需 60 秒 居民就可预约办理出入境证件

江宁路社区晨报
抗击雾霾 从我做起
品味海派食文化 提倡服务新风尚

大宁社区晨报
有困难别忘了找“小叶”
延长居民区调解“民星”8 年成功处理纠纷 1000 余件

南京西路社区晨报
静安临时停车路段 灵活缓解停车难
静安交警带来正版官方停车攻略

图 2-2 《新闻晨报》创办的部分社区报头版

上海是适合引入社区报的地域，因为城市化进程的不断加速使社区商圈变得日益发达，居民出行半径大幅缩短，“社区化居住”成为上海城市居民的主流居住模式。《新闻晨报》总编辑、总经理黄琼提出，除了大报之外，老百姓还需要一份更细致一点的报纸。今后报纸

随着城镇的扩张逐步发展起来的。在我国，社区报的实践在 21 世纪初才真正开始。

《新闻晨报》是一家面向全体上海市民的都市报纸，而它所创办的社区报则是基于对受众市场的进一步细分，面向某些社区居民发行的报纸。社区作为一个细分市场，读者的人口特征更集中，他们对媒介的需求也会有相同之处，比如对发生在社区中的新闻有共同的关注，对于日常生活中的服务资讯也有共同需求。针对这个细分化的受众群体，把握他们共同的新闻与信息需求，是社区报定位和产品设计的基础。因此，社区报要比都市报更加注重服务功能，如更关注居民所在社区中发生的新闻，更关注居民的日常生活等。社区报面向细分的受众市场，还决定了它适合于

的发展应该围绕新型的居住社区做文章，研究社区特点和居民心理，开拓市场新空间、创造新需求，这将是报业利润的下一个增长点。

《新闻晨报》创办社区报大致经历了三个阶段：2006年，开始尝试进行专门的社区新闻报道。2007年，正式成立了社区新闻部，并在主报中推出了专门的社区新闻版，此举拉近了与街道的距离，了解了不同居民的需求。2009年，抽调社区新闻部和发行部的十多位员工开始尝试运作多版本的社区报。当年年底，首批3份社区报——《新闻晨报周家桥社区报》《新闻晨报曹家渡社区报》《新闻晨报五角场社区报》正式出炉。为更好地满足社区报的规模经营，上海新闻晨报社区传媒有限公司于2011年正式成立，独立负责多版本的社区报，创造了独特的运作模式。

《新闻晨报》将“社区”的概念与国内行政管理体系中的街道联系起来。20世纪90年代中期，上海市开始实行了“两级政府，三级管理”的城市管理新模式，这个管理模式的核心是使街道成为一级管理单位，并赋予相应的职权。作为区政府的派出机关，上海各区的街道大多拥有自己的报纸，但属于没有公开发行许可的内部刊物。《新闻晨报》通过与基层的街道、镇等基层政府进行合作，重新改造了原有的基层党政社区报纸，淡化了党政色彩，合作后的报纸使社区居民享受到了更优质的信息服务。

除了与基层政府联合之外，报社还与知名物业公司及房地产集团合作，将业务扩大到部分无法覆盖的优质楼盘，使渠道更为完善。

社区报的新闻信息主要以与社区生活密切相关的交通、餐饮、娱乐、旅游、教育、住房、流行时尚、健康养生、金融理财和老年人服务等方面的社区生活服务类资讯为主，同时也兼顾其他的社区活动、社区事件及社区互动信息。

社区报的受众特征比较容易把握，除了有共同的地理位置和生活环境外，一般还能根据楼盘售价判断出基本的收入状况，以及从开发商倡导的文化品位等推出居民的教育水平和消费特征等。特色鲜明的受众群对于报社的广告经营具有极大价值，这使报社在社区这一非竞争性的分众市场上获得了成功。

资料来源：倪杰．渠道创新开拓蓝海：新闻晨报创办社区报的成功运作及几点思考．新闻战线，2012（7）.

广告商投放精准广告，如《新闻晨报》所办的社区报的属地化广告高达90%以上。

由于社会制度与文化传统的不同，中国社区报的办报思路也会与西方有所不同。在我国，图书馆、学校、公园等公共场所和公共设施是由政府出资规划兴建的，而非当地居民自治的结果。居委会作为党和政府的基层组织管理社区事务。我国社区报的服务性更多地体现在沟通政府与居民，为居民提供信息参考等方面，即“服务民生”。《新闻晨报》与基层的街道、镇等基层政府进行合作办社区报，恰恰体现了这一特点。

（二）媒介的控制者

媒介的控制者指能够通过行政手段、法律手段或经济手段对媒介进行控制的组织及个人。比较普遍存在的控制者，一类是政治组织及其领袖，如政府、党派组织，一类是经济组织，如企业、财团等。经济组织对媒介的控制主要采用的是经济手段，如通过向媒介投资、控股，通过向媒介提供广告、赞助等对媒介施加影响。政治组织对媒介实现控制的手段更多，美国学者分析西方政府对媒介的影响时指出："一旦政府决定介入市场中的经济运作，它通常可以有四种主要的介入类型可供采用：(1) 制定法规，(2) 优惠政策，(3) 补贴政策，(4) 赋税手段。"并且认为"国家介入的类型，取决于特定国家所能接受的政治与经济方面的信条。某个国家，其选定的国家介入之本质与形式，乃由其政治与经济哲学之中，占据支配地位之那一部分，或其为人接受之诠释那一部分所决定"。"任何一个国家介入报业经济的方式及程度，必然应合于它对整体经济的介入方式及程度。国家的报业政策，与国家对于其他产业的经济政策，可以说是一致的。"① 其实，西方国家政府还会通过其他途径影响本国的媒介，比如政府部门对新闻界的公关活动等。西方传播学批判学派的代表人物阿特休尔在其名著《权力的媒介》（*Agents of Power*）中直截了当地指出："在所有的新闻体系中，新闻媒介都是掌握着政治和经济权力者的代言人"，"不论过去还是现在，新闻媒介都没有展现独立行动的图景，而是为那些所有者和经营者的利益服务"②。

我国新闻媒介特别是主流新闻媒介大多接受各级行政机构的领导，如党委机关报必须接受上级党委的领导，电台、电视台要接受广播电视局的领导等。此外，各类新闻媒介都要在中央宣传部的统一领导下工作，国家新闻出版广电总局对各类报刊进行行政业务的管理，等等。因此，媒介的控制者对于媒介的定位和发展具有重要影响。在市场经济新时期，国家在推动媒介全面走向市场，依靠经济规律促进新闻资源实现合理配置的同时，仍将通过行政手段对媒介产业的结构和规模加以宏观调控。媒介控制者的意志，以及有关政府部门对新闻媒介的管理法规和政策，是媒介进行决策必须考虑的要素之一。

经济组织如各式各样的企业、财团同样也会影响新闻媒介的报道活动，一个反面的极端表现就是"有偿新闻""三包采访"在新闻界的出现。一些企业试图用金钱收买新闻媒介的从业人员，达到自我宣传的目的。这种影响可能诱使新闻界背离职业道德，最终既损害了受众的利益，也损害了媒介自身的利益，应引起我们警惕。然而，作为媒介的投资方的经济组织的利益，则是媒介运作中必须考虑的因素，因为它们为媒介产业运作提供了资金上的支持，它们与媒介实际是风险共担的利益结合体。媒介虽然不可因此改变自己的编辑思想和新闻传播准则，但又必须考虑在政策许可的范围内，尽可能降低经营风险，使合作者的利益得到保障。这就要求媒介在受众定位与功能定位时考虑到这方面因素。

（三）广告客户

广告是现代传播媒介的经济支点，媒介的生产循环要依靠广告提供资金保障，因此对广告市场份额的争夺在媒介竞争中不可避免，尤其是那些完全市场化的媒介，会更加自觉地将广告客户作为自己的服务对象和争取目标。如 20 世纪 90 年代省级机关报纷纷创办都市报，其主要目标之一就是与当地的晚报竞争，重新分割一直由省会城市晚报独占优势的读者市场和广告市

① Picard R G. Media economics: concepts and issues. Sage Publication, Ltd., 1989: 158.

② 阿特休尔. 权力的媒介. 北京：华夏出版社，1989：287.

场。再如随着有线电视的发展，各省电视台纷纷开设卫星频道，其目标之一仍然是争夺广告的市场份额，“省台的价格，全国的覆盖”成为一些上星台的广告用语。可见，广告客户的需求、广告经营的规模越来越成为制约媒介定位和产品设计的重要因素，媒介的新闻单元作为媒介产品中最重要也最具影响力的部分，更为广告客户所器重，像中央电视台《新闻联播》《焦点访谈》节目前后的广告时段，成为广告客户争夺最激烈的时段。可以说，广告经营的成败与新闻单元的质量优劣已经是现代传媒发展的一个“连环扣”，这两者将一荣俱荣、一损俱损，新闻媒介的定位和产品设计不能不将广告客户作为一个重要参照因素。

广告客户作为影响媒介的重要因素之一，正为越来越多的人所认识，也为越来越多的人所担忧。1996 年复旦大学、暨南大学、北京广播学院和杭州大学四所院校的新闻院系共同组织了一次中等规模的新闻职业道德现状的调查活动。调查结果表明，29％的公众认为广告客户是目前影响新闻报道工作的主要因素。有学者对此进一步作出分析，认为报纸广告已经对报纸产生了负面影响。一方面表现是报纸为争夺广告而无序竞争，“为了争取广告客户，绝大多数报纸视报纸发行量为绝对机密，对外谎报虚报。还有的报纸不惜以高额回扣吸引广告客户。更有甚者，屈从广告客户，登虚假广告、违法广告，甚至以‘有偿新闻’的形式为之进行报道”。另一方面表现是过多的广告使读者望而生厌。“尽管据《1994 年全国报纸读者调查分析报告》称有 71.8％的读者感到广告太多了，但办报者却认为还不算多。读者总是倾向于在有限的版面空间读到尽可能多的他感兴趣的信息，而报纸广告由于其特有的内在规定性以及刊载形式上的单调重复性，常常不受读者的欢迎。”而且，广告还可能侵蚀报纸版面，“有些报纸为了迎合广告主的需要，不按常规刊登广告，便出现了所谓的‘异形’广告”。广告中还可能出现错误的导向，如“宣扬物质至上的享乐主义和拜金主义”“崇洋媚外”“倡导和国情不相适应的高消费”“性感广告”等，还有一些广告错字连篇、语法不通、乱用成语，对祖国的语言文字造成污染。① 这些分析是言之有理的。媒介在考虑广告客户这一因素时需慎重行事。

（四）传通中介

任何新闻媒介产品要实现其价值与使用价值都必须依靠一定的传通中介，如纸质媒介要依靠邮局和其他报刊发行网络才能到达读者手中，广播电视要依靠电波、电缆、光缆等传递信号才能被听众和观众接收，近几年互联网又成为新型网络媒介通往受众的理想中介。传通中介是媒介生存与发展的重要依赖，而支撑传通中介的元素又非常复杂，既有主要靠人力构成的中介，如报纸发行网络，又有主要靠科技设备构成的中介，如广播电视信号发射和接收系统、国际互联网等。媒介的传通中介牵涉诸多与传媒产业相关的其他产业，如生产新闻纸、收音机、电视机、计算机、智能手机、平板阅读器等信息附载或接收体的多种产业，还有卫星、光缆等高新技术产业，以及电信服务业等。所有这些中介因素都影响与制约着媒介产品的形态和规模，包括影响和制约媒介新闻产品的设计和运作。如传统的纸质媒介进入网络以后，能够实现每天 24 小时不间断地发布新闻信息，报纸网络版的读者可以更加自由、便捷地参与新闻传播活动，新闻产品的表现形式和运行方式与以往相比发生了巨变。

---

① 贾亦凡．试论报纸广告对报纸的负面影响．新闻大学，1997 年夏季号．

近几年，移动互联网和智能移动终端的普及，推进了媒介新闻产品的创新，微信公号、新闻客户端应用等都是基于新的传通中介而开发的新产品。一些新闻媒体还利用智能手机地理定位的新功能，开始提供针对特定位置的用户推送新闻信息的服务。

【案例】

《纽约时报》的内容数据开放和新闻客户端战略

《纽约时报》于 2008 年开始运用 Web 技术和理念，开放内容数据，以业态转型和终端前移作为目标，对新闻内容资源进行了大刀阔斧的横、纵向整合。

《纽约时报》与新技术公司共同成立的开发联盟定期举办名为“Hack day”的技术交流会，向来自美国 Facebook、Mozilla 以及其他网站开放平台的技术专家开放数字内容。他们对内容进行标准化（将数字内容用 xml、json 等格式标引）处理后，通过各类 API（application programming interface，操作系统留给应用程序的调用接口）发布出去，供各类开发者调用。而开发者再将其开发的新闻客户端植入各类终端上，从而为《纽约时报》的受众创造新闻阅读新体验。

《纽约时报》所开发的新闻客户端和社交媒体深度整合，提高了内容的社会价值。如一款名为“We read，We tweet”的新闻 App 能将《纽约时报》在 Twitter 上点击最高、用户回帖和引用次数最多的报道用图形实时地显示在谷歌地图上，受众可以根据自己的兴趣和关注点点击地图中这些图像，跟踪该报的相关报道以及与其报道相关的 Twitter 上的评论。这个应用集成了《纽约时报》Times Article API、Twitter API 以及谷歌地图 API，让用户体验到“天下大事，尽收眼底”的快感。

另一款名为“Scene Near Me”的手机客户端应用，和 LBS（地理定位服务）、视频分享等新业务绑定，将位于纽约的用户所处周边影院正在上映的电影简介、海报图片以及相关影评进行集中展示。这款应用是通过集成谷歌地图 API 和《纽约时报》电影评论 API 实现的，该应用将权威影讯实时向用户的智能终端发布，迅速赢得用户青睐，并获得纽约 2011 年度最佳年度应用第二名。该应用源于 2008 年 11 月初的电影评论 API 上线，它可以让第三方开发者访问从 1924 年开始的超过 2.2 万部电影的评论。除了可以通过电影标题和故事情节进行搜索外，还被允许通过评论家或影评人推荐进行搜索。返回的数据包含电影的详细信息、导演、主演、故事情节、标签、美国电影协会的

纽约时报公司是由传统媒介（报纸）起家的传媒公司，它对新技术与新媒体的运用在近几年来引起了世界范围的广泛关注。内容数据开放、链接数据和开发者联盟、新闻客户端是这家媒体的战略核心。正是通过跨产业的合作，并与社会化媒体相融合，《纽约时报》才使自己的内容优势得到了充分发挥，创造出新的新闻产品，延伸了自己的产品链和价值链，在新媒体时代开拓了新的市场。

评级、发行日期等。一旦该应用的用户决定观影，该应用则立即推荐相应的视频分享网站的链接。而《纽约时报》则可以在与视频分享网站分享流量中进行分账式获利。

《纽约时报》在 2012 年之前已经开放近 20 个不同类型的 API，涉及政治、流行娱乐、地产、商品销售、信息检索等诸方面。在开放战略的助力下，《纽约时报》不但成功度过金融危机，还逐年实现商业利润的增长。

资料来源：刁毅刚．纽约时报的内容数据开放和新闻客户端战略．中国记者，2012（2）.

（五）竞争者

新闻媒介相互之间的竞争是构成媒介生存环境的又一重要因素，这种竞争一方面存在于不同类型的媒介之间，如报纸与广播、广播与电视、传统媒介与新媒体之间的竞争，另一方面还存在于同类型媒介之间，如报纸与报纸、电视与电视之间的竞争。对于任何特定的新闻媒介来说，其竞争者总是多元化的，如都市报的竞争对手不仅有当地的晚报和在本地发行的其他报纸，还有当地的广播、电视、网络媒介等。改革开放以来，我国各类新闻媒介在数量和类型上发展迅猛，客观上造成了各媒介的竞争对手急剧增多，竞争的态势日趋严峻。媒介受众市场的不断“分化”成为大势所趋，能否找准合适的市场定位并生产出高质量的媒介产品，决定着媒介的兴衰成败。而媒介定位正是与竞争者的生存状态相对而言的，也即要寻找竞争对手的薄弱环节，发现市场空白点，从而选择正确的发展战略。

在构成媒介生存环境的五项直接因素之外，还存在着其他一些间接因素，主要有：（1）政治因素，即国家的政治制度、政党和政府对媒介的影响因素。（2）人口因素，即人口数量、区域分布、人口结构等对媒介的影响。（3）经济因素，即国民经济发展水平对媒介的影响。（4）环境因素，即媒介所在区域的自然环境对媒介的影响。（5）法律因素，即与媒介产业相关的法律法规对媒介的影响。（6）技术因素，即支撑媒介产品生产的科学技术对媒介的影响。（7）文化因素，即媒介所在地区的文化传统对媒介的影响。

影响媒介生存的间接因素通过直接因素发挥作用，如：政治因素、法律因素等间接因素通过媒介控制者这一直接因素起作用；人口因素、经济因素、环境因素、文化因素等通过受众因素起作用；经济因素、文化因素、人口因素、环境因素等通过广告客户因素起作用；技术因素、环境因素、经济因素、法律因素等通过传通中介因素起作用；所有影响媒介生存的间接因素都会通过竞争者因素起作用。可见，媒介的生存环境是一个极其复杂的大系统，影响这一系统的因素相互作用，而且所有因素都是运动着、变化着的。媒介生存环境系统中的一项因素的变化总会带动其他因素随之发生变化，比如人口的变化会带动受众构成和广告经营的变化，经济发展水平的变化会带动媒介的技术水平、受众群体、广告经营等多种因素的变化。因此，媒介定位以及媒介产品设计的依据是媒介生存环境中各相关因素的变动。

【案例】

《华西都市报》的定位及其环境因素分析

《华西都市报》，1995 年 1 月 1 日创刊于成都，四川日报社主办，是我国第一张以“都市报”命名的综合性日报。

《华西都市报》创办人席文举曾在创刊时的讲话中指出：“《华西都市报》要办成一张什么样的报纸？回答就是一句话：办成一张市民生活报。”第一，读者对象确定为“市民”是由广告市场决定的。只有将《华西都市报》办成最佳广告传播渠道，报社的经济效益才会好。而房地产、日用品、商贸三大类新崛起的广告，它们大多数的消费者是城市市民，要使《华西都市报》变成广告最佳媒体，必须广大市民都要看。因此，《华西都市报》将读者对象主要定为四川城市的广大市民。第二，“生活”是对报道内容的规定。广告只是报纸的附属物，报道内容是由读者对象“市民”的需要决定的。市民最关心的是什么呢？是他们的生活，以及和他们生活密切相关的事情。所以，《华西都市报》的报道内容以市民生活为中心。归纳起来，《华西都市报》定位市民生活报，选择全体市民为读者对象，是由广告市场来决定的；而要征服读者，让广大市民都喜欢读，报纸报道的内容又是由读者市场的需求来决定的。

《华西都市报》“市民生活报”的定位是对当时全国和四川媒介生存环境充分考察分析的结果。

“市民生活报”的选择充分考虑到广告因素对报纸的影响。

在“市民生活报”这一核心定位的基础上，席文举从产品的形式、质量、竞争地位、经营方法和思路等多个层面进行了系统定位。

第一，办一张党和人民都喜欢的报纸。导向正确让党和政府满意，贴近生活令市民百姓欢迎。《华西都市报》的读者对象决定了它的办报宗旨是“全心全意为市民服务”，意味着报纸要急市民之所急，想市民之所想，做市民忠实的信息公仆和服务公仆。全心全意为市民服务的宗旨首先体现的就是党的全心全意为人民服务的宗旨，就是要办一张党和人民都喜欢的报纸。这就要求在研究市民需要的同时，研究党和政府在这方面的方针政策，也就是说，报纸主要应在市民需要和政府需要的结合点上做文章。席文举强调，新闻报道必须始终坚持三条：一不违背四项基本原则，二不违背宣传纪律，三不搞低级庸俗的东西。在做到这三条的前提下去追求信息量、实用性和可读性。

媒介的控制者因素对报纸的影响，是重要的媒介定位依据之一。

第二，办一张通俗报。通俗，就是用市民的语言来反映市民的生活，用老百姓的话讲述老百姓自己的故事。报纸要充满浓浓的市民生活味和地方味，生动活泼，妙趣横生，通俗易懂。但是，通俗不是媚俗，不是庸俗，绝不能登那些有伤大雅的内容，绝不能迎合个别或少

受众的需求对报纸定位具有决定性意义。

数读者追求低级趣味的需要。《华西都市报》追求的是高格调高品位的可读性，不能等同于地摊小报。

第三，办一张一流报纸和畅销报。畅销报，就是发行量大，销得好，销得多，销得快。从报纸经营的角度来看，只有注重实用性和可读性，切实提高报纸的质量，办出一份一流报纸，才能使报纸真正畅销，从而提高报社的广告收入和经济效益。

第四，办一张区域组合城市报。现代城市是由一个城市发展到若干个城市组合成的城市群体，即区域组合城市。这是国际城市发展的趋势，像日本的东京都市群、法国的巴黎都市群等就是例子。区域组合城市是市场经济高速发展的结果；由于各种客观因素的局限，中国的区域组合城市还没有形成，或仅仅处于萌芽状态。但是中国却诞生了一批区域组合城市报，各省的都市报就属此列。区域组合城市的发展，必然导致与之相适应的传媒的出现；区域组合城市报纸先于区域组合城市诞生，对于区域组合城市的诞生和发展，有着重要的催化和推动作用。区域组合城市报能够发挥现代媒介的优势，迅速不断地传播各个城市的信息，沟通城市之间的联系，促进城市之间的交流，推动它们向区域组合城市型经济的方向发展。

在 1995 年前后，四川的“经济一条线”——绵阳、德阳、成都和乐山，也已经在朝区域组合城市的方向发展，实际上形成了成都经济带。成渝高速公路修通，加速了成渝经济带的发展，成都和重庆两个城市也靠拢了，最后也必然走到区域组合城市的路上去。《华西都市报》作为一张区域组合城市报纸，不仅能够加强成都与重庆、与周边市县的新闻信息网络的建设，更重要的是能够成为城市之间信息交流的通道，成为区域组合城市经济发展的桥梁。它对成渝两个城市、对成渝经济带、对整个四川经济的发展，都会起到相当大的推动作用。席文举认为，将《华西都市报》定位于立足成都和重庆，辐射周边市县的区域组合城市报具备五大优势：

（1）新闻资源优势。在几十个甚至上百个中小城市选新闻，范围广，有价值的新闻总比一个城市里的多，可读性强的稿件多，这就更受读者欢迎。

（2）读者数量优势。因为在几十个大中小城市发行，拥有一大批城市群体的读者，读者数量众多。读者多，发行面宽，社会影响大，传播效果就更好。

（3）广告市场优势。由于拥有城市群体的众多读者，它就可以把它的广告辐射到这个城市群体的各个角落里去，这对想打入这个城市群体的广告客户具有较大的诱惑力。同时可以吸纳各个城市的广告，增加

经济因素带来的影响是报纸定位必须参照的，这一因素与其他多方面因素存在着相互联系与转化的关系。

媒介定位的确立和变化，客观上受着媒介生存环境和内部环境各种因素变化的影响。直接影响媒介的要素主要有受众、媒介的控制者、广告客户、传通中介和竞争者这五个方面。因此，在确定媒介定位时，首先必须对媒介的生存环境进行充分的考察和分析，进而结合自身条件选择最适合的媒介定位。

广告客源。广告发达的城市越多，区域组合城市报纸的广告市场越大。

（4）人才优势。省报培养和荟萃了一批有经验的新闻人才，是省报办省级城市报纸的一大优势。

（5）发展优势。随着市场经济的迅速发展，区域组合城市的形成是必然的。随着汽车的普及，通信工具的发达，现代都市人已不满足龟缩在一个城市里，而是不断到四周的城市里去活动。人们不仅想知道本市的信息，同时也渴望知道更大范围内的信息。因此，在今后一个时期内，人们的需求眼光逐步转向刊登区域组合城市信息的区域组合城市报纸，这个发展趋势就是区域组合城市报纸长远的发展优势。

资料来源：席文举．报纸策划艺术．北京：中国社会科学出版社，2000：96－114.

上述影响媒介发展的环境因素是媒介决策的一方面依据，而媒介决策还必须考虑另一方面因素——媒介内部条件的变化，这是媒介决策同样不可忽略的重要依据。有时，媒介内部的人事变动、机构重组，以及媒介经济条件的改变、技术设备的改进等，都可能直接引发媒介进行改版。媒介内部条件因素主要表现为三个方面：

第一，媒介的资金、设备和技术条件，这是媒介运行的"硬件"。无论媒介新创办或者改版，都需要"硬件"保障，如20世纪末期我国省级机关报纷纷创办都市报，一般都要投放几百上千万的启动资金，新办电视台、网站需要的资金更多。如根据有关调查，中央电视台要维持正常的播出，一年大约要花掉20亿元人民币。一个县级电视台一年大约需要100万元。上海教育电视台创办时，注入资金达5 000万元，之后每年要投入2 500万元才能运转。[①] 与资金同时启动的，还有办公场所、印刷厂、演播室、各类通信摄录设备、交通车辆等等，而且很多工作环节都离不开高新技术手段，需要有技术方面的保证。即使是日常的新闻报道活动，也同样需要这些"硬件"支撑，像2008年北京奥运会、2009年中华人民共和国成立60周年大庆等一系列重大活动和事件的报道，媒介投入的资金和物力都是非常巨大的，如果没有经济实力和技术实力做基础，这一类报道战役就很难展开。所以，大到媒介定位、产品设计，小到一次报道策划，都要充分考虑媒介自身的这些"硬件"因素，量力而行，确保策划方案的成功实施。

第二，媒介的人力资源、体制与管理水平，这是媒介运行的"软件"。人力资源指媒介拥有各类专业人员的数量、人员素质及其水平。人力资源历来是制约媒介的各项策划包括新闻传播策划的重要因素，因为一切策划方案都要靠恰当的人去完成，策划实施效果首先取决于人的努力。我国第一家报业集团广州日报报业集团之所以能迅速发展，一个很重要的原因就是其重视集团内部的人才结构，为了确保人才结构适应报业集团发展，其集中引进高学历、名牌大学人才，在20世纪末使采编人员的学历结构达到硕士以上毕业生占20％、本科毕业生占40％、大专毕业生占40％。[②] 还有很多媒介，在策划名牌栏目时，主要借助于人才资源方面的优势，

---

① 王建宏．我国究竟应该建立多少家电视台．中国记者，1996（5）.

② 曹鹏．中国报业集团发展研究．北京：新华出版社，1999：122.

如凤凰卫视曾经开设的《小莉看时事》《杨澜工作室》等栏目就是很典型的例子。媒介的体制指媒介的组织制度，包括用人制度、部门设置等。目前我国新闻媒介的体制是有差异的，有的已经实行全员聘用制，真正实现了社会招聘、择优录用和人才流动，有的还没有完全摆脱计划经济时期形成的旧体制的影响。体制的差异会直接影响从业者的工作态度和业务水平的发挥，形成对策划的制约力。媒介的管理水平也是影响策划和组织传播的一项重要因素，管理水平高的媒介能够以高效的工作流程、完善的制度和严格的纪律保证策划方案的实施，而管理水平低下的媒介则有可能使优秀的策划方案变成纸上谈兵。

媒介内部的各项因素也是互相关联的，而且能够彼此转化。"硬件"方面的因素可以转化为"软件"方面的因素，"软件"的优势也可以转化为"硬件"的优势；"软件"和"硬件"中的不同因素也可以相互转化。比如：媒介拥有雄厚的资金实力，就可以吸引优秀人才，可以添置现代化的技术设备；媒介拥有体制方面的优势，也能够吸引人才和资金投入。新闻产品设计需要对这些内部因素及其可能发生的相互转化给予足够的重视。

第三，媒介进行传播的符号因素。媒介的信息传播总要凭借一定的符号来实现，而不同的媒介有着不同的符号体系，因此新闻传播策划必须以媒介的符号因素为依据。符号学将符号这种负载和传递信息的基元分为语言符号和非语言符号两大类，语言符号包括有声语言符号和文字语言符号两种类型，非语言符号则包括体语（如动作、姿势、类语言）、视觉性非语言符号和听觉性非语言符号三种类型。不同类型的符号具有不同的功能。语言符号具有抽象性，因此具有演绎性功能，适合用来进行逻辑推理和抽象概括；非语言符号具有具象性，因此具有再现性功能，适合用来传播态度、情绪、场面和气氛等。报纸、广播、电视和网络新媒体都运用了两种以上的符号来构成自己的传播符号体系，但各类符号在这些体系中的地位和作用是不同的，如表 2-1 所示。

由以上分类可以看到，传播中采用的符号体系不同，使媒介的传播功能各有短长。报纸主要运用文字语言符号和视觉性非语言符号，由此擅长进行析事说理的深度报道和旁征博引的新

表 2-1　　　　媒介符号系统比较表

	报纸	广播	电视	网络新媒体
第一重要符号类	文字语言符号（文字稿件）	有声语言符号（口语）、体语（类语言）	视觉性非语言符号（图像）、有声语言符号（口语）、听觉性非语言符号（音响）、体语（动作、姿势、类语言）	理论上包含了报纸、广播、电视三类传统媒介所具有的全部符号
第二重要符号类	视觉性非语言符号（图片、版面、色彩、示意图等）	听觉性非语言符号（音响）	文字语言符号（字幕）	重要性分类依据网络技术水平、带宽等客观条件而定
第三重要符号类				

闻评论，而且由于其文字符号和视觉性非语言符号需要附载于纸张之上，报纸就具有可以保存、便于查阅、方便携带、阅读自主的优点。但报纸符号体系的缺陷也很明显，由于没有有声语言符号、听觉性非语言符号的支撑，其传播的实证性、对事件的再现力就受到影响，其传播的时效性、感染力也因此不足。广播以采用有声语言符号和听觉性非语言符号为主，声音传播的快速和便捷使广播具有很强的时效性，使用听觉性非语言符号还使广播的新闻报道在实证性、感染力方面具有优势。但听觉性非语言符号难以附载于实物以及收听次序的不可选择性，使广播同时又有稍纵即逝、不便保存与查询的劣势。电视的符号系统显然比广播和报纸丰富，同时拥有语言符号和非语言符号，因此传播功能非常强大，这也是电视在现代社会中成为“第一媒介”的缘由。但电视所采用的符号系统也和广播一样有难保存、难查询的弱点。网络新媒体从理论上说能够克服前三类媒介的缺点，具有最全面的符号系统，而且对这些符号的运用可以随心所欲、不分轻重。但复杂的符号系统对传播设备的依赖可能造成信息接收的不便，传播符号在摆脱媒介空间和时间的约束后形成信息泛滥，成为接收障碍。对媒介实现传播的符号因素进行分析和把握，对媒介定位以及媒介产品设计具有重要参考价值。每一个媒介都应该根据自身的符号系统扬长避短，使媒介潜在的资源得到充分的开发利用。

以报纸为例，在大众媒介中，报纸属于定期出版的印刷媒介一类，与报纸同属这一类的还有杂志和书籍。如果以媒介负载的内容特点来划分，大众媒介还可以分为以传播新闻信息为主的新闻传媒和以传播非新闻内容为主的非新闻媒介两大类。报纸属于新闻传媒这一类。与报纸同属新闻传媒的还有广播、电视和网络新闻媒介。值得我们重视的是，报纸无论放在哪一类别的大众媒介中考察，都有着与其同类相异的个性，而且这种个性对于报纸设计至关重要。

在印刷媒介中，报纸与杂志、书籍最大的不同表现在出版周期与传播内容上。报纸的出版大多以每日、每周、周二刊、周三刊等为周期，而杂志的出版周期则以月、季居多，书籍的出版则无固定周期。出版周期的差异，使这些印刷媒介在传播内容上自然各有侧重，报纸因为出版周期最短，对外部社会的反应最迅速，便以进行时效性强的新闻传播见长，而杂志、书籍因为出版周期较长，能够有充裕的时间反映外在变化，因此传播内容更具有深度。

报纸作为一种以传播新闻信息为主的印刷媒介，主要特点如下：

（1）报纸的信息容量受制于报纸的版面数量，版面越多的报纸能够容纳的信息越多，但任何报纸的容量都是有限的。当然，报纸的信息量并非无条件地与版面数量成正比。如果一家报纸设计不当，各版面或栏目内容重复，或者新闻报道水平不高，稿件内容空泛，其信息量可能还比不上一份版面虽少但设计合理、报道务实的报纸。

（2）报纸以文字语言符号为主传递新闻信息，在揭示事物本质、评析事理方面具有先天优势，因此报纸的内容相对于其他新闻媒介可以更有深度。当然，报纸内容的深度也有适当的度，要与报纸性质、读者需求相适应，而且与杂志、书籍相比，报纸的内容则应该属于通俗、浅显，更加大众化的。

（3）报纸作为一种平面载体，它的外在形象是由视觉性非语言符号构造出来的，而且视觉性非语言符号比文字语言符号更起作用。尤其是彩色印刷普及以后，报纸形象的塑造越来越倚重彩色照片、个性化的报头、新颖的版式等，相对于文字，这些因素给读者的视觉冲击更大，也更能加深读者对报纸的认知和记忆。

报纸的这些特点都与它固有的传播符号系统有关，在报纸上网之后，由“翻版”向多媒体形态的转变，也正是传播符号系统发生变化的结果。

上述媒介内部条件的变化，和外部环境因素的变化一样，是媒介定位和产品设计的重要依据，传播者对此正在给予越来越多的关注。《深圳商报》提出的“扩版五原则”中有一条就是“稳妥原则”，认为“扩版，是报社综合实力的检验，如果不从实际出发，超越客观条件，盲目扩版，造成稿源不足，或者急于扩版又疏于管理，那就走入了扩版的误区”①。因此他们提出，扩版一要量力而行，二要强化管理。对量力而行的解释是，首先是量队伍之力而行，其次是量设备和技术等硬件之力而行，还要量发行潜力和管理效力而行。

更值得注意的是，在市场经济条件下办报办台，对媒介内部条件因素的把握正在进一步上升到成本投入和效益产出的测算上。这里说的效益产出既包括社会效益，也包括经济效益。在我国新闻编辑工作中，对社会效益一贯比较强调，而经济效益的考虑相对较少。但媒介市场竞争的加剧使编辑工作与经营管理之间的联系越来越紧密，编辑在确定和设计媒介产品时，除了要追求良好的社会效益，还不得不考虑成本投入与可能产生的经济效益之间的关系。比如要办一张真正有利可图的廉价报纸，必要的条件就是广告收入大于报纸的固定成本。因此，我们不难理解为什么在日趋频繁的改版中，许多报社确定一个版是停办还是增刊，必定要看这个版能够吸引多大份额的广告。甚至许多媒介在策划一些重大报道活动时，需要在某一天或者某一段时间增刊扩版，也要以能够在这段时间中获得相应数量的广告为前提。这些现象说明，在媒介进入市场化运作之后，媒介定位、产品设计与媒介经营在战略层面上需要一体化思考。

【案例】

“侠客岛”的定位策略

“侠客岛”是由《人民日报》（海外版）于2014年创办的微信公号，也是媒介融合发展的阶段性成果，在国内外产生了很大影响。2016年《新闻战线》“前沿关注”栏目刊登了署名“侠客岛”的文章，该文章对这一新媒体的定位与发展进行了回顾和总结，节选如下：

“我是谁”？

2014年2月，“侠客岛”还是《人民日报》（海外版）内部几个年轻人业余想出的创意，在微信公号的蓝海中刚刚起步。到现在，两年多的时间，它已经变成了一个品牌、一种现象：在微信、微博等平台上，它已经有了数百万粉丝，在“今日头条”上半年的阅读量累积已经过亿；拥有一批年轻化、高活跃度的粉丝，对“侠客岛”品牌高度信任；“侠客岛”的文章在各大门户、客户端、外媒等“第一舆论阵地”频繁出现，成为海内外舆论界关注的焦点。

“侠客岛”的受众定位与功能定位体现了《人民日报》（海外版）作为中央党媒在新媒体时代打造新型媒体、扩大自身影响力的新探索。这是基于

① 高兴烈．扩版五原则．中国报刊月报，1999（5）．

从一个微信公号起步，到一个专业而权威的时政解读新品牌，“侠客岛”一直在坚持深耕自己的“定位”。

“侠客岛”的定位是什么？就是坚持做时政解读，只做这一件事；做不一样，兼顾权威、犀利、好读；让时间有限、关心时政的读者，无论是深度爱好者，还是时政“小白”，都能在一天1～2篇的精选推送中，读懂中国和世界，并开展思考和争论，逐渐接受、认可我们的价值观。我们坚持了两年的，一是时政的普及和解读，二是思想和观点的碰撞和传播。

围绕这个定位，我们有几个做法。

一是坚持关注热点。无论是“大老虎”落马的消息，还是国内外的紧张局势，抑或是国内社会的舆论焦点，我们都坚持在当天发声，不错过热点话题。我们并不回避老百姓质疑的话题，也不回避国际上对中国的非难；我们相信，只要讲清事实和道理，大家自会分辨。作为党报新媒体，我们也深知只有直面热点，才有可能引发更大范围的传播，从而起到引导舆论的作用。这两年多来，很多读者已经形成了阅读依赖感，养成每逢大事必读“侠客岛”的习惯。从我们不久前进行的读者问卷调查结果看，近1万份的样本中，有58.4%的读者养成了每天必读的习惯。

二是坚持话语体系转换。我们坚持把含有大量信息量的短新闻读长，解决读者的信息饥渴；坚持把很长很难读的新闻读短，用短小的篇章说清楚政治事件的内在逻辑；我们也坚持用轻松、活泼的语体写文章，而非僵化、官话套话连篇，这样可以让读者读起来轻快、愉悦，有“政治也可以读起来很有趣”的感受。尤其是在年轻人成为网络主力人群的今天，如果不能用他们听得进的话语讲话，就一定会被抛弃。这就像是“两个房间”：我们习惯了在A房间里说话，但是听众早已跑到B房间去了，费尽心力，却变成“自说自话”“自娱自乐”，这不是我们需要的传播结果。从问卷调查看，有98.5%的读者对“侠客岛”表示了信任，其中非常信任的占41.9%，这是很好的传播基础。

三是坚持读出不同的观点。同样的选题，我们坚持和别人不一样，做更有意义和深度的观点。比如，2016年年初以来，朝核问题纷繁复杂，各方动作频出，大家眼花缭乱；但在表象之下，我们更希望从深层次的利益观和世界观差异去冷静解读朝核问题，而避免一味嘲讽或指责。又比如，“两会”期间龙煤集团的问题成为舆论焦点，我们在关注这一点的同时，关注其背后的深刻问题：化解产能、安置职工、资源依赖、官员会否作为。我们甚至找到了很多社会学的研究论文，分析整个大时代背后不同阶层的利益调整问题。这都是转瞬即逝的新闻背后可以挖掘的思想富矿。

服务好用户

我们认为，在时政传播的领域，现在已经和过去面临着完全不同的舆论

对媒体生态环境的变化、对媒体自身优势资源的开发而做出的决定。该微信公号面向关心时政的、受过良好教育的年轻人，以专业而权威的时政解读为他们提供服务，受众定位与功能定位非常明确。公号在传播策略上改变了传统纸媒居高临下的单向灌输习惯，主张平和理性的多向说服，体现了策划者的用户思维。

2016年“侠客岛”进行的用户调查，及其大量优质内容在社会上产生的巨大反响，证明这一新闻产品的定位与设计是符合社会需求的，也能够充分利用人民日报社的时政

形态，我们的思维方式需要从居高临下的单向灌输，转变为平和理性的多向说服。身段放低，平等交流，这也是我们的“群众路线”，用另一种表达就是用户思维。

如果第一部分解决的是定位——“我是谁”的问题，那用户思维就是解决“为了谁”的问题。

这就牵涉到用户画像的问题，你要了解订阅你的都是怎样的一群人。

在前互联网时代，信息因为是单向传播，媒体的受众在很大程度上是模糊的，你只是知道有人在读你的报道，但你不知道谁在读，读后什么感想，他喜不喜欢……所以，我们常说读者是上帝，但因为缺乏清晰直观且高效的反馈渠道，读者的口味往往是被我们塑造的。而一旦这个塑造过程脱离了现实生活，就会出现传播脱节。

幸好在互联网的平台和技术手段下，以往的传统传播形式已经完全被改造。除了用户的自主选择之外，传播的效果、反馈也是迅速、及时、直观可见的，甚至这种反馈正在日益深刻影响我们的新闻生产。同样，频繁的编读互动，也让我们掌握了更多用户群体的构成、特征、用户习惯等数据。

以“侠客岛”2016年年初做的用户调查为例，在数十万粉丝中，25～35岁占据了近七成的比例；用户群体分布极为广泛，各行各业都有，而公司职员、公务员、学生是阅读主力；用户的分布已经遍布了全国所有的省市区，并且在全球各大洲都有覆盖。我们也在读者问卷调查中获得了他们的阅读习惯、偏好、学历、收入水平、意见建议等各类反馈。值得一提的是，这份调查的有效样本近1万份，而这近1万份答卷从发出到收回，仅仅用了3天时间。

从调查结果看，“侠客岛”的粉丝具有年轻、高学历、活跃、理性等特点，且具有一定的消费能力和欲望。有了用户画像，我们就可以为他们量身定制新闻产品，更好地融入读者群体。

一是理性。这从我们的选题上就可以看出来。教育部长的话引发意识形态领域的争论，我们介入，但不做左右两派的角斗场；反腐话题，我们要读出深意，告诉大家这不是政治斗争、选边站队，而是从严治党、重新界定政商关系、为官员划清底线；中国资本走出去投资，这是中国的战略布局，不是“穷大方”“盲目撒钱”……这些都是充满争议的话题，尤其是裹挟进意识形态和民族情绪，火上浇油容易，平息情绪难，但我们都以守正持中的态度稳妥把握，观点始终理性客观。

二是新颖。我们力求每个新闻都能找到好的角度，起出别出心裁、令人印象深刻的标题。坚持“Think Differently”——无论是话题、角度的选择，还是行文的逻辑、标题的起拟，都在坚持这一点。如果说我们花了3个小时写文章，那么我们还会花掉半个小时讨论标题。即使是26个字的短小篇幅，

新闻资源优势，对于党媒形象的改变具有良好的实效和深远的影响。

我们也力求“新”“特”“巧”，在不当标题党的前提下，做出传播效果最优的标题。

除了在文章内容上始终给用户不同的体验外，在新媒体的“玩法”上，我们也在不断尝试新的方式。

比如，最近我们创立了“侠客岛”公务员、学生、媒体、企业、经济金融、海外人员等微信群，总体拥有3 000人左右的活跃粉丝，用户可以在群里实时与我们沟通，随时随地聊各种话题，甚至参与到我们的写作中来，为我们提供新闻线索、编译外媒材料等。我们也从中挖掘了一批外语人才，组成了编译群，覆盖英语、法语、俄语、韩语、日语等主要语种。

又如，我们开办了名为“侠客风云会”的线上沙龙，以两种方式与岛友进行线上交流：一种是“快闪沙龙”，以某个话题为主，建立名额有限的微信群，让大家抢名额，在约定的时间内展开讨论，结束后迅速解散，这是种“饥饿营销”，等通知发出来后，往往一分钟内就能满员；二是在线网络直播沙龙，请某一问题的专家与岛友直接在线交流，便捷、及时、关注度高且成本非常低。比如我们做过郑永年和邱永峥先生的视频沙龙，分别有四五千人同时在线。

三是亲切。我们坚持人格化传播，因为用户面对一个机构、一张报纸、一个电视台的体验，和用户与一个人格化的实体交流、沟通的体验，是完全不同的。为此，我们创造了“岛叔（岛妹）”这个形象——虽然我们每个作者都有不同的笔名、不同的话语风格，但是他们都有共同的名字“岛叔（岛妹）”，它的形象，大约就是一个博学多才、理性持中、风趣幽默又平易近人的人格形象。

在这样的坚持之下，《人民日报》（海外版）的“侠客岛”，就不再是一个高高在上的央媒，而是一个邻家大叔；用户可以在我们的后台留言或评论，可以很轻松、没有任何负担地跟我们交流，不管是吐槽、抱怨，还是很认真地跟我们讨论问题，我们都会尽量回答互动，虽然很多时候做不到第一时间回复，但每一次交流都能让留言者得到惊喜，让他们充满期待。

从另一方面讲，通过“侠客岛”，很多年轻人重新认识了《人民日报》和《人民日报》（海外版），我们明显能从他们的互动中感受到他们对党报印象的改观。

第二节　编辑方针

【知识要点】

- 编辑方针是新闻媒介根据自己的定位与发展战略制定的编辑工作准则。

● 编辑方针的具体内容包括：媒介的受众对象、新闻传播的内容、传播的水准和媒介的风格特色。

每一家新闻媒介都有自己的编辑方针，这一方针根据的是媒介定位与发展战略对编辑工作的决策，它规定了媒介的受众对象、传播内容、传播水准和风格特色，是编辑工作必须遵循的准则。媒介的编辑方针为媒介新闻产品设计指明了方向，确定了目标。

任何新闻媒介都要根据自己的生存环境和自身所具有的条件，确定媒介定位和发展战略。媒介的发展战略通常概括为办报（台）方针，这一方针对媒介的性质、办报（台）宗旨和新闻传播的立场、原则这些根本性的问题作出明确规定，是指导媒介一切工作的基本纲领。而新闻编辑方针则结合媒介的特性，将办报（台）方针具体落实到编辑工作中，进一步规定编辑工作中的传播对象、工作目标和操作水平。

报纸在创办之初或者改版之时，通常在报上公开宣告办报方针和编辑方针，表述方法多种多样，有详细的也有简略的，而且办报方针和编辑方针有时并不严格分开阐述。如《新民晚报》著名的十六字方针“宣传政策、传播知识、移风易俗、丰富生活”，就是一种高度凝练的编辑方针，这 16 个字，既规定了《新民晚报》的传播内容和风格特色，也表明了这家报纸的办报宗旨和新闻传播的立场、原则，即作为一家市民报纸“飞入寻常百姓家”，参与社会生活、提高人民素质。也有一些新闻媒介在办报方针的基础上，更详细地阐述编辑方针，如 2012 年《南方日报》的改版。

【案例】

《南方日报》第九次改版编辑大纲总纲

一、办报理念

“高度决定影响力”是《南方日报》从长期的新闻实践中总结提炼而形成的办报理念，必须在采编、经营、发行和品牌四方面加以落实和丰富。

“科学发展立报、改革开放立报、解放思想立报”是《南方日报》的“报魂”，是在社会主义市场经济条件下进一步办好现代新型党报的理论升华。

“政经大报，新闻管家”是《南方日报》探索“党报走市场”的经验结晶。《南方日报》权威政经大报的价值应当体现在其特有的解读新闻的智慧、能力、角度和风格上，通过对新闻资源的有效整合实现二次创新，真正当好读者的高级新闻管家。

在信息时代，《南方日报》必须坚持改革，不断创新。第一，继续优化版块结构，从高度、深度、信度三个维度进一步强化《南方日报》的核心竞

在报社内部下达的《〈南方日报〉第九次改版编辑大纲总纲》，以相对详细的文字表述，分四个方面概括了报社的编辑方针，对制定更加细致的改版方案具有指导意义。

争力；第二，实施全媒体改革，不断提高新闻传播的速度、宽度和互动度，实现全媒体转型的突破和大发展。

《南方日报》将致力于从单一的纸媒体到全媒体各类型平台的打造，注重“全媒体内容生产平台、全介质业务运作平台、全媒体广告运营平台、全媒体活动营销平台”之间相互策应带来的综合效应。

二、内容生产

内容生产是《南方日报》的核心竞争力，也是《南方日报》的生命线。如果说“南方”在中国传媒界有一定影响力，很大程度上就与其强大的内容生产力相关。采编强，“南方”就有强盛的基础；采编弱，则“南方”必将衰落。

必须继续优化版块设置，坚持以版块设置为龙头，向科学的内容管理和采编生产要品质。

(1) 封面版。封面版是《南方日报》“积极营销主旋律”的创举，有效提升了报纸形象和品牌价值。坚持封面版和头版“两条腿走路”的运作理念，服务好中心工作，继续强化走市场的定位，从市场化的角度选题打题，真正为报纸开拓市场提供平台。

(2) 要闻版块。一张报纸的影响力，主要体现在要闻上。作为省委机关报，《南方日报》更要着力经营好要闻，这是党报引导舆论的重要阵地，也是党报服务中心工作的重要手段。该版块包括头版、要闻版和重点版。

(3) 时局版块。包括“时局·南粤”“时局·九州”和“时局·环球”版。时局版块是对时事趋势、时政局势进行深入的分析、解读，是“大时政、大经济、大文化”理念在版面上系统的、有张力的体现。

(4) 广东新闻版块。作为广东省委机关报，关注广东、记录广东，是《南方日报》与生俱来的使命。下设广东封面、政情、社情、地方、民生等版面，是全省政治、经济、社会、文化各领域新闻的总汇，注重信息量，可谓纸质的《广东新闻联播》，强调鲜活、贴近、服务、舆论监督。

(5) 深读版块。深度报道是《南方日报》的核心优势。秉承“原创、理性、责任、价值”的原则，致力于生产有高度、负责任的原创深度新闻。包括深读周刊和常规深读两部分。在价值观上，深读版块的基本特征为：舆论监督、公民责任、政经远见。

(6) 在线版。作为集团全媒体转型的产物，在线版力求实现报纸及网络的整合与融合，与南方奥一问政平台、官微、官网进行深度对接，做到相互渗透。在内容、操作路径、内容传播等方面实现一体化；打通与省内各政务微博、区域性强势网站的沟通渠道，扩大本集团报纸、网站和微博的传播面；重点关注省内网络问政。

(7) 公关广告专版。公关广告，是用新闻的操作手法为政府部门、社会组织、企业单位的工作或形象进行包装宣传，它是广告的一个重要品种，同时又具有一定的新闻属性。公关专版应坚持新闻操作理念，在版面风格上力求与新闻版保持大体一致，以保证稳定的高品质，在充分发挥社会效益的同时，为提高本报的经济效益作贡献。

(8) 财富版块。在深化专业性报道的同时，财富版块要加大对广东本土经济的报道力度，尤其是财富的区域版，要突出粤味，并在栏目的设置上予以体现。

(9) 人文版块。要充分体现人文精神，继续抓好高端专题策划，充分反映广东在建设文化强省过程中的突出亮点和创新性成就，同时要增强服务意识、精品意识，努力做足“副刊留人”的功夫。

(10) 各地观察。地方观察要站在全省的高度，用大局观和科学发展观审视区域发展，牢牢把握区域的主流话语权，指导和推动地方党政的中心工作和区域发展。要进一步明晰读者定位和市场定位，深化“高度决定影响力”的办报理念，挖掘各个地市的政治、经济、社会、文化等方面的新闻，寻找独特的切入点，以“南方”特有的方式发声。要深入社区，挖掘鲜活的现场新闻，反映各个地市的独特魅力，稳步扩大市场占有率、读者阅读率和受众点击量。

(11) 周刊。《南方日报》的主流读者包括广大公务员群体、业界从业人士以及相关专家学者，周刊的定位以此为基础，突出专业化、服务性，在承载专业的同时，成为《南方日报》增强读者黏性的一个重要版块。包括健康周刊、商旅周刊、3C周刊、汽车周刊、南方楼市和消费周刊。

(12) 今日广东。积极实施“走出去”战略，提高国际传播能力。作为一份有国际影响力的华文大报，《南方日报》要以承办广东外宣平台《今日广东》为契机，借船出海，主动出击，争取国际话语权。

在全媒体转型的时代大潮下，海外版必须实现三个转型——向全媒体转型发展、向公共外交转型发展、向可持续经营转型发展，这是《南方日报》(海外版) 对外传播发展的战略选择。

三、机制创新

“用制度管人”。通过解决体制、机制中存在的不合时宜的突出问题，建立起符合现代办报理念的现代报业运作模式和管理制度。随着改革的不断深化，逐渐建立了“三会”制度、图文联动机制、全媒体联动机制等十大制度，为提高《南方日报》的品质和综合竞争力提供强有力的体制、机制保障。

大力推行虚拟团队建设。在不改变人员的部门隶属关系的前提下，以项目、栏目、课题等为纽带，充分发挥编辑主导制，实现团队资源共有、优势互补、利益共享。

继续完善和充分利用报题平台。编辑应与记者及早沟通，掌握动态。记者须严格执行新闻截稿制度：凡上午发生的新闻，须下午5时前交稿；下午发生的新闻，晚上8时前交稿。对未能按时交稿的新闻，要做好相关预案。

继续完善动态增减版机制。完善增减版指引方案，以便在采编与经营之间取得良好的平衡。

继续完善绩效考评机制。绩效考评要向原创、独家、深度、舆论监督、恶劣条件下采写的报道及编辑创新上倾斜，鼓励编辑用好用足这类稿件，并大胆创新编辑手段。

继续完善和认真执行《〈南方日报〉图文联动管理规定》。设立集团图片库，集团所有摄影记者的图片都可上传到该图片库，《南方日报》采用各子报照片，应支付稿费。

四、版式风格

《南方日报》继续完善国际流行的黄金报型，突出鲜明的南方特色，呈现端庄大气、疏朗雅致的版式风格。

在版式语言上，头版的报眉、报头稍大，各版块形成跳跃感、层次感。A叠与AⅡ叠、AⅢ叠、B叠等区分度增强，各个观察、视窗的标识得到统一。各个周刊统一用四方形印章的设计标识，不同的周刊配以不同色彩，各具特色，一目了然。在使用Logo、版头时，要严格按规范进行，不得随意更改。新设计的Logo、版头等须经《南方日报》值班领导同意方可使用。

媒介的编辑方针的内容主要包括四个方面。

一、媒介的受众对象

受众是新闻编辑工作最终的服务对象，而且受众正逐渐成为现代传播活动的参与者。媒介的受众对象是根据媒介的性质、办报（台）宗旨以及媒介市场竞争的需要确定的。媒介产品的设计要针对具体的受众对象来操作，因此编辑方针首先要规定媒介的目标受众。目标受众是编辑希望其能够成为媒介消费者的人群。受众的结构往往是多元组合，如青年报的读者总体上说是青年人，但从结构上看，又是由不同年龄、不同职业、不同地区、不同性别的年轻人组成的一个群体。编辑方针不仅要确定目标受众的总体范围，还要进一步规定受众群中的主体是哪类人，次要的受众又是哪类人。如《北京青年报》历史上曾经有过三种不同的读者定位，20世纪50年代至60年代主要面向团的干部和团员，80年代前期主要面向中学生，80年代后期至今全面走向社会，以全市广大青年为主。读者对象是编辑方针中最重要的内容，它对其他几项内容会产生制约作用。比如《北京青年报》历史上三种不同的读者定位决定了该报在各个时期的传播内容不同，报纸的水准和风格特色也不同。在报纸全面走向社会以后，主体读者的范围扩大了，新闻报道的内容便不再局限于青年的活动，只要是青年们关心的新闻，《北京青年报》

都积极报道，而且报纸的水准提高了，更具有锐意创新的风格特色。

二、新闻传播的内容

新闻传播的内容指的是媒介新闻传播的总的报道面有多大，具体说来，包括报道对象的分布有多广、报道的领域有多宽、报道的区域有多大等。媒介新闻传播的内容是由媒介的性质、办报（台）宗旨和受众对象的需要决定的，比如《人民日报》作为中共中央机关报，作为全国最大一家综合性日报，其报道范围要比地市级的党委机关报大得多，也比各类行业报大得多。中国和世界各地发生的新闻都在《人民日报》的报道范围之内，各行各业的变化都是其报道的对象。相比之下，地方综合性报纸虽然也报道国内外大事，但本地区的新闻才是报道的重点，构成报道内容的主体部分。行业报的报道内容则主要是行业范围之内的新闻。编辑方针对传播内容的规定，将直接指导媒介产品总体规模和内部结构的设计，如报纸版面的分工、栏目的设置都与此有关。在新媒体的分众化、垂直化发展趋势下，新闻传播内容更加趋于专业化。

传播内容的确定还与媒介的功能定位直接相关。媒介的功能定位往往是一种多元结构组合，因为媒介的功能原本就是多元化的。传播学研究认为，“功能”一词可以指媒介本身的、在它和社会互动中可以发挥的作用，也可以指媒介的主办者及社会各方面从各自利益出发希望媒介发挥的作用，还可以指新闻媒介在其传播过程中在社会上实际产生的作用。我们这里谈到的决定媒介传播内容的功能定位主要是媒介主办者即媒介所有者和经营者希望媒介所具备的功能。在媒介传播实践中，主办者希望媒介具备的功能是多样化的，比如我国许多主流新闻媒体要求自己同时具有宣传功能、信息传播功能、舆论监督功能、服务功能等。在市场经济新时期，党媒也要走向市场，自负盈亏，因此也要追求经济效益，具备盈利功能。当然，媒介的功能定位是有主次之分的，党媒最主要的、放在首位的功能应该是通过新闻传播宣传党和政府的方针政策、指导实际工作。

媒介的功能定位的多元结构组合，决定了媒介的传播内容也是一种多元结构组合，编辑方针要对内容的范围、层次和重心作出明确规定，既要纵观全局，又要分清主次。《深圳商报》从 1991 年复刊后 8 年中进行了 4 次扩版，每次扩版时首先强调的就是“强化新闻的主功能，把报道新闻和引导舆论放在第一位，在坚持主功能的前提下，搞好知识传播，提供服务、娱乐等各种信息，处理好主功能和副功能的关系”①。这一编辑思想决定了报纸扩版重视三方面工作：一是扩大体现主功能的版面。1993 年扩为 8 个版时以 6 块新闻版和专版体现主功能，1999 年扩到 20 个版后则有 14 块版体现主功能。二是抓好重大事件的报道。三是围绕市委、市政府的中心工作，搞好政务报道。媒介的功能定位是媒介主办者对媒介作用的一种期望目标的设定，根据这种目标确定合适的传播内容，并据此设计媒介产品和进行新闻报道，是媒介真正发挥社会作用的前提。

---

① 高兴烈．扩版五原则．中国报刊月报，1999（5）．

三、传播的水准

传播的水准指新闻传播的思想水平、文化水平和专业技术水平所达到的高度，这具体通过媒介传播内容的深度、广度，以及语言、文字、图像、版面设计、制版印刷、节目制作等多方面因素综合来表现。传播的水准也是根据媒介的性质、宗旨和受众对象确定的，如面向知识分子阶层的综合性报纸对思想水平、文化水平和专业技术水平一般都要确定较高的标准，报道应该达到一定的广度和深度。而面向普通市民的晚报，传播内容侧重社会生活领域，报道讲求通俗易懂、平易近人，对语言文字的运用和版面设计与前者大不相同。至于面向某些专业读者的专业媒体，对业内新闻传播的深度则有较高的专业要求。

新闻媒介对传播水准的把握决定了媒介的格调和品位。在媒介进入激烈的市场竞争以后，尤其是网络传播兴盛之后，一些媒体为获取经济效益而盲目迎合一些受众的低级趣味，降低了对新闻传播的思想水平和文化水平的要求。如一些媒体时常传播渲染暴力、色情的不健康内容，有些新闻和文章散布着极端个人主义、贪图享乐安逸的思想，稿件中的语言文字错误较多，版面编印粗制滥造。再如一些广播、电视节目和网络视频充斥着格调低下的“噱头”，一些媒体播发的广告趣味低下、滥用成语，甚至出现导向错误。凡此种种都对媒介产品的质量造成不良影响，降低了媒介在受众心目中的地位。还有一个问题是，媒介对传播水平的把握脱离了受众对象的接受心理和接受水平的实际。比如，有些传统媒体创办的微信公号、微博等新媒体，面向普通公民尤其是年青一代，却没有充分考虑到用户的兴趣和新媒体的特点，依然采用传统机关报的思路报道新闻，内容严肃，单向灌输，形式呆板，语言生硬，很难获得受众的认同和喜爱。因此，媒介在制定编辑方针时，要注意根据媒介的受众定位和功能定位，严格规定媒介的传播水平，不能见利忘义，也不能盲目仿效。

四、媒介的风格特色

媒介的风格特色指媒介产品的整体结构、传播内容、传播方式和外在形象等所综合表现出的格调和特点。媒介的风格特色是由媒介的性质、宗旨、受众对象决定的。如《人民日报》作为中共中央机关报，强调以权威性、指导性、理论性为主要特色，这种特色具体表现为重要言论多、对全国各行各业有指导意义的新闻多、报道稳健而有深度、版面庄重大方等。团中央机关报《中国青年报》，读者对象和《人民日报》不同，其风格特色也相应不同，以生动活泼、富有朝气受到年轻人的喜爱。新闻编辑方针对传播风格特色的规定，为媒介产品设计指明了方向。

编辑方针对媒介产品的风格特色所作出的规定，要求媒介产品设计从媒介的规模、结构、内容、形式等多方面有意识地突出某种特性，表现出与众不同的媒介形象。美国著名报纸《纽约时报》被公认为一份有特色的严肃报纸，其风格的确立经过了几代报人的努力。创办伊始该报就确立“独立办报”的编辑方针，后来在报眼处公开打出“刊载所有适合刊载的新闻”的信条，20 世纪 70 年代还编写《时报风格与用语》手册作为规范，对新闻报道的选题、内容、表述方式、版面处理等各个方面都作出极其细致的规定，这些规定历经几十年被严格遵从，形成了独有个性的大报风范。[①] 我国也有许多优秀传媒一直锲而不舍地为创立独家风格付出努力，并且已经出现一批风格趋于成熟稳定的媒介。但是，也有一些媒介缺乏独家的风格特色。一位在电视界做策划的知情人披露："目前电视台创办最多的栏目，是跟进模仿，'克隆'别人的节目。某电视台领导赴国外考察，发现该国某电视台有一个节目不错，于是便带了一盘相关录像带回来，交给台里有关部门，'20 天内给我做一个类似的节目出来'。这就是典型的'节目克隆'。时下这股风已经越刮越大，国内克隆国外，地方克隆中央，内地克隆港台，以及各省市之间互相克隆。"[②] 其实这种相互模仿、产品趋同的现象不单单是电视，广播、报纸、网络媒介也同样存在。而不注重风格特色的独创，从长远看对所有媒介都会造成损害。

第三节　新闻产品设计

【知识要点】

- 新闻产品设计，包括大众媒介新闻产品的设计、社交网络媒介新闻产品的设计和融合媒介新闻产品的设计。
- 大众媒介新闻产品设计是对大众媒介中以传播新闻为主要职能的组成部分的设计，包括确定新闻产品在整个媒介产品中的位置和比重，以及进一步设计新闻产品中的每一个组成部分。
- 社交网络媒介新闻产品设计的重点是新闻信息的内容、数量及发布时间和频率，表现形式和互动设计。
- 融合媒介新闻产品设计是将融合型新闻编辑部所生产的不同类型新闻产品进行整体性设计，使产品与产品之间形成相互关联，通过产品协同生产，实现融合新闻传播。
- 新闻产品设计是一种集体性的创造活动，也是一项难度极大的系统工程，运行过程包括设计预备阶段、方案设计阶段和方案试行阶段。
- 新闻产品设计需要注意的问题是：充分地占有信息并准确地分析信息，保证新闻产品设计的合理性和可行性；必须在可行性与超前性之间找到平衡点；产品设计应该与采编机制改革同步进行；正确处理借鉴与创新、变革与稳定的关系。

一、新闻产品设计的内容

（一）大众媒介新闻产品的设计

在大众媒介上，新闻产品是媒介产品中以传播新闻为主要职能的那一部分，如报纸的新闻

---

① 李子坚．《纽约时报》的风格．长春：长春出版社，1999：86－87．

② 张锦力．解密中国电视．北京：中国城市出版社，1999：128．

版组、新闻版、新闻性的专刊专版，广播电视的新闻频道及新闻性栏目，网络媒介的新闻网页等。大众媒介的新闻产品不是孤立存在的，而是作为整体的媒介产品的一个有机组成部分。因此，新闻产品的设计首先要确定它在整个媒介产品中的位置和比重。

大众媒介产品因为相对复杂，通常是以“树状结构”出现的，如报纸的结构是由版组—版面—专栏—稿件几个层次构架成的（这里的“版组”是指报纸若干版面组合成的相对独立的整体）（见图 2-3）。与此相似，广播电视节目的结构是频道—板块（栏目）—子栏目—单个节目层层构架，网络媒介的结构是主页（含频道及要闻目录的第一层网页）—频道首页（含专栏及稿件目录的第二层网页）—稿件正文（第三层网页）层层构架。

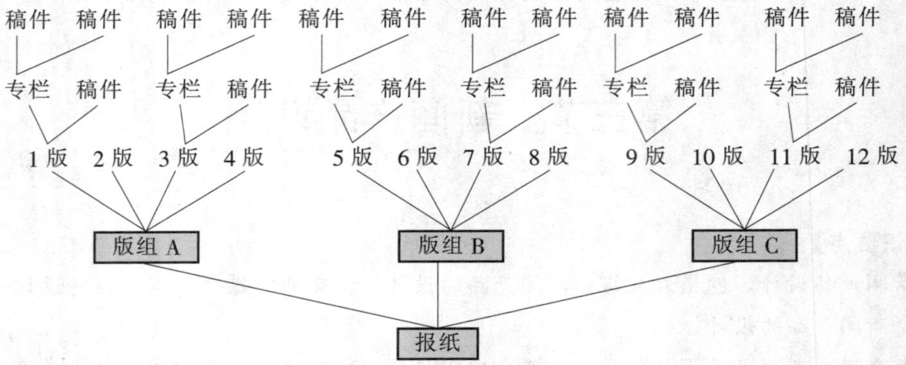

图 2-3　报纸组成部分的树状结构图

与报纸、广播、电视这些传统媒介不同的是，网络媒介的主页和频道首页通常只起“导读”作用，读者只有进入更深一层才能看到详细内容，而报纸的稿件、专栏本身是排列在版面中的，不需要读者“层层剥笋”式地去寻找。此外，网络媒介能在每一层设置超链接，供读者查找相关的资料或者进入其他站点，这个功能是传统媒介不具备的。

网络媒介使用超链接，可以对最基本的组织单位——网页进行串联，有学者根据这种串联的特点将网站的组织结构分成线性结构、表格结构、层次结构和网状结构四种不同的类型。线性结构的页面之间的关系为单线条，浏览时可在该线条上单向或双向移动，这种结构是最简单的信息组织方式，主要在网站的局部组织中使用。表格结构的页面之间是二维联系的关系，也是一种相对简单的组织结构，多用于操作手册、课程表等信息编辑发布。层次结构是对页面进行分层，首页链接一级页面，一级页面链接二级页面，以此类推，具有“层层深入”的特点。网状结构则是每个页面之间都存在链接，浏览非常方便但也容易“迷路”。这几种结构在网站设计中经常是混合使用的。① 尽管网络媒介对网页的组织因链接的应用可以有不同的结构，但本质上说，其产品仍然是树状结构，编辑要根据树状的分支与层次特点对信息进行分层和归类，受众在接收信息时也是循着“首页→频道→稿件→相关链接……”这样的路径在网页之间漫游的。

在媒介产品的“树状结构”中，新闻产品虽然只是其中的一个分支，但这个分支的重要性

---

① 金梦玉．网络新闻实务．北京：北京广播学院出版社，2001：157-164.

是其他分支无法比拟的，因为新闻媒介的首要功能是传播新闻信息，这也是广大受众对新闻媒介的第一需要。新闻产品在媒介产品中究竟占多大比重，放置在什么位置（指报纸的版位、广播电视的时间段、网络媒介新闻频道或栏目的具体位置），不同的媒介往往有不同的决策和设计。这种决策和设计是根据媒介的功能定位以及编辑方针确定的。或者说，新闻产品的存在状态，是由媒介生产总目标和新闻传播的理念决定的。

确定新闻产品在媒介上的地位，是一种定性的考虑；确定新闻产品在媒介上所占的分量，是一种定量的设计。定性与定量设计的具体内容包括以下方面：

（1）确定报纸新闻版组或新闻版、广播电视新闻频道或新闻栏目、网络媒介新闻频道或新闻网页在整个媒介产品中所占的比重，如版面总量、时间总长度等。

（2）确定报纸新闻版在报纸上的位置、出版频率和具体时间，广播电视新闻栏目播出的具体时段和播出频率，网络媒介新闻网页的位置。

（3）设计新闻产品中的各组成部分，包括报纸各新闻版面及其中主要栏目的设计、广播电视各新闻栏目的设计、网络媒介中各新闻网页及其主要栏目的设计等。

如果我们把新闻产品看作一个母系统，新闻产品中的各个局部就是该母系统中的子系统，这些子系统将以一定的结构有机地组合在一起，它们的共同作用造就了母系统的存在和运行。那么，各子系统应该是什么样的？它们在整个母系统中的位置何在？它们相互间的关系如何？这又取决于母系统的整体目标。也就是说，新闻媒介在新闻传播方面的方针政策、对新闻产品的定位和设计，决定了新闻产品中每个组成部分的位置和状态，我们不能脱离新闻媒介的定位和设计去设计其中的各个部分。比如面向企业管理人员的经济类报纸，就不宜在新闻版中开设过于零碎的生活服务栏目，因为企业管理人员对经济类报纸的首要需求是了解经济形势、行业动态和有关政策法规，而不是以此为家居生活指南，而且经济类报纸的主要功能也不是像都市报那样提供社会新闻和实用生活信息，而是为经济领域的管理者和经营者提供决策参考和专业信息服务。如果对媒介新闻产品中每个部分的设计偏离媒介的整体目标，就可能导致产品错位，失去竞争优势。

还应注意的是，媒介新闻产品设计往往与媒介的传播机制紧密联系在一起，因为传播机制是对新闻产品设计方案付诸实施的必要保障，如果仅仅策划产品，而不考虑实现这种产品生产的机制，产品设计很可能只是纸上谈兵，难见成效。如前文提供的案例《南方日报》改版编辑大纲总纲中，就将“机制创新”作为重要内容之一，强调“通过解决体制、机制中存在的不合时宜的突出问题，建立起符合现代办报理念的现代报业运作模式和管理制度。随着改革的不断深化，逐渐建立了‘三会’制度、图文联动机制、全媒体联动机制等十大制度，为提高《南方日报》的品质和综合竞争力提供强有力的体制、机制保障”。

新闻产品设计不仅是一种定性的考虑，而且要进行精确的定量安排并确定操作规则。在报社，这种设计最终是以版面运行表表现出来并具体付诸实施的，而每一天报纸的版面编排都是按照版面运行表来执行的。

【案例】

《人民日报》2018 年的报纸设计

报纸的内容分布和版面编排设计通常是以一个星期为周期，主要新闻版面每日相似，专刊、副刊和广告版面则以每周一次或两次的规律，在相对固定的时间（如周一、周日等）推出。以 2018 年 8 月 27 日至 9 月 2 日这一周的《人民日报》的版面编排为依据（见表 2-2），可以看出这家报纸的版面运行表。

表 2-2　《人民日报》一周的版面编排

	星期一	星期二	星期三	星期四	星期五	星期六	星期日
第 1 版	要闻	要闻	要闻	要闻	要闻	要闻	要闻
第 2 版	要闻	要闻	要闻	要闻	要闻	要闻	要闻
第 3 版	要闻	要闻	要闻	要闻	要闻	要闻	要闻
第 4 版	要闻	要闻	要闻	要闻	要闻	要闻	要闻
第 5 版	评论	评论	评论	评论	评论	要闻	综合
第 6 版	要闻	要闻	要闻	要闻	要闻	体育	国防周刊
第 7 版	理论	理论	理论	理论	理论	假日生活	广告
第 8 版	广告	广告	广告	广告	广告	广告	观察
第 9 版	要闻	要闻	要闻	要闻	要闻	生态周刊	新农村周刊
第 10 版	经济	经济	经济	经济	经济	生态周刊	新农村
第 11 版	政治	政治	政治	政治	生态	国际	新农村
第 12 版	文化	文化	文化	文化	文化	副刊	副刊
第 13 版	社会	社会	社会	社会	社会		
第 14 版	生态	文艺评论	生态	广告	政治		
第 15 版	企业天地	体育	综合	体育	体育		
第 16 版	学术	各地传真	体育	广告	记者调查		
第 17 版	经济周刊	党建周刊	民主政治周刊	文教周刊	民生周刊		
第 18 版	科技视野	党建周刊	民主政治周刊	文教周刊	科技视野		
第 19 版	产经广场	新青年	民主政治周刊	文教周刊	健康时空		
第 20 版	体育	读者来信	议政建言	台港澳侨	企业天地		
第 21 版	经济	国际	国际	国际	国际		
第 22 版	国际	国际	国际	国际	国际		
第 23 版	广告	国际	国际	新媒体	国际		
第 24 版	副刊	副刊	副刊	副刊	副刊		

《人民日报》的报纸设计是由其报纸定位与编辑方针决定的，也是在当时条件下的一种选择。该报的内容安排突出了作为中共中央机关报的新闻性、政治性和综合性的特点。周一至周五工作日的版面为 24 版，周六周日为 12 版，符合读者的读报习惯和报纸以公费订阅为主的特点。每一天前半部分的新闻版面相对固定，后半部分的周刊、副刊、广告版面等相对灵活。

在对报纸进行了整体规模与内部结构的总设计之后，还要进一步对报纸的每一个组成部分进行设计，也就是设计报纸的每个版组、版组中的每个版，以及版中的各个专栏。

归纳起来，报纸的局部设计包括以下方面：

（1）确定各个版组及其中各版的读者定位和编辑思想。

（2）确定各版名称、报道范围和重点。

（3）确定各版中主要专栏的名称、内容、篇幅、体裁、风格等。

（4）确定广告在各个版中通常所占的篇幅和位置，以及广告的类型。虽然广告的数量由于多种因素的影响会经常变化，但在报纸设计中，还是需要对广告所占的比例及版面位置有原则性的规定。

（5）确定各个版的版式和风格特色，包括对版式结构进行前期总体设计，确定版面编排规则如各个版的分栏规则，标题、字体、字号的使用规则，图片编排的规则，色彩与线条运用的规则等，具体内容将在“版面设计”一章中详细阐述。

需要注意的是，报纸等大众媒介新闻产品设计是整体设计的一部分，要注意局部风格与媒介整体定位相一致。如报纸各个版的风格设计既要相互协调，共同构成报纸整体风格，又要根据各自的定位和内容特点有所差异，表现个性。

（二）社交网络媒介新闻产品的设计

在大众媒介之外，媒介组织近几年开始以社交网络为平台不断推出新的内容产品，如微博、微信公号、移动客户端应用等，这些产品的形态与传统媒介不太相同，最突出的是它们更加强调用户体验，满足用户对碎片化传播的需求。因为移动互联网用户往往在乘公交或等电梯时的碎片时间使用移动终端获取新闻信息，这类信息的形态设置必须是碎片化的，经过高度精选或浓缩。如微博限制在 140 个字之内，微信公号、移动客户端应用等推送的内容也针对用户的特点，对每天的重要新闻和信息加以精选和编排后分批次推送。这类新媒体的产品总体上看以“微”为特点，采用多媒体形式，重视互动性和用户体验，同时也更有个性。

新闻产品的个性化和定制化也在产品设计中越来越受重视。如网易新闻客户端改变了传统静态新闻接收模式，采取由用户自主订阅的交互方式，在 2012 年年底上线的 3.0 版本对界面、操作进行了重新设计，左侧栏目导航，增加了订阅功能，设计简约，阅读空间得到有效拓展，而且所有内容支持手持操作。用户不需要全盘接收新闻客户端做好的排版内容，而能有选择性地定制自己喜欢的内容。这种自由订阅方式让更多新闻信息资源能够针对不同兴趣点的客户在有限空间中得以更多展现，对用户和媒介来说都是一个双向选择。

作为社交网络媒介的新闻产品因为体量相对“微小”，在结构上也相对简单。产品设计时主要关注点如下：

（1）信息内容、数量及发布时间和频率。如以天为周期，微博、微信公号、移动客户端应用所发布的主要新闻内容、信息数量、发布的时间、次数等。方案设计时通常侧重于正常情况下的考虑，做出常态规划，但会对实际运行中根据突发事件或重要选题的需要临时变化的情况有相对预案。

（2）表现形式。微博、微信公号、移动客户端应用等作为新媒体形态的传播，在设计中应尽可能采用多媒体形式，组合运用文字、图片、图表、音频、视频、动画等，并将各类新闻表现形式有逻辑地交叉展现，力求对内容的表达更加生动活泼。

（3）互动设计。新媒体产品的最大优点是能够给用户更多的主动权与更好的体验，在产品设计中需要从用户角度考虑产品的可使用性，如把跟帖数量放在重要位置，并为用户参与传播、与编辑互动以及用户间互动进行功能的预先设计，尽可能提高产品使用的方便性，减少用户的时间成本。

【案例】

中央电视台“央视新闻”微信公号

中央电视台“央视新闻”官方微信公号于2013年4月1日正式上线。该微信公号主打“突发新闻”“视频新闻”“语音互动”三项内容，每天由新闻频道主持人与观众就热点话题进行互动。央视主持人欧阳夏丹在官方账号的首条微信中表示，今后将每天向网友推送一组图文消息，主持人将就热点话题与观众进行互动，为大家带来最新鲜的新闻资讯。当天的《新闻联播》中推广了这个微信公号。一天之内粉丝达到11万人，后台收到了11万条的留言回复。

“央视新闻”官方微信公号主要呈现央视新闻频道、综合频道、中文国际频道的新闻和资讯，每天发布五条左右的微信，内容均为当天的热点新闻，微信用户点击标题，既可看到简要的图文内容，也可转到网络电视台直接观看视频新闻。用户在遇到突发新闻时还可以在第一时间通过文字、语音或者视频向“央视新闻”官方微信直播现场情况，第一时间发表对新闻的个人见解。

微信公号在重大突发性新闻发生时有突出表现。以2013年“4·20”芦山地震为例，“央视新闻”官方微博于当日8点09分发出了地震的第一条微博。经过简单编辑，第一条微信信息“四川雅安发生5.9级地震”于8点16分向所有订户推送，在媒体微信公号中是最快的。随后，“央视新闻”微信公号又陆续推送了其他六条信息给订户（见表2-3）。考虑到微信消息在发送的同时几乎就被接收，在当日订户接收到有关地震报道的信息中，“央视新闻”微信公号推送的信息在客观上占有一定的优先度。

表2-3　“央视新闻”微信公号2013年4月20日推送的信息

信息序号	推送时间	内容与作用
1	8：16	单条文字信息，发布地震新闻
2	9：09	单条图文信息，集纳了最新的震级数、灾情速报和一段网络视频，还有网友发在网上的图集以及重庆记者的连线内容
3	10：22	图文征集微信，“请大家微信告诉我们现场情况”
4	12：47	李克强总理乘专机前往灾区及最新的伤亡数字

“央视新闻”微信公号是中央新闻媒体最早进驻微信公众平台的微信新闻产品之一。从其早期的运作看，微信公号承担了以下几项功能。

一是推送频道优质资源。“央视新闻”微信公号编辑团队经过历次调整，先后向订户推送过央视主持人口播语音信息、独家视频信息，并形成了目前“早晚推送精选新闻图文专题，随时推送重大突发新闻独家资源，以图文素材为主，注重多媒体搭配”的推送模式。在日常精选新闻的选取上，“央视新闻”一般为订户选择四条消息，包括一条重大新闻、一条央视的独家报道、一条民生新闻、一条网络热点新闻。在实际操作上还

续前表

信息序号	推送时间	内容与作用
5	13：37	图文专题，包括李克强总理赴灾区、救援车翻下悬崖、雅安加油和雅安电视台记者穿婚纱直播四条精选消息
6	19：16	图文专题，主推紧急寻亲平台
7	21：31	微信直播信息，订户可以通过微信实时收看新闻频道地震直播节目

与此同时，央视新闻频道在 20 日晚间将微信二维码挂在了电视屏幕上，吸引观众关注微信直播消息。这期间，“央视新闻”微信公号订户增加了 10 万，微信辅助地震新闻报道收到了很好的效果。

“国字号”新闻媒体“央视新闻”全力入驻微信平台，释放了怎样的信号？“微信天生的社交属性，决定它的内容必须在互动中产生。‘央视新闻’的公众平台不仅为中央电视台增添了一个新的资讯平台，同时也为用户提供了互动的良好体验。”有业内人士认为，央视已经嗅到了当下传媒方式的变化，希望借助微信的开放平台尽早融入新媒体形态（见图 2-4）。

图 2-4　中央电视台 2013 年 4 月推送给用户的一系列微信公号

资料来源：蔡雯，翁之颢．微信公众平台给新闻传播带来的变革和机遇：以“央视新闻”微信公众账号为例．新闻记者，2013（7）.

会灵活变通，比如新闻中心重点项目的推介、互动话题等。

二是和电视节目开展互动。电视媒介封闭的传播形态使它在新媒体环境下流失了一部分受众。无论微信被定位为即时通信工具还是具有潜力的社交媒介，依托强关系的互动性都是微信最突出的特征之一，这为弥补传统电视节目互动性不足提供了一种解决思路。

三是增强突发新闻的报道时效。微信在重大突发性新闻面前展现出了惊人的力量。“4·20”芦山地震的报道突出地表现出这一特点。

案例显示，微信公号在新闻内容的生产、推送、接收和反馈四个环节为新闻传播带来了变革，但作为一种基于社交网络的新产品，在产品设计与编辑发布等方面还有待继续探索和提高。

（三）融合媒介新闻产品的设计

在媒介融合发展的进程中，越来越多的媒介组织推出“全媒体”战略，利用多样化的信息终端发布新闻。因此，将融合型新闻编辑部所生产的不同类型新闻产品进行整体性设计越来越重要，这就是融合媒介新闻产品设计。融合媒介新闻产品设计的宗旨是，使产品与产品之间形成相互关联，通过产品协同生产，实现融合新闻传播，提升新闻产品的质量，扩大新闻媒介的影响力。

在我国传统媒介数字化转型的过程中，媒介融合经历了由“互动”到“一体”的递进式发展过程。

我国媒介最早的“互动”，是报纸借助网络技术进行新闻信息传播活动。如 Web 2.0 相关技术中的“Blog”和“IM”等使报纸能够通过网络获得新的内容，因此许多报纸开办了博客专栏、专版，还有一些报纸利用即时通信（instant messenger，IM）软件来搜集各种新闻线索。杭州《都市快报》记者通过 MSN 在网上组织话题，吸引读者参与，次日见报。《今日早报》利用 QQ 群召集车迷，报纸上发预告，网上互动进行讨论。网络技术帮助报纸获得了更多的新闻信息资源，并能与受众进行更广泛、更深入的交流，充分了解受众的需要，不断改进自己的新闻报道。此外，报网之间的内容复制是另一种简单的互动模式。如很多报纸都在自己主办的网站上推出了电子报纸，实际上是纸媒的一种网络复制。更进一步的互动是报纸与网站合作进行新闻报道，在面临一些重要报道议题时进行共同的策划和深度合作，并且形成各自不同的报道成果。如《人民日报》与人民网在全国“两会”等一系列重大活动和事件的报道中就通过报网联动产生了良好的社会影响。联动报道不仅使报纸和网站之间互动，还能使传受双方互动，使新闻报道更加生动，从而增强传播效果。再后来，报纸与网站共同开设新闻栏目，是一种更趋于稳定的互动模式。如河南日报报业集团于 2006 年荣获中国新闻奖网络新闻名专栏的“焦点网谈”（《河南日报》与大河网联办），以及深圳市纪委、市信访办和深圳特区报社于 2005 年年底联手创办的“直通车”专版就是较有代表性的实践成果，使得报纸和网站的影响力都得以提升。

“一体”是在“互动”基础上更深层次的媒介融合。如报纸与网站的整体融合，在前一章中谈到的《上海证券报》和“中国证券网”合为一体等便是典型案例。“一体”的主要特征有：传统媒介与其网站及其他媒介终端如手机报等设计的一体化、新闻生产流程的一体化和新闻采编机构的一体化。如 2007 年 1 月 2 日，《华尔街日报》美国本土版改版。除印刷版开本缩小和版式调整之外，对印刷版和网络版重新进行内容分工是引人注意的一个变化。该报总编辑说：“读者已经习惯从电视、网络等渠道获取即时信息。报纸继续报道昨天发生了的那些新闻事件已经没有意义。”因此，该报对编辑方针进行调整的核心内容是压缩资讯而放大有“附加值”的深度新闻。原来占印刷版 50% 的事件性新闻报道转移到了网络版，免费对读者开放；大量金融数据也被放到网站新推出的“市场数据中心”，同样免费对读者开放。改版之后网络新闻的分量大大加重。同时，《华尔街日报》网站也在技术和内容上进行了升级，包括：新增加了站内搜索功能；博客覆盖领域扩大；新增加了视频和播客片段；开设了读者论坛；开办了 My-Wsj.com 网站，使报纸的订户可以在这个网站申请主页，定制新闻，享受个性化新闻服务；等等。《华尔街日报》这次改版的目的，正如其发行人克洛维奇所说：“通过印刷版和网络版的配合，让读者一整天都离不开《华尔街日报》。”① 这家报纸通过对新闻与信息的整合和在不同载体上的分配，提升了内容产品的品质和价值，使新闻与信息传播进一步延伸到知识与服务领域，并不断通过裂变与聚合，形成新的内容产品，从而促成媒介集团中产品链和价值链的生成。

在社交网络媒介兴盛之后，将用户从一种媒介引导向另一些媒介，在新闻产品设计中愈加受到重视。如一些媒体的微信公号，在文章末尾设置了“阅读原文”链接，引导用户点击后进入媒体网站、电子报纸等其他形态的媒介产品。

融合媒介新闻产品设计的主要关注点如下：

（1）将新闻编辑部所生产的多种新闻产品作为相互联系的一个整体看待，根据新闻传播的特点和规律，设计新闻内容在这些产品上的合理分配，包括新闻报道的选题、角度、新闻信息量、新闻发布时间与频率、新闻表现形式等，应使不同新闻产品具有差异性、互补性，同时也要注意内容分配与不同媒介的受众需求相吻合。

（2）设计不同媒介之间新闻内容相互衔接、产品相互推广的方式，以确保融合新闻在多种媒介上的传播能够形成合力，取得最佳传播效果，同时将受众由一种媒介引向其他媒介，不断拓宽和巩固用户群。

（3）重视在融合新闻传播过程中的用户资源开发，设计将大众媒介与社会化媒介相结合的路径和方式，鼓励用户提供新闻内容，参与新闻传播活动。

【案例】

新华社名牌栏目《新华视点》由文字版拓展为电视版和网络版

新华社的拳头产品《新华视点》最初是以文字版出现的，以敏锐洞察社会热点话题见长，充分体现新华社报道的权威性和深度性，三次获得中国新闻名专栏奖。2009年该专栏在文字版基础上拓展出了电视版和网络版（见图2-5）。

2009年1月，电视版《新华视点》在黑龙江卫视首播，每周五同一时间定期播出，新华网视频也进行展示。周播版采用事件深度调查与评论员点评相结合的节目形态，让文字专栏电视化得到了较好呈现。

同年7月电视版专栏实现日播，由黑龙江卫视提供主持人，新华社电视提供视频和评论员，每周一到周五晚18：00—18：30在黑龙江卫视播出（平日版），每期约25分钟。周六周日在新华网播出（网络版），每期聚焦一个社会热点话题，20分钟左右。由新华社北京

《新华视点》由文字版向电视版与网络版的拓展，是国家通讯社以媒介融合的新思路打造新产品的成功之作。它的成功主要体现在以下几方面：

一是栏目的拓展以该栏目的文字版为基础，立足于新华社

① 文建．《华尔街日报》改版四规则．中国记者，2007（2）．

图 2-5　《新华视点》的电视版与网络版截图

演播室录制，自己出主持人，每期 1～2 位访谈嘉宾，一般包括评论员或当事人。

2009 年 10 月 19 日，中国人民大学新闻学院新闻编辑案例库开发小组成员电话采访《新华视点》编辑刘宇，了解这一栏目的设计与运作情况。主要内容如下：

问：《新华视点》原来是新华社名牌专栏，为什么会在今年开始制作电视版？是什么动机和机制推动了本栏目的改变？

答：新华社制作电视节目由来已久。从 1992 年就开始有了专门的机构，2001 年新华网筹备多媒体频道时就开始尝试视频新闻业务，2008 年通讯社进入电视大发展时期，包括社长等一直对于新媒体方面十分关注和支持。加上金融危机等因素的影响，纸媒的生存状况进一步恶化。比如《参考消息》发行量一度曾达到 800 万份，但是现在差不多 320 万份。以往的那种按媒介类别的划分已经不适合竞争了，所以多媒体融合是必然的大势所趋。

电视版《新华视点》是在原来的文字版名牌栏目《新华视点》基础上创办的，文字版《新华视点》关注社会热点话题，进行深度解读，能充分体现新华社报道的权威性和深度性，具有比较广泛的社会影响力和知名度。另外新华社电视节目线路集上还有《新华纵

这一平台，拥有丰富的新闻信息资源，如材料素材、选题资源、人脉关系等。由于文字版《新华视点》已经在受众当中积累了很好的反响和知名度，熟悉它的读者很可能会继续支持和收看电视版《新华视点》，而以前不知道的观众，也可能会因为新华社的品牌影响力，而关注这个新兴的节目。由此，《新华视点》电视版播出的时候就占据了比较高的起点。

二是栏目保持自身风格定位，调整编排适合电视和网络视频。文字版《新华视点》以敏锐洞察社会热点话题见长，充分体现新华社报道的权威性和深度性。电视版《新华视点》基本保持了文字版的风格特点。不同的是，平日版《新华视点》对原有节目进行了再次包装，内容更丰富，利用现有的丰富资源和优势，采取多媒体形式，更加适合电视的特点。周末版《新

横》等节目也有电视版。可以说，电视版《新华视点》是建立在文字版和以往音视频部发展的基础上应运而生的。

问： 电视版《新华视点》在原来的文字栏目基础上发展有什么样的优势？

答： 其实以往新华社视频就包括了现在这些节目内容，2009年9月新华社中文电视新闻线路拆分为通稿、节目两条线运行后，新华社电视诞生，集纳了以前的这些自主采编制作的成品电视栏目。《新华视点》《新华纵横》等栏目在之前就已经具备了一定影响力。

其次，《新华视点》利用原有的资料素材、记者资源、人脉资源，保证了节目的质和量。同时，在电视版《新华视点》中，新闻评论是节目的亮点之一，这些人都是新华社自身的评论员、著名记者和主编等，这让节目能发出自己的声音，掌握话语权，打开了一个表达意见的互联网窗口，也使先前的事实性报道更加丰满。

另外，和央视等媒体相比，新华社在全国乃至世界各地拥有分社，各分社触角灵敏，可以随时提供对当地的新闻报道，这是作为通讯社本身的优势。比如在“7·5”事件时，在黑龙江卫视的直播报道中，新华社新疆台的记者去了现场，在那里进行电话连线、现场报道，使其收视率成为全国卫视的第一名。同时，总社可以命令各分社，对其指导任务、分配选题，分派人员进行采访，并在收到节目资料后进行编辑，更具备采编分离的特征。

问： 电视版《新华视点》的节目内容和定位与文字版有何相同和不同？

答： 内容方面与黑龙江卫视合作后，每周一至周五在电视台直播，日播25分钟，和以前相比选题更加多样化。现有栏目共分五大板块。“今日热点连线”通过电话连线和视频连线，第一时间对话事发地记者，使观众与记者同步了解事态进展；“今日话题”每日更新热点话题，突出调查深度和权威性；“新华时评”呈现新华社评论员独家视角，对热点新闻进行精辟点评；“今日瞬间”实现图片新闻的电视化处理，留住每日珍贵新闻瞬间；“今日扫描”则采用点睛手法对当天新闻进行快速梳理，扩大节目信息量。五大板块节奏紧凑、手法多样。

周末版《新华视点》则就重大突发热点事件制作特别版节目，利用直播手段最大限度地体现新闻现场感和时效性，随时跟进新闻发展状态、洞悉新闻背后的故事。

定位方面，平日版《新华视点》对原有节目进行了再次包装，内容更丰富，更适合电视台播出。周末版主要还是延续以前的定位，

华视点》则与文字版风格更为相近。内容一般是就重大突发热点事件制作特别版节目，并利用直播手段最大限度地体现新闻现场感和时效性，随时跟进新闻发展状态、洞悉新闻背后故事。通过对社会热点问题及时、深入的报道实现这种追求，延续了文字版《新华视点》的抓重点、热点，揭难点、疑点，进行深度报道的定位。这样的定位，有助于保持节目整体性的统一，便于记者和编辑制作节目，也为未来的多媒体大融合平台提供一种可能。

三是对业务流程进行必要的改造。《新华视点》的制作流程是同一部门下的电视组和文字组共享选题，确定选题后再分别制作文字版和电视版，成品内容有差别也有重合。新华社“多媒体中心”和音视频部下的“机动采访室”大多只在重大战役性报道的时候才打破部门合作，目前

也就是新华社做新闻的定位：对内贴近民生、引导舆论，对外大气、不霸道、和平发展等。通过对社会热点问题及时、深入的报道实现这种追求。

问：现在电视版《新华视点》的制作流程是怎样的？和以前比有什么改变？

答：《新华视点》以前是文字版，现在做成电视版。新闻选题是同一拨人做，然后再分成电视和文字两组人分别执行。《新华视点》文字版和视频版是一个部门的两个小组，两者共享选题，内容有差别也有重合。

另外，总社编辑选题确定后，也会指导分社进行拍摄、采访，然后前方进行粗编，社里根据需要对片子做出调整，并增加必要的补采，直到最后成片。也就是分社提供素材、出境记者、摄像等，总社编辑。分社也可能有音视频部，按照报道内容划分，如专题室、财经节目室，但在某种程度上更接近采编分离，有利于发挥前方记者的灵活性和主动性，以及总社的总指挥和总协调能力。

中文电视新闻线路分为供稿线和成品线。供稿线路为中文电视新闻供稿线路和英文电视新闻供稿线路两条，给各电视台供稿，还有就是成品线，成为新华社电视的节目，《新华视点》就在黑龙江卫视播出。

问：媒介融合的发展趋势是媒介组织结构和工作流程的全面整合和融合，在本栏目目前的状态下文字和视频的记者还是各司其职，未来是否会有所变化？

答：多媒体运行的方面，新华社在今年成立了多媒体中心，可以在同一界面编发文字、图片、视频、音频和网络稿件。在重大性战役报道中，各部门之间会打通合作、共同报道并采用统一的发稿平台。音视频部下面也有一个“机动采访室”，开始融入新华社中央新闻采访中心，视频记者和文字记者一道采访。不过这种打通合作还不算是常态的，一般是在发生重大事件的时候才采用，更多的时候是一种资源共享而非业务共通，比如对线索、专家等资源的共享。

还有比如视频编辑不能对线索跟进采访，只有央采的记者才有资格采访这样的问题。不过随着音视频部的发展，日后这种合作应该会越来越常态化，就像李从军社长提出的，从“多媒体形态”向“多媒体业态”不断转变。另外从工作人员的技能上来说，现在文字和图片融合的工作已经有了，但电视制作这方面的确专业性比较强，可能融合还需要一段时间。

更多的是资源共享而非业务共通。

这个案例也说明，加快媒介融合还需要进一步打破个人和部门间的限制和流程，在全方位技术运用和所有形态媒介介质基础上整合新闻传播，同时还需要能够在多媒体集团中整合传播策划的高层次管理人才和能运用多种技术工具的全能型记者编辑。这两方面都还有待探索。

媒介新闻产品设计的成果由书面文字表现出来就是设计方案，这一方案往往作为媒介内部文件发至有关采编人员。方案的内容包括三个方面：一是阐述媒介编辑方针；二是阐述媒介产品的名称、形态、整体规模和内部结构；三是阐述媒介新闻产品各个部分的详细设计。

二、新闻产品设计的操作过程

新闻产品设计是一种集体性的创造活动，从事这种创造活动的是由“核心层”与“外围力量”组成的集体。所谓“核心层”，是指领导并具体进行操作的那部分编辑人员，通常是报社、电台、电视台的总编辑、编委会成员、新闻采编部门的负责人等，他们组成专门的策划小组，领导与实施策划活动，他们是策划过程的组织者、策划方案的制作者、方案试行的指挥监督者。所谓“外围力量”，指所有为媒介产品设计出谋划策、不固定地参加策划活动的人员，包括媒介的新闻采编人员和管理人员，从社会各界邀请参加献计献策的政府官员和专家学者，报纸的热心读者、电台的热心听众、电视台的忠实观众等。新闻产品设计是在这样一种复杂而庞大的创作集体中，依靠不断的信息交流和思想碰撞，经过不断的比较、论证和修正才最终完成的。

新闻产品设计是一项难度极大的系统工程，这项工作通常历时几个月甚至将近一年，设计过程大致可分三个阶段。

（一）设计预备阶段

设计预备阶段指从产生策划意图、着手准备，到方案设计之前的一段时间。这一阶段主要任务是调查传媒市场与媒介内部情况，细分受众与广告市场，寻找媒介新闻产品发展的空间。

信息是决策的依据。在新闻产品设计中，需要收集两方面的信息。

1. 外部信息

外部信息即构成媒介生存环境的、与新闻产品发展直接有关的信息。具体包括以下方面：

（1）受众信息。受众的构成（年龄、性别、地区、职业等）、文化水平、消费心理与习惯、对媒介新闻产品的评价等。

（2）媒介控制者的信息。媒介领导部门对媒介的政策、法规、管理条例，控制者对新闻报道的态度和意向等。

（3）媒介竞争者的信息。竞争对手的现状与动向、竞争对手在新闻报道方面的经验教训等。

（4）媒介相关产业信息。如新闻纸生产、现代通信设备生产、相关技术产业等会对新闻传播活动的规模、手段、效果产生直接影响。

2. 内部信息

内部信息即构成媒介内部环境的、与新闻产品发展直接有关的信息。具体包括以下方面：

（1）资产信息。媒介现有固定资产规模、资金实力等。

（2）技术信息。媒介现有技术设备、技术力量和技术水平等。

（3）人才信息。媒介现有采编人员及其分工、人员素质、工作状态、心理状态等。

（4）管理信息。媒介采编部门的设置、采编流程、人财物管理水平等。

这些信息是新闻产品设计的重要依据，因此在策划运作前期，首先要建立收集信息的网络和机制，要主动出击获取尽可能全面、准确、有效的信息。比较常用的方法如下：

（1）外出走访调查。即走访其他新闻媒介、走访有关部门的领导、走访专家学者、走访受众等获取各类外部信息。

（2）受众抽样调查。即通过抽取受众样本、发放问卷、统计数据的方法获取受众信息。

（3）召开座谈会。即邀请有关领导、专家或受众进行座谈，或组织媒介内部工作人员进行座谈，获取有关的外部信息和内部信息。

（4）公开征集意见与建议。即通过新闻媒介发起征集意见与建议的活动，吸引社会各界为新闻产品设计献计献策。

（5）内部个别交谈。即与有关采编人员、管理人员个别交流，获取内部信息。

（6）文献研究。即通过对有关媒介的资料文献的研究，获取对新闻产品设计有价值的信息。

（7）数据挖掘。即通过对大数据的挖掘，全面掌握每一个用户的个人信息包括其媒介使用信息。这一方法目前尚未得到普遍采用，但在技术条件成熟后具有很大价值。

获得信息之后，还要对各类信息加以归类、处理，以分析媒介市场，发现媒介新闻产品发展的空间。20 世纪中期美国市场营销专家温德尔·斯密提出“市场细分化”概念，即根据消费者的不同特征，把市场分割为若干个消费者群，其中每个消费者群是一个子市场，各子市场都是由需求相近的消费者组成的，这些子市场间的差异比较明显。市场细分理论对于企业寻找目标市场很有意义，媒介的新闻产品也是一种文化产品，在确定自己的市场定位时，同样可以借鉴这一理论。比如，报纸的读者市场可以按地理标准（按读者所在的地理位置划分为不同的群体）、经济收入标准（按读者收入水平划分不同的阶层）、人口标准（按读者年龄划分为不同的群体）、心理标准（按读者的生活方式、购买报纸的动机等划分不同的类型）等多重标准进行细分，再进一步分析每个子市场中已有媒介的情况，即市场占有情况，从而找到市场的空白点或薄弱地带，发现报纸发展的机会，确定目标读者市场。而未来通过数据挖掘，在掌握了每一个用户的信息之后，媒介针对个人需求的个性化新闻产品的设计将成为主流趋势。

（二）方案设计阶段

方案设计阶段指确定媒介的目标受众、制定编辑方针，并以此为基础拟定与优选新闻产品设计方案的这一过程。方案设计阶段是新闻产品设计的核心阶段。

1. 确定目标受众、制定编辑方针

在充分获取相关信息的基础上，设计者要根据对市场机会的分析，确定目标受众，即确定新闻传播的主要对象，这也是编辑方针中最重要的一项内容。读者、听众、观众都是集合概念，市场细分理论告诉我们，根据受众的年龄、性别、职业、居住地区、文化水平、兴趣爱好、消费水平和消费习惯等因素，可以用不同的标准将其划分为不同的群体，形成不同的受众需求组合。因此，新闻产品设计首先要确定自己的受众群体是哪一类人，然后才能针对这一人群的特殊需求，结合媒介的性质和宗旨等确定媒介的传播内容、传播水准和风格特色，然后再设计新闻产品方案。确定目标受众要注意两点：

（1）受众群体的变化。如对报纸来说，读者群体是一个结构不断变化的人群，设计者要在把握变化中不断更新自己的目标读者。以我国省报为例，改革开放以前，省报是订到每个生产队的，农村是订户大头，与这种读者构成相适应，省报的新闻报道要特别重视向农村倾斜。而改革开放以后，省报的读者构成发生了变化，多数自然村已经不再订省报，行政村往往也只订一份省报，订户大头已由农村转向了城镇。读者结构的这种变化，就要求省报的新闻编辑方针也需做出调整，报道内容要注意向城镇倾斜。因此，有省报编辑提出："与农民相比，城镇居民的需求更广泛，兴趣爱好也更多种多样，他们不仅想更多了解本地情况，还想更多了解全国全世界的情况；不仅对国内外政治、经济、军事、外交很感兴趣，而且对家庭婚姻、文化娱乐、体育比赛、医药卫生等也很感兴趣。为此，省报就必须拓宽报道面，根据城镇居民的需要，增加相关内容，把报纸办得更有城市味。如果不是这样思考问题，或囿于本省农村人口多，或囿于本省是农业大省，继续把省报办成'农民报'，那么城镇居民就必然会不爱看、不愿订。"① 读者群的改变，要求设计者确定新的目标读者，并以此为依据重新设计报纸。

还有一点值得注意的是，社会变革往往会促成新的受众群体，他们由于某些共同的利益特征具有某些相同的信息需求，及时地在媒介原有的受众群或潜在的受众群中发现这些新群体，并且着力去开发这一受众资源，也是媒介结构设计中应该重视的问题。如 20 世纪 90 年代上海进行产业结构大调整以后，有 100 多万人次离开了原来的工作岗位，上海地方国有工业企业的职工总量从 90 年代初的 156 万下降到 90 万，净减员 66 万人。在社会各方的支持下，再就业工程迅速兴起，帮助下岗人员再就业成为新的社会热点。这种社会变化为媒介创造出一个新的受众群体——需要获得就业信息的人群，《新民晚报》据此在 1997 年 3 月推出了新的专版《就业之友》，专门为这类读者提供有关政策信息和就职方面的实用信息等，在社会上产生了较大影响，并且带来了可观的广告效益。1998 年《新民晚报》扩到 32 版，《就业之友》经过 10 个月的试刊，正式被列入扩版阵容，每周一期，主要抓两方面内容：一是传播重要政策，开设了"政策咨询"等小栏目；二是解决实际问题，开设了"求职技巧"专栏，给予读者具体的指导。这个周刊后来将读者对象由下岗待业人员进一步扩展到大学毕业生和转业人员，为不同层次的求职者提供更广泛的服务。

（2）目标受众的分解。目标受众是一个比较宽泛的概念，在新闻产品设计中，还要根据目标受众群的结构因素，进一步确定媒介新闻产品中各不同部分的目标受众。因为同一媒介的受众中，不同层次的人群对传媒内容的选择是有差异的。有人提出，不同层次的受众需求不同、趣味不同、感知方式不同、休闲时间不同，比如：知识层次高的受众对空间距离远的信息的关注程度比知识层次低的受众强；知识型受众更关注政治、经济新闻，而低层次受众更喜欢社会新闻；知识型受众大多只希望传媒提供事实和背景，不能容忍媒介武断地下结论，而低层次受众则会在媒介提供的多方面论据面前无所适从；不同的人群休闲时间不同，对媒介的使用便有很大差别，如下午 5 点多钟是儿童的休闲时间，这个时段就适合安排儿童电视节目。有研究者

---

① 李俊昌．对省级党报发展滞后原因与对策的思考．中国记者，1997（7）.

认为，“层次定位是值得深入研究的领域。在现代社会里社会分工越来越细，人们所从事的工作越来越专业化，不同信息内容越来越丰富也越来越艰深。人们在具有越来越多的共同关注点的同时，在信息需求上也有越来越多的不一致”①。

其实，对媒介受众的分解已经不仅仅是一个层次划分的问题，即使在同一层次中，依然可以再进一步细分。当然，这种分解的标准是多元化的，受众的职业类型、年龄、性别、兴趣爱好、心理特征、文化水平、生活方式、媒介消费习惯等都是能够用来分解受众的因素。媒介的各个部分的设置要根据对受众的这种分解来操作。如《南方周末》把具有中学以上文化水平，关心社会、热爱知识的人确定为自己的主要读者对象，但同时也考虑到周末报以自费订阅为主，几乎所有报纸都要进入家庭这个特点。该报主编认为：“家庭成员的层次是很复杂的，几乎是整个社会的缩影。因此，周末版所设的专版和各版小栏目的设置，既要突出重点读者对象，也要照顾到各个层次的读者群。我们的方法是对每个次要的读者层的阅读要求和阅读心理做出分析，看看他们最喜欢读什么东西，哪些是我们可以提供的，哪些是不可能提供的，然后有针对性地为每个次要读者层开辟三两个小栏目，力求做到各种层次的读者都能从我们的报纸上找到他们喜欢的东西。”② 对媒介目标受众的分解，在新闻产品设计中具有重要意义，设计者对于目标受众的分解，实际上决定着他们对新闻产品的结构安排，决定了新闻产品各个局部的定位与设计。

在明确了媒介的目标受众以后，就可以根据媒介的性质和宗旨进一步确定编辑方针中的另外几项内容：传播内容、传播水准和风格特色。这些内容前面已经讲述，不再重复。编辑方针中规定的各项内容最终将在新闻产品方案中得到具体落实。

2. 拟定与优选新闻产品设计方案

设计方案一般由策划小组责成专人起草，形成初稿后，经过多次讨论，经过优化选择，不断修改完善，直至定稿。方案拟定与优选的过程中，要注意做好这几方面的工作：

（1）鉴别、筛选。经过前一阶段广泛收集信息，设计者获得了大量的线索、意见、建议可供参考，在设计方案时，需要对这些庞杂的信息加以鉴别和筛选，去伪存真、去粗取精。鉴别与筛选一般要经过多次讨论、磋商来实现，有时，出现意见分歧，还需要进行补充调查和反复论证，要对每一个意见和建议可行与否，以及施行中可能出现的问题作出预测，通过权衡比较，作出最佳选择。

（2）创意、设计。设计方案不是由零碎的点子和建议拼凑成的，方案的产生首先需要策划者的创意。也就是设计者要充分运用创造性思维，进行大胆的设想、构思，形成新闻产品的总体构架。而经过鉴别与筛选出来的好点子、好主意，可以用来填补、完善这一初具雏形的总体设计，使其每一局部、细部更加精彩。比如：报纸的要闻版与其他新闻版的总体结构、各个版的出版频率、出版时间需要统筹考虑，形成合理的排列组合；而具体到每个版面，又需要各不相同的栏目设置、版面包装设计等。报纸规模越大、版面容量越多，报纸策划的难度也越高。方案设计既要以系统观点把握报纸的整体结构与整体形象，又要以层次化手段处理每一个局部

---

① 文述，赵清云．论新闻传媒的准确定位．新闻大学，1997年夏季号．

② 吸引读者的“魔法”：《南方周末》原主编左方访谈录．传媒天地，1995（5）．

的设计，做到以科学的组合将优秀的局部集纳为优秀的整体，实现整体效果优于部分之和。

(3) 协调、完善。在制定与修正新闻产品设计方案的过程中，设计者还要反复征求媒介内部采编人员的意见，并将方案初稿在一定范围内加以讨论磋商，以及时发现问题和漏洞，修改完善。讨论之中，各类矛盾和意见分歧在所难免，大到新闻产品的整体结构，小到对具体版面、栏目的设计，都有可能看法不一。因此，设计者一方面要不断收集各类意见和建议，继续鉴别、筛选，汲取其中的精华，另一方面还需要针对各类矛盾、各种不宜采纳的意见做大量解释、说服工作，以协调各方面的关系，促成大家认识上的一致，最终形成能被大家普遍接受和认同的设计方案。

(4) 比较、优选。新闻产品设计是一项影响重大的工程，因此往往会同时设计若干种方案供比较选择。这些方案设计思路不同，一般各具优点和不足。设计者提出若干方案的目的，在于充分利用各类信息资源，照顾各方面因素，以便权衡比较各种方案的利弊，选择最佳方案。

方案优选应以整体效果为评判标准，而不能只看某一局部的效果。比如广播电视节目主要以时间段的分割和安排表现整体结构，那么，在频道设计中就要注意其各个子系统——栏目内容的相互协调、播出时间和顺序的统筹安排。科学的栏目结构应该与受众在不同时间、不同时期所呈现出的不同收视密度相吻合，也就是要根据每个栏目所指向的受众群体的大小和这一群体的收视习惯来确定它在整套节目中的位置。黄金时段里受众最广泛，对节目的期望值最高，应该安排能够适应多数观众收视的栏目，对非黄金时段的栏目设置则应该根据各层次、各类型受众的需求，选择适当的时间段安排针对性强的栏目，让每一类受众都获得满足。而且，同一电视台不同频道间的栏目编排也要力求协调配合，争取最佳的整体效果。同样，在版、栏这样的子系统内部，也同样要讲求整体效应。要将那些可读（听、视）性最强、阅听率最高的部分优先推出。因为受众心理具有一定的惯性和相对稳定性，每个传播单元如果能使受众一开始就受其吸引，就能取得先声夺人的心理效应，从而使整个单元获得更好的传播效果。

方案优选还应以充分发挥媒介内部潜力、扬长避短为评判标准。新闻产品的设计方案最终要依靠一定的人才、物质、技术和组织管理手段来付诸实施。因此，在策划中，系统的最优化也包括媒介自身所拥有的这些新闻传播资源的优化组合，如何能够使设计方案最大限度地发掘媒介自身的潜力，使其扬长避短、获得实效，是必须考虑的一个方面。实践已经证明，媒介的设计作为一个系统工程，只有将媒介产品的开发与媒介资源的优化结合在一起考虑，才可能创立某种独家优势。如颇受读者欢迎的《环球时报》就是立足于充分发掘报社的人才资源优势一举获得成功的。1993 年《人民日报》国际部创办这张报纸时（当时名为《环球文萃》），报业市场的竞争已经非常激烈。这张报纸定位于国际新闻报道，是因为《人民日报》国际部拥有一批优秀的国际新闻采编人员。当时 38 名驻外记者经验丰富，能够根据编辑部的选题策划及时提供信息量大并且富有深度的新闻稿。该报还紧密联系着一批编外人员，有的是国际问题专家，有的是归国学者，能够为国际报道出谋划策和提供稿件。基于这种人才资源优势，《环球时报》才能够设计并主办成功一大批优秀栏目，如“热点追踪”“环球大特写”“跨国婚恋”“远嫁他乡”等，以其独具特色的报道吸引了众多的读者。还有人民日报社主办的另一家报纸《市场报》，也利用报社驻外记者的力量创办了《环球市场》周刊，同样获得读者的好评。所以说，媒介的方案设计以及方案优选都应该以媒介所拥有的人才、技术、设备等各方面优势是否得到合理的利用、是否实现了最佳的组合为标准。《人民日报》（海外版）在2014年创办的微信公号“侠客岛”迅速取得了成功，也同样得益于人民日报社在政治地位和人才团队方面的资源优势。

最后，方案优选还应以低投入、高产出的效益原则为评判标准，而不能不考虑投入水平和风险因素。当然，这方面的分析判断需要与媒介的经营部门共同来做。

拟定并修改方案的时间一般较长，如1999年《经济日报》进行改版策划，报纸设计方案曾几易其稿，在报社内部召开了多次讨论方案的会议，广泛征求各方意见，反复修改和论证，才最终定稿试刊。

（三）方案试行阶段

方案试行阶段指将新闻产品设计方案投入试行，以验证其可行性、最终修正确认的阶段。报纸试刊有时是公开进行的，是面向所有读者发行试刊的报纸；有时是在报社内部秘密进行的，试刊的报纸只在小范围内传阅。广播电视节目改版，通常只在电台电视台内部进行新版节目的播放和评审，公开播出时已是正式改版后的节目。在方案试行这一阶段，设计者担负着部署任务、指挥操作、监督运行、修正方案等职能。试行方案需要注意下列问题。

1. 慎重选择试刊试播的内容

试行方案有时并不能将方案中所有内容都试刊试播，因为报纸版面众多，特别是专版专刊多达几十种，能够试刊的只是其中一部分内容。广播电视栏目也种类繁多，有时难以全部试播。因此，要根据试行方案的时间、人力、财力、物力等条件，对试刊试播内容有所选择。原则上应选择方案中最主要、最重要的内容，以及改版时新增设的内容进行试刊试播，因为这些内容可行与否、效果如何，是决定成败的关键。

2. 慎重选择试刊试播的时间

试行方案的时间不宜选在特殊的日子，如节日期间，或有重要活动、重要会议的时候，因为这些时候正常的采编任务较重，有许多重要稿件必须刊登、播出，会影响试行方案的人员和设备安排，难以保证试行效果。如果在特殊时期公开试刊报纸，还会因为要发表一些重要稿件而影响试刊的版面，使一些应该试刊的内容不能按计划试行。

3. 适当把握方案试行的次数

试刊试播多少回，要根据媒介的具体条件和目标而定，一般不应少于2至3次，否则一旦在试刊试播中发现了严重问题，无法在修正以后再次接受检查。对于新办的媒介，方案试行的次数应该更多一些，以全面检验新闻单元的定位是否合适、各部分设计是否可行。如1997年，《解放日报》创办《申江服务导报》，在筹备过程中，正式试刊前已有两个多月是“试制样报”和内部练兵。编辑们试编了几次版面，负责电脑设计和拼版的美编们更有几十个版面的经验积累。他们说：“做样报，把脑子里终究朦胧的想法清楚明白地落到纸上，看得真切也就想得更真切，有助于修正思路和做法。同时，在这一过程中，我们也在摸索工作流程安排和工作规范，这是为正式出报后的正常运转‘预设保险’。”①

---

① 徐炯．“我们要做一棵树!”：《申江服务导报》创办前后．新闻记者，1998（4）．

4. 广泛征集各方面意见，修正和确定设计方案

试行方案的目的是及时发现方案中的问题与漏洞，尽可能将问题解决在正式出报和节目播出之前。因此，要注意接收方案试行后的意见反馈。报纸如果公开试刊，应有意识地增加发行，对某些部门和个人免费赠送，并主动上门征集意见，还可采用召开座谈会等方式广泛收集社会各方面的反应。广播电视节目试播应邀请有关领导、专家到场收听收视，及时听取他们的意见和建议。对各方面反馈回来的信息要认真整理、分析，采纳其中的合理部分；对试行效果不好的内容找出原因，做出调整；对整个设计方案做最后的修正和确定。

新闻产品设计方案通过试行和修正，正式应用于媒介产品生产之后，有时还会根据客观需要不时做局部的调整。可以说，新闻产品设计是一个随着媒介产品的生产，不断接收信息反馈、不断实现系统最优化的过程。

三、新闻产品设计的基本原则及应注意的问题

（一）新闻产品设计的基本原则

新闻产品设计，是我国新闻媒介全面走向市场之后面临的一个新课题，也是新闻编辑人员正在探索中的一项宏观新闻业务。在新媒体技术推动下，新闻产品的种类越来越多样化，产品设计的难度也越来越大。无论是传统媒介，还是新兴媒介，在新闻产品设计中，都需要遵循一些共同的原则。

1. 公益性原则

公益性，是新闻产品作为公共文化产品所特有的属性。新闻不同于一般普通商品的最大特点是它能够为人们认识客观世界、思考与判断正在发生的一切提供事实依据，新闻传播直接影响社会的稳定和发展，影响人们的立场、态度、思想和行为。无论中外，新闻产品的公益性特点都得到了广泛认同。所以，新闻产品设计首先要以维护公共利益为出发点，追求产品的思想境界和文化品质，不因追逐经济效益而放弃社会责任。

2. 适用性原则

适用性，指新闻产品针对受众的需求而设计，让用户感觉合乎心意、使用方便。新闻产品的主要功能是传播新闻和信息，编辑在设计新闻产品时要针对不同群体甚至不同个体的文化水平、兴趣爱好、媒介接触习惯等，提供不同的内容和表现形式，降低他们的时间成本，并让其获得良好的用户体验。

3. 个性化原则

个性化，指一种新闻产品与其他新闻产品之间具有明显的差异。随着传媒技术发展，媒介市场会进一步分众化，并逐步向个性化定制转变。新闻产品设计需要充分借助各种技术手段、运用各类信息渠道和终端，特别是利用与社交网络的融合，为每一个用户提供个性化的新闻产品。

4. 品牌拓展原则

品牌拓展，指新闻产品设计具有品牌意识，充分开发媒介的优势资源，使新闻产品具有可

以延伸和拓展的社会价值及经营价值。传统媒介的数字化催生了新闻生产的“全媒体”战略，新闻产品已经突破传统的单一媒介形态，向多种类、系列化、融合化的方向发展。由新闻产品延伸出的社会服务及各类活动也越来越丰富。因此，新闻产品设计应在媒介融合的视野下，以整合资源为基础，以品牌拓展为目标，不仅重视每一产品的独立价值和个性，还要通过对全部产品的整体规划和融合性设计，使产品与产品之间产生相互联系，进行协同运作，产生一加一大于二的综合效果。这也是媒介组织打造产品链、提高新闻传播水平和媒介经营水平的必由之路。

（二）新闻产品设计需要注意的问题

1. 充分地占有信息并准确地分析信息，保证新闻产品设计的合理性和可行性

新闻产品设计是媒介产品设计的重要组成部分，这种设计主要有两种情况：一种是媒介创办之初，需要根据对目标市场的调查和预测，进行总体定位与设计，这是一种从头开始、不受历史因素影响的通盘设计；另一种是在媒介内部条件或外部环境发生变化的时候，出于应变需要而进行的产品设计。比如：有些报纸在竞争中处于劣势，急需改弦更张，反败为胜；有些报纸的归属发生变化，办报目的有所改变等，需要对报纸进行改版设计。无论哪一种新闻产品设计，其效果都首先取决于设计者对客观变化和自身条件的认识，这种认识越全面越准确，策划才越具合理性和可行性。如前面介绍的《华西都市报》的创刊定位能够为报纸超常规发展奠定基础，就是充分占有信息并准确分析信息的结果。该报创办之初，总编辑等人不仅全面了解成都本地的传媒情况，还到北京、天津、海南、广州等地对 15 家各种类型的报纸进行了考察，写出详细的调查报告，全面分析了我国报业竞争的现状，以及各类报纸的成功和存在的问题。有了这些艰苦细致的调查分析为基础，他们才确定了“区域组合城市市民生活报”的定位。在瞬息万变的市场经济时代，信息是最宝贵的资产，是一切决策的依据。新闻媒体一方面作为一种信息载体，为社会提供最新信息，另一方面它本身也要靠信息来帮助自己决策。古人云：“知己知彼，百战不殆。”新闻媒介的定位与产品设计也同此理。在互联网络与移动媒体成为新闻传播的主流渠道和载体之后，对用户数据的分析为媒介的产品定位和设计提供了更加全面和精准的依据。新闻编辑要尽可能紧跟技术发展，有意识地与技术人员合作，运用大数据准确把握受众的需求和心理，提高产品决策和设计的水平。

2. 必须在可行性与超前性之间找到平衡点

新闻产品设计强调要有可行性、可操作性，这就要求根据特定时期的社会发展需要、根据当时受众的兴趣爱好来设计其传播内容和形式，要使设计方案用于媒介实践后能取得立竿见影的效果。然而，它同时也会引出一个问题，那就是只顾迎合当前，缺乏长远目光。如 20 世纪 90 年代初期，周末版、星期刊兴起，随之扩版浪潮席卷报界，当时报纸设计中出现一种引人注意的倾向，有许多报纸把新闻性不强的长稿视为吸引读者的关键，“大特写”“大视野”“大扫描”之类铺满版面，而真正意义上的新闻却数量有限、质量不佳。应该说，当时这类长稿的确拉回了不少读者，为报纸增添了光彩，然而，认真分析一下形势就会发现，报纸在与其他各类大众传媒的竞争中，要想克敌制胜，还是要靠高品质的新闻，而新闻的品质与稿件长短没有必然的联系，没有实质内容而且时效性差的长稿及其专版，不可能长久地拥有读者。事实也证

明了这个道理，到21世纪初，我国报纸在改版时纷纷增加了时效性强的新闻版，砍掉一些不受读者欢迎的专刊专版。这段历史告诉我们，新闻产品的设计不能见到难关绕开走，只考虑眼前应急，不考虑长远发展。产品设计如果缺乏超前意识，将难以使媒介产品在竞争中脱颖而出，胜人一筹。在新媒体时代，大数据技术对于产品设计的可行性具有不可低估的作用，但同时也要看到，算法分发虽然能够准确预测用户感兴趣的内容，但主要是根据对用户实际发生的传播活动做出的预判，对于那些潜在的、尚无相关行为数据记录的需求却难以把握。人的洞察力可以超越机器，当年乔布斯设计苹果产品，恰恰在于超越了消费者能够自我意识到的需求，以超前性带给人们意外的惊喜。新闻编辑对信息、对人的理解也应该超越机器，不仅仅满足已知的用户需求，还能够以创造性的内容和服务让社会变得更加美好。这也是强调可行性与超前性相平衡的意义所在。

3. 产品设计应该与采编机制改革同步进行

“机制”的本义是指机器的构造及其动作原理，后来许多学科借用此词来说明有机体或某些组织的内部结构、各部分的相互关系，以及活动的原理。在新闻传播活动中，新闻采编机制即指新闻采编部门的设置、各部门之间的关系以及采编业务流程的设计。新闻采编机制与新闻产品设计，是各自独立又相互有密切联系的两大范畴。新闻采编部门的设置以及采编流程的管理，是媒介管理学的主要研究内容之一，但在实际操作中，一方面，新闻采编部门的设置和采编流程的管理要以媒介产品目标为依据，即根据媒介新闻产品生产的需要来确定；另一方面，新闻采编机制与采编业务流程管理又能制约新闻产品设计方案的实施，对新闻质量产生重要影响。因此，在进行新闻产品设计时，一般同时要确立或改进新闻采编机制，以确保采编机制与新闻产品设计相统一。现实中经常出现的问题是，有些报纸改版只顾产品不问机制，如沿袭过去计划经济条件下形成的、已经不适合当前形势的业务分工，甚至因人设岗，致使读者需要的内容出不了台，一些过时的专版专栏砍不掉，严重阻碍了报纸的发展。因此，对新闻产品的设计应该与对新闻采编机制的改革同步进行。

4. 正确处理借鉴与创新、变革与稳定的关系

新闻产品设计是一项创造性的劳动，但这种创造与借鉴有着不可分割的联系。我们前面列举的案例中已经有既借鉴其他成功媒介又根据自身条件进行创造和变通而取得成功的媒介，如《华西都市报》。但在媒介实践中也经常有盲目仿效，或者拒绝学习别人的成功经验，导致媒介产品出现问题的失败事例。新闻产品设计不能没有借鉴，但也不能缺乏创造，也就是说，要善于根据自己的客观条件寻找有自己特色的路子，要敢为天下先，做别人没有想到或没有做到的事。其实，创造性和前面所说的超前性也是很有关联的，如同企业生产产品，讲求“生产一代、储存一代、设计一代”一样，新闻产品设计也要讲求高瞻远瞩，深谋远虑，能不断有新点子、新举措出台。当一种优秀设计成为众人共有的东西时，要有更优秀的设计去取代它，唯有这样，才能保持出类拔萃的媒介形象，在竞争中立于不败之地。

新闻产品的变革、发展是时代发展的客观要求，也是新闻媒介赢得市场竞争的必由之路。但是，在媒介的改版设计中，还要处理好变革与稳定的关系，要充分研究受众心理，分析他们对新闻产品的使用习惯，了解他们的喜好，找到媒介产品在长期实践中已经形成的优势，并在改版设计中保留这些最具有特点和优势的方面，不因为改版而失去已有受众。所以，在保持风

格的相对稳定中求变化，求发展，是新闻产品设计非常重要的一点。此外，改版不宜过度频繁，因为媒介形象的经常变化，容易导致受众的不适应，而且频繁改变形象的媒介，也很难形成稳定的有特色的形象，难以拥有忠实的受众。

【思考与练习题】

1. 如何理解媒介的受众定位与功能定位？
2. 影响媒介定位的因素主要有哪些？
3. 简述新闻媒介的编辑方针。
4. 简述各类新闻产品设计的主要内容或关注点。
5. 对你熟悉的一家新闻媒体的定位与设计做出分析评价。
6. [综合练习之一]：设计办一个面向大学生的新闻媒体，并写出方案（课堂演示与讨论）。

第三章

新闻报道的策划与组织

第一节　新闻报道策划及其主要类型

【知识要点】

- 新闻报道策划是新闻编辑通过对新闻资源的开发与配置，实现最佳传播效果的创造性活动。新闻报道策划的主要内容包括：选题决策、报道方案设计、在报道实施过程中接收反馈并修正设计方案。
- 新闻报道策划本质上是主客观相结合的产物，它应遵循的原则是：取信原则、公益原则、创新原则、变通原则、实效原则、可行原则。
- 新闻报道策划根据报道客体发生状态可分为可预见性报道策划和非可预见性报道策划，根据报道策划的运行时态可分为周期性报道策划和非周期性报道策划，根据报道策划的运行方式可分为独立型报道策划和非独立型报道策划。

一、什么是新闻报道策划

新闻是新闻媒介产品的核心组成部分，因此在新闻媒介产品投入生产的过程中，随着时间的延续必然持续进行着对这一核心产品生产的决策与设计，即新闻报道策划。从实际运行看，新闻报道策划不仅包括对报道选题的决策、对报道方案的设计，还包括在报道实施过程中不断接收来自各方面的信息反馈，并据此调整原来的方案，进行新的规划和设计。报道策划是一个先于报道运作又与报道共同运行的持续的过程。

【案例】

《今日早报》2011 年对温州动车追尾坠桥事故的报道策划和组织

2011 年 7 月 23 日晚上 8 点 30 分左右，北京南站开往福州站的 D301 次动车组列车运行至甬温线上海铁路局管内永嘉站至温州南站间双屿路段，与前行的杭州站开往福州南站的 D3115 次动车组列车发生追尾事故，后车四节车厢从高架桥上坠下。这次事故造成 40 人（包括 3 名外籍人士）死亡，约 200 人受伤。这一重大突发事件引起国内外的深切关注，新闻媒体纷纷对此事件进行了报道。其中，浙江《今日早报》的报道受到好评（见图 3－1)。该报编辑撰文对此报道的经过尤其是幕后的报道策划和组织工作进行了讲述和总结，节选如下。① 从中我们可以看到一家专业新闻媒体在重大新闻事件突发之后是如何策划报道的。

"7·23" 动车事故发生后的第一时间，《今日早报》面临的第一个考验就是需要就以下问题立即做出正确的判断：投入多大力量进行报道？怎么报道？

快速有效的应急采编机制：掌握报道主动权

1. 一线记者第一时间抢占消息源

7 月 23 日晚事故发生后，早报新闻中心值班主任马上指派驻温州记者赶赴现场。随后，依据报社制订的重大突发新闻事件采访报道应急预案，启动最高级响应，要求所有记者编辑进入"待命"状态。

当晚 9 点 40 分，早报温州记者到达事故现场，陆续将现场了解到的最新情况反馈给后方，由中心负责人判断线索价值，组织策划报道。

根据现场记者反馈的大量有关救援的消息，中心马上安排人员监控微博，发现了很多温州人开着宝马、奔驰去献血的信息，这些信息当晚就在版面上马上加以体现和着重处理。早报还突出报道中央领导、浙江省委省政府领导的指示，以及消防、医疗等部门开展救援的情况。

一个紧张的夜晚过去后，7 月 24 日一早，新闻中心召开有关报道思路和方向的谈版会，明确了在接下来的报道中，要着重解决哪几个问题，向读者传递什么样的信息。

这场事故是怎样发生的？是什么原因导致的？现场情况怎样？这些肯定是多数读者最想知道的。此外，事故救援的进展、伤员的救治情况也是读者迫切想知道的。另外，社会各界的爱心、各方的救助信息也需要第一时间向读者传递。

从这个案例中，我们可以看到，新闻报道策划的客体是新闻报道活动，它与新闻产品设计有所不同，但它们相互依存。一方面，新闻媒介产品需要通过具体的新闻采编制作才能生产出来，也就是新闻报道活动是实施新闻产品生产的必要手段；另一方面，新闻报道又是某一特定媒体的新闻活动，媒介的定位、编辑方针和产品设计必然制约新闻报道活动。所以，新闻报道策划要以新闻产品定

① 张宇宜，王增军．浅析突发事件的采编应对机制：以今日早报"7·23"事故报道为例．新闻实践，2011 (9).

根据报道思路，早报所有参与报道的记者被分成了三个小组。

有灾难报道经验的三名记者安排在第一小组，任务是负责现场新闻点的采访，尽可能占有信息源，要求离现场最近，离人最近，感同身受地去做更多探寻，去发现更多事实。接到任务后，第一批记者立刻启程奔赴温州采访。在事故现场，记者目睹了整个营救工作，并亲眼看到了小女孩伊伊被救出的全过程；在医院，记者碰到了一个年仅10岁的福建小男孩赵竹，虽然在动车事故中负伤了，可他一滴眼泪都没有流，甚至还照顾起了因受惊吓过度而暂时失忆的姨妈；在献血点，一个姓方的女孩被救援队从动车里抢救出来后，又赶到温州献血中心献血……采访到这些素材后，记者快速准确地发回现场新闻《救人　救人　浙江大爱如潮》，站稳了报道的第一落点。

第二个采访小组特地选择了分析能力强、专家资源比较丰富的两名记者。他们的任务是对事故进行还原、解剖、分析和追问，挖掘琐碎细节背后的深度问题，在高涨的情绪中做到媒体该有的冷静和观察力。接到任务后，两名记者先上网搜寻信息，掌握事态进展，然后采访了铁道部、交通运输部以及一些交通院校的专家教授。根据采访所得，连续推出了《五问7·23动车追尾事故》《不该发生的事故为何发生》《雷击只是外因，最根本还是系统缺陷》等深度报道，一方面详细解释了动车运行过程中的一些专业知识，另一方面给出了事故发生原因的多种可能性分析，及时解释了读者心中的疑惑。

第三组则选择两名资历较深、文笔较好的记者负责特稿采写，传递新闻报道的人文关怀。在事故发生7天以后，特稿《请试着记住40段人生的温度》出刊，在事故报道铺天盖地的情况下，依旧震撼了读者。这也证明了，文本和叙事方式仍是报纸最大的利器，这不是140字的微博能涵盖的。

2. 后方编辑及时准确提供智力支持

根据应急采编机制的要求，相应的，编辑也分成三个小组。

第一组是信息供给组。这个小组的主要工作是搜集信息、结合报道计划进行分析和预测，每天将各种信息打成“数据包”传给记者，给记者指明报道的方向和提供报道的思路及信息。如一位编辑在微博上发现一条信息，说是温州三医的一名女医生一直忙着救治伤员，无暇去寻找在动车事故中失去联系的丈夫。记者赶到医院核实采访，发现这个女医生刚奇迹般在自己单位碰到了丈夫。原来，三医的一位无名氏伤员被志愿者拍了照片发到网上寻找亲人，女医生的一个亲戚看到了，一眼就认出了他。这时，女医生才知道，在电梯间擦肩而过的无名氏，原来就是受伤严重的丈夫。

二是实时策划组。这个组的编辑负责整合各方信息，他们对事态的进展了解有时比现场记者更清晰，可以在后方协助前方记者完成采访。事故发生后第三天，首例遇难者赔偿协议签订，金额50万元。记者获取这个消息后，

位与设计为指导，从某种意义上说，新闻报道策划是媒介定位与新闻产品设计的进一步发展和延伸。

第一时间反馈给了编辑部。但因为当时采访较为困难，记者所掌握的信息并不全面，实时策划组马上对这项当天最为重要、最为人关注的事故善后工作进行了仔细策划，并要求一线的几名记者通力合作，利用各种渠道突破采访，找到善后工作组的负责人，了解赔偿标准出台的详细过程。

三是释疑解惑组。记者在前方随时都会有迷惑，那么他的问题应该提给谁？很多情况下记者不好意思将电话打给领导，如果后方有一个人或几个人的电话24小时为他们开着，随时等待他们的提问，对记者来说将是非常幸运的事。这个小组的人员在采编业务上是比较强的，对新闻的判断非常准确，能够给记者提供智力上的支持。

可以说，快速反应的应急采编机制迅速打通了整个采编环节。事故发生第二天，早报就形成了“一线记者采访统筹”和“后方编辑版面统筹”的灵活运作机制。每天，两个团队的牵头人定时进行“对接”和“思维碰撞”，梳理题目进行“深度加工”。这一机制很好地润滑了采编环节，确保每天多个版面的报道脉络清晰。

理性有效的舆论导向机制：坚守正确价值观

在此次动车事故报道中，早报突发事件应对机制的另一个突破，是在对信息全面深入呈现的同时，通过建立起有效的舆论导向机制，积极稳妥地对信息进行舆论调控。

一是总体基调积极稳妥。

我们认为，首先，这是一场罕见的铁路交通事故；其次，事故发生后，确确实实发生了很多让人动容的故事，值得我们向读者传递一种体现人文关怀的新闻价值观。

在这场特别重大的事故中，我们没有刻意地去渲染现场惨烈的细节和画面。我们的笔触一直非常客观、冷静，真实地反映这场灾难发生后，党委、政府部门第一时间的援救和善后处理工作，以及社会各界的关注。

对于铁道部等部门发布的权威消息，早报也都作了充分报道。比如，对于事故原因的分析，依据调查的事实，不胡乱猜测和质疑。

二是主题突出大爱精神。

在这次事故救援中，温州人的大爱精神，特别是普通市民和外来务工人员的草根精神感动了国人，也改变很多人原本对温州人的偏见。因此我们也在报道中特地对“温州人的重新认识”进行了一番梳理，使之成为了我们在这场铁路事故报道中的一个重要主题。就像我们记者写的那样：“我以为，我认识了温州……然而，很多人可能没想到，生活在温州的人们，在大难面前，这么快，这么强烈，这么积极，迸发出了足以感动众人的大爱……我想，我还得继续认识温州，重新解读这个一再创造神奇的地界……”主题准确，既哀悼，又不沉湎于悲痛，而是提出了大爱化解悲痛的精神。

三是舆论引导及时有力。

动车事故发生后，各种传言甚至谣传遍布网络，各种质问声充斥于耳。比如，死亡人数是否有猫腻，死亡名单为何迟迟不能完整公布，救援现场为何就地掩埋车体残骸等，早报都一一根据相关部门的发布或者记者的再三核实采访作了释疑性报道。

事故发生后数天，关于“动车乘客纷纷退票”的谣言不知道从哪里传了出来，我们马上派记者向上海铁路局有关部门进行了解，并让记者去杭州火车站实地调查，统计票务情况。事实证明，除了暂时停开的列车，杭州站基本没有出现大规模退票的情况。大部分旅客出行首选仍是火车。这个稿子刊发后，迅速遏制了谣言的再度膨胀和蔓延，有效地引导了舆论。

图 3-1 《今日早报》2011 年 7 月 24 日头版

新闻报道策划是新闻编辑人员所从事的一项创造性的工作，具体承担策划的编辑是谁，通常根据报道任务的重要程度而定。像“两会”报道这类重大报道活动，不是某一个部门能够独立完成的，报道策划及组织实施一般由总编辑直接“挂帅”，成立专门的策划指挥中心来负责设计和调度。当然，也有一些不是特别重要的，或报道面较小、内容单一的报道，由某一部门就能独立完成，一般由有关编辑部门的负责人或者版面主编来承担策划任务。新闻报道策划也是一项集体性的劳动，主持策划的编辑人员需要广泛听取各方面的有关意见和建议，有时还会专门邀请一些新闻媒体内部或媒体以外的人员参与策划。

新闻报道策划是一项系统工程，它具有这样一些特点：一是阶段性。新闻报道策划比新闻媒介定位与产品设计进行得更加频繁。不同的时期都有不同的选题需要策划，一次报道策划在实施并完成以后还会有新的报道需要策划。因此，每一个新闻报道策划都有阶段性运行的特点。二是滚动性。新闻报道策划的生命力在于随着报道客体与报道环境的改变，不断地改进与修正原来的方案。报道策划的这种“应变”功能决定了策划要随着报道的推进与拓展滚动式地运行。报道没有结束，报道策划也就没有结束。三是风险性。与新闻媒介产品的定位与设计一样，报道策划作为事关新闻媒介未来行动的设计，是担负了一定风险的，新闻报道的成败要依赖编辑的选择和决策，而新闻媒体的成败又是由所有这些选择与决策累积出来的。

新闻报道策划的过程不像新闻媒介定位与产品设计那样长。对可以提前知道的新闻事件或活动的报道，策划时间相对宽裕，可以从容进行，但对不可能预见的突发性新闻事件的报道，策划则必须争分夺秒，时不我待。从新闻报道策划与组织的操作过程来看，大致有三个阶段：一是选题与预备阶段，从发现新闻报道线索、确定报道选题到收集与分析各方面相关材料、确定报道效果目标的一段时间，这是报道策划的第一阶段。二是方案设计阶段，根据报道选题与报道效果目标，对报道的规模与重点、报道进程、报道结构与方式、报道的组织机制等进行规划设计，最终形成系统的报道设计方案，这是报道策划的核心阶段。三是报道实施与调控阶段，从报道策划方案付诸实施一直到报道结束，不断接收反馈，根据情况的变化不断修正原先的设计方案，这是报道策划与报道实施齐头并进的阶段。

新闻报道策划本质上是主客观相结合的产物。主观，指的是新闻编辑进行新闻报道策划是一种有主观目的的行为；客观，指的是新闻报道策划所依据的新闻线索、新闻事实是客观存在的。所以，对“新闻报道策划”这一概念，可以这样概括：新闻报道策划是新闻编辑通过对新闻资源的开发与配置，实现最佳传播效果的创造性活动。新闻报道策划的主要内容包括：选题决策、报道方案设计、在报道实施过程中接收反馈并修正设计方案。

二、新闻报道策划的原则

新闻报道策划既不能脱离客观存在的新闻事实而凭空产生，也不能摒弃报道主体的主观意识而运行。所以，它应遵循这样几条原则：

（1）取信原则。无论编辑如何策划，新闻报道都要实事求是、取信于受众。因为报道策划不是目的，而是手段，目的是向受众提供更高质量的新闻，使报道取得更好的效果。新闻报道的选题策划要以客观存在为依据，即使是与社会活动等相关联的非独立型报道策划，也要以客观存在的社会需要或社会问题为依据来策划活动和策划报道。方案设计要以新闻报道能全面、真实地反映客观存在为基准，因为歪曲事物原貌的报道一旦为受众所识破，传播者的立场和倾向非但不可能被受众接受，而且还会引起强烈的逆反心理。

（2）公益原则。新闻媒介所担负的社会责任决定新闻报道必须以维护公共利益、促进社会健康发展为出发点。编辑对新闻报道的策划，不能偏离公共利益这个宗旨，要杜绝将媒介自身的利益放在首位，为吸引眼球对低俗的新闻内容进行炒作，或者违背新闻伦理和法规，在报道中出现损害当事人合法权利、有意误导社会公众的做法。

（3）创新原则。报道策划的价值在于通过精心谋划和周密组织使报道取得不同凡响的传播效果。因此，从报道选题决策到报道方案设计都要追求与众不同、别出心裁。在策划过程中，突破传统思维方式的创意、集思广益的智力碰撞、源源不断的创造灵感构成了策划的精彩内核，孕育出令人耳目一新的报道。如果没有创新，报道策划也就失去了存在的意义。

（4）变通原则。任何策划都是对未来行动的谋略和规划，新闻报道策划亦然。策划者总是在报道客体发展变化的某一点上谋划报道的，但客体的这种发展变化并不以人的意志为转移，随时都可能出现策划者未曾预计的新情况。因此，要把握传播的主动权，策划者就要善于审时度势，随时变通。策划报道时应尽可能对各种可能出现的情况进行分析，使方案具有灵活性、应变性；在报道实施过程中，要紧密关注各方面情况的变化，随时对报道作出修正和调整。

（5）实效原则。新闻报道策划的最终目标是使新闻报道获得良好的社会效益，同时也为新闻传媒争取更好的经济效益。当然，社会效益是直接的，经济效益是间接的，并且是由良好的传播效果转化而来的。报道策划追求实效，客观上要求编辑把策划作为手段，而非目的。而且，除非有意宣传媒介发起的社会公益性活动，策划手段越隐蔽，获得的传播效果往往越好。因为策划成功的报道是那些能够让事实本身说话、让受众自由思考，最终达到传播者所期望效果的报道，而不是那些由策划者跳出来表现自己，甚至强加于人的报道。因此，报道策划要注重报道实效，而不是注重策划技巧的炫耀。

（6）可行原则。新闻报道策划的成果最终要在新闻报道实践中得到检验，因此报道设计方案必须具有可操作性，能够准确无误地指导新闻采编活动，而不流于纸上谈兵。在报道策划过程中，要注意对外部环境和内部条件分析论证，使每一步骤的设计都切合实际，能够扬长避短，具有可行性。

三、新闻报道策划的主要类型

新闻报道策划，在不同类型的媒介表现出各种不同的形态，这也正是它作为一种充满智慧的脑力劳动所特有的魅力。我们可以根据不同的标准，将新闻报道策划分为不同的类型，以下是几种主要的分类。

（一）以报道客体发生状态作为分类标准，新闻报道策划可分为可预见性报道策划和非可预见性报道策划

可预见性报道策划，是指对能够提前获知的事件性新闻和非事件性新闻的报道策划。如卫星发射、对香港恢复行使主权、奥运会等新闻事件或活动，纪念反法西斯战争胜利 60 周年、纪念改革开放 30 周年等非事件性新闻等，都属于可预见性报道的内容，对这类新闻的报道策划可以提前进行。

从报道主题看，可预见性报道比较多的是庆典、活动、比赛、会议等，报道内容一般是正面信息，往往涉及成就性的宣传报道、方针政策的宣传报道等。长期以来，我国新闻媒介在可预见性报道策划方面取得了丰富的经验，比如纪念中华人民共和国成立 60 周年的报道、北京奥运会的报道都通过精心的策划与组织，取得了成功。可预见性报道策划的特点是时间的相对充裕给策划工作带来方便，策划者可以充分利用报道开始之前的时段进行精心的设计和安排，做好前期准备工作。另外，新闻媒介对这一类型的报道一般都积累了较丰富的经验，包括资料的储备也相对丰富，为报道策划提供了良好的基础。

可预见性报道策划也有其难点：一是由于新闻媒介对这类报道展开较多，容易形成固定的选题和报道模式，要有所突破和创新比较难。二是由于这类报道的对象往往具有重大的现实意义，受到所有新闻媒介的重视，成为共同性的报道题材，因此要在报道中表现出与众不同的风格特色也比较难。三是新闻受众对这类报道接触较多，以往报道中存在的种种不足，比如司空见惯的选题、千篇一律的角度、老生常谈的内容、千报一面的形式等，容易造成受众的厌烦甚至逆反心理，对他们接收新闻信息会产生不利的影响。

非可预见性报道策划，是指对无法预见的突发事件的报道策划，如地震、火灾、飞机失事、战争爆发等，都属于非可预见性报道的内容。对这类新闻的报道策划一般无法提前进行，通常是在事件发生之后立即策划报道活动。

非可预见性报道的主题和内容与可预见性报道不同，一般以灾难性事件、负面新闻信息居多。所谓负面新闻信息，主要是有关消极的新闻事实的信息。“这类事实，是人与人，人与社会，人与自然的关系发生冲突、失衡、不和谐的变动，表现出的是非人性的特质。它们压抑着人的生命能力自由发展，比如各种地质灾害、气象灾害、意外事故以及现实中的虚假、贪婪、霸道、荒淫、萎靡、畸形、落后、愚昧、卑劣、罪恶等不合乎社会实践的规律性、目的性的行为活动。”[①] 需要指出的是，负面新闻信息与人们平常说的“负面新闻”并非一回事。“负面新闻”一般是指经过人加工而成的消极的“新闻报道”。一种情况是新闻报道的内容为负面的新闻信息，产生的影响也是消极的、负面的；另一种情况是新闻报道的内容是非负面的事实，但由于表现不当，产生了事与愿违的消极影响。而负面新闻信息是指“处在原始状态的消极变动的事实”，与“负面新闻”即消极的新闻报道并无必然的联系。人们在对负面新闻信息辨析时有共同性也有差异性，比如对自然灾害、生态破坏、意外事故、犯罪活动等的认识是相同或相似的，而差异性则主要表现在阶级认定的差异、民族认定的差异、党派认定的差异、个体认定的差异等方面。

由于非可预见性报道策划是主要针对突发性负面新闻事实的信息传播进行策划的，这类报道的内容具有强烈的冲突性，容易引发受众普遍的共同兴趣，有助于报道策划获得立竿见影的实际效果。但同时也要看到，由于负面新闻信息表现的新闻事实往往比较复杂，人们看问题的角度不一、认识水平不同，对负面新闻事实的看法难以统一，这就使新闻报道策划面临着相对复杂的舆论环境。特别是在社会转型时期，执政党和政府对新闻媒介正确引导社会舆论的要求很高，对于灾难性突发事件的报道控制较严，进行这类报道的策划和组织，既要考虑政治因素，又要重视满足受众需求，而且要在时间非常紧迫的情况下进行决策和组织报道，难度是非常大的。非可预见性报道策划，关键在于把握时机，既要尊重新闻规律，又要正确引导受众。

（二）以报道策划的运行时态作为分类标准，新闻报道策划可分为周期性报道策划和非周期性报道策划

周期性报道策划，是指报社新闻采编部门对日常新闻报道的一种常规性策划，策划的时间

---

① 邓利平．负面新闻信息传播的多维视野．北京：新华出版社，2001：6.

具有周期性特点，如按季度、月、周等进行的报道策划，均属此类。

我国新闻媒介进行周期性报道策划自20世纪末期以来越来越普遍，这与新闻媒介的市场竞争不断加剧有直接的关系。如《新华日报》从1995年9月起，每天上午召开特派记者碰头会，由值班编委召集，会上由记者谈情况、报线索，编委帮助分析情况，确定采访方案、人员。1999年该报进行了较大规模的改版，进一步将记者碰头会演变扩大为“新闻策划会”。报纸三个版组都派记者编辑轮流参加，参会人员每天收集、汇总和交流各方新闻信息。一经“智囊团”谋划敲定，雷厉风行，立马出击，当晚发稿，由值班总编签发到版面。总编辑从过去“终端看稿”向前延伸到指挥“源头抓稿”，新闻报道质量明显提高。目前我国越来越多的新闻媒介在推进与改进周期性报道策划，许多电视台的节目策划不仅周期性运行，还重视邀请台外专家参与，集思广益。上海《新闻晨报》推行每日两次“编前会”制度，实际上扩展了“编前会”的功能，每天上午的“编前会”主要担负新闻报道策划任务。媒介融合发展之后，报道策划也在更高的层面上得到重视和加强，如《人民日报》认为以往每天召开一次的“编前会”（通常在下午或晚上举行）已经不能很好地担负起策划和指挥新闻报道的重任，因此在“编前会”之前再增加一次“采前会”，参与者与“编前会”人员相似。从2017年开始，报社把“采前会”作为“中央厨房”运行的一个关键环节，由白班副总编或新闻协调部主任主持召开，传达上级有关精神，通报宣传提示，汇集新闻线索，分析研判舆情，拟定策划方案，布置采编对接，并检查编发情况和评估传播效果。

周期性报道策划的优点是以制度化、规范化的策划运作保证新闻传播的质量和效果，这对于新闻媒介做好日常状态下的新闻报道，从而保证新闻媒介产品的质量稳定，具有重要意义。

非周期性报道策划是指根据报道需要临时进行的报道策划，如对突发性新闻事件的报道，一般不可能提前纳入常规性报道策划中。只有在事件发生之后立即策划报道，这种策划是周期性策划之外的一种应变策划。还有一些重要活动、会议的报道，虽然可以提前准备，纳入周期性报道策划中，但由于报道内容非常重要，需要以长时间、大规模的报道战役来完成，有时也在周期性策划之外专门进行报道策划。

由于客观事物的变化往往是人们难以预料的，在新闻传播活动中，做好非周期性报道策划是所有新闻媒介的应变之策。如果说，周期性报道策划是媒介新闻质量长期保持稳定的必要措施，那么，非周期性报道策划则是媒介赢得突发性重大新闻报道竞争的必要策略。周期性报道策划需要有制度保障与流程管理，而非周期性报道策划恰恰是不受常规流程约束的，强调迅速反应和因时因地制宜。在白热化的新闻竞争中，新闻媒介只有将这两种新闻报道策划有机地结合起来，才能够真正掌握主动权，做到百密而无一疏。

（三）以报道策划的运行方式作为分类标准，新闻报道策划可分为独立型报道策划和非独立型报道策划

独立型报道策划，是指报道策划独立存在，与其他策划活动无关。报道策划者单纯策划对新闻事件的报道活动，报道者并不介入报道客体中。如报道国务院机构改革、人大政协会议召开、海湾战争爆发等，新闻媒介通常是站在旁观者的角度，进行客观报道，这种报道策划是独立运行的。

在日常新闻传播活动中，绝大多数新闻报道策划是独立型报道策划，这是由新闻传播的特性决定的。新闻传播，实际上是人们对新闻信息的交流与分享。根据多数人认同的界定，新闻传播具有客观性、公正性和倾向性。“客观性：以客观事实为报道本源，按本来面目报道事实的新闻特征，包括内容和形式两个方面。内容上的客观，指新闻事实是一种客观存在；形式上的客观，指传播人采用客观陈述的手法。公正性：即公平原则，公众能够以同等机会运用媒介发表意见、争论问题和为自己辩护，传媒和传媒人不偏袒任何一方。倾向性：传媒或传播人在新闻报道中或明或隐表现出的特定的政治立场、是非态度和爱憎情感。”① 这里说的倾向性，仍然是以客观报道、公正报道为前提的，传播者不能够以隐瞒或制造新闻事实来实现自己的报道目的。由此而言，新闻传播者的本职是置身于报道客体之外，以目击者、调查者、记录者的身份进行客观公正的信息传播。置身于外的客观报道同样是需要策划和组织的，只是这种策划完全是针对新闻报道活动的一种决策和设计，对报道客体——客观事实的发展变化不施加影响，更不介入其中。

非独立型报道策划是指报道策划与其他策划有关联，并相互间发生作用。如策划救助贫穷学生的公益活动、策划宣传媒介的公关活动等，并且使这些活动成为报道客体，报道者身兼“报道者”与“当事人”双重角色，新闻报道策划与活动的策划、组织相互配合进行。不仅仅是中国新闻媒介的实践中出现了大量的非独立型报道策划，西方新闻媒介也同样有这方面的探索，如20世纪末期在美国出现的“公共新闻运动”，突出地体现了新闻传播活动中新闻媒介对公众的动员和组织。

【案例】

20世纪末期美国的“公共新闻运动”

“公共新闻运动”是20世纪90年代在美国兴起的一场声势浩大的反潮流的新闻改革运动，这场运动对美国的社会发展和新闻传播业都产生了重大影响。美国奈特基金会（The Kettering Foundation）等多个基金会提供了资助，皮尤公益信托基金（The Pew Charitable Trusts）设立了“优秀公共新闻奖”（1993—2002），鼓励新闻媒介开展“公共新闻”实践活动。

最早提出“公共新闻”理论的学者是纽约大学新闻学系主任杰伊·罗森（Jay Rosen）。罗森教授提出，“新闻记者不应该仅仅是报道新闻，新闻记者的工作还应该包含这样的一些内容：致力于提高社会公众在获得新闻信息的基础上的行动能力，关注公众之间对话和交流的质量，帮助人们积极地寻求解决问题的途径，告诉社会公众如何去应对社会问题，而不仅仅是让他们

“公共新闻”运动是20世纪末期发生于西方国家的一场新闻改革运动，最早发起运动的美国新闻界追问“新闻工作到底是为了什

① 童兵．比较新闻传播学．北京：中国人民大学出版社，2002：93.

去阅读或观看这些问题”。他认为新闻业是健康的公共生活中的重要组成部分，“所有被公共生活包围着的人——记者、学者、政治家、市民，左派、右派、中立者……都应该认识到，如果市场取代了公众而成为现代社会中唯一的舞台，我们将全部沉沦”。与他持相同看法的还有其他一些学者和新闻记者，他们经常切磋这个话题，讨论如何使新闻媒体担当起更积极的角色，去加强公民的职责和权益保护，推动公共讨论和复兴公共生活。

罗森在其代表作《新闻记者的工作目标》（*What Are Journalists For*）的前言中感谢的第一个人是戴维·梅里特（David Merritt），此人是堪萨斯州《威奇塔雄鹰报》（*Wichita Eagle*）的编辑，是最早与他观点一致并将其付诸实践的人。这家报纸在1990年当地州长的竞选报道中进行了一次和以往做法完全不同的实验。报道的重点不像通常的选举报道那样放在竞选活动本身，如只重视候选人的活动和得票变化等，而是把候选人的施政主张也即与目前存在的社会问题紧密关联的内容作为报道主题，围绕这些问题展开深入的调查，提供全面的背景，同时在公众中进行民意测验，再以民意调查的数据分析为依据来讨论那些得到公众最多关注的问题。该报在这次选举报道中一共讨论了十个问题，每个都配以长篇的背景分析，连续在星期日的报纸上作为专题推出，栏题是“他们的立场”（Where They Stand），将两个竞选对手的不同观点放在一起进行对比性的报道。这样的报道不但表达了民意，更重要的是能促使竞选人重视民意，与民众形成对话。该报认为，这样的报道模式才是真正的公共新闻报道，它的规则非常清楚，那就是“给读者以机会在最大限度上了解竞选者在与堪萨斯人利益相关的每一个主要问题上的立场”，同时也告诉竞选人，“你要说对于核心事件最有意义的内容，我们将报道它并会持续报道它”。

两年后，这家报纸又做了一个实验，更准确地说是组织了一次活动，而且是联合当地的电视台KSNW-TV和广播电台KNSS一起来做的。这个活动的主题是“人民的方案”（People Project），副题是“我们自己解决问题”（Solving It Ourselves）。活动共持续了十周，先是由媒介对威奇塔地区的居民进行采访，一共做了193次各为时两小时的采访，调查居民对生活中的问题以及对政府管理的认识。调查结果证明，老百姓对公共事件、政治管理程序、教育体系、法律体制等实际都很不了解，而且对自己身边出现的问题感到难以解决，对公共社区具有寻求对策、解决问题的作用根本没有意识到。报纸连续出版专刊发表了有关社区问题的报道，如犯罪问题、公寓式学校的问题、居民的工作与生活压力问题等，刊登服务性特写和代表不同观点的文章，以寻求解决问题的方案。每一期专刊都以深度报道为主打，向读者解释问题的根源，分析它们为什么会难以解决，鼓励大家从不同的角度来考虑这些问题，读者以来访、来信、电子邮件、传真等多种方式出谋划策。每一

么”“什么样的新闻才是好新闻”“记者的社会责任到底是什么”，反思的结果最终体现到行动上，出现了反潮流的“公共新闻”运动。后来又有越来越多其他国家的新闻工作者加入“公共新闻”运动的行列，将其发展成一个世界范围的新闻改革运动。

“公共新闻”也引发了西方新闻界的争议。因为从新闻实践的层面来看，“公共新闻”的做法与美国长期以来强调“客观公正”“保持中立”的新闻传统是格格不入的，它倡导新闻媒体对报道客体的“介入”，主张记者到社会公

个主要的问题都形成了一场讨论，报纸还为此专门开设一个栏目，叫“起点”（Places to Start），并在这个栏目中登出了对这些问题的解决直接负有责任的机构的名称、地址、电话号码。电视和广播与报纸同时进行这些报道，为公共参与讨论提供了空中论坛。这次活动因为媒介联动产生了巨大影响，直接推动了问题的解决，也使得“公共新闻”获得了最早的实践成果。所以，罗森在书的前言中写道：“如果没有戴维·梅里特，这位我称之为第一公共记者的人，那么这本书中的观点可能到现在还不能问世。作为我的合作者和朋友，他促使我一直关注这样一项事业，并为其他同行提供了一个公共新闻的范例。”

1994年，美国《威斯康星日报》（*The Wisconsin State Journal*）、《麦迪逊早报与星期天版》（*The morning and Sunday Newspaper in Madison*）、威斯康星公共电视台（Wisconsin Public Television）、威斯康星公共广播电台（Wisconsin Public Radio）、伍德公共关系组织（Wood Communications Group）、WISC电视台和哥伦比亚广播公司的地方分部等合作发起了名为“我们人民/威斯康星”（We the People/Wisconsin）的媒介活动，通过媒介报道选举活动，报道候选人，并对在选举中提出的各种社会问题如公共卫生改革、财政赤字等发起公民讨论。这项“公共新闻”报道活动有两个并行的行动方案：一是发起关于公共问题的讨论，如组织普通市民参加市政会议，并追踪报道公民讨论，在广播电视节目中播放，在报纸上出版专刊。二是进行公民教育，即通过报道和相关知识的传播，帮助受众了解政治家们在竞选中一贯的宣传技巧而不致被蒙蔽，让公民知道自己的权利，以及如何去理解政治竞选中真正值得他们关注的东西。媒介给公众的忠告被印在了报纸的社论版上，在广播电视节目中也有大量这方面的内容。这次活动甚至还编印了一本小册子《选民的自我防卫手册》（Voter's Self Defense Manual），向公众散发。关于这次传播活动的社会效果研究发现：“公民的公共意识提高了”“所有参与活动的媒介都引起了公众的关注”“公民对公共事件的兴趣增强了”“人们感觉到更有见识”“公众获得了更多的知识”“人们感受到被鼓励去行使投票选举权”“媒介也是同时获利”。研究者认为：“这次调查结果是对‘公共新闻’社会效果的第一次真实的检测。它证实，经过精心设计的、多方协调的、多种媒介合作的‘公共新闻’的努力，能够唤起公民对公共问题的兴趣，并将他们拉进公共领域中来。”

虽然公共新闻的实践在美国新闻媒介上是从选举报道起步的，但后来它的报道领域迅速扩大到与公共生活相关的各个方面，并产生了广泛的社会影响。斯坦福大学新闻传播系教授西奥多·格拉瑟（Theodore L. Glasser）在总结“公共新闻”的行动及目标时提出：“公共新闻是一种每天都在运行的新闻传播活动，它号召记者：（1）将受众作为公民，作为公共事件的潜

众中去，发动和组织讨论，进行民意测验，建构公共论坛，力图通过与公众的互动，找到解决问题的方法。而从新闻业务的角度来看，这些做法正是新闻报道活动中的策划和组织行为，而且是非独立型报道策划。

在“公共新闻”运动之后，西方国家的新闻改革活动继续发展。21世纪，又出现了“建设新闻”（constrative news）、“方案新闻”（solutions journalism）等，这类新闻实践与“公共新闻”一样，本质上是通过新闻媒介对社会生活的介入，通过新闻工作者和公民的互

在的参与者，而不仅仅是（公共事件的）牺牲者或旁观者；(2) 帮助解决社会问题；(3) 改善公众讨论的舆论环境，而不是冷眼旁观这种环境越变越坏；(4) 帮助公共生活走向更加和谐美好。因此它值得我们去关注。如果新闻记者能够找到一种途径来做到这些，他们将能够及时地重新树立社会公众对新闻媒介的信赖，重新建立与正在流失中的受众的联系，重新完善新闻报道者的职业理想，在更加坚实的基础上，去健全美国的民主——正是这种民主，给了美国记者以权利和保护。"这番话，很真实地表达了美国新闻界热衷于"公共新闻"的理由和目的。

资料来源：蔡雯．"公共新闻"：发展中的理论与探索中的实践：探析美国"公共新闻"及其研究．国际新闻界，2004 (1)．蔡雯．美国公共新闻的历史与现状：对美国公共新闻的实地考察与思考．国际新闻界，2005 (1-2)．

动，不仅报道事实，而且直接寻求问题的解决。

在非独立型报道策划中，报道的客体很可能是媒介诱发的新闻事实。还有一种可能是，这种策划的结果导致了报道者对报道客体的干预和介入，与新闻报道的客观公正原则相违背。如此，新闻报道策划与"新闻炒作"甚至"新闻造假"的区分就变得复杂化了，学界和业界对这一现象不可避免地产生了争议。因此，进行这种类型的新闻报道策划需要特别慎重。当媒介策划、组织活动与策划、组织报道合而为一时，一方面应遵循公益原则搞好公益性活动的策划和组织，另一方面还应根据新闻规律对报道内容加以把关。并非所有的公关活动都适合媒介报道，也并非所有的报道都要插入媒介活动。能够而且应该报道的活动应该是既有新闻价值又有良好社会效果的公益性活动，而不是那些仅仅出于盈利目的而举办的经营性活动，更非那些与社会进步相抵触的不良事件，或者出于商业宣传目的而搞有偿新闻的所谓"公关活动"。在进行非独立型报道策划时，一定要注意把握好对新闻报道内容的社会价值评判。

第二节　新闻报道策划的选题决策

【知识要点】

- 报道效果目标，是报道者根据报道策划前期所掌握的信息，在对新闻报道可能取得的社会效果的预测的基础上所希望达到的目标。报道效果目标，为报道策划指明了方向，报道方案的设计将围绕实现这一目标来进行。
- 新闻报道选题决策的共性规律是：基于传播主体的可操作规律、基于客观事实的价值规律、基于受众的适宜性规律。选题决策的依据主要有三方面因素：可供传播的客体、读者的获知需求、实现传播的条件。
- 需要进行报道策划的选题只是媒介所有报道选题中的一部分，主要有这样几类：可以预知的、有重大社会影响的活动和事件性或非事件性新闻；非可预见、有重大社会影响的突发性事件；新闻媒介自己设立的重要问题性报道、活动性报道。

- 新闻报道选题决策的个性化，是指根据新闻传播主体的差异性、受众及受众需求的差异性，寻找最合适的新闻报道选题及报道角度。

一、发现新闻线索与确立报道效果目标

新闻报道选题决策是新闻报道策划的重要内容之一，也是报道策划运行的第一步。面对每时每刻都在发展变化的客观事实，媒介着重报道什么，从什么角度展开报道，首先需要分析、判断与选择，也就是选题决策。

发现新闻线索是产生报道选题的前提。报道者获得新闻线索的途径很多，如记者采访中发现，读者来信来电来访中提供，报社的上级领导或社会其他部门提供，编辑在其他媒介的报道中发现，编辑在微博、微信等各类社会化媒介上发现，运用大数据和算法发现，等等。编辑记者每天获得的新闻线索是大量的，需要根据新闻选择的标准对这些线索作出分析判断，筛选出适合进行报道的线索进行采访调查。需要注意的是，即便是值得采访调查的新闻线索，也并非都需要进行新闻报道策划，需要编辑策划的只是那些内容重要、意义重大、应该进行由表及里的深度报道，或者由此及彼的广度报道的新闻，这种报道往往不是一两篇稿件就能完成的，也不是一两个记者单枪匹马所能胜任的，而需要精心筹划、多方合作、以成龙配套的新闻报道来实现。

【案例】

《经济日报》“用辩证的观点认识经济形势”系列报道选题经过

《经济日报》原总编辑范敬宜的自述：

1988年12月，报社记者部在福建漳州召开沿海省市记者会，主题是研究如何贯彻中央关于正确宣传经济形势的指示。我和副总编辑罗开富、总编室的领导同志也去听会。形势宣传过去经常搞，这次怎么能搞得既实事求是、令人信服又有声有色、引人入胜？当时心中并无底数，只是想广泛听听意见。

记者们汇报了不少情况，虽然很细，但尚未找到一个能够体现那个思路的表现形式。待到广东记者站刘杰汇报，他第一句话便是：“这几年广东的形势，人们有个说法，叫做香一手，臭一年，香香臭臭又一年……”

一句话顿开思路：如果能把这“香”“臭”之争分析透彻，不就可以引出对广东经济形势的全面认识吗？当即决定：集中精力，在充分调查研究的基础上，写出一篇《香香臭臭话广东》来！

记者提供的新闻线索和提出的问题是《经济日报》这组系列报道选题决策的基础，范敬宜总编辑以辩证分析经济形势的灵感，理清了整个报道思路，进而引发

记者们始则愕然，继则莞然。

第二天早晨，好几位记者来到我的房间，说昨晚大家议论得很热烈，认为都可以采取广东的办法，从自身的特点出发，写出对本省经济形势的分析。福建站的记者说，自从出现“晋江假药案”以后，福建就担了“假”的恶名，连采购员出差也往往遭到怀疑的白眼。其实，福建在改革开放中有许多真招。江西站的记者说，江西的特点是穷，但穷中有富，潜力很大，而穷中也有许多浪费。……一个比一个讲得起劲，不甘让广东专美于先。

好呵！既有这么高的积极性，干脆搞个系列报道吧：香香臭臭，真真假假，穷穷富富，虚虚实实，进进退退，上上下下，多多少少……让记者八仙过海，各显其能，来一场竞赛、比武。

11 篇报道按照需求陆续出台。既讲主流，也讲支流；既讲成绩，也讲缺点，分寸感都把握得比较好。虽然涉及对一个省市全面工作的评价，却没有出什么毛病。有的报道，省报、省台还转载、转播了。

资料来源：范敬宜．在“点子”的海洋里捕捉．中国记者，1990（3）.

更多的记者广开思路、献计献策，最终形成系列报道的方案。

一旦发现值得进行新闻报道策划的重要新闻线索以后，策划者首先要围绕这一线索广泛收集各类信息。这些信息主要包括以下方面：

（1）报道客体的信息。如报道一个重大事件，就需要了解有关这一事件的背景情况、目前进展势态、各方面对事件的反应、有关专家对事态发展的分析预测、与此事件有关的其他事件及人物的情况、历史上的类似事件的情况、其他地区类似事件的情况，等等。报道策划者只有最大限度地掌握报道客体的相关信息，才能对其本质和意义有更为准确的把握，从而决定报道如何进行。

（2）报道接收者的信息。如读者对这条新闻线索是否已经有所了解，他们对此选题的获知需求点究竟在哪里，已知事件的读者对事件的反应、有关专家对事态发展的分析预测、有关领导者对事件的态度和对策等。这些信息有助于策划者把握受众的心理特点，有的放矢地策划报道，而且这些信息有一部分可能直接成为报道的内容。

（3）报道竞争者的信息。如对一些意义重大、媒介都要进行报道的新闻选题，要设法了解其他新闻媒介的报道方案，弄清其报道的规模会有多大、可能选择什么报道方式等。这样才能针对竞争对手的行动，采取相应的对策，在报道中扬长避短，出奇制胜。

信息是决策的依据，策划前期收集与分析相关信息对于策划至关重要。一些重视报道策划的新闻媒介甚至有专门的人员从事这类信息收集与分析的工作，并且在管理机制上形成制度。

收集与分析有关信息，一方面是为了对选题做进一步的推敲，必要时作出修正和调整，另一方面还为了确定报道效果目标。所谓报道效果目标，是报道者根据报道策划前期所掌握的信息，在对新闻报道可能取得的社会效果的预测的基础上所希望达到的目标。报道效果目标，为报道策划指明了方向，报道方案的设计将围绕实现这一目标来进行。

报道效果目标与新闻媒介社会功能有着不可分割的关系，新闻媒介具有传播信息、政治宣传、普及教育、舆论监督、社会服务、文化娱乐等多方面功能，这些功能的发挥都要通过具体的新闻报道来实现。因此，报道效果目标相应呈多元化的形态，如：通过一些报道宣传某种政策、观念或主张；通过批评报道揭露社会弊端，促进问题的解决；通过追踪报道传播最新信息、监督社会环境；通过活动策划与新闻报道的结合，为社会公众提供服务、娱乐，或进行道德教育、解决社会问题，或塑造报纸形象、扩大社会影响等。具体到一次新闻报道策划，其报道效果目标可能是单一的，也可能是复合的，即同时具有若干目标。报道效果目标可因报道选题不同而不同，一般说来，报道选题越重要，报道效果目标往往也越高。报道效果目标规定了报道策划的方向，从而决定了报道规模、报道结构与报道方式，报道策划方案是依据报道效果目标而设计的。

二、报道选题决策的共性规律

对于不同的新闻媒介，由于受众定位、媒介功能、传播目的的差异性，选题决策往往也是有差异的。比如同一个新闻事实，能够成为一些媒介的重要报道选题，但也可能不被另一些媒介重视，得不到充分的报道。但也有相反的情况，即某些新闻事实，可能会成为所有新闻媒介的报道焦点，比如 2001 年 9 月 11 日发生在美国一些主要城市的恐怖袭击，2013 年美国中情局职员斯诺登揭露美国政府监视自己公民的秘密计划等，都是全世界共同关注的重大新闻事件。那么，新闻报道选题决策的内在规律究竟是什么？

新闻报道选题决策是一种运用脑力的理性行为，对客观存在的客体的信息进行收集、鉴别、选择和组合，从而确定报道对象和报道内容。新闻报道选题决策有其客观存在的依据，是客观存在作用于主观意识，主观意识又产生能动性反作用的产物。新闻报道选题决策的共性规律，缘于所有媒介的新闻传播活动都是由传播者、传播内容和受众这三方面要素构成的共同特点。也就是说，由于任何一种传播媒介在进行新闻报道时，都要受制于传播者自身的条件，新闻事实客观存在的状态，以及接受传播的受众的需要。因此，所有的报道选题决策必然在这三方面具有某些共同的运作规律。

（一）基于传播主体的可操作规律

所谓“可操作”是指传播主体具备完成某一新闻报道任务的各方面条件。任何新闻报道的进行，既要看主体是否具有展开报道的外部条件，比如在媒介所处的社会环境中，法律、政策、社会道德观念及文化传统是否允许报道这样的新闻事实，又要看主体自己是否具备进行这一报道的内在条件，比如是否具备采集该新闻信息的资金、技术设备和人力资源，是否有相适宜的采编运行机制与管理水平等。对于任何新闻媒介，在报道选题决策中都要以传播主体的可操作性为支撑这种决策的前提，凡是不符合可操作规律的选题，都是不宜划入报道范围的。

（二）基于客观事实的价值规律

新闻是对新近变动的客观事实的报道，没有变动的事实，便没有新闻报道。因此为传播者所意识到的外部世界的客观变动，构成了策划新闻传播活动的重要依据，报道选题是在报道者所意识到的客观事实中产生的。但是，由于媒介载体的有限性，难以对所有的新闻事实都投入巨大的人力物力进行策划性报道，因此在报道选题决策中客观事实的新闻价值成为选题的重要标准。新闻价值既取决于事实本身，如事实的性质、特点、规模等，又取决于事实与读者的关系。新闻价值的有无决定了新闻是否成立，新闻价值的大小决定新闻意义的大小。在新闻选择中，编辑对新闻价值的判断主要以新闻事实发生时间的新近性、新闻事实有助于消除受众认识的不确定性、新闻事实具有的社会影响力、新闻事实发生地与受众的距离以及新闻事实对受众兴趣的激发力等为标准的。这些标准适用于所有新闻媒介的报道选题决策。

（三）基于受众的适宜性规律

新闻传播活动是以传播者与接收者之间的信息传递为基础的，没有受众的新闻传播不可能存在，不合乎受众获知需求的新闻报道是无效的报道。因此，所有的新闻报道选题要以媒介受众的信息需求为依据，报道什么、如何报道，都要根据受众的需要进行选择和设计。而且，在现代社会中，随着新闻媒介的不断增多，“广播”在变成“窄播”，“大众”在变为“小众（分众）”，每一个新闻媒介的新闻报道活动都越来越明确地针对自己特定的受众群体，对受众需求的把握与满足成为报道成功的关键，因此，报道选题决策就要遵循对受众的“适宜性”规律。

上述三方面的共性规律是相互联系的，在新闻报道选题决策时，它们的共同作用决定了选题范围是由传播主体、传播客体和受众需求三方面条件共同构成的一个区域，如图 3－2 所示。

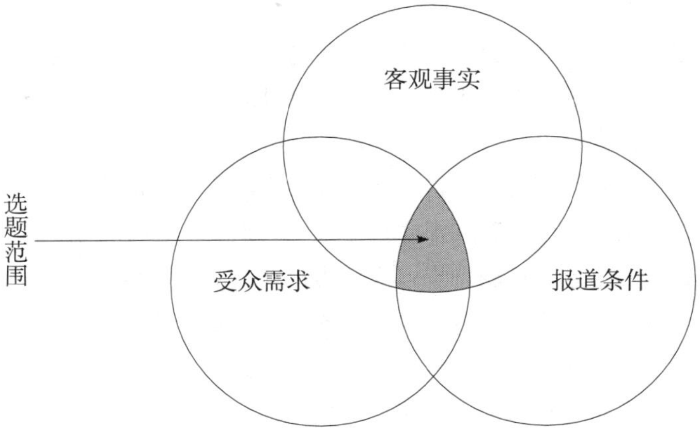

图 3－2　新闻报道选题决策的依据

新闻报道选题决策的依据是一个彼此相关、互有重叠的集合概念，也就是说，能够满足受众需求、报道主体具备传播条件的客观事实才有可能成为新闻报道策划的选题对象。但三者重叠部分之外的内容并非完全没有价值，分析三者间的集合关系，对新闻报道策划很有意义。

第一，客观事实与受众需求有重合部分也有相排斥部分，说明：（1）可供传播的事实对于特定媒介的受众来说，为他们所需获知的只是其中的一部分，也只有这一部分在新闻报道策划中值得作为选题参照。（2）受众的某些需求在可供传播的事实范围之外，说明需求是潜在的，客观变动的事实也是潜在的，报道策划者尚未意识到，这将导致新闻报道的选题受限制，不能完全满足受众的需要。

第二，客观事实、受众需求与实现传播的主体条件之间有重合部分也有相排斥部分，说明主体条件对新闻报道活动具有强大的约束力，比如外部的法律、政策、道德等因素将一些社会效果不好的报道排斥掉，当然也可能是保守观念和过分的行政干预将一些不应排斥的新闻报道排斥掉了。又如内部人才、资金、技术、设备、机制、管理等因素导致一些应该报道的新闻无法报道等。这些情况都比较复杂，需要新闻报道策划者在把握客观条件时进行具体的分析。

我们还应看到，新闻报道选题决策受到客观存在的制约，但报道策划者对客观存在又具有能动的反作用。如策划者可以通过自身的努力改变制约报道的某些外部条件（引导社会道德水准的提高、改善社会文化环境等）和内部条件（改革机制、改善管理、更新技术设备等）。策划者还可以通过自身的努力提高对可供报道的客体的认识水平，使受众的获知需求尽可能被包容在策划者的意识范围内，从而使新闻报道更加合乎受众的需要。但同时又应承认，策划主体对策划依据的反作用也是有限的，它受到时间的制约，如很难在短时间内改变实现传播的条件和提高自身的认识水平，因此对报道选题的决策要积极主动而又客观冷静。

对报道策划的客观依据的分析，只是给报道选题划出一个大致可行的范围。但并非所有的新闻报道都需要策划，因为在现实生活中，大量突发性的客观变动，传播者不可能提前获知，当然也不可能提前策划报道。更为重要的是，这些突发性变动有很多并不与全体受众的利益和兴趣相关，或者相关性不大，不具备较大的社会意义。因此，无须给予过多的关注和报道，发一两篇独立的新闻即可，主要由记者在采访写作和编辑在日常编辑稿件的层面上操作，而无须提升到新闻报道策划这样更高的层次上去。

真正需要进行报道策划的选题是媒介所有报道选题中的一部分，主要有这样几类：(1) 可以预知的、有重大社会影响的活动和事件性或非事件性新闻。如全国人民代表大会、全球瞩目的世界性运动会、推动人类发展的重大科学实验活动等。(2) 非可预见、有重大社会影响的突发性事件。如损失巨大的自然灾害、举世关注的国际性战争等，需要在及时发出第一条消息的基础上进一步进行跟踪报道。(3) 新闻媒介自己设立的重要问题性报道、活动性报道。如针对普遍存在的严重社会问题展开的深度调查，媒介为推动社会问题得到解决而主动发起的社会公益性活动的报道等。这三类新闻选题有一个共同的特点，就是选题本身的潜在社会影响力及其内容的复杂性决定了报道不能停留在简单、肤浅的层次上，而必须对报道客体进行充分的发掘、展示和分析，以多个稿件在空间或时间上的组合，使受众从多种角度、多个层面上了解事物的全貌和本质。经过策划与组织的报道比之不经策划的单篇新闻报道，一般具有更丰富的内涵和更广阔的外延。

三、报道选题决策的个性化

新闻报道选题决策一方面要遵循上述共性规律，另一方面还必须追求选题的个性化，因为新闻竞争在不断加剧，所有新闻媒介即使在报道同样的新闻事件时，也必须立足于自身的定位和资源优势，追求与众不同的传播效果。如何才能做到选题决策的个性化？主要可以从以下两方面考虑。

（一）根据新闻传播主体的差异，找到最合适的新闻报道选题及报道角度

传播主体及其条件的差异，具体来说包括媒介定位的差异、媒介功能的差异、载体的差异、媒介所处环境的差异、媒介内部条件（资金、设备、人才、管理、机制等）的差异等。这些因素有些还与报道客体、传播受众相互联系，比如媒介定位与媒介受众有相统一的内在关系，媒介环境与可供传播的客观事实有相互依存、相互作用的内在关系等，这些都是在选题决策时要考虑的。

传播主体差异，还表现在不同的报道者对客观事实的价值判断不同，这也决定了新闻报道选题决策的个性特征。在新闻选择中，编辑对新闻价值的判断主要以新闻事实发生时间的新近性、新闻事实有助于消除受众认识的不确定性、新闻事实具有的社会影响力、新闻事实发生地与受众的距离以及新闻事实对受众兴趣的激发力等为标准，这些标准对于不同的媒介是共通的。但具体到每一个编辑的实际操作中，这些标准的把握、运用又与编辑的主体意识不可分割。报道策划对于报道选题的确定，本质上是传播主体新闻价值观在实际操作中的体现。

【案例】

《青岛日报》许振超事迹报道的选题策划经过

编辑自述：

2003年3月5日，在一篇由记者和通讯员采访的消息中，编辑发现了一个独特的名词：振超效率。

这篇刊发在《青岛日报》经济新闻版头条的消息说："昨日凌晨1时，在前湾港接卸'地中海阿莱西亚'集装箱轮作业中，青岛港创出了单船单航次装卸箱量5 009标准箱、单船效率299.7自然箱、单机效率44.7自然箱等多项国内最高纪录。多项佳绩堪与世界一流大港比肩。"

"青岛港外贸集装箱成功转移至新港区之后，码头、设备、场地等硬件条件堪称世界一流。在此基础上，青岛港又向着世界一流的保班服务发出冲击，提出10小时内完成船舶作业的奋斗目标，并将这种装卸效率用桥吊队队长许振超的名字命名，称为'振超效率'。"

当时，这个名词之所以一下子引起我们的关注，最初还是源于一种新闻直觉：其一，用一个人的名字命名一种效率，本身就具有新闻价值；其二，用一个普通桥吊工人的名字命名一种现代化的效率，更具新闻价值；其三，中国港口的普通中国工人，创出了与世界现代化的顶尖港口一样的效率，干出了与外国人相比毫不逊色的业绩；其四，在一般人眼中，传统中国工人的形象多是出大力流大汗，而"振超效率"的出现表明，中国工人不仅有吃苦耐劳的传统精神和作风，而且随着时代的发展，还能够驾驭现代化的设备，

新闻编辑对"振超效率"的这种分析，表现出对新闻事实的价值判断。

成为高素质的劳动者；其五，青岛港工人创出了世界一流的“振超效率”，说明中国工人是企业发展的中坚力量，发挥着主人翁的作用……

正是有了这种最初的敏感，在部门例会上，我们首先就许振超这个人物的报道进行了专门研究，责成记者先行了解采访“振超效率”的由来，我们当时的明确要求是：许振超能创出“振超效率”，就不是个一般概念上的劳模，而是体现着当代产业工人形象这一主题，应立足于挖掘许振超的人物内涵，对许振超这个人物进行特别采访。

同时，在编辑部新闻例会上，我们就这个典型作了汇报。总编辑和分管副总编辑立即指出，这个人物值得挖掘提炼，应迅速制订报道计划，并就许振超典型的采访，提出要特别关注对当代产业工人核心内涵的挖掘等具体要求。

此后，工交部派记者深入青岛港一线，对许振超进行跟踪采访，对青岛港进行反复采访。连续几天，记者辛梅同志跟随许振超在港口现场作业，并到许振超的家中、工友中、青岛港领导中采访。总编辑、副总编辑、工交部主任先后几次与采访记者研究、切磋、商讨、提炼，确立报道主题，谋划稿件结构。重点报道稿件都是几经修改才定稿的。4 月 2 日起，《青岛日报》在一版头条等显著位置，推出了许振超典型系列报道。

资料来源：蔡晓滨，阎晋阳，樊泽顺．深入一线的发现：《青岛日报》许振超典型报道回眸．新闻战线，2004（6）.

报道主体对客体的价值评价对报道选题决策具有决定性作用。

（二）根据受众的差异性和受众需求的差异性，寻找最合适的新闻报道选题与报道角度

一方面，不同的媒介拥有不同的受众群体，受众的差异性本身就导致了受众对传播的要求与期待是不同的。比如，对于中国加入世界贸易组织这一新闻事实，企业家们关注的焦点和普通市民关注的焦点显然会有差异。另一方面，同一受众群体对不同的媒介也会有不同的需求。比如，对电视和对报纸的要求是不同的，对专业性报纸与对市民生活类报纸的要求也是不同的。受众的需求差异对新闻选题策划的影响，直接表现在编辑对客观事实的价值判断中，如新闻编辑在新闻选择中，对新闻事实的“时新性”“重要性”“接近性”的鉴别，都是以自己所在的媒介的受众为参照系的。发生在本地区的突发性灾难要比发生在外地的同样事件更有新闻价值，是因为它距离受众更近，对受众的切身利益影响更大；股市上某一股指的突然变化，文化类报刊的编辑可能不会予以特别的关注，而证券类报刊则会展开深入细致的报道，这是因为不同媒介的受众需求不同，这种不同决定了编辑对新闻信息的选择。

当然，受众需求对新闻选题决策的影响总是受制于报道者的主观意识与立场态度的，也就是选题决策不可能也不应该完全被受众需求牵着鼻子走。新闻媒介的社会公器性质决定了新闻传播既要面向受众、服务于受众，但同时又要以正确的观点、立场和态度引导受众，而不是无条件地满足受众的一切需要。

第三节　新闻报道方案设计

【知识要点】

- 报道方案设计的主要内容包括：报道范围与重点，报道规模、进程和媒介形态运用，发稿计划，报道结构与报道方式，报道力量配置与报道运行机制。
- 报道范围是全部报道客体的组合，规定了报道对象是哪些人和事，报道面有多大。报道重点是报道客体中最重要的部分，规定了报道的核心人物或核心事件、核心问题，需要报道者投入最多的力量，在媒介上也要予以突出表现。
- 报道规模是报道的时间、空间与人力三方面因素组合的概念；报道进程是指报道全过程中时段的分割和安排；媒介形态运用是指报道对媒介发布渠道的选择，如是在报纸这种单一的传统媒介上进行报道，还是同时运用报纸、网站、微博、客户端等多种媒介形态进行联动报道。
- 发稿计划是报道进程中各阶段刊出新闻稿件的统筹规划，包括确定每篇稿件的题目、内容、体裁和篇幅，确定稿件刊出的先后次序、具体时间及发布的媒介，稿件在媒介中的位置等。
- 报道结构是报道各组成部分相互之间的关系及其组合排列所呈现的外在形式。报道结构的组成要素包括时间、空间、角度、广度、深度和传播符号。报道方式是指将零散的新闻报道整合为报道整体的操作模式。

报道方案设计是新闻报道策划的核心阶段，报道设计方案要对报道策划的内容作全面表述。我们通过一个实例来分析报道设计方案。

2002 年 5 月 31 日至 6 月 30 日，第 17 届世界杯足球赛在韩国和日本同时举行，中国足球队首次出线参战，这一盛事成为全国人民关注的焦点，各类新闻媒介围绕世界杯报道展开了一场激烈的新闻竞争。《北京青年报》在世界杯足球赛期间策划组织了大规模的新闻报道，推出了《追球》特刊，取得社会效益与经济效益的“双赢”。从当年的 3 月 19 日至 7 月 5 日的 109 天内，《北京青年报》共出版有关世界杯足球赛的正报 524 块版、本儿报《追球速查手册》100 块版、豪华海报 144 块版；发稿量达 400 万字，其中本报记者自采量为 50 万字；参与报道的部门近 30 个，投入这次报道的采编人员达 101 人；报纸发行零售量增长 15%，订阅量增长 3%；杯赛期间指定世界杯版位广告收入达 5 000 万元。按投入采编费用 300 万元，海报成本 600 万元，韩国发行 60 万元，总投入近 1 000 万元计，投入产出比为 1∶5。在报道期间，《北京青年报》还组织了在韩国发行《北京青年报》、互动北青酒吧、外语志愿者加盟行动、10 万元大奖足彩竞猜活动、百万读者足球故事征文活动等，扩大报纸的影响力。这一年《北京青年报》的世界杯赛报道策划是一次超大规模的新闻报道策划活动，而且是报社多个部门联合进行，新闻报道、报纸发行和广告营销相互配合，形成了一体化的运作。

【案例】

《北京青年报》2002年世界杯足球赛的新闻报道方案（原讨论稿）

因为我们——世界杯更精彩！

《北京青年报》十大动作打造《快乐世界杯》

动作一：赴32国探秘32支世界杯出线球队。

动作二：与32国强势媒体联手报道世界杯。

动作三：面对面采访历届世界杯金球奖、金靴奖得主。

动作四：独家买断中外著名足球评论员的世界杯评论文章。

动作五："世界杯在中国"征集最动人的足球故事。

动作六："足彩"高手版面上打擂世界杯，看谁拼到最后。

动作七："北青酒吧"每晚邀32名铁杆球迷神侃世界杯。

动作八：公开招募32名外语志愿者加盟本报世界杯全球报道。

动作九：本报派出强大记者组赴韩国、日本，64场比赛场场不落。

动作十：5月8日启动，每日16版《快乐世界杯》送你16种快乐；每日铜版纸豪华海报，展现世界杯巨星风采。

2002年5月31日至6月30日，第17届世界杯足球赛将在韩国和日本同时举行，中国足球队首次出线参战。

据组委会预测，比赛期间观众将达到350万人次，全球收视率达到420亿人次（1998年为370亿人次，1994年为320亿人次）。至少将有4万中国球迷奔赴韩日观看比赛，国内将有数以亿计的足球爱好者通过媒体关注本次赛事。

鉴于中国亿万球迷对世界杯的热爱与关注，加之中国队首次冲入世界杯决赛圈所引起的热烈反响，鉴于2002年世界杯构成本年度新闻报道的最大热点，鉴于本报读者中爱好体育运动特别是足球运动的人数众多，《北京青年报》将秉承善于组织重大报道的历史传统，组织强大的编采力量，出版精彩纷呈的世界杯特刊——《快乐世界杯》。

根据读者关注世界杯的进程，本报世界杯报道分为两个阶段。第一阶段：5月8日至5月31日，每天拟出4个版面，特殊时间可根据情况随时增加版面；第二阶段：6月1日至7月1日，每天拟出16个版面，重要阶段可增至数十版。世界杯结束后，本报所有系列报道和经典出版物将结集出版，成为广大球迷和读者的珍藏之物。

韩日世界杯吸引了众多中国媒体的热情关注，本报希望通过精心策划

这是一份当时只在报社内部公开的报道设计方案，但其核心内容在广告招商和前期宣传活动中有简要的公开报道。

的十大动作，为广大读者和球迷看球、赏球、评球、猜球提供一份充满快乐精神的优质媒介。

因为我们，世界杯更精彩！

动作一：赴 32 国探秘 32 支世界杯出线球队

——负责人：王林

世界杯开赛前夕，本报将派出记者前往 32 支出线球队及其所在国家，报道参赛队的备战情况，与各队巨星面对面进行对话，亲身体验战前热身情景，并带回充满异域风情的文化，使广大读者在赛前对各队、各国有一个全方位的了解。

本报计划每天使用两个版面报道 32 队情况，第一版拟为该队最有价值球星巨幅照片和简短介绍性文字，第二版拟介绍整体备战情况。有些日期增版介绍。

动作二：与 32 国强势媒体联手报道世界杯

——负责人：王林

世界杯比赛期间，除通过本报赴韩日特派记者发回前方报道外，本报还将与 32 支球队所在国家体育方面的权威媒体进行合作，通过稿件互换、版权购买、特约专递等形式，向广大读者实时介绍比赛情况，提供独家视角分析。目前，本报与欧洲、美洲和亚洲的联络工作已经展开，与路透社、法新社等国际著名通讯社的图片洽谈已经顺利进行。

动作三：面对面采访历届世界杯金球奖、金靴奖得主

——负责人：王林

在世界杯开赛前，本报还将派出记者，对历届世界杯金球奖、金靴奖得主进行面对面采访，通过这一特色报道，展现世界杯历史上的风云人物，让读者在历史文化的长河中品味足球文化，领略体育带给人类的无上快乐。

动作四：独家买断中外著名足球评论员的世界杯评论文章

——负责人：郭宇

世界杯开赛期间，本报拟邀请 5 至 10 位国内外著名足球评论员，每日提供独家球评。这些评论员来自体育界、传媒、社科和文艺领域，球评内容既权威又好看，让读者过足评论瘾。

动作五：“世界杯在中国”征集最动人的足球故事

——负责人：吴佩华

1957 年，中国足球队第一次冲击世界杯；1978 年，中国首次转播世界

杯比赛；2001年，中国足球队五里河出线……世界杯牵动多少人的情怀。本报拟从4月中旬起，在广大读者中征集中国人的世界杯故事，从5月8日起至7月1日在本报刊登，最后还将评选出优秀作品，以资鼓励。这是全国首次大规模征集足球故事，必将成为广大爱球人士美好的记忆。

动作六：“足彩”高手版面上打擂世界杯，看谁拼到最后

——负责人：刘建武

世界杯开赛期间，本报除为广大彩民提供专业服务版面外，还将举办精彩好玩的游戏，给球迷和彩民增添乐趣。本报拟邀请32名足彩高手（要求有不俗业绩），分为专家队和彩民队，展开擂台赛，预测比赛结果。游戏每天淘汰一人，看谁拼到最后，领取本报设置的诱人奖项。其博彩过程和独到观点，将实录于每日版面。整个活动充满紧张刺激的悬念，为读者看球再添奇趣！

动作七：“北青酒吧”每晚邀32名铁杆球迷神侃世界杯

——负责人：何小娜

世界杯开赛期间，本报将把位于团结湖畔报业大厦的四楼咖啡厅重新装修，改造成与广大球迷互动的“北青酒吧”，每晚邀请各界32名铁杆球迷，与本报记者和球评人士一道，一边品尝咖啡和美酒，一边神侃足聊世界杯。他们的奇思妙想和球言球语，将成为本报世界杯特刊奉献给读者的一道开心沙拉。

动作八：公开招募32名外语志愿者加盟本报世界杯全球报道

——负责人：夏雷

提供丰富信息的《快乐世界杯》特刊，将包含大量的海外报道。本报拟向社会公开招募32名多语种外语志愿者，加盟本报的世界杯全球报道，共同打造本报多语种平台。这一举措将志愿者概念引入办报活动，将树立媒体的国际化形象。

动作九：本报派出强大记者组赴韩国、日本，64场比赛场场不落

——负责人：郭宇

为使广大不能亲临赛场的读者和球迷分享精彩的比赛，本报将派出阵容强大的记者组奔赴韩国、日本，实时报道全部64场比赛情况，及时、准确地发回独家报道。

“只要有球赛的地方，就有《北京青年报》记者们的身影。”本报在世界杯中的大规模行动，不仅秉承本报“有新闻的地方就有我们，有新闻的地方

就看我们”的媒体精神，同时也是本报在多次海外集团作战成功的基础上进行的又一次大胆尝试。

动作十：5月8日启动，每日16版《快乐世界杯》送你16种快乐；每日铜版纸豪华海报，展现世界杯巨星风采

——负责人：史玮、刘鹤

本报世界杯报道从今年5月8日启动至7月1日结束，历时55天，开赛后将以每天16版的规模出版。在这丰富的版面中，我们将提炼出16种与足球有关的快乐与读者分享，在快乐阅读中欣赏充满快乐的现代足球运动，并通过这种全世界人民喜爱的通用语言，去感知世界多元文化的魅力。

从5月8日起，本报将以印有世界球星的铜版纸豪华海报作为《快乐世界杯》特刊的封面，供广大球迷收藏，同时，也将为本报在初夏的街头零售，提供绚丽动人的视觉风景。

注：《快乐世界杯》后改名为《追球》。

在新闻报道策划中，形成报道设计方案是整个策划活动的核心环节，但报道设计方案的写作并无固定的模式，有些重大报道的设计方案会写得相当详细，但也有一些规模较小的报道在设计方案的写作上会非常简单，甚至不一定形成书面文字，只是在相关的会议上通过讨论和协商，形成口头决议，就立即向有关记者编辑部署工作了。但这一过程仍然应该算是报道方案设计。无论以何种方式形成报道方案，都必不可少地要考虑一些共性问题，这些问题也是组织新闻报道最核心的内容，本章主要对此进行归纳、概述。

一、确定报道范围与重点

报道范围是全部报道客体的组合，规定了报道对象是哪些人和事，报道面有多大。报道重点是报道客体中最重要的部分，规定了报道的核心人物或核心事件、核心问题，需要报道者投入最多的力量，在媒体上也要予以突出表现。

二、设计报道规模、进程和媒介形态运用

报道规模是报道的时间、空间与人力三方面因素组合的概念，如报道在报纸上持续进行多长时间、占据多大版面空间和多少栏目配置、动用多少采编力量。报道进程是指报道全过程中时段的分割和安排，规定报道分多少阶段进行、何时开头、何时推进与扩展、何时结束，以及各阶段之间如何转接；媒介形态运用是指报道对媒介发布渠道的选择，如是在报纸这种单一的传统媒介上进行报道，还是同时运用报纸、网站、微博、客户端等多种媒介形态进行联动报道。

三、制订发稿计划

发稿计划是报道进程中各阶段刊出新闻稿件的统筹规划，包括确定每篇稿件的题目、内容、体裁和篇幅，确定稿件刊出的先后次序、具体时间及发布的媒介，稿件在媒介中的位置。发稿计划是对报道规模与报道进程的具体落实。

制订发稿计划，要根据报道选题与报道效果目标对下列几方面内容进行落实：

第一，稿件的体裁和形式的配合。在重大策划性报道中，新闻体裁应该是多样化的，将时效性强的消息、详细提供信息的通讯、调查报告与表达立场观点、引导社会舆论的言论相互配合，将新闻稿件与相关背景资料相配合；表现形式也应该是多样的，既需要文字稿件，也需要新闻图片，必要时还需要制作图示，这样才能保证全面深入而且形象生动地展开报道。因此，发稿计划中不仅包括了记者采写的稿件，还包括需要收集的相关资料、向社外的约稿等。

第二，事先对版面设计、节目包装进行考虑并据此确定发稿目录。策划性报道，最终要通过报纸版面、网站页面和节目包装等来传递信息和表达编辑意图。而版面等能否吸引读者，能否达到编辑预期的目标，又与前期准备的稿件有关。如果在制订发稿计划时没有事先考虑版面与包装需要以及对版面语言的运用，那么到版面设计和包装时就会发现缺少某些重要元素，如没有能作为版面视觉中心的新闻照片，缺少应该配在新闻稿件旁边的图示、资料等，这些问题都会影响报道效果。所以，在制订发稿计划时，需要事先设想版面的编排和节目的包装，根据新闻产品展示的需要确定发稿目录。关于版面设计等，后面有专门章节讲述，这里暂不展开。

第三，在同时运用多种媒介进行融合新闻报道时，还要充分考虑到不同媒介形态的特点，有针对性地对新闻稿件进行分流，并注意不同媒介同题报道之间的相互配合和相互推广，提前做好设计。通过网络发布的新闻内容要特别重视互动性的设计，并力争使稿件能够让用户在社交网络媒介上转发和评议，吸引用户提供与新闻相关的内容，丰富新闻报道的视角，提高报道质量。

四、设计报道结构与报道方式

（一）报道结构

报道结构是报道各组成部分相互之间的关系及其组合排列所呈现的外在形式。它是由报道选题和报道预期目标决定的。报道结构的组成要素包括时间、空间、角度、广度、深度和传播符号。

时间，指报道在时间延续方面表现出的特质。大多数策划性报道有或长或短的时间延续性，突发事件的追踪报道、重大社会问题的深度报道、重要会议或活动的连续报道，在时间延续方面一般尤为突出。报道规模这个概念也与时间要素相关。时间要素的内涵，包括报道起始的时间安排、报道全程跨越的时间、报道刊播的时间频率即密度这几个方面。报道的起始时间安排，也是对报道时机的把握。对于那些已经被媒介普遍关注和报道的话题，战役性报道的决胜关键便不在抢时效，而在找准时机。并且，时机的选择必须是合乎新闻传播规律的，也就是要用最新发生的事实作为引发报道的由头，再由这类事实引发深层次的思考。与报道时机同样重要的，还有对报道全程跨越时间、刊播频率的控制。

空间，指报道在媒介空间位置方面表现出的特质。如报道在报纸版序上以及版面位置上的安排；在网站上放置的网页层次；在广播电视上通过各个栏目、节目的组合，形成立体化的报道格局等。融合新闻报道的空间不仅要考虑在每一种媒介上的空间位置安排，更要重视将这些媒介作为一个整体来看待，让每一个媒介的空间位置安排能够为多种媒介融合报道的效果发挥助力。如重要的网络新闻专题在网站首页展示主题的同时，可以在微博上重点推介，同时在报纸的重要版面上刊发相关文字报道、图片和评论。

角度，指报道在反映客体的着眼点和侧重点方面表现出的特质。报道可以从客体的某一侧面或要点切入，也可以从多个侧面、多个要点切入。有些持续较长时间的报道，角度还可能在报道进程中有所变化，如从一个侧面转向另一侧面，由一个侧面转向多个侧面。

广度，指报道在集纳有关客体的横向信息方面表现出的特质。任何报道客体都是存在于一定的社会系统中的，客体的发生、变化与周围环境有千丝万缕的联系。新闻报道不仅要揭示客体自身的现状，有时还要揭示与相关客体的现状，即向受众提供有关报道客体的环境性信息、相关性信息，这类信息的结合构成了报道的广度。

深度，指报道在集纳有关客体的纵向信息方面表现出的特质。报道客体的发生与发展都有从量变到质变的演化过程，而新闻报道只能在事物发展变化过程中的某一时间域中展示客体。因此，要让受众全面准确地了解报道客体，有时还要提供客体的背景性信息和前景性信息，这类信息的结合构成了报道的深度。报道深度还与角度有着密切的关系，一般说来，深度报道往往善于从不同的角度切入，全方位、大视角地展示事物的原貌，并力图以全面的纵向信息揭示事物发展变化的本质。

传播符号，指报道用以展现客体的符号所表现出的特质。不同的媒介有不同的符号系统，而具体到每一个报道，所采用的符号又有各自不同的组合方式。比如报纸在进行新闻报道时，对文字、照片、图表、线条、色彩能够灵活组合使用，电视新闻报道中现场实录图像、打字幕、做三维动画资料、出主持人形象等使符号的运用更加繁杂多样。融合新闻报道可以在多种媒介上运用多种传播符号，这时就需要根据不同媒介的符号特点进行整体性的设计。

上述因素的组合变化，使报道结构呈现出千姿百态。尽管很难描述所有报道在结构上的林林总总，但总体上看，比较常见的报道结构主要有四类。

1. 线型结构模式

这种模式的特点是选择某一个角度切入客体，对客体的发展变化进行追踪反映，直至客体变动告一段落。报道依时间延续表现出单向性的、直线型的发展轨迹（见图 3-3）。如 2013 年美国中情局职员斯诺登揭露美国政府监视自己公民的秘密计划，受到了全世界的关注。很多新闻媒介对这一事件的报道主要是跟踪这一事件发展的进程，向受众及时通报事件的进展情况，就是这样一种线型结构模式的报道。

图 3-3 线型结构模式图

2. 放射型结构模式

这种结构模式的特点是选择某一角度切入某一客体，对这一客体的发展变化进行跟踪反映，随着报道进展，拓展报道客体，转向对更多相关客体的反映，报道依时间延续呈现出由线到面的放射状特色（见图 3-4）。如《经济日报》曾经刊登批评性报道揭露开封农资公司以人情条子将占总购量 40%的化肥卖给关系户，严重损害了农民利益。这引发了对“条子肥”问题的连续报道。报社先是开辟了专栏“由‘条子肥’引出的报道”，一方面发表读者来信，一方面追踪报道事件调查处理的情况。在这一阶段，报道主要向纵深发展。第二阶段，推出专栏“大家都来关心‘条子现象’”，把报道从“条子肥”问题引入了更广阔的空间，启发读者正确认识形形色色的“条子现象”，如“条子钢”“条子煤”“条子电”等，有力抨击了社会上以权谋私的不正之风，使报道主题得到升华。这样的结构设计合乎人们对事物的认识由表及里、由浅入深、由此及彼的自然规律。可见，放射型报道结构对展示和剖析比较复杂的事件与问题有重要意义，它能够由点到面，扩大报道的社会影响力。

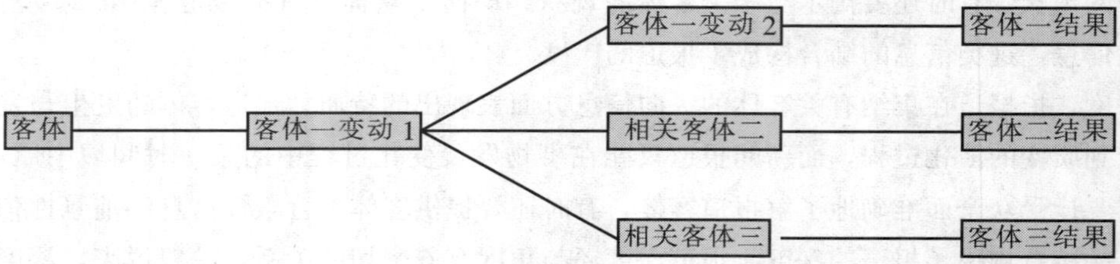

图 3-4 放射型结构模式图

3. 收束型结构模式

这种报道模式的特点是从多个客体切入，以多种事实的变动指向某一共同的主题，使这一主题得到深入挖掘和充分展示。报道随时间延续表现出由面到线或点的特色（见图 3-5）。如《光明日报》的新闻名专栏“新闻聚焦”曾经做过专题连续报道“殡葬陋习回潮亟须各界重视”，就是一种收束型结构模式。该报编辑认为，土葬陋习回潮，坟墓越造越豪华，不是一时一地的现象，而是普遍存在的社会问题，如果单独采访调查一个地区难以揭示问题的严重程度，所以决定报道面要开阔，报道范围不限于一个地区。编辑部调动了广东、福建、浙江等省的驻站记者分头采写见闻，揭露各地坟墓覆盖山岭、土葬日益盛行的实情，并配以照片刊出，让读者触目惊心。然后，又约请报社的驻外记者采写日本、意大利等国家殡葬的做法，为国内有关部门提供可借鉴的经验；还安排北京的记者采访民政部、社科院，反映有识之士对制定“殡葬法”的建议，加强报道的针对性。这种从不同客体切入主题的做法，有利于全面反映问题，引起社会关注，对报道后期主题的聚焦和深化具有重要作用。

4. 网状结构模式

这种报道模式的特点是从多个客体、多种角度切入，报道随时间延续或追踪，或拓展，或

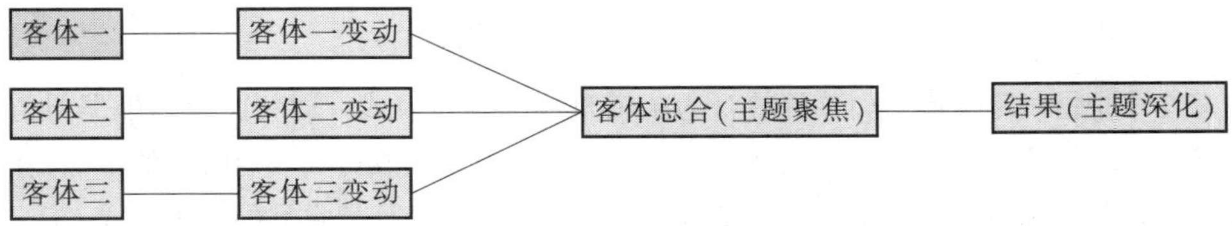

图 3-5　收束型结构模式图

沿着客体各自的方向发展，表现出相互烘托、交错递进的特色（见图 3-6）。特别重大的报道战役，在结构上采用网状结构模式的较多。如 2012 年 1 月，严重的雾霾天气对北京造成很大影响，各类新闻媒介对此都进行集中报道。这一报道所涉及的内容比较复杂，主要包括：雾霾对北京居民造成的伤害、对社会正常活动带来的干扰；政府、学校、企业等各方采取的应对措施；有关专家对市民进行自我保护提出的建议；雾霾产生的原因分析；放眼国际，其他国家以往处理同类问题的经验；等等。因此，这个报道必然要关注多个客体、采用多种角度，既要跟踪事件本身的发展，又要向广度和深度拓展，进行解释、分析和预见。当时《北京晚报》《北京晨报》《新京报》等多家北京地方报纸都是以连续多日、每日多版、图文并茂的专题的报道形式对此重点聚焦，取得良好的社会效果。由此可以看到，网状结构模式较之前几类模式要复杂得多，或者说，它将前几种报道结构糅合在了一起，客体的多元化、角度的多样化以及报道进展过程中各个条块的相互应和，使报道具有特别突出的强势。

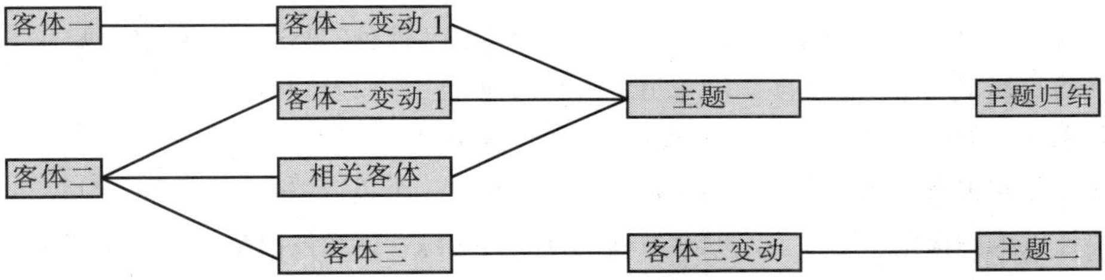

图 3-6　网状结构模式图

融合新闻报道因为将传统媒介与新媒体融合进行报道联动，公众能够更好地参与新闻传播活动，使新闻报道的视角更加多样化，因此更容易形成网状报道结构。另外，由于融合新闻报道同时采用不同的媒介形态，在策划时要充分利用每种媒介的优势和特点，这也决定了在报道结构上更加复杂和富于变化，网状报道结构的使用会更加受到重视。

需要说明的是，以上归纳的四种结构模式只是对目前我国媒介报道结构的一种粗线条勾勒，因为构成报道结构的因素很多，某一因素又会有很多变数，报道策划者完全能够在这些模式框架中灵活变通，不拘一格为我所用。但万变不离其宗的是，任何报道结构的选择和设计，都是依据报道选题和报道效果目标的设定而操作的，不能是也不应该是策划者随心所欲的结果。如果违背了这一原则，比如以复杂的网状结构对一个意义不大的小事件进行报道，或者以简单的线型结构报道错综复杂的社会问题，都将无法恰到好处地揭示客体的全貌和本质，不能获得良好的报道效果。

（二）报道方式

报道方式是指将零散的新闻稿件整合为报道整体的操作模式，即新闻编辑根据报道目标，运用某种手法组织若干相关报道，使之形成具有一定报道规模或持续一定时间的报道整体。

报道方式分类标准不同，得出的类型也不同。这里介绍两种最常见的分类方式。

1. 以编辑组织安排稿件的特点划分的报道方式

（1）集中式，指在短期内组织大规模、多篇幅的稿件集中于一定的版面或时段，形成较大的声势，具有强烈、醒目的效果。这种报道方式比较多地用于一些重大活动、重要事件和重大问题的报道，如1997年我国对香港恢复行使主权、2000年人类进入新的世纪、2001年美国发生“9·11”恐怖事件、2008年中国首次举办奥运会、从2003年至2013年我国“神舟”系列航天飞机载人飞行连续获得成功等，几乎所有媒体都集中版面和时段组织了报道。集中式的主要特点在于版面的安排和利用，因此它往往不是一种单独采用的组织方式，需要和其他方式一同运用。也就是说，在版面编排确定了集中式以后，稿件以怎样的组合和顺序出现，还要参照其他报道组织方式。

（2）系列式，指着重于组织报道事物各个侧面的稿件，集不同角度的报道于一身，使报道具有一定的深度和广度，具有启迪性。

系列式报道法较多地用于对一些较复杂的事件或问题的报道，因为报道对象常常不是一两篇稿件就说得清的，而需要用多篇稿件从多种角度来报道，使读者能了解事物的全貌和实质。如1987年我国大兴安岭火灾，《中国青年报》连续发表《黑色的咏叹》《绿色的悲哀》《红色的警告》三篇长通讯，从多层次多角度报道了火灾的前因后果以及带给我们的教训。这组报道采用的就是系列式的报道组织方式。系列式的最大特点是每篇稿件的角度不同、视野不同，但在总体上它们相互关联、相互依存、相互补充，共同组成一个报道整体。

（3）连续式，指紧跟事件或问题的发展变化进行追踪，连续发出报道，反映其全过程，取得及时、深入、扣人心弦的报道效果。

连续式报道法多用于突发性事件的报道，如南方大水灾、海湾战争、飞机失事等。事件一旦发生，读者急于了解下一步情况，只有进行追踪采访，及时通报每一个新变化、新进展，才能使报道善始善终，满足读者的要求。所以，连续式报道的最大特点是每篇稿件报道的对象一样，但反映的时间、过程不同，前一篇报道的内容往往构成下一篇报道的背景，再下一篇报道又从这篇报道起步，环环相扣、步步紧跟，充分体现出新闻的时效性。

2. 以编辑组织报道活动的行为特点划分的报道方式

（1）组合式，指组织一批记者在同一时间、不同地点围绕同一主题进行大规模的采访，从而采集一组稿件反映同一主题、不同门类的情况，并同时采用集中式的稿件编排方式，形成较大的报道规模。如2000年人类跨入新的世纪，《羊城晚报》《北京青年报》等纷纷派出记者到世界各地采访，在同一时间推出了组合式报道，反映世界各地人民迎接新世纪的活动和感受，这些报道被许多读者收集和珍藏。

组合式报道法多用于报道面较宽、报道对象较多的报道，旨在全面、深刻地揭露问题，或通过众多报道对象的相互比较，说明问题和道理。组合式报道是新闻改革以后出现的一种新的报道方式，它的最大特点是每篇稿件的主题、规模、形式都基本相同，但报道的具体对象不同，通过不同对象的情况报道，更全面地反映问题，引起社会关注。

（2）受众参与式，指吸引并组织受众参与报道活动，如邀请受众参与新闻采访写作活动，发动受众对报道内容展开讨论等，受众的活动与意见构成报道的主要客体。这种报道方式多用于报道社会发展中出现的新现象、新问题、新观念。如《钱江晚报》曾开辟“今天我当记者”专栏，请读者当记者，报道身边的新现象新问题；《羊城晚报》组织中小学生对社会服务窗口进行采访调查，推出过两个版的“小记者实话实说看‘窗口’”专题报道。至于在新闻报道中穿插讨论，鼓励受众畅所欲言、出谋划策，在现代的传播活动中更加常见。参与式报道在网络媒介的新闻传播中出现得更加频繁，互动式传播是网络媒介的重要特色之一。网友在收看收听网络新闻之后，可以直接发表自己的意见，还可以在网上论坛中畅所欲言。相对于传统媒介的受众参与，网络受众显然有更多的参与渠道和更自由的表现空间。

在融合新闻报道中，大众媒介与网络媒介相结合，受众参与新闻传播、提供新闻内容进一步常态化，报道策划中对受众参与式报道方式的运用进入了新的阶段。如在2009年英国的《每日电讯报》在头版上揭露了骇人听闻的有关选举获胜的官员站不住脚的花费。作为对公众愤怒的回应，英国政府宣布在线公开超过100万份扫描的文件和收据，而这是足以淹没任何新闻机构的数据海啸。《卫报》为了赢得这场新闻竞争，开始请求读者帮助筛选这100万份文件，并找出仍未被披露的渎职行为。报社在网站上运行一个开源软件，允许读者一个个检查记录并用四种方式对收据归类：“感兴趣的”“不感兴趣的”“感兴趣但是已经知道的”“调查这个”。超过两万名读者做出了贡献。17万份记录在80个小时内就被检查完毕。《卫报》在头版设置了一个进度指示器，让研究者分享一个共同的目标。随后，它又开发出一个业绩最佳志愿者的名录，这进一步为志愿者增添了动力。当《卫报》为每一个收据都配发了一幅下议院议员的照片时，读者的反应骤升。报社甚至从亚马逊租赁了便宜的服务器空间来处理相关数据，而为此次报道所付出的现款还不到150美元，可谓成本低而收效大，堪称一次与用户共同创造新闻内容的新颖尝试。

在数字化转型方面走在报业前列的《纽约时报》专门设立了负责“互动新闻”（interactive journalism）的编辑部门，这个部门的工作就是致力于以多媒体手段呈现新闻，用互动手段制作新闻以帮助读者更好地理解内容。部门每周都召开策划会议确定报道选题并设计方案。对互动部分的设计，会先依据已知的内容，设计基本的框架与结构，再以读者的身份进行互动实验，找出其中的不足或者会使读者迷惑的地方进行修改。在报社的采编系统中有一个专门的管理软件对制作流程进行管理。而真正保证多媒体新闻实现的根本是报社的集成工作平台，尤其是当一个专题要同时使用声音、视频、文字和图片的时候。从《纽约时报》的实践看，“互动新闻”的设计需要特别注意以下几点：

一是在前期搜集新闻线索时以及报道新闻事件的过程中都要给受众加入和参与的机会。这是传统媒介很早就已经开始重视的，但对社交网络媒介的利用可以更充分地让受众参与。

二是对新闻内容的呈现，要让受众有选择操作的主动权，如通过互动式信息图表、数据可视化等手段，让受众自主点击，获得更好的用户体验。《纽约时报》编辑提出，“互动新闻对于传统新闻最为拓展的地方，是让读者以一种有效的方式加入到新闻的讲述当中。这种真实的互动让故事鲜活了起来。酷的创意和设计一定要有其实用价值，好的互动新闻设计应该基于我们的目标——帮助读者在一个有趣的信息环境中更好地理解一个复杂的概念或者事件。互动只是一种工具，它存在的最大意义是被使用”①。

三是对互动方式的运用要有适当的控制，要让受众在最短的时间内耗费最少的精力弄明白如何互动。比如一个互动新闻中包含着大量的信息和数据，那就要让这些数据和信息很容易为受众所使用。互动最重要的原则是简单有用，有助于受众对内容的理解，不能为互动而互动。如果人们没看到自己想要的内容，互动的形式再酷也是无效的。

（3）媒介介入式，指新闻媒介直接参与报道客体，成为其中的重要角色。如媒介策划和组织社会公益活动，或媒介介入被报道的事件之中，影响甚至改变事物发展轨迹，同时对这类新闻进行报道。这种报道方式是媒介公关新闻策划与新闻报道相结合的产物。例如：《哈尔滨日报》曾经与市政局、工商局、国税局等 7 个部门联合举办“创造宽松环境·现场帮你办”活动，根据市场经济对政府转变职能的要求，每周确定一个主题，现场办公或联合办公，为工商业者办实事；《深圳商报》发起“企业最满意的政府部门”评选活动，组织社会公众进行民主监督。这些媒介都对自己发起的活动进行了报道。2002 年、2003 年《北京青年报》连续两年在春节前夕发起为北京农村一些贫困家庭捐赠电视机的社会公益活动，也是先对这些贫困家庭的情况进行报道，再直接组织捐赠活动，并由报社派人派车将电视机送到了农村的各家各户。采用媒介介入式需要注意的是应严格对活动内容进行把关，媒介介入的活动应该是有良好社会影响的公益性活动。

（4）媒介联动式，指新闻媒介相互合作，联手展开某一报道。在联动式报道中，各个媒介从自身的特点和优势出发，选择恰当的角度和表现手法，使报道主题在各个媒介上有各具特色的展示，所有联动媒介的报道形成合力，造成声势浩大的报道效果。我国目前的媒介联动式报道主要有两种类型：一种是不同类型的新闻媒介进行联动报道，如《北京青年报》在 1997 年开始与中央电视台《东方时空》《焦点访谈》栏目联动进行报道，后来《羊城晚报》和中央电视台《新闻调查》栏目也进行了联动式报道，还有一些地方性报纸也和当地电视台、广播电台进行了联动式报道活动。另一种是不同地区的同类媒介合作进行联动式报道。比如 21 世纪初《南方日报》与西部十个省区的机关报合作进行“10＋1：相约在西部”的主题报道活动，11 家报纸共同就国家的“西部开发”战略进行了联合报道，开设了同题专栏。媒介联动式，实际是不同媒介之间的资源共享和优势互补，这种共享与互补是建立在媒介资源的差异性之上的。

融合新闻报道，是对媒介联动式报道的进一步发展。在一家媒介集团同时拥有了不同类型的新闻媒介，并且以融合新闻的思路进行报道策划时，媒介之间会围绕同一报道选题进行资源共享、报道联动，实现优势互补。如在 2010 年上海世博会期间，中央人民广播电台派出了 500 多名采编、技术等人员组成世博报道组，全面调动 13 套无线广播频率、中国广播网、央广手机台等新媒体资源，全方位多角度报道上海世博会的盛况。中央电视台、《人民日报》、新华社等也都在世博会期间对各种发布渠道进行了整合。

---

① 马忠君．走进纽约时报互动新闻报道部．新闻战线，2011（11）．

【案例】

2011 年《东方早报》的一次融合新闻报道策划

2011 年春运期间，《东方早报》进行了一次全媒体专题报道《十万铁骑千里回家路》，这是我国较早出现的融合新闻报道的个案。

每年春节，在广东打工的广西、贵州、湖南、四川等地的农民工，因买不到回家的火车票，同时为节省回家的路费，选择骑摩托车回家，这体现了高铁时代基层民众的无奈选择。《东方早报》记者全程跟拍一队农民工骑摩托车经历 5 天 4 夜，走过 1 300 多公里回家的故事，仅有 5 个人的报道团队，同时完成了 4 种不同的报道内容。

传统的图文报道：《东方早报》刊载 8 个版的报道，《人民日报》4 天连载（见图 3－7）。

网络专题、微博直播报道：在新浪网开设《微博直击农民工骑摩托千里回家路》专题直播（见图 3－8 和图 3－9）。

网络视频、电视专题报道：中央电视台《看见》栏目播出专题，片长 30 分钟（见图 3－10）。

拍摄纪录片：纪录片《1 350km》，片长 52 分钟。

前方报道小组由两名摄像、一名摄影记者、一名文字记者和一名微博直播记者组成，所有摄像素材均由支持高清摄像的照相机完成，这是早报摄影记者向全媒体转型的一次尝试。在此专题报道结束后，视觉团队还进行了相关的图书出版和苹果 App 程序开发工作，以在多元的平台上展现此专题报道。

东方早报

10万摩托穿过中国贫富之地

融合新闻报道适合于公众普遍关注的重大问题与重要话题的报道。《东方早报》的这一报道关注底层农民工春节回家难这样的民生问题，具有重大的新闻价值和社会意义，能够产生巨大的社会影响力。

任何项目都是由项目团队具体实施和完成的，新闻报道也不例外。融合新闻报道在记者个体层面的表现是那些掌握了多种媒介技能，能独立完成文字、图片、音频、视频等报道任务，为不同媒介提供新闻作品的“超级记者”。而对于媒介集团，或者是报道规模较大的、内容比较复杂的新闻事件，就需要为实现融合新闻报道的具体目标，以多人组成的跨媒介的“超级团队”来承担融合新闻报道的任务。《东方早报》这

遇险：严重结冰 四度翻车
出发：魔鬼山路
一边是悬崖一边是滚石

回家：两岁女儿不识父母 只知他们在电话里

图 3-7 报纸的代表性版面

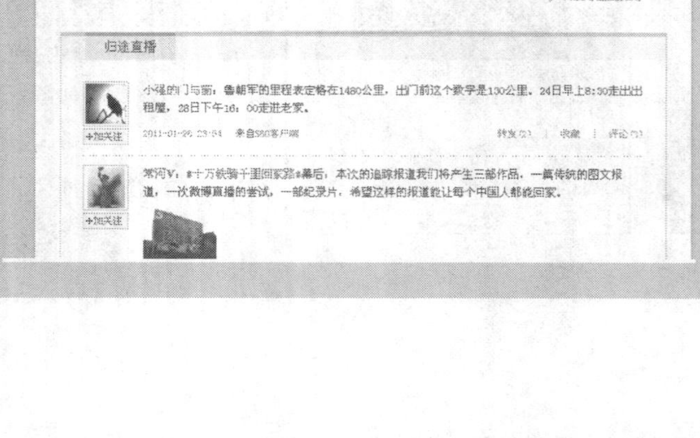
新闻中心
新闻首页 | 新浪首页 | 新浪导航
微博直击农民工骑摩托千里回家路
新浪微博
搜索 | 返回首页 | 退出
近几年春节前夕，珠三角地区有超过十万农民工选择骑摩托车回家过年，这些摩托客每天天一亮启程，中午吃路边快餐，天黑住最便宜的旅馆。东方早报记者全程记录三个家庭广东—贵州，三天两夜的1300公里返乡路。[点击进入新闻专题]
转发专题到微博
归途直播
小强的门与窗：鲁朝军的里程表定格在1460公里，出门前这个数字是130公里。24日早上8:30走出出租屋，28日下午16：00走进老家。
2011-01-28 23:54 来自360客户端 转发(2) | 收藏 | 评论(1)
+加关注
常河V：#十万铁骑千里回家路#幕后，本次的追踪报道我们将产生三部作品，一篇传统的图文报道，一次微博直播的尝试，一部纪录片，希望这样的报道能让每个中国人都能回家。
+加关注

次派出的就是这样一个“超级团队”。此次前方报道小组由两名摄像、一名摄影记者、一名文字记者和一名微博直播记者组成，所有摄像素材均由支持高清摄像的照相机完成，这是早报摄影记者向全媒体转型的一次尝试。

融合新闻报道包括多种媒介形态的产品，在这组报道中既有传统的图文报道，即《东方早报》刊载8个版的报道，《人民日报》4天连载；也有微博直播报道，即在新浪网开设《微博直击农民工骑摩托千里回家路》专题直播；还有网络视频、电视专题报道，如中央电视台《看见》栏目播出专题；甚至还拍摄了纪录片。

报道团队每一次新闻素材的采集都对应所有的媒介形态，而每一种媒介都能从团队的成果中获得适合自己呈现的那一部分。“融合新闻”，就是要在全方位的技术运用和所有形态的媒

图 3－8　记者的微博报道

图 3－9　网络新闻专题

介介质基础上整合新闻资源，生产出能满足各层次受众不同方面需求的信息产品。这些信息产品经后方编辑加工后，发布在报纸、电视、微博、网站等媒介上。报道的横向纵向相融合，使新闻报道立体化，受众得以通过专业媒介组织的解读、分析与评论全方位感受和理解新闻事件。这些展示在不同发布平台上的新闻产品是既有联系又有差异的。它们之间的联系在于报道主题的一致与新闻内容的互补，它们之间的差异则在于新闻发布时间的差异、报道角度的差异、表现形态的差异等等。这些联系与差异，使媒介的分众定位策略得以实现，使多个媒介的新闻成果形成了有机的产品链。

图 3-10　网络视频与电视专题报道

资料来源：常河．《东方早报》的新闻视觉化解读．新闻战线，2011 (9).

报道方式的选择主要根据报道选题和内容的需要而定，而且以上这几种主要报道方式可以灵活多样地组合使用。一般说来，越是选题重要、报道规模大的报道，越需要灵活运用多种报道方式。因此，对报道方式的选择、组合和创造是报道策划中值得重视的一个问题。

五、报道力量配置与报道运行机制

报道力量配置是指参与报道的人力、资金和技术设备的配置。报道运行机制是指为实施报道而临时建立的组织机构、工作流程及其管理制度。报道力量配置与报道运行机制是根据报道内容、报道规模和报道方式确定的。报道越重要，报道规模越大，报道方式越多样化，报道需要投入的力量也就越大，运行机制也就越复杂。

管理学强调，“一个组织的绩效在很大程度上取决于合适的组织结构”，而“组织结构就是指把工作进行精确分工，然后在分工基础上进行协作以完成工作目标的种种途径，包括设定工作岗位、将岗位组合成组（建立部门）、确定上下级关系和相互作用的框架”①。越是现代化的大生产，对分工和协作的要求就越复杂。同样，新闻传播越是现代化，对传播者之间的分工和协作要求就越高。每一次重大报道活动要依靠分工协作去完成，也就是要通过一定的组织结构去落实。组织结构的各项要素在新闻报道的组织设计中都非常重要，它们包括以下方面。

（一）工作设计

建立承担一次报道任务的报道组织机构，首先要明确完成这项任务需要哪些工种、多少岗位，要给参与者规定工作内容，使其了解组织对他们的要求是什么，他们应做什么，不应做什么，对工作的责与权有多大。

---

① 许庆瑞．管理学．北京：高等教育出版社，1997：104.

（二）形成小组

在确定了报道所需要的所有工种和岗位之后，就要考虑如何将这些工种和岗位组合成不同的工作小组。设立小组是根据每一次报道的具体情况而定的。有根据报道内容设立的，如“两会”报道中设立“‘人大’报道组”和“‘政协’报道组”；有按照地点设立的，如1998年抗洪抢险报道中设立“武汉报道小组”“大庆报道小组”等；有按新闻产品种类设立的，如“直播小组”“专题小组”“资料小组”等。在一些特别重大的报道活动中，还会多种小组形式并用。

（三）建立层次结构

在设立小组之后，还需要建立上下级报告网络系统，即建立层次结构。层次结构主要用以规定上下级关系，也即确立指挥链（权力链）和管理辖度。指挥链是组织中从最高领导贯穿到最底层的操作层的权力线，它规定了考核关系。管理辖度则指受管理者所直接管辖的下属人数。管理辖度的大小致使组织有瘦长型结构和扁平型结构两种类型：前者管理辖度小，有较多的管理层次；后者管理辖度大，管理层次则相对较少。报道的组织结构一般以“策划中心”“指挥小组”这类最高领导层下辖各专业小组的扁平型结构居多。

（四）责权分配

即将责任与权力分配到各个层次、各个小组和各个岗位上去。比如，授权给每个小组的负责人，由他统管一切。在这一步骤中，集权与分权关系的处理是一个关键。集权是由高层管理者控制整个组织；分权则通过向下层授权，让下属作决策，使对整个组织的控制也分布在各个层次。这两种情况都各有利弊，前者会导致决策缓慢，而且不利于创新，后者则可能会发生下层因缺乏经验而决策失误，因此通常需要相对地使用集权和分权。

（五）协调与整体化

建立层次结构和分配责权都涉及组织结构从上到下的纵向关系，但是各个小组和成员在完成任务时都需要共同协作，组织结构内各小组和成员之间就必须建立横向关系，协调和整体化指的就是这个意思。组织所需要协调化的程度取决于小组和成员之间相互信赖的程度，在报道活动中，各工种、各小组之间的依赖往往是双向的。比如，编辑制作小组要靠外勤采访小组提供原材料和外部信息，外勤采访小组要靠编辑制作小组提供内部指令和整合劳动成果，两者彼此依存、相互影响。因此，报道的组织机构非常强调协调与整体化。

新闻媒介在报道的组织工作中出现的问题往往与以上这些要素的安排不当很有关系。比如，在工作设计方面有遗漏或者重叠，在形成小组时对各组之间的分工不明确、岗位重复设置，在建立层次结构时分层太多，影响工作效率和传播时效，在责权分配时过于集权或过于分权，影响决策的及时性、有效性，在协调与整体化方面运作不力，使组织各部分之间相互掣肘，损害整体效果，这些问题应引起重视。

报道的组织结构和媒介的组织结构不同，它是根据短期的传播目标而建立的一种临时性的组织机构，因此，不宜将媒介组织机构中的烦琐设置统统照搬用于报道的组织机构之中。比如，在媒介的编辑部中可以设立一正职三副职的最高领导层，分工管辖各个部门；但报道组织中最高领导层的人数则不宜太多，否则就会影响报道决策的快速有效。因为新闻报道对时效性的要求极高，报道进程中还会屡屡出现意想不到的变化，需要适时地对报道作出调整，决策层人数过多，往往意见难以统一，决策迟迟不出，就会贻误战机。有时高层意见不一，还会导致底层各执一理，相互作梗，使报道任务不能很好地完成。

同时，报道的组织结构不宜设立太多的层次。在媒介编辑部中可以设总编辑—编委—部门主任—组长—版面主编等诸多层次，分工细致、层层负责；但在报道的组织机构中，设立的层次太多则会影响报道过程中信息的传递速度和决策时效，有时中间环节太多还会直接影响报道效果。

此外，在报道的组织机构建立时，应该对客观环境进行全面的了解和分析，据此对所有应该设立的工种、岗位进行周密部署。由于重大的策划性报道总是随着报道客体的发展而推进的，在报道开始前设立岗位时就要充分预见各种可能出现的意外情况，提前作出安排，制定预案。本章开头部分讲述的《今日早报》动车事故报道案例，便是在突发事件发生后，配置报道力量和启动应急报道机制的一次成功运作。

新闻报道策划与其他一切策划活动一样，是对未来行动的谋划和安排。策划的成功在很大程度上取决于策划者对事物未来发展变化的预见力，以及对不断发生的新情况的应变能力。无论是突发性事件，还是早有安排的重大活动，事态的发展过程中都会有许多报道策划者难以预知的变数，对于有些报道客体甚至只能知道其开始，而无法知道其下一步情况，如北京两次申办奥运会，在投票结果出来之前，新闻媒介无法确定具体的报道内容和各方面的反应。因此，新闻报道策划，往往要有多种设想和准备，最好能够设计多套报道方案，以便比较、选择。

报道设计方案的优选，也是报道策划的重要环节，这一决策关系整个报道的成败。应该以什么标准来优选设计方案呢？一般情况下主要考虑两方面：

第一，对候选方案的效果进行预测，与报道效果目标两相对照，选择最接近效果目标的方案。对于那些效果难以确定的方案需要谨慎对待。

第二，对候选方案的实施条件进行分析，与媒体内部现有的条件两相对照，选择两者最接近的方案。对于那些尚不具备实施条件（含人力、财力、技术设备、管理水平、时间等）的方案一般不宜采用。

第四节　新闻报道的实施与调控

【知识要点】

- 在报道实施过程中，策划者要接收的信息反馈主要包括：报道者的反馈、报道对象的反馈、有关部门和主管单位的反馈、受众的反馈。
- 根据各方面反馈的信息，策划者对原先的报道方案可以进行下列几方面的修正和调整：修正报道思路、调整报道内容、调整报道规模、改变报道方式、调整报道力量与报道机制。

一、新闻报道实施与信息反馈

经优选并补充修正后的新闻报道方案用于新闻报道活动中，报道策划和组织便进入了最后一个阶段——新闻报道的实施与调控阶段。

报道策划与报道实施是传播过程中两个不同的概念，但报道策划不能脱离报道实施来进行。因为在传播过程中，策划者必须随时接收实施中的信息反馈，据此调整原先的策划方案，形成“策划—实施—再策划—再实施……”这样一个多次循环的过程。从这个意义上说，报道效果必须以能够有效地控制报道为保障。所以，新闻报道策划在报道实施之前先期运作，形成设计方案；在报道实施过程中，报道策划仍然与报道同步推进，一方面接收反馈，一方面修正方案，直至报道结束。

在报道进行过程中，常常会出现前期策划中没有预料到的情况，如报道客体发生变化，报道的外部条件发生变化，受众对报道的态度发生变化，等等。策划者要掌握这些变化，在报道实施过程中适时地修正方案，就需要建立信息反馈机制，主动地、全面地、及时地接收各方面的信息。策划者要接收的信息反馈主要包括以下方面。

（一）报道者的反馈

记者、通讯员和作者是采访报道的直接操作者，他们对实际情况的掌握最多最细，对报道的效果也获知最快，他们既是报道的参与者，又是新闻媒介和社会沟通的桥梁。一个报道能否按原计划推进下去，报道者的感觉往往是最灵敏的。而且，由于报道者对报纸、对读者、对报道对象的情况都比较熟悉，他们常能对报道的调整和补充提出许多好的意见和建议。

（二）报道对象的反馈

被采访者、被报道者是报道的当事人，他们能不能接受报道，能不能给予配合，他们在报道进行过程中有没有改变自己的行为和观点，都直接影响下一步报道的进行。因此，在报道中了解他们的情况至关重要。在报道过程中，应被报道者要求而调整报道的情况是经常发生的，如：表扬性报道，被表扬者有顾虑，要求省略某些原定的报道内容；批评性报道，被批评者提出报道内容不实，或报道中说的情况已经有了变化；问题性报道，被采访者提出反映的问题得到一点解决，或更进一步恶化；等等。这些变化都是调整报道的重要依据。

（三）有关部门和主管单位的反馈

被报道者的上级、媒介的主管部门和有关领导人员经常会在报道进行过程中提出各种意见和建议，这也能成为报道调整的原因。我国新闻媒介在社会发展中的宣传和舆论功能一直备受重视，党和各级政府对于新闻媒介的报道工作经常会提出意见和要求，它们从政策运行和公共管理的角度提出的看法可能会与新闻工作者的视角不同，侧重点不同，这对新闻媒介全面、公正地进行报道具有重要价值，而且媒介所揭露的社会现实中的问题，必须受到政府的重视才有可能得到解决。新闻编辑在报道过程中对于这类反馈应该特别重视。

（四）受众的反馈

报道是否成功，受众的反馈是重要的衡量标准。如果报道在进行过程中没有引起受众的关注，或得到不好的评价，就说明报道的实际效果与报道效果目标之间有很大差距。因此，报道一旦开始，策划者就应密切注意受众的反馈，并据此随时修正报道方案。在现代传播活动中，受众的反馈除了作为决策的依据，还有更进一步的意义，即受众的意见本身就能成为报道内容。

媒介融合，使新闻编辑对受众的反馈更加容易及时了解和把握。将用户提供的内容纳入新闻报道是提高报道质量的必要举措。已经有很多新闻编辑自觉地运用各类社交网络平台如微博、微信等主动捕捉公众对于新闻报道的反应，新闻媒介的官方微博、微信公号等也是及时和受众进行沟通的有效工具。新闻编辑还可以从各类社会化媒介上发掘有价值的内容，经过调查核实，用于媒介的新闻报道。

二、报道方案的修正

在报道进行过程中，来自各方面的信息反馈是报道策划在报道实施过程中持续进行的重要依据。根据各方面反馈的信息，策划者一般可对原先的报道方案做下列各种修正。

（一）修正报道思路

这是报道策划中最大的调整。报道思路的改变意味着对报道选题的重新认识，并且相应地要改变报道范围和重心、报道规模、报道方法等。由于这几乎是对原来报道策划的全盘否定，所以实际工作中采用并不多，除非确实遇到与原来设想大相径庭的情况，或遇到无法抗拒的阻力。它同时也说明，原来的报道策划不适合实际要求、不现实，在最初设计中有很大的疏忽和漏洞，考虑不慎重、不细致。如早在1988年，曾有一家报纸组织过一场“如何看待收入差距”的讨论式报道。当时，经济改革还不成熟，严重的分配不公是人们议论纷纷大发牢骚的热门话题。这个报道披露了小车司机和公共汽车司机、医院医生和宾馆医生等不同职业的收入差距，立即在读者中引起反响。然而，报道只进行了两期就停下来了，原因是分配不公问题虽在社会上严重存在，也和“群众脉搏”贴得很近，但它涉及体制、政策、部门、企业的方方面面，在实际工作中一时还没法解决，在报道中不宜强化。此外，关于大城市的房改、交通等问题，也出现过报道上操之过急的情况，于解决问题无益，还激化了矛盾。后来，客观条件成熟了，这类报道再抓起来，效果就比较好。

报道思路的改变，可能是全盘推翻正在进行的报道，也可能是改变原来的报道选题，如由报道A主题转为报道B主题，还可以是报道态度的变化，如由褒或贬变为中性的讨论，等等。

（二）调整报道内容

调整报道内容指在不变更报道思路的前提下补充或压缩报道内容，改变原来的发稿计划。这也是对报道计划较大的调整。如《经济日报》曾经对“三角债”进行过报道，原定报道内容主要是围绕大连起重机厂的欠人和人欠债务情况及还债情况进行追踪报道，使读者从中看到

"三角债"问题的严重性和复杂性，促进问题的解决。但由于中央对清理"三角债"有了新的部署，外部条件发生了变化，原定的报道内容就不能满足新的要求，这样在基本依照原报道思路的基础上，扩大了报道范围，增加了新的报道内容。可见，报道内容的调整，是报道的预期目标有了改变使然。目标一改变，报道面与报道重点随之改变，就必须调整原来的发稿计划。

（三）调整报道规模

调整报道规模指通过延长或缩短报道时间，增加或减少报道篇幅，提高或降低报道的版面地位等手段，改变报道的阵势和力度。调整报道规模常常随着调整报道内容而来，如"三角债"报道的内容调整后，就只有延长报道时间，增加报道篇幅，提高版面地位。原定只有10组稿件，后来实际见报的栏头就达到26次，各类报道60多篇，一版头条就有10多篇。

（四）改变报道方式

改变报道方式指变更报道的组织方式，使报道取得好的效果。前面我们介绍了若干种常见的报道组织方式，它们在实际运用中并不相互排斥，而是能够组合运用，且能由一种报道方式转变为另一种报道方式。报道方式的改变，是根据报道思路的修正和报道内容的调整而来的。

（五）调整报道力量与报道机制

调整报道力量与报道机制指改变原定的报道人员部署和资金及技术设备的配置，建立新的报道机制等。这个调整是由报道内容和报道规模的调整而来的，如《经济日报》的"三角债"报道本来是由工交部、记者部一同策划和操作的，后来报道规模扩大了，参与这个报道的人员也不断增多，评论部、财贸部、辽宁记者站、上海记者站、北京记者站、吉林记者站、广东记者站、安徽记者站、山西记者站等，共有十几个部门的记者投入了这场报道战役，这才使报道面大大扩展，报道声势大大加强。

新闻报道策划与新闻报道实施是并驾齐驱、相互依存的两个方面。在报道进行的过程中，策划者需要自始至终地接收反馈，并据此随时修正报道方案，从而有效地控制报道活动，促使新闻报道能够最好地实现效果目标。

【思考与练习题】

1. 什么是新闻报道策划？新闻报道策划有哪些主要类型？
2. 在新闻报道策划中，选题决策的依据是什么？如何做到选题的个性化？
3. 新闻报道策划方案应该包括哪些内容？
4. 举例说明几种基本的新闻报道结构与报道方式的特点。
5. 寻找媒介融合进程中新闻报道策划与创新的实例，分析这种创新的策略与走向。
6. 分析近期某一家新闻媒体的一项重大新闻报道，指出其优点与不足。
7. ［综合练习之二］：为前一章［综合练习之一］中设计的媒体产品进行一次新闻报道策划，写出策划方案。

第四章

新闻稿件的分析与选择

第一节　分析与选择新闻稿件的意义与方法

【知识要点】

- 分析和选择新闻稿件是新闻编辑业务中很重要的一个环节，它对于新闻产品生产与新闻传播活动的作用和意义如下：有助于落实新闻媒体的编辑方针，有助于满足受众的信息需求，有助于新闻稿件合乎新闻媒体的容量要求。
- 分析与选择新闻稿件的过程包括初选、复选和定选。
- 分析与选择稿件的操作方法如下：第一步，根据新闻价值分析挑选出真正意义上的新闻稿件。第二步，根据社会效果分析挑选出符合媒体立场与导向的新闻稿件。第三步，根据稿件对新闻媒体的媒介适宜性分析与挑选出适合表现媒体特色的新闻稿件。

对于任何新闻媒体来说，新闻稿件都是其最基本也最重要的组成部分。新闻稿件主要来源于这样几方面：一是通讯社提供的新闻；二是新闻媒体的记者自己采写的新闻；三是媒体之外的通讯员或其他作者提供的新闻稿件包括新媒体时代用户提供的内容；四是从其他新闻媒体上获得的可供转载或做线索与资料的稿件。从这些渠道获得的稿件数量都非常多，新闻编辑每天面对源源不断的稿件，像“淘金者”一般在这些新闻稿的“毛坯”中寻寻觅觅，把那些适合自己媒体采用的稿件挑选出来，再打磨加工，直至它们成为报纸版面上或者广播电视新闻节目中以及网络媒介上的“成品”。

一、分析与选择新闻稿件的意义

分析与选择新闻稿件是新闻编辑业务中很重要的一个环节。虽然随着数据技术的发展和新闻聚合平台在传播中的作用越来越大，算法分发能够更加及时和准确地把握受众的信息需求和兴趣，实现千人千面的新闻信息推送；但是如何对这些信息进行“把关”，却成了致命软肋。2018 年，风头正劲的“快手”“火山视频”“一点资讯”等就因为内容不当不断被网民投诉并受到有关部门“约谈”，“内涵段子”被永远关停。可见，新媒体也需要像传统媒体那样的把关规范、有经验的把关人，数据和算法的背后还是人的价值观在起决定作用。新闻稿件的选择在所有新闻媒体中都是不可忽略的一项工作，对于新闻产品生产与新闻传播活动具有非常重要的作用和意义。

（一）分析与选择新闻稿件有助于落实新闻媒体的编辑方针

在第二章中已经谈到，每一家新闻媒体都有自己的编辑方针。这一方针是根据媒介定位与发展战略对编辑工作做出的决策，它规定了媒介的受众对象、传播内容、传播水准和风格特色，是编辑工作必须遵循的准则。编辑方针具体落实到媒介新闻产品生产的过程中，不仅对新闻报道的策划和组织具有约束力，同时也对每一篇稿件的选择和采用具有规定性。也就是说，在新闻传播活动中，新闻编辑只有通过对稿件的分析与选择，才能保证新闻报道以及新闻产品合乎编辑方针的要求。因此，不同媒体的新闻编辑对同一篇新闻稿件的取舍往往会不同。比如：同样一篇新华社电讯稿，有的报纸在头版采用，有的报纸则不予刊登；还有一些作者的稿件投到某家报纸被谢绝，而寄到另外一家报社却很受重视。这都是因为新闻媒体的编辑方针有所不同。而且，新闻编辑根据自己媒体的编辑方针对新闻稿件的分析处理，也使得新闻媒体能够具有独家特色，避免了与其他媒体内容雷同，这对参与新闻竞争是非常重要的。

（二）分析与选择新闻稿件有助于满足受众的信息需求

不同的新闻媒体有着不同的受众群体，比如晚报的读者群与机关报或专业性报纸的读者群往往是不同的，不同的读者对信息的需要自然也不同。而且，即使是相同的一部分人同时阅读不同的报纸，他们对这些报纸的信息需求也还会有差异。例如同一个读者既订阅晚报，同时又订阅了某一家专业报，他绝不会乐意在两份报纸上看到一样的新闻，因为他对这两份报纸的内容需求不一样。他希望晚报提供更多的本地新闻和实用生活信息，而专业报则满足他对于相关专业领域的信息需求和兴趣爱好。因此，每一家新闻媒体都要研究自己的受众，充分满足自己特定受众群体的需要。在新闻编辑业务中，对新闻稿件进行分析和选择，保证了新闻产品能够与受众需要相吻合。

（三）分析与选择新闻稿件有助于新闻稿件合乎新闻媒体的容量要求

新闻媒体往往有容量的限制，报纸的版面是有限的，广播电视播出的时间和时段也是有限制的，网络媒介从理论上说不受版面与时间的制约，但也因为这种海量的特点使受众在接收新闻信息时感到了压力和不便。网络新闻编辑要帮助受众方便地获取最有价值的新闻稿件，仍然要考虑如何在有限的主页面以及新闻频道的首页上安排最重要的新闻提要和新闻稿件。从这个意义上说，网络新闻传播同样也要考虑页面容量的限制。即便是媒体官方微博、微信公号、新闻客户端等新媒体，新闻编辑也同样要考虑到用户的时间压力和媒介使用习惯，对每天发布的内容总量和推送频率加以控制。因此，新闻编辑对新闻稿件的选择和分析成为新闻传播活动中必不可少的环节，而且不同的新闻媒介因为形态和容量不同，分析与选择新闻稿件的标准也会有所不同。

二、分析与选择新闻稿件的过程与方法

“选稿”是新闻编辑的一项常规性工作。新闻编辑怎样选择稿件？以报纸为例，选稿的过程通常是这样的：各编辑部门的编辑首先要对本部门负责的新闻稿件进行初选，如经济新闻部的编辑对经济新闻稿件进行初选，国际新闻部的编辑负责对国际新闻稿件进行初选。初选也是“粗选”，编辑把他们初步认为合适的稿件选出来，提供给总编室或者相关版面的主编。初选后的第二步是复选，主要由总编室的编辑或版面主编对已经通过初选的新闻稿件进行再一轮的分析和选择，这轮选择更多地要考虑版面的限制和要求。复选也是“精选”，大部分稿件经过复选就可以编排见报了。但有时也有一些稿件经过前两轮选择后仍不能确定是否采用，还需要进行第三轮分析与选择。这类稿件大多涉及重大问题的报道，或是重要批评稿件、重要存疑稿件、对报道效果较难把握的稿件等，需要由总编辑或编委会集体审定后作出决定。这一轮选择也可以称为“定选”。在这样一种关卡重重的选稿过程中，最需要把握的是以什么样的标准来分析判断一个稿件的价值，以及操作方法与步骤。

众所周知，新闻传播的一个重要特点是迅速、及时，因此新闻编辑对新闻稿件的选择和分析总是在发稿时间的压力下进行的，往往没有充足的时间进行推敲和酝酿，必须迅速做出判断和决定。这样一种工作特点，要求编辑对新闻稿件的分析和选择能够采用一种最合理、最有效率的操作程序，以便在最短的时间内做出正确决定。这种操作方法与步骤如下：

（1）在所有稿件中，根据新闻价值分析与挑选出真正意义上的新闻稿件。这是选稿操作的第一步，目的是首先淘汰那些不具有新闻价值的稿件，因为这类稿件往往在所有稿件中占有不小的比例。由于它们根本不是新闻，所以不需再做进一步的考虑。

（2）在具有新闻价值的稿件中，根据社会效果分析与挑选出符合媒体立场与导向的新闻稿件。这是选稿操作的第二步，目的是淘汰那些具有负面社会影响、导向不正确的稿件。

（3）在具有良好社会效果的新闻稿件中，根据稿件对新闻媒体的媒介适宜性分析与挑选出适合表现媒体特色的新闻稿件。这是选稿操作的第三步，目的是淘汰那些与媒体定位及编辑方针不符的稿件。

通过上述三轮淘汰，最终获选的稿件是具有良好社会效果、具有新闻价值并且符合媒体特殊要求的稿件。这些稿件在正式决定采用之前，还需要做的一项工作是，对新闻事实进行核实。我们知道，“真实”是新闻的生命，为什么不在选择分析稿件的第一步就对新闻事实进行核实呢？这是因为对事实的核实往往需要耗费时间和精力，如果将这一程序放在选稿的第一步，就意味着对所有稿件的新闻事实都先要进行核实，这必定会影响选择稿件的速度，降低工作效率。而且事实上有些稿件根据社会效果和对新闻媒体的媒介适宜性分析，就能判断其并不具有采用的价值，这样当然也无必要对其事实先加核实。所以说，在分析与选择新闻稿件时，新闻编辑的操作方法主要按上述三步依序进行，对新闻事实的核实一般放在选稿完成以后进入了稿件修改这个环节中再进行。如果在稿件修改时发现新闻事实方面有严重问题，仍然可以淘汰不用。

第二节　新闻价值分析

【知识要点】

- 新闻价值分析是新闻编辑分析与选择稿件的第一步。分析一篇稿件是否具有新闻价值，主要考虑五个方面：时间、新意、重要、接近、显著。
- 时间、新意、重要这三条是所有新闻稿件入选的必备条件。对稿件新闻价值大小的估量，则要综合比较上述五个方面的情况，这些条件具备得越全面，表现得越突出，稿件的新闻价值也就越大。

新闻之所以成为新闻，是因为它报道的事实具有某些特殊的素质，能够满足受众了解最新情况的需要。如果一篇稿件不能把这些特殊素质展示出来，那么它就不具备新闻稿件必须具备的最基本的条件，不能被新闻媒体采用。所以，新闻编辑选择稿件时，首先是以新闻价值作为衡量稿件可否采用、如何采用的标准的。具体来说，分析一篇稿件是否具有新闻价值，主要考虑以下几个方面。

一、时间

新闻是对最新发生的事实、最新出现的信息的报道，只有最迅速、最及时地把最新鲜的信息传达给受众，才能满足人们阅读（收听、收看）新闻的需要。所以新闻价值的大小要以新闻事件发生的时间与新闻报道发布的时间这两者之间的时间差为一把尺子，时间差越小，新闻价值越大。从时间角度来看，新闻是易碎品，它只在历史发展的某一“点”上作为“新闻”而存在，一旦越过这一“点”，新闻就不再是“新闻”，只能成为历史。

因此，新闻媒体无一例外地要求新闻报道抢时间抢速度，即使是对于一些时效性并非很强的报道，也要力争找出一个与“此时此刻”最靠近的新闻“由头”来切入主题，给读者一个“新近发生”的感觉。

在当代新闻传播中，对于突发性新闻事件的报道，广播、电视要比报纸更具有时效方面的优势，如采用新闻现场直播、全天滚动播出新闻等，令报纸感受到前所未有的压力。而网络媒介的出现，使新闻的传播速度进一步提高，尤其是在微博、微信等社会化媒介加入新闻传播行列，身在新闻现场的普通公众都可以成为“公民报道者”时，受众获得新闻的渠道剧增，传统新闻媒体在新的传播格局下面临着新的挑战。这种竞争促使新闻媒体纷纷以最新的现代化技术武装自己的记者，提高他们采集新闻稿件的工作效率。与此同时，新闻编辑越来越重视各种社会化媒介上出现的线索和内容，包括在报道进程中通过与社交网络的结合，吸引受众参与，为媒体获取最新的、具有独家性的内容。这对于融合新闻的编辑工作是非常必要的，但同时也会带来风险。因为编辑对时效性的追求可能导致对各类网络信息的把关不严、审核不细。如 2010

年12月《中国新闻周刊》官方微博对金庸病逝的虚假消息未加核实，抢先发布，以致相关的副总编辑等多位责任人引咎辞职或受到处罚，在新闻界广受关注。所以，在“时间”因素成为判断稿件新闻价值的重要依据时，我们必须注意的是，对新闻时效的追求不能损害新闻报道内容的真实性和准确性，也就是说，要在新闻内容真实、准确的前提下讲求报道的迅速及时。

二、新意

新意是指新闻内容要给受众以新鲜感，尽可能多地向他们提供其未知而欲知的信息，也就是通常说的新闻信息量要大。在一篇稿件中，受众获得的感兴趣的信息越多，这篇稿件的新闻价值也就越大。

编辑有时会遇到这样一些稿件，它们看起来也是对最新发生的事实的报道，而且篇幅也不短，但对人们最关心的内容偏偏没有报道或报道甚少，使人读完后感到还有许多疑问，这种新闻就缺少信息量，其价值也相对受到损害。

【案例】

两篇新闻稿件的信息量比较

北京某报的报道：

我国第一家全国性省际议价粮食调剂中心——郑州粮食批发市场，经过两年多研究、论证和筹备，今天在这里隆重开业。

郑州粮食批发市场是经国务院批准，由商业部和河南省共同开办的我国第一个有组织、有限制、规范化的粮食批发市场，引起国内外广泛关注。它与我国其他商业批发市场有几点不同：一是依法组织现货交易、提供服务与监督，逐步向期货交易市场过渡；二是把传统商业批发交易中那种不固定、不公开、不规范、随意性很大的交易方式，转变为固定性强、计划性大、公开、平等、竞争的现代化交易方式；三是重在市场机制的培育和完善；四是通过对交易者入市资格的审查和合约风险金的收纳，确保合约的履行。

交易大厅5台彩色屏幕上显示出卖方的数量、产地、等级、品种、运输方式、交货地点、包装材料和费用、结算方式等。市场开业后不到1小时，4笔买卖成交19 500吨，成交金额达1 671万元。据了解，郑州粮食批发市场每周一、三、五为开市，上市品种暂定为小麦一种。

出席今天开业典礼的还有美国、苏联驻华使馆官员及美国等国家和香港等地区的来宾。

这篇新闻没有能提供读者最感兴趣的信息。如为什么要开设这样的交易市场？这个市场对中国经济发展的意义具体表现在哪里？它将如何影响中国粮食的生产与销售？这个市场为什么选择小麦作为上市品种？

英国《独立报》的报道：

在芝加哥贸易委员会的帮助下，中国于上周开设了自从改革以来的第一个商品交易市场。

这个现货和期货市场将专营粮食。中国人希望它在两三年内发展成为一个合格的期货交易场所。

目前每年不按国家牌价交易的粮食大约为 7 000 万吨，中国人希望其中的大约 6 000 万吨在这个交易市场成交。

这一措施与其说是向资本主义的明智道路转化，不如说是反映了农产品在国内进一步流通的必要性。

中国 11 亿人口中有 8 亿生活在农村。中国希望开设交易市场既可使粮价较为容易预报，又可确保粮食到达需求之地。

据中国商业部部长胡平说，该市场应当是“改善粮食市场流通状况的重要步骤”。

对建立该市场助一臂之力的芝加哥贸易委员会副主席威廉·格罗斯先生同意这一观点。他说：“某一地区的农场里堆积了大量的麦子，而其他地区则出现短缺。”

然而，并非人人都这样乐观。国际小麦委员会的经济学家理查德·伍德姆斯说：“中国的一个重要问题是交通运输系统差。火车装满了铁和诸如此类的东西，因此我认为这个市场不可能解决这个根本性的问题。”

这个市场在开始时只经营小麦。但中国希望在适当的时候增加玉米、大豆和大米的经营业务。经营形式将只限于现货批发和期货交易。将按签订的协议交货，但合同并不统一，价格有上限下限。

进入交易市场将受到限制。到目前为止大约只有 100 个国家机构（其中包括饭店和酿酒厂，后者是粮食购买大户）获准在该市场从事贸易。

中国粮食产量大约为 4.5 亿吨，其中小麦约 9 000 万吨，玉米 8 000 万吨，饮料粮 7 000 万吨。

20 世纪 80 年代初期，随着早期的改革，农产品市场得到更大的“自由”，中国的粮食产量上升。然而自那时起，尽管需求不断增加，但产量却停滞不前。

由于中国交通运输落后，因此粮食难以运到需要的地方，而当局决定压低国家价格又抑制了产量。

因而，中国在相当一段时间里一直大量进口小麦，每年在国际市场上购买 800 万至 1 500 万吨小麦。

据悉，今年的农作物获得丰收，尽管一些基础结构上存在的问题可能再次使收成减产——这也是中国人为何选择小麦作为该交易市场的主要商品的另一个原因。

这篇稿件是从国外读者感兴趣的角度来写的，而且具有西方媒体的立场和倾向。

稿件回答了读者最感兴趣的问题：中国为什么要开设这个交易市场？并引用了有关人员的话，以示客观。

必要的背景交代，使读者能够了解中国粮食生产的全面情况，也由此说明了为什么会选择小麦作为该交易市场的主要商品。

正文	批注
然而，即使这个市场确实能促进国内流通，中国也不可能完全停止进口。 伍德姆斯指出："实际上沿海城镇从海路获得供给更为方便。我想，他们希望让这些城镇感到高兴，因而可能会继续进口。"	从西方读者的利益与兴趣出发，说明中国不会停止进口粮食。

编辑对新闻稿件是否具有"新意"的判断，是以媒体的受众需要和兴趣为依据的，这也就要求新闻编辑要多从媒体受众的角度考虑问题。

三、重要

重要是指新闻所报道的人物或事件能在受众中产生影响。由于新闻的重要性要以新闻发布后在社会上产生的反响为评判依据，所以在选择稿件的时候，编辑只能对这种可能产生的反响进行预测。预测的根据是什么？主要是看新闻报道的内容与受众的关联程度。这种关联程度指两方面：一是这条新闻的内容能得到多大范围的受众的关心，或者说它与多少受众有关系；二是新闻所反映现象或问题与受众的兴趣或利益有多深的联系，也就是说它能得到人们多大程度的关心和共鸣。前者主要侧重于量的考察，如一条关于银行存贷款利率变动的消息要比一条报道某工厂提前完成全年生产计划的新闻使更多的人感兴趣，我们认为它的新闻价值也就相对大些；后者主要侧重于质的考察，如海南建省的消息要比某省一地区撤县建市的新闻引起人们更大的兴趣，我们也认为它的新闻价值相对要大些。

根据新闻报道的内容与受众的关联程度评价新闻的重要性，可以看出，新闻的重要性较多地体现在这几方面：一是报道内容直接关系国家、民族的政治利益，这种政治上的利害关系使得新闻被最大范围的人们给予最大限度的关心，如我国对香港、澳门恢复行使主权，美国对台政策的变化等。二是报道内容对于社会现实问题有强烈的针对性，如反腐败、环境保护等。三是新闻所报道的问题或现象与普通群众的切身利益紧密相连，如物价改革、住房制度改革等。

对于新闻的重要性的评估，不但需要编辑对客观情况有全面、细致的了解，对当前形势有准确的把握，还需要编辑用辩证的、发展的眼光看问题。有些新闻所报道的内容也许在当时并不能显示出它的重要性和影响，但从未来的发展趋势看，它实际具有深远的意义。对于这样的新闻如果编辑不具"慧眼"，很可能就会与其失之交臂。选择稿件时对于新闻是否重要的判断，既要考虑当前受众的兴趣，又要考虑其长远利益，这与新闻传媒既要服务于当前的社会需要，又负有引导社会舆论的职责是一致的。

四、接近

接近指新闻报道的内容与受众的接近性。具体来说，接近有两种含义：一是指新闻所报道的事件或人物在地理上与受众靠近；二是指报道的内容与受众心理贴近，能唤起读者的关注、同情和共鸣。

一般说来，人们对发生在自己身边的事要比对发生在远处的事更加留意、更想知道究竟，这也是新闻媒体大都比较重视本地区新闻的原因。在选择稿件的时候，地理上接近与否就成为编辑衡量稿件价值的一把标尺。20 世纪末期，我国一些全国性大报创办地方版，主要就是为了在新闻报道上能够更贴近、更直接地为各地读者服务。

心理上的接近性则是一种复杂意义上的接近，它与人们普遍具有的好奇心、同情心有关。对于编辑来说，这种接近性的把握往往与新闻价值的其他标准如重要、显著、富有人情味等相联系。比如灾难性事件，对人类造成的危害越严重，人们就越注意它。2004 年年底发生在东南亚的海啸之所以成为世界各国新闻媒体的头条新闻，就是这个道理。再如社会新闻，报道的事越不同寻常，关心它的人就越多。人们通常会因为新闻中的人物、地点、事件与自己有关，如是自己所熟悉的或与自己有相同或相似之处（年龄、性别、经历、职业等），而对之产生了解的欲望，这就是心理接近的基础。新闻编辑在分析一篇稿件的新闻价值时，从接近受众心理的程度进行评价是非常重要的。

【案例】

《人民日报》从接近读者的角度发掘新闻

背景：

2004 年 7 月 13 日夜，《人民日报》一版的夜班编辑发现当晚缺头条。国际部的编辑无意中提到这样一条消息：美国《财富》杂志当天公布了当年全球企业 500 强排名，中国有 15 家企业上榜，值班总编辑敏锐地决定把这个消息破例上头版头条。

但是，一看稿子，原稿写的多是《财富》杂志评选的情况，中国企业上榜只是其中的一段内容。夜班负责同志认为，此稿必须重新“选”角度，“掘”深度，写作应以我为主，要有我国上榜企业分析和上榜企业数的纵横向比较。夜班编辑迅速与驻美国记者联系，经过数番沟通，一篇独家报道上了《人民日报》的头版头条，社会反响很好。

在庞杂的新闻内容中发现与本报读者最“接近”的东西，根据读者的兴趣重新整合新闻素材，是这一报道取得成功的关键。

见报稿件：

我国又有 4 家公司进入全球 500 强

上榜公司 10 年间从 3 家增加到 15 家，

完全竞争性行业及制造产业企业首次进入

本报华盛顿 7 月 13 日电（记者刘爱成报道）2004 年度全球企业 500 强排名公布，我国又有 4 家公司进入其中。在过去 10 年间，我国进入世界 500

强的公司从 3 家增加到目前的 15 家。

最新进入 500 强的中国公司是国家电网公司、上海宝钢集团公司、和记黄埔有限公司以及上海汽车工业（集团）总公司。这次排名是美国《财富》杂志 12 日公布的。

此间有关人士说，这是中国完全竞争性行业及制造产业的企业第一次进入世界 500 强。分析人士认为，中国制造业正在世界范围内崛起，比如，宝钢在引进世界先进技术的基础上坚持自主发展和积累，利用国内外两种资源和两种市场，在高端市场与世界一流企业进行竞争与合作，这些经验值得各企业关注。

其他 11 家中国企业（未包括台湾地区）是：中国石化、中国石油天然气、中国人寿、中国移动通信、中国工商银行、中国电信、中国化工进出口、中国建设银行、中国银行、中国农业银行、中粮集团。

在排名中，美国零售商沃尔玛公司再次名列榜首。

过去 10 年间，排名 500 强的大公司中，美国公司从 151 家增加到 189 家，日本公司从 149 家降至 82 家。

注：见报稿件，参见《人民日报》，2004 - 07 - 14。

五、显著

显著是指新闻中的要素如人物、地点、事件越著名，就越能在社会上引起轰动，因此编辑在选择稿件时对新闻中所涉及的这些要素应格外注意。新闻中的主人公是否具有知名度，往往会影响人们对这条新闻的态度。这与人们崇尚名流、对有社会影响的人物渴望了解与接近的心理有关。因此，有关名人的消息，即使是很平常的事也使人们感兴趣。同样一件事，发生在名人身上与发生在一些普通人身上，报道的效果是大不相同的。比如 1992 年我国首次组织记者代表团访问台湾，各传播媒介的记者纷纷发回了关于台湾的大量报道。而后方的编辑在处理这些稿件时，几乎不约而同地格外青睐其中的一个选题：对张学良将军的采访。结果，在各家报纸上，对台湾的系列报道中处理最突出、最引人注意的都是这一主题的消息和访问记，以及张学良将军的大幅照片。

新闻事件发生的地点是否显要，也影响新闻的价值。同样一件事，发生在人口稠密的大都市与发生在人烟稀少的乡村，受到人们注意的程度是不同的；发生在著名的地点，与发生在名不见经传的地方，社会效果也是大不一样的。比如《人民日报》曾经刊登过一条通讯《西德飞机突然降临红场》，生动地描绘了联邦德国青年鲁斯特驾机降临红场的情景。这条新闻在报纸上处理得比一般国际性社会新闻要突出，原因就在于新闻事件发生的地点十分重要，“红场”这个为人瞩目的地方凸显了这一事件的意义，因为据称莫斯科周围的空防天衣无缝，而这架飞机降落竟然未被觉察。新闻中写道“红场变机场，有史以来头一遭”，“有些人的乌纱帽大概因此而落地了”。地点的显要，往往使新闻事件的意义由此显得非同寻常，令受众格外关心。

新闻事件本身的显著性和知名度也是构成新闻价值的要素。一个事件如果早已被人注意，激起了人们的求知欲望，新闻传媒对它进行报道通常要比报道一件人们毫无心理期待的事件产生的效果强烈得多。比如北京奥运会、上海世博会等，不仅成为中国新闻媒体的报道焦点，而且引起了世界各国新闻记者的关注和报道。

上述五个方面的因素是新闻编辑在分析新闻稿件是否具有新闻价值，以及新闻价值的大小主要考虑的内容。但是，这不等于说所有的新闻都要同时具备这五个方面的条件，新闻编辑在选择稿件时也不能要求所有的稿件都在时间、新意、重要、接近和显著上达到最理想的水平。一般来说，时间、新意、重要这三条，对所有新闻稿件来说，都是入选的必备条件，因为如果一篇稿件没有时效性、没有信息量或者对媒体的受众一点不重要，是根本不能被作为新闻发布的。对稿件新闻价值大小的估量，则要综合比较上述五个方面的情况，对这五个因素具备得越全面，表现得越突出，新闻价值也就越大。

在新媒体环境下，人们越来越多地通过个人网络社交媒介如微博、微信等获取新闻信息，新闻信息的传播越来越多地以个人关系网络为渠道。比如《人民日报》官方微博的粉丝并非都是《人民日报》的读者，有些人可能是偶然在手机上看到了朋友转发的《人民日报》的某条微博，对其话题产生了兴趣，再顺着这条微博提供的链接去访问人民网或者去寻找印刷版了解更详细的新闻内容。此外，智能化水平不断提高的搜索工具、内容聚合和推送技术等也使人们获取新闻信息的方式有了更多的选择。这些变化影响到新闻媒体对产品的定位和设计，也对产品生产的所有环节包括新闻稿件选择提出了更高的要求。而在新闻聚合平台，新闻编辑形成了如下更加直观也更加倾向于以用户为核心的判断标准。

一是稀缺性。这和我们熟知的新闻价值中的重要和接近有相似之外。作为新闻价值的构成要素，重要与新闻的公共价值高低有关，接近则关注内容与受众心理、地理上的关联。它们是事实信息成为新闻所必须具备的能够适应和满足公众某种兴趣与需要的因素。但稀缺性不仅限于此，一方面它对重要的判断更多是相对于用户个体而非公众群体，另一方面更重视内容的罕见、新奇、反常、变态、人情味等等，因为个性化分发的精准就在于要找到更符合用户个人兴趣的内容，稀缺性正体现在此。

二是稳定程度。主要指媒体源的稳定程度，例如“天天快报”的编辑在接受访谈时说到，中央电视台作为一个专业化生产新闻的组织，虽然不能保证每一条新闻都是精品，但是它所生产的内容会具备一定的水准。同样具有稳定性资质的媒体的内容都会降低审核时间，优先过审。

三是热门程度。新闻聚合平台拥有庞大的内容池，涉及各行各业、各种频道，编辑除了审核具有公共性的新闻内容之外，还要对互联网热点或者说某一个垂直领域上的热点进行判断。新闻聚合平台的编辑程序首先考虑的并不是新闻内容“好不好”，而是先判断“值不值得用”。后者作为先行标准被应用于编辑的日常工作，既满足了庞大用户千人千面的内容需求，同时也方便应对每天巨大的审稿量。经过这些程序之后才有可能进入新闻编辑运用专业经验去评判新闻质量的环节。

应该看到，新媒体并没有改变人们对新闻信息的价值判断尺度，时间、新意、重要、接近、显著，这些构成新闻价值的基本要素不会因为信息渠道和载体的改变而不再有效。变化的是，受众对于这些要素所期待的程度具有差异性，这种差异性在传统媒介时代未能得到充分的重视和满足，而在新媒体时代必须得到编辑的重视和回应。

在传统媒介的稿件选择中，编辑对新闻价值的衡量是以媒体的全体受众为对象的，要找到对所有人都合适的“最大公约数”。而今天，要让新闻信息通过更加多样化的渠道进行传播，并且能够被受众纳入自己社交网络为更多的人分享，甚至让用户愿意付费下载，就必须改变以往那种“粗放式”的选稿思路，要在充分研究受众需求的基础上，更加重视每一个受众的心理诉求，面对每一个细分群体甚至个体的需要，更有针对性地提供新闻信息。这也要求新闻编辑对新闻价值的判断，要与媒介定位相结合，根据受众对新闻内容的深度、广度、角度等要求的不同，对同一事件的最大兴趣点的不同，对内容表达方式、风格喜好的不同，以时间、新意、重要、接近、显著这些重要标准对稿件进行更加细致的分析和研判。具体内容将在本章第四节的媒介适宜性分析中阐述。

第三节　社会效果分析

【知识要点】

- 社会效果分析是新闻编辑分析与选择稿件的第二步。分析新闻稿件的社会效果，必须坚持的基本原则是，新闻报道必须有利于国家和人民的利益，具有推动历史进步和人类和平的积极作用。
- 分析新闻稿件的社会效果，要将新闻稿件的内容及发布新闻的时机与社会背景结合起来考虑，要认真分析受众心理，立足于全局看问题。
- 分析新闻稿件的社会效果，要注意用辩证的眼光看问题。
- 对于新闻社会效果的判断，要注意合理、合法，要杜绝有明显危害性质的新闻。

如果说，新闻价值是新闻编辑选择稿件时使用的第一个“筛子”，那么，对于新闻稿件社会效果的分析判断就是编辑要用的第二个“筛子”。这个“筛子”的运用，比前一个更有难度。

新闻媒体作为舆论载体所担负的社会责任决定了它不可能无选择地发布任何新闻。在我国，新闻媒体是共产党领导下的社会主义性质的社会公器，在选择稿件时对新闻社会效果的分析更加被重视和强调。尤其在网络传播时代，自媒体越来越受到专业新闻媒体的重视，对自媒体内容的选用（转载、摘编等）成为编辑工作的内容之一。正如一位曾经在传统媒体工作后来又负责聚合平台内容编辑的专业人士所言：“与机构媒体提供的资讯相比，自媒体的优势非常明显。第一，它的站位不同——以第一人称的方式进行写作，而不是以往的第三方记者视角；第二，大量专业人士比如医生、律师、运动员等加入了写作队伍，可以百花齐放、百家争鸣，内容的专业性远远超过那些一知半解的记者；第三，因为不需要过‘三审关’，大量接地气的内容、鲜活的表述得以完美呈现，对用户的吸引力提升了几个层次。但也正因为没人把关，大量有害政治信息、低俗内容、标题党文章、虚假广告以及口水帖，如同污水一样不断涌入。"① 对来自自媒体的内容和网络传播的内容进行把关，需要新闻编辑付出比以往更多的时间和精力。

分析新闻稿件的社会效果，必须坚持的基本原则是，新闻报道必须有利于国家和人民的利益，具有推动历史进步和人类和平的积极作用。具体来说，我们选择新闻的着眼点如下：稿件是否有利于宣传党的路线方针政策，推动我国的经济建设和社会进步；是否有利于展示国家的发展建设成就、弘扬高尚的道德和精神；是否能够反映人民群众的呼声与愿望，维护社会正义，促进社会公平，发挥舆论监督作用；是否有助于传播科学文化知识，丰富人民的物质文化生活，提高全民族的文化素质。

预测新闻报道的社会效果之所以有难度，一方面是因为受众本身是一个复杂的群体，它由不同的人、不同的阶层组成，编辑以什么人群为标准读者，需要分析研究。另一方面，新闻事实本身往往很复杂，给报道效果的预测造成一定难度。对于那些复杂多变的新闻事件，人们往往会从各自不同的角度去观察理解，所谓"横看成岭侧成峰"。比如党和政府要求"以正面宣传为主"，什么是正面宣传？在新闻界一直就有争议。有人把正面宣传理解为报道的内容应该是正面人物、正面事件，比如宣传英雄模范，报道生产建设成就等；也有人认为，正面宣传是指报道效果，只要报道的新闻事实能够使人看到光明的前景，鼓舞人的干劲，就是正面宣传。像查处干部经济犯罪案件的新闻，要不要报道？怎样报道？报多报少？就经常有意见分歧。单纯从新闻价值看，应该报道；但从传播的社会效果看，确实又有是否都适合公开报道、怎样报道的问题。

如何分析一篇新闻稿件的社会效果？主要应从下面几方面来思考：

第一，将新闻稿件的内容及发布新闻的时机与社会背景结合起来考虑，要认真分析受众心理，立足于全局看问题。

新闻是历史长河中某一瞬间的产物，新闻的社会效果也是在历史进程中某一阶段的反映。新闻事实的发生不以人的意志为转移，但对一篇新闻稿件是否采用，编辑却能够加以把握。因此，是否发布一条新闻？什么时间发布？怎样发布？就要看当时的社会背景是怎样的。这种社会背景包括当时的主要社会矛盾和受众情绪的主流。这也就是要求编辑要从全局出发看问题，不能只看局部、只顾眼前。如曾有一家地方报纸在一星期内发了两条消息。前一条说，当地政府领导人举行中外记者招待会，宣布为进一步推进改革开放，决定采用几条新措施，改善当地"硬"环境和"软"环境，热忱欢迎各国和港澳地区的商人来投资建厂办企业。消息发在一版头条，引人注意。没隔几天，这家报纸的一版上又发一条消息：据记者从有关方面了解到，港商某某几年来以在内地投资办厂为名，招摇撞骗，先后骗取内地机关企业各类钱财 10 万元之多。前不久，他再次来本地活动，企图故伎重演，被我公安部门发现，已将其拘留审查。这两条都与外商有关但内容完全不同的报道导致了意想不到的效果：一个招摇撞骗的港商被抓，使

① 吴晨光．超越"超越门户"，决定一位总编转型成败的若干瞬间．(2018-07-20)［2018-10-25］．一点号平台．

另一些不明真相的外商内心忐忑不安，对该地政府宣布的改革开放政策顿时产生种种疑虑。所以说，新闻编辑在选择稿件时，仅仅考虑新闻价值是不够的，还必须要有全局观念，要结合当时的社会背景、结合当时受众的心理来分析稿件可能产生的影响。有些稿件单纯从报道内容看似乎没什么问题，但结合当时的形势来分析，却是有负面影响的，这样的稿件就不宜发，或者先要“压一压”，等到条件成熟了、时机合适了再发。此外，对于一条新闻从什么角度来发稿，怎样进行稿件的组织搭配，同样也需要结合社会背景和受众的需要，从全局出发作出决策。

【案例】

《南方日报》编辑对新华社稿件的选择与处理

2002年9月18日新华社受权发布《中华人民共和国税收征管细则》（下文简称《税收征管细则》）全文，并配发新华社记者的若干篇配稿。《南方日报》编辑处理这些稿件时下了一番功夫。

编辑自述：

当时报社编前会确定这个题目在我所负责的《南方日报》要闻二版做。接题后，我对“做多大”心里并无底。因此，我没有急于动手改稿，而是沉住气有条不紊地做足前期准备工作。

先是动手在报社华光系统和新浪网上搜索“税收征管”的相关内容。结果发现涉及“偷漏税”的内容很多，但有关税收征管的内容却零零星星，而且极少重头稿。同时，在搜索中发现，国家税务总局专家提出一个重要的观点：“税制改革自征管始。”这提醒了我：将要实施的《税收征管细则》其意义非同寻常。加上当天各报在显著位置都发了一篇朱镕基总理在全国增收节支会议上的讲话，其中针对偷漏税日益严重的情况，特别强调：任何人逃税都要严惩。

编辑对相关线索的搜索和分析，帮助他正确地判断了这一新闻的价值和社会效果，并且为处理好这条新闻奠定了基础。

把这些综合加以对比，我心里有了底：这个题材属“大题”，而且应“大作”。明确这点后，我马上把新华社发的8篇总计1万多字的稿件快速浏览一次，从中挑选最重要的三条稿，并从法规全文中摘出读者最关心的“法律责任”部分的内容。

按说做完这些，内容足够了，但掂掂手中的稿，仍觉得少些什么。原来，从百姓的角度看，这些内容贴近性稍差。于是我又上网搜索到缴纳个税的小资料，从解答问题的角度列出“个税征收项目”“个人免税项目”和“不依法纳税应承担的法律责任”等条目，这样大大增强了专题的可读性。之后我又把朱镕基总理前一天讲话中有关税收的内容摘出来，以“声音”做标识，并做了“朱镕基：不管是谁触犯税法都要严惩”的小标题。

第二天报社采前会上，这组“政策解读”获编辑奖。认为稿件处理三方面做得好：

一、摘出了朱镕基总理的声音，提高了专题的高度。

二、链接了法律条款，体现了服务性。

三、小资料拉近了与普通读者的距离，从而使此版既有可读性、贴近性，又有严肃性、权威性。

注：编辑自述，参见杜大强．党报如何做好政策解读．中国记者，2003（9）。

在一些重要的连续性报道中，对于一篇新闻稿件的社会效果分析，还要放在整个报道系统中进行分析，要从整组报道的最终效果目标出发，决定稿件的取舍。

【案例】

《人民日报》编辑对一组连续报道稿件的分析处理

记者自述：

2003年12月19日下午，我供职的《人民日报》驻新疆记者站走进两个衣衫褴褛的民工，他们是从几十公里外的米泉市赶来专门向记者“告状”的。其中一位叫任文华的民工告诉记者，他带领13名民工给一家装饰公司干活，整个工程完工，只得到800元，剩下的给了一张欠条。不得已他把公司经理刘涛告上法庭。法院判决刘涛向任文华支付劳动报酬及交通费5 645元，可刘涛一直躲着不见。

如果能追踪一下民工讨薪的艰辛历程，一定能引起读者的共鸣。于是，我向任文华表示：“明天一早我和你们一起前去交涉。”

20日清晨，天还未亮，我们就来到了米泉。可刘涛依然不露面。无奈，我与米泉市劳动监察大队联系。劳动监察大队的领导很重视，组成专项工作组负责工程款清欠。之后，先是刘涛答应清欠又食言，后是法院某些人以判决尚未生效为由使清欠再度搁浅。总之，历经几番周折，直到12月24日下午，民工才终于拿到了工资。这期间，我步步跟进，每天将最新动态发回报社。

报道到此为止也可算是“功德圆满”了。但我发现，刘涛在向民工支付工资时满脸的不痛快。问起原因，他说：“其实，我也不想欠民工的钱。我确实手头没钱。因为业主欠我的工程款至今没给。今天发给民工的钱还是我借别人的。”说到这里，刘涛有些哽咽：“现在整个社会形成了一个为民工说话的氛围，那么有谁替包工头说话？我们这些承包商两头受气……”

为何不把承包商的苦衷也追踪反映一下呢？这对于透视、解开欠薪“三角链”很有意义。于是，向报社领导汇报后，我便接着追踪。据刘涛讲，他承包的是玛纳斯县头工乡派出所的装修工程。按照合同，由他先垫资，装修完后一块结账。可结账时，几万元欠款业主就是拖着不给。

12月25日，我陪同刘涛前去玛纳斯县头工乡派出所进行交涉。为了解真实情况，我装扮成了刘涛的司机，身着一件油渍麻花的羽绒服，头发也刻意弄乱。当刘涛拿出了工程造价表乞求派出所龚志军所长结账时，龚所长一边找理由推脱，一边嘴里不干不净骂刘涛。我从旁静观，半小时内龚所长竟骂出11个“他妈的”。

回到记者站，我马上以《包工头追讨欠款低声下气　龚所长百般搪塞满嘴“国骂”》为题发回了第5篇连续报道。此后，又连续发表了《玛纳斯县公安局进行工程复核　昌吉州公安系统举一反三整顿警风》《承包人刘涛最终拿到工程款　两地将进行清欠民工工资大检查》等多篇文章。

…………

在《讨薪记》追踪报道过程中，也发生了个令人不快的小插曲。

就在我们和玛纳斯县公安局正面交锋的第二天晚上，县公安局一位主要领导深夜派人突击审讯包工头刘涛。一直问讯到凌晨3点钟，直到刘涛说自己头晕得实在受不了，才让刘涛回去。刘涛说，公安局问话的目的很明确：翻来覆去找寻《人民日报》报道中是不是有漏洞。

下午，就刘涛的电话，记者求证了玛纳斯县公安局的一位副政委，副政委回答：昨晚公安局确实有人找了刘涛，但具体问了些什么，他也不清楚。

下午6时许，玛纳斯县公安局那位派人审刘涛的领导给记者打来了电话，说让人找刘涛的目的是取得证据，好对龚志军作出处理，绝对没有其他意思。

记者向这位领导提出了三点疑问：“其一，在你们给《人民日报》驻新疆记者站出具的《关于对龚志军接待群众态度恶劣事件处理情况汇报》中已明确写道：‘事件发生后，玛纳斯县公安局党委高度重视，派专人询问查证当事人，情况属实。鉴于此事影响较坏，公安局党委当日就停止了头工乡派出所所长龚志军的职务。’既然已查证情况属实，用得着再去取证吗？其二，即使取证，用得着半夜三更进行吗？刘涛和大家一样，晚上需要睡觉。其三，如果公安局是为了了解情况，可以上门询问呀，为什么非让他到公安局去？公安部门不是一直在强调转变作风吗？再说他并非疑犯。”

对记者的三点疑问，这位领导没有作出正面回答，只是问了个莫名其妙的问题：“能不能不再报道？”

得到记者否定的回答后，这位领导挂了电话。

我根据上述情况写了篇文章发回编辑部，值班的副总编辑梁衡说：“目标盯住讨薪为好。不要有旁岔。出现旁岔，不但会冲淡讨薪这个主题，而且还造成和公安的对立，不利于讨薪问题的总体解决。你可将这件事告诉上级主管部门，但要申明‘我们手下留情了’。”

编辑没有编发记者这篇批评当地公安部门的稿件，是从整个报道的大局考虑，从报道进展的需要以及整体效果出发作出的决定。

事实证明梁衡同志的判断是对的。第二天，我将玛纳斯县公安局夜审刘涛的事情报告给州公安局的彭建国局长，彭局长勃然大怒：“这是丢公安队伍的脸。你放心，我去坐镇，问题一定会圆满解决的。”

在彭局长的督战下，此后的清欠工作进行得非常顺利。州公安局专门作出决定：所有单位要把“龚志军事件”作为反面教材，找出自己的薄弱环节和“盲点”，做到找不出问题不放过，挖不出问题不放过，挖不出根源不放过，整改措施不治本不放过。学习结束后，每个干警要写出一篇自我剖析材料，限期交到单位。彭局长还带领局领导班子成员来到人民日报社驻新疆记者站，他说：“我们十分感谢《人民日报》对我们工作的监督，希望新闻单位今后能经常进行一些暗访，帮我们挖挖病根。”他代表昌吉州公安局聘请我为“昌吉州公安局警风警纪监督员”。

如果不是及时调校方向，极有可能造成和玛纳斯县公安局的尖锐对立，给后期报道造成难度。

在报道的后期，无论是昌吉州公安局还是玛纳斯县公安局，均积极配合我们的工作。春节期间，两个局的领导还主动到记者站来拜年。所以，报道时分清主流和支流、把握宏观和微观是制胜的关键因素。

报道艺术，还包括采用什么样的方式将新闻事实反映出来。选择好的新闻形式会使新闻价值凸显，而新闻形式选择不当，会将新闻价值淹没。在本组文章“收官”时，我本来想写一篇反思性的文章，剖析一下造成拖欠民工工资的原因及治理的方法。我把这一想法告诉值班的部领导，他认为不妥，并告诉我：“这组系列报道从为民工讨薪到为包工头讨薪，本身已把民工工资‘三角链’问题展示清楚了，再多说，未必会增强效果，反而给人蛇足之感。再说，这组稿子，一直是用简短、明快的文字在叙述新闻事实，最后面来篇长的反思文章，与整组文章体例不符。另外，新闻是新近发生的事实的报道，不要赋予它太多的职能。”他用了个有趣的比喻：“譬如步枪是用来近距离战斗的，用它来打飞机，显然不合适。”

编辑不同意记者再写一篇反思性的文章，依然是从整组报道的传播效果考虑而作出决定的。

事实证明部领导的见解非常中肯，圈内不少朋友对这组稿件的评述是：“这个系列，每篇都以事实说话。体例很统一。尽管每篇文章都很短小，整体看来却又意蕴深长。”确实，如果后面拖一个长尾巴，必然大煞风景。

这组报道能较好地完成，也是前后方协同作战的结果。发现新闻线索后，我及时把有关情况报告给《人民日报》五版的主编，以求得版面的支持。最后，双方达成了共识。此后五版的同志根据版面需要，随时发出指令，我及时配合。正如副总编辑梁衡年终总结时在谈到这组报道时所说：“记者不辞劳苦，越战越勇，后方的版面策划指挥亦进退有方。从遭遇战开始，而后演变成一场持久战、攻坚战，最后终于取得胜利。”

资料来源：王慧敏．找准“结合点”：系列报道《讨薪记》采写体会．新闻战线，2004（8）.

第二，分析新闻稿件的社会效果，要注意用辩证的眼光看问题。

我们知道，凡事有利也有弊，编辑在处理稿件时要看到事物的复杂性。比如改革开放后，我国新闻媒体上的经济新闻开始增多，经济成就报道数量尤其可观。有些媒体在报道一个地区、一个企业的发展成绩时，总津津乐道于他们把多少产品打入了多少个国家和地区，这似乎成了衡量经济发展水平和企业业绩的标准。但是，市场问题并非如此简单，什么时候都有一个处理国内市场和国际市场关系的问题，在国内市场中还有一个城市市场和农村市场、大众消费市场和少数高消费市场的关系。如果一说到“上规模、上档次”，就必须是能打入国际市场的产品，其实是一种片面的理解。企业应该面向国内国际两个市场，也应该鼓励一切有条件的企业到国际市场上去竞争，但我们不应忽略，现在世界各国都看好亚洲，世界各国的企业家也都看好亚洲，他们认为21世纪的利润，一半将来自亚洲，而亚洲国家中，市场最大的是中国。所以，在21世纪，围绕中国市场的竞争是十分激烈的。在这场竞争中，中国的企业家们能否有更大的作为，能否把自己家门口的市场占领住，不仅关系到企业的生存和发展，也关系到全民族的利益。因此，在报道这类问题，处理这类稿件时，编辑不能只看事情的一面，还要看到另一面，要看得长远。

以辩证的眼光看问题，对于新闻编辑来说，无论是处理哪类稿件都非常重要。只有多问几个为什么，凡事进行多方位的思考，才能保证对新闻传播社会效果的正确预测，保证新闻报道的公正立场。

第三，对于新闻社会效果的判断，要注意合理、合法，要杜绝有明显危害性质的新闻。

目前，我国还没有制定专门的“新闻法”，对哪些新闻应该禁止刊登未做出明确规定，但根据我国宪法、刑法、民法以及其他法律的规定，凡属于下列性质的新闻禁止刊登。

煽动：煽动推翻现政权，煽动推翻社会主义制度，煽动群众抗拒，破坏国家法令的实施，煽动闹事等。

造谣：制造谣言，欺骗受众。

诽谤：捏造并散布虚假的事实来损害他人人格，破坏他人名誉。

侮辱：用侮辱性的言词贬低他人人格和名誉。

泄密：违反国家保密法规，泄露国家机密。

传播淫秽：具体描写性行为或宣扬色情。

侵犯隐私权：未经本人同意，公布私人生活方面的秘密。

一般说来，彻底“犯规”的新闻稿并不多见，如果有也非常容易识别。需要编辑格外注意的是“隐藏”在稿件内容中的某些情节、细节，某些描述、概括、评论之类步入“禁区”。这从近几年报道对象诉记者与新闻媒体的诸多案件中可以引以为戒。大多数原告指控新闻诽谤和侮辱不是对于新闻事实全体而言，而是抓住其中一些细节和言词的不实做文章。编辑在处理稿件时要特别注意这些问题。

【案例】

2004年北京市第一中级人民法院审理的新闻媒体侵权案情况

记者从北京市第一中级人民法院获悉，今年以来，北京市第一中级人民法院共审理了15起新闻单位侵权案件。王宜生法官分析说，这些新闻侵权案件具有两个非常显著的特点：一是名誉侵权占新闻侵权案件的绝大多数，15起案件中有10起是名誉侵权案；二是新闻媒体败诉比例高，15起案件中只有1起是媒体胜诉。

15比1，新闻单位缘何纷纷落马？北京市第一中级人民法院的王宜生法官认为新闻侵权主要有6个类型：

一是新闻报道中内容失实，这是最主要的新闻侵权类型。新闻报道内容失实主要有两种情况：第一种是新闻作品中基本事实不真实，即新闻作品中的“事实”与客观存在的事实不符，使受害人名誉受到毁损，构成侵权；第二种是新闻作品中反映的内容不全面，所反映的内容不是事实的全部，而是事实的一部分，即主要内容、基本内容贬损他人名誉，造成社会评价降低。北京某报一名记者在报道一起坠楼自杀事件时，没有采访当地派出所和街道居委会，但其在文章中称，经采访当地派出所和街道居委会，得知该坠楼女子为精神病患者，在家受到哥哥的虐待。文章刊登后，死者家属非常不满，将报社诉上法庭。经审理，一中院终审判决报社承担侵权责任，并公开致歉，赔偿损失3 500元。

二是新闻报道评论不当。对新闻媒体来说，舆论监督是其义不容辞的职责，通过媒体的报道对国家机关、国家机关工作人员和公众人物与公共利益有关的

[相关知识]

新闻侵权：

新闻侵权是指新闻报道主体违反新闻法规和其他法律规范，通过新闻传播媒介，在新闻采访、写作、编辑、发表过程中，以故意捏造事实或过失报道等形式，向公众传播不当或法律禁止的内容，从而侵害了公民、法人或其他组织的人格权，造成不法侵害的行为。

新闻侵权的主体是从事新闻报道活动的新闻媒体和新闻从业人员。新闻媒体是指从事新闻采编和传播的单位，即法人，如电视台、电台、报刊社等；新闻从业人员主要是指新闻单位中从事新闻报道活动的工作人员，如记者，但非新闻工作者从事新闻工作，如给新闻单位投稿的其他作者，其提供的新闻稿源如果内容侵害他人权益，亦构成新闻侵权。

事务进行批评和建议，能对违法行为形成一种制约、威慑的力量，使被监督者从中受到启示，正视自己的错误，进一步完善自身。新闻报道评论不当包含两种情况：一种是报道事实基本属实，但在语言上使用了侮辱、谩骂或其他具有人身攻击性的言词；另一种情况是新闻报道对客观事实进行随意评论，造成对他人社会评价的贬损，构成侵权。不过，如果报道内容基本属实，仅是个别评论的词句表达不当，且无侮辱他人人格的内容和用语，不能认定为侵权。某杂志因刊登北京一作家撰写的文章被诉上法庭，该文章对另外一名社会知名人士使用了诸多贬损性语言，经法院审理认定该杂志刊登此篇文章的行为构成了对该知名人士的名誉侵权，被判公开赔礼道歉，赔偿精神抚慰金5 000元。

三是未经核实转载其他媒体报道，事后证实报道不实，构成侵权。比如北京某报从网络媒体转载报道称某演员因病去世，实际上该演员正在某剧组拍戏。该演员愤而将报纸诉上法庭，一中院终审判决该报的行为构成对这名演员的名誉侵权，公开赔礼道歉，并赔偿精神损失1万元。

四是在报道中采用与报道内容无关的照片，或者未经同意采用照片，构成侵权。一中院审理过这样一起肖像权纠纷案。陕北老汉张大爷在村口晒太阳时被正在陕北采风的摄影家抓拍下来，后该照片刊登在一家杂志的封面上，陕北老汉遂起诉该杂志和摄影师侵犯肖像权。一中院支持了陕北老汉的诉讼请求，陕北老汉终于维权成功。

五是过失报道或暴露他人隐私导致侵权。为追求猎奇、招徕读者，或为扩大影响、哗众取宠，未经他人同意在媒体上宣扬他人隐私，使人格评价降低，构成新闻侵权，或因过失侵害了他人的隐私权。如某篇报道本为表扬某人在工作上取得的进步，却将此人不愿让人知道的污点披露出来，进行前后对比，本意是好的，但侵害了他人的隐私权，构成侵权。

六是褒扬性的新闻报道同样容易引起新闻侵权。无中生有的任意拔高，对当事人而言不但没有抬高声

[相关法律规定]

关于名誉权的规定：我国《民法通则》第101条规定：“公民、法人享有名誉权，公民的人格尊严受法律保护，禁止用侮辱、诽谤等方式损害公民、法人的名誉。”

关于肖像权的规定：我国《民法通则》第100条规定：“公民享有肖像权，未经本人同意，不得以营利为目的使用公民的肖像。”1988年《最高人民法院关于贯彻执行〈中华人民共和国民法通则〉若干问题的意见（试行）》中指出：“以营利为目的，未经公民同意利用其肖像做广告、商标、装饰橱窗等，应当认定为侵犯公民肖像权的行为。”

关于隐私权的规定：《最高人民法院关于贯彻执行〈中华人民共和国民法通则〉若干问题的意见（试行）》第140条规定：“以书面、口头等形式宣扬他人的隐私，或者捏造事实公然丑化他人人格，以及用侮辱、诽谤等方式损害他人名誉，造成一定影响的，应当认定为侵害公民名誉权的行为。”1993年《最高人民法院关于审理名誉权案件若干问题的解答》第7条第3款规定：“对未经他人同意，擅自公布他人的隐私材料或者以书面、口头形式宣扬他人隐私，致他人名誉受到损害的，按照侵害他人名誉权处理。”

誉，反倒引起社会的非议，造成精神痛苦。批评可能脱离真实，表扬也可能脱离真实。表扬严重失实，致他人名誉受损，也导致侵权。

资料来源：李京华．新闻侵权案为何媒体纷纷落马？(2004-12-29)[2018-10-30]．新华网北京频道．

新闻媒体越来越多地卷入新闻官司，说明个别新闻媒体及其从业者缺乏足够自律，新闻编辑在选择新闻稿件时把关不严，因此，新闻从业者需要提高新闻工作的法律意识，在分析与选择稿件时，编辑要高度重视稿件内容的合法性。另一个值得重视的情况是，在有的新闻侵权案中，新闻报道的内容都是“确有其事”，但法院却认为造成了侵权。这说明新闻媒体及其从业者缺乏证据意识，在采访报道过程中不及时保存证据，也导致了在法庭上举证不利，最终败诉。因此，要避免新闻侵权，还要求记者编辑一定要注意保留采访的“真凭实据”，最好取得书证、物证、视听资料等，保证在法庭上经得起质证。

对于新闻媒体来说，如果一旦发现自己的报道有失误，或他人提出诉讼，要主动及时地纠正错误，变被动为主动，通过更正等方法挽回不好的影响，争取取得对方的谅解，使对方不起诉或撤销诉讼。新闻编辑可根据具体情况采取不同的方法：一是发表更正；二是用“来函照登”或加编者按的形式，原封不动地发表有关人士或单位的信件和文章；三是重新开展调查，发表新闻、调查报告或调查附记，澄清事实；四是主动组织有利于恢复受侵害人名誉的其他文章或报道，如正面报道、辩护文章等在媒体上发表。

第四节　媒介适宜性分析

【知识要点】

- 对新闻稿件的媒介适宜性分析是编辑选择与分析新闻稿件的第三步，主要从三个方面加以考虑。
- 第一，根据新闻媒介的受众定位与功能定位，分析新闻稿件的媒介适宜性。
- 第二，根据同题报道“差异化”的原则，分析新闻稿件的媒介适宜性。
- 第三，根据媒体的性质与容量，从把握重点和平衡的角度分析新闻稿件的媒介适宜性。

新闻编辑分析和选择新闻稿件，除了要以新闻价值标准和社会效果标准对稿件作出评判以外，还要对稿件是否适合于自己的媒体进行分析，从中挑选出最能体现媒体特色的新闻稿件。

对新闻稿件的媒介适宜性分析，主要从以下三方面考虑。

一、根据媒介的受众定位与功能定位，分析新闻稿件的媒介适宜性

新闻媒介创办之初，就对自己的受众定位与功能定位做出了明确规定。新闻编辑在日常工作中，对于新闻稿件的分析与选择也是在这样的前提下进行的。因此，对稿件是否适用的判断，必须考虑新闻的报道内容和形式是否符合媒介的特定受众群体的需要，是否符合媒介自身的功能定位。如报纸的新闻编辑对每一篇新闻稿件的适宜性判断，都要把它与报纸的定位相对照。首先是读者定位，如果这是一家全国性的报纸，读者对象遍布全国，那么新闻报道的内容应该是对全国读者都有价值和意义的，否则不宜采用。如果是一家地方性的报纸，则与前者不同，新闻稿件的适宜性应该是相对于本地区的读者来说是适宜的。其次，还要考虑功能定位，也就是这家报纸是为什么而办的，想要达到怎样的目标。功能定位决定了报纸的内容和传播水平，也就决定了对每一篇稿件的取舍。比如机关报和都市报的功能定位是不同的，它们对稿件的要求也会不同。有些稿件在机关报上刊登是必需的，而在都市报上则可以根本不采用。

【案例】

《人民日报》值班总编辑手记

毛泽东曾有名言：要政治家办报。作为机关报更要讲政治。我们要理直气壮地讲：机关报就是围着工作转，就是跟着中心工作走。而工作总是逆水行舟，解决难题，节节推进。机关报就是这逆水之舟上的一叶桨，要合着拍子，一下一下地划。

时交6月，年将过半。国家的经济计划完成得如何，宏观调整得如何，这与个体的读者可能关系不大，但这些问题最终都会直接或间接地影响到每个人，机关报有责任及时向群众解释清楚。本月在头版重要位置连发了4篇《论进一步贯彻中央加强宏观调控方针政策》的本报评论员文章及一系列经济与发展的动态消息。如24日头版头条《国家宏观调控取得七大成效　经济运行中不稳定因素已得到抑制　仍有五个矛盾和问题比较突出》，就处理得很醒目。

“田家少闲月，五月人倍忙”，本月正值农历五月，是夏收大忙月，也是检验去冬今春我们加紧调整耕地、粮食政策的效果的时候。本月版面一有空就刊发这方面的消息，由于提前策划，在8日头版即发了一篇《夏粮增产来之不易》的述评和《全国夏粮丰收大局已定》的消息。本月共刊发保护耕地、粮食及农民增收方面的稿件98篇。

以上这些报道见证了中央决策的正确，也让全国人民受到鼓舞，让干部更懂得科学发展观的重要。

资料来源：梁衡．六月夜班的三点思考．新闻战线，2004（9）.

机关报的功能定位决定了其报道内容。

国家经济计划的完成情况、宏观调控的情况、农业生产等是机关报必须报道的内容，这方面的稿件因此受到重视。

新闻编辑在对新闻稿件进行媒介适宜性的分析时，首先是对稿件本身的内容、形式是否合适作出判断。这时，他主要考虑这篇稿件是否具有本报所需要的那些因素，比如：看它报道的内容是不是目前本报所要报道范围内的，是不是现在本报着重报道的重点；看它写作的形式是不是为本报读者所习惯和喜爱；它的报道风格和水平是否符合报纸一贯的标准；等等。报纸编辑在挑选稿件时，实际是把每一篇稿件都放在报纸这个综合产品的大背景之下进行分析比较的，他这么做的目的是要让每篇稿件能非常得体、非常巧妙地“融”于他最终要合成的产品之中，成为这个产品的有机组成部分之一。

在传统媒介利用各类社交网络平台推出新形态的新闻产品时，由于受众的进一步细分化，以及新闻产品形态的特殊性，对稿件的选择会与大众媒介的编辑略有差异。如新闻微信公众平台的后台可以获取订户的全部信息，并提供强大的订户分组功能，可以按地域、性别、喜好、需求等不同的指标分组。这为新闻信息的分组精准推送提供了实现渠道。编辑在分组推送也就是在微信公众平台上群发消息时，可以根据用户的性别、年龄、所在地区等属性，或者根据消息的类型和地域进行有选择的定向投放，将消息发送给某一类用户。例如：涉及北京市的公共政策新闻，对其他地区用户可能价值不大，可以单独向北京市的微信订户推送；一些地方发生突发事件时，媒体也可以向关联订户发送求证信息。分组推送能够避免用户的信息过载，让媒体的各类信息资源发挥相应的最大价值。但这也要求编辑更加细致地针对每一个不同群体甚至每一个受众的需求，对稿件进行选择。

新媒体的运用给稿件选择带来了极大便利，新闻编辑能够随时掌握受众对已经发布的新闻信息的评价，并据此对后续的稿件选择进行调整。如网易新闻客户端特别重视互动，通过激发用户跟帖和投票，提升新闻内容与用户的黏性。他们认为一个编辑推送的新闻，如果最终跟帖只有几十个，说明得不到受众认可。相反，如果一条新闻推送以后，能达到几百条、几千条的跟帖，就说明这条新闻的确非常重要，编辑团队会根据这个对新闻进行权重调整。在跟帖栏目上，不仅有精彩的跟帖呈现，而且有“今日排行”和“本周排行”，用户可以通过跟帖多少，选择新闻阅读。此外，网易新闻客户端在每篇新闻的文章页下方设置了投票功能，用户可以在阅读完该新闻之后直接参与相关话题投票，并与其他网友互动讨论。在新闻专题页面中也有投票入口。这些互动性的设计对于新闻编辑更加准确地了解受众心理、使稿件选择更加切合媒体定位和受众需求起到关键性的作用。

二、根据同题报道“差异化”的原则，分析新闻稿件的媒介适宜性

媒介竞争的不断加剧，客观上要求所有媒体的新闻报道都应该追求特色，与竞争对手有所差异。而且，还要求每一次的新闻报道都要与以往同一主题的报道有所差异，表现出“这一次”的特点。所谓的“差异化”就是指这两层意义上的差异。

因此，新闻稿件的媒介适宜性分析，不仅要根据媒介的受众定位与功能定位来判断，还要根据对同题报道的比较研究，进行进一步的分析。否则，在选择稿件时，就不可能把与别人雷同的或者与自己已经做过的同题报道相重复的那些不合格的稿件淘汰掉。显然，做好这一步的新闻稿件分析，要求编辑研究新闻报道，包括研究自己媒体已经做过的同一选题的报道，还有其他媒体做过的或目前正在做的同一选题的新闻报道。在这样一种纵向与横向的比较中，判断稿件“这一次”的媒介适宜性（见图 4－1 至图 4－6)。

【案例】

2005 年、2009 年和 2017 年美国《华盛顿邮报》与《华尔街日报》对总统就职典礼的报道比较

INAUGURATION SPECIAL COVERAGE

The Washington Post

Bush Pledges to Spread Freedom

At Second Inauguration, President Talks of 'Ending Tyranny in Our World'

Tight Security, Strong Opinions Dominate a Day Full of Divisions

Global Focus On Rights Would Be a Shift in Policy

Despite Lines and Security, The Visit Was 'Worth It'

An Ambitious President Advances His Idealism

图 4-1 《华盛顿邮报》2005 年 1 月 21 日头版

INAUGURATION FINAL

The Washington Post

Obama Takes Charge

NATION ASKED TO BEGIN TASK OF 'REMAKING AMERICA'

In His Moment, Many Feel Echoes Of Their Own Stories

A Historic Inauguration Draws Throngs To the Mall

All Hail the Leader of the Fashionable World

Sell-Off Is Sobering Welcome From Wall Street

图 4-2 《华盛顿邮报》2009 年 1 月 21 日头版

以时政新闻报道为重点的美国大报《华盛顿邮报》对美国总统就职典礼的报道总是采用最高的处理规格。2005 年通栏照片和通栏标题并用，以四篇稿件与三张照片形成了声势浩大的报道规模，占据了几乎整个头版，表现出对这一事件的欢庆气氛，倾向性明显。

2009 年《华盛顿邮报》对美国总统就职典礼的报道虽然只用一张照片，但篇幅巨大，标题也是超大字号，表现出乐观、欢庆的情绪。

INAUGURATION EDITION

The Washington Post

Trump takes power

NEW PRESIDENT VOWS TO END 'AMERICAN CARNAGE'

FIRST ACTIONS

Signed order could spell doom for ACA mandate

THE INAUGURATION

Tone signals the start of a continued campaign

20 pages of expanded inauguration coverage, A13-A32

THE SCENE

Peacefulness and violence from a polarized populace

THE SPEECH

A sharp break with the past, as well as his party

图4-3　《华盛顿邮报》2017年1月21日头版

2017年，《华盛顿邮报》对美国总统就职典礼的报道依然采用最高的处理规格，通栏的巨幅照片和通栏标题并用，以四篇稿件与三张照片组成了完全对称式的版面，而且下半版的稿件与照片着力于报道内容的平衡，以显示报社对特朗普就任总统在美国引起的舆论对峙和立场分歧进行了客观全面的报道。

THE WALL STREET JOURNAL.

Difficult Journey

After Devastation, Aid Program Offers Refugees Way Home

What's News—

Business and Finance

World-Wide

New Destination

Airlines, Facing Cost Pressure, Outsource Crucial Safety Tasks

Bush Promises Aggressive Push For Democracy

Why High Rollers Shun Private Digs In Las Vegas Casinos

INDEX

WEEKEND JOURNAL

图4-4　《华尔街日报》2005年1月21日头版

美国最著名的财经类大报《华尔街日报》2005年没有因为总统就职这一重大政治活动改变其一贯的版式。该报只在头版最右侧以一栏宽的位置发表了一条新闻和一张半宽栏的布什头像素描，整个头版上占据主要位置的依然是财经方面的新闻和导读专栏。

INSIDE: COMMEMORATIVE SECTION

THE WALL STREET JOURNAL.

President Barack Obama

What's News—

Banks Hit by Nationalization Fears

WORLD WISE

图 4-5 《华尔街日报》2009 年 1 月 21 日头版

2009 年《华尔街日报》对总统就职的报道因为处在金融危机的特殊背景下，并且是改版之后重视使用彩色新闻照片的情况下，比以往加大了这一报道的分量，采用了较大篇幅的照片。但相比其他报纸，这一报道的标题更加客观、冷静，第一版依然保持了较大的财经新闻比重，表现出自己的独特定位。

THE WALL STREET JOURNAL.

WSJ

WEEKEND

The Burden of One-Party Government

REVIEW

A New Declaration Of Independence

OPINION

The Trump Era Dawns

'We are transferring power from Washington, D.C., and giving it back to you, the people'

What's News

Address Promises 'A New Vision'

First Day, a Warning to Washington

THE 45th PRESIDENT

Congress, President Face Complex Dance

图 4-6 《华尔街日报》2017 年 1 月 21 日头版

2017 年《华尔街日报》报道总统就职与以往不同，用了更多的版面，主打图片也居中更加突出，而文字报道则表现出经济大报的视角。这也是《华尔街日报》在再度改版后，版面风格更加贴近读者、更加适应新媒体时代受众需求的一个例证。

三、根据媒体的性质与容量，从把握重点与平衡的角度分析新闻稿件的媒介适宜性

由于对新闻的选择总是针对某一天的、某一版的需要进行的，因此，新闻编辑还要充分考虑到新闻报道与新闻版面的整体要求，根据报纸当时、当天稿件的总体情况对每篇稿件的取舍加以定夺。这种定夺主要有两方面考虑：

第一，稿件的整体结构、数量、质量要与报纸的性质和报道重点相吻合。比如一家面向文化界的专业性报纸，报道重点通常是文化领域的新闻，在此前提下再兼顾其他。具体到每一阶段甚至每一天的用稿，都是文化界的新闻所占比例最大，其次才是经济新闻、国际新闻、社会新闻等。这样该报编辑在处理每篇新闻稿时就要针对报纸用稿的这个特点来考虑稿件是否合适。如一条经济报道，虽然从稿件本身来看既有新闻价值，社会效果也不错，但具体到这家报纸，就可能因为经济方面的报道已经占有足够的比重，这时只能让位于一条更适合该报报道的文教新闻。这是一种“量”的考虑，为的是通过“量”的把握表现报道重点、体现报纸的特色。反过来，一条经济新闻在某家综合性报纸也许能被编辑挑选上，但拿到一家经济类报纸，说不定会被“枪毙”，因为经济报纸是以经济报道见长的，它对经济新闻的要求自然要比其他类型的报纸高，这是从“质”的方面体现报纸的重点、水准和特色。

第二，稿件的整体结构、稿件的类型和数量，要能够做到报道面与报道对象的平衡。任何一家报纸的报道内容都不会是单一的，报道对象也不能固定不变，这就是我们通常说的报纸要有一定的报道面和报道对象。报道面与报道对象其实也是构成报纸特色的一个重要方面。因此，编辑在选择稿件时，除了对每篇稿件本身作出评价之外，还要根据报纸报道面与报道对象的要求对稿件是否适合某一天某一版采用作出判断。如《人民日报》是我国最大的综合性机关报，它的报道面要比一般报纸大得多。比如，它的要闻版在一个阶段内必须注意全面地反映各个地区、各个领域、各行各业的情况，不可过分地偏重于某一地区、某一行业，致使报道对象过于集中。因而在处理每一篇稿件时，编辑都会注意这篇稿件报道的内容与对象以往报道过没有，所占比例多大，由此来决定对这篇稿件的处理。又如 20 世纪末，我国经济改革步伐加快，处在改革开放前沿地带的南方一些沿海地区出新闻较多，而条件相对落后的西北地区则出新闻较少。但是，《人民日报》在采用稿件时十分注意对西北地区的报道，这就是为了保证一定的报道面，在报道对象上达到一种平衡。选择稿件时所讲求的平衡，包括报道的重心与报道面的平衡、报道的地区之间的平衡、报道对象之间的平衡等。选择稿件时对平衡的把握，仍然是为了在整体上遵循报纸的编辑方针，表现报纸的风格特色。

【案例】

稿件内容过于单一造成的“车祸版”

北京/热线

车载铁架碰上万伏高压线

车内四人触电死亡

25岁男子凌晨猝死

慢行大货车轧死6龄童

七旬夫妇非正常死亡

小货车侧翻 西红柿满地

北京/热线

运煤货车侧翻砸瘪吉利

事发通黄路大兴刘村 吉利车司机逃过一劫

出租车轮开溜砸伤路人

富康轿车撞死买菜老太

奇瑞跨越护栏冲下护堤

逃票男青年拳击售票员

图 4－7 稿件内容集中于车祸报道的某报本地新闻版

这是某地方报纸的两个本地新闻版（见图 4－7），整个版面上的稿件几乎都是车祸新闻。

尽管每篇新闻稿件的内容都是真实的，但因为编辑在选择稿件时没有把握好稿件的整体结构在报道对象与报道面的平衡上的作用，结果从整个版面的内容来看，对于社会现实的反映是片面的，新闻传播的社会效果并不好。

第五节　分析与选择新闻稿件应注意的问题及“更正”的处理

【知识要点】

- 分析与选择稿件时要注意的问题如下：充分发挥稿件的各种用途，最大限度地开发利用新闻信息资源；慎重、及时地处理每一篇稿件；重视作者的附稿信，尽快通知作者处理结果；注意发现人才，建立作者队伍。
- “更正”的处理。

一、分析与选择稿件应注意的问题

新闻编辑对新闻稿件的分析和选择，不仅关系到某一天的新闻产品的质量，还关系到整个媒体的长远发展。因为对于记者、作者来说，编辑对稿件的取舍和安排，代表着媒体的用稿倾向，他们据此判断媒体对稿件的偏好和要求。编辑处理稿件的态度和行为，还会影响作者对媒体的印象和评价，影响他们与媒体的关系。因此，分析与选择新闻稿件，是一项非常重要的编辑业务，编辑需要注意下面几方面问题。

（一）充分发挥稿件的各种用途，最大限度地开发利用新闻信息资源

新闻稿件是新闻媒体最宝贵的一种新闻信息资源，编辑在分析与处理稿件时，不能仅仅考虑稿件是否适合媒体刊播，只满足于把能够采用的稿件挑选出来，不能采用的稿件则丢弃不问。一个负责任的编辑还应该从新闻媒体的长远发展需要出发，认真研究每一篇新闻稿件的潜在价值，尤其是那些不宜公开采用的稿件，看看其中是否还有值得利用的东西，是否还需要进行以下几种方式的处理（见图 4－8）。

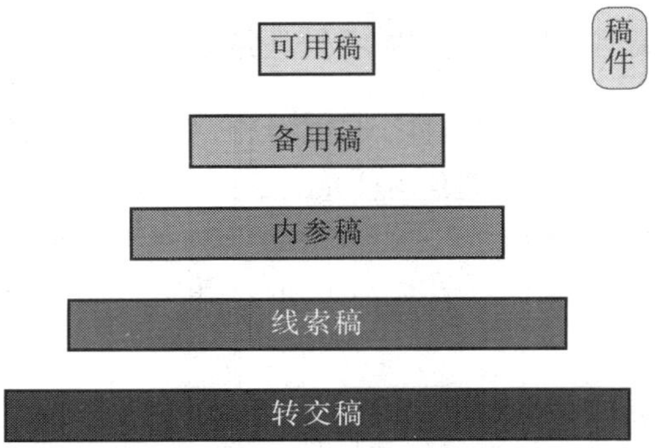

图 4－8　稿件的多种用途示意图

（1）如果一篇稿件不宜立即采用，是否有备用的价值？如果稿件是因为报道时机不合适，或者内容上有问题没搞清楚，可以作为备用稿件，先放一放等待时机，或根据稿件中存在的问题要求记者、作者重新采访写作。

（2）如果一篇稿件不宜公开刊登，是否有作为内参的价值？有些新闻稿件不适合公开报道，主要是它们涉及的新闻事实比较敏感或复杂，公开发表可能会造成不良的社会后果，这类稿件可以考虑作为内参发表，使其在一定范围内产生影响。我国新闻媒体的内参报道长期以来是党和政府部门了解社会问题和人民心声的一个重要渠道，对于方针政策的制定有着非常重要的作用。新闻编辑在分析与选择稿件时，应该充分利用这样的一个特殊渠道，使新闻稿件的价值得到充分利用。

（3）如果一篇稿件不宜采用，是否其中还隐藏着其他有价值的线索或内容？是否可以作为其他新闻报道的依据？在一些新闻稿件中，主体新闻事实不具有公开报道的价值，但稿件中相关的事实却值得重视。这就为后面的采访提供了线索和依据，编辑可能从中发现新的主题，为记者的采访报道提供线索，甚至可以据此策划与组织报道，指挥有关记者和原稿件的作者进行合作。

（4）如果一篇稿件不宜公开发表，是否有必要转交有关部门进行处理？有些稿件尤其是作者的自发来稿，反映的问题不具有普遍意义或代表性，但稿件中涉及的问题却关系到一些人的切身利益，反映了比较严重的问题。对这类稿件，编辑应该转交到有关部门，帮助作者反映情况，使问题最终能够得到解决。

总之，新闻编辑要将所有来稿都视为宝贵的新闻信息资源进行最充分的开发利用，不能草率地将稿件判处“死刑”。

（二）慎重、及时地处理每一篇稿件

新闻稿件与一般稿件不同，因为它是关于新闻事实的报道，在大众传媒上公开传播，往往受到公众的广泛关注，会产生一定的社会影响。因此，编辑对新闻稿件的处理必须非常慎重，要充分分析稿件的社会传播效果，全面考虑问题。此外，由于新闻稿件的时效性要求，编辑在分析和选择稿件时，必须分秒必争，不能一放两三天，贻误报道时机。所以，及时地处理当日来稿，是选稿时必须做到的基本要求。

（三）重视作者的附稿信，尽快通知作者处理结果

有些作者在给媒体投稿时，会在稿件之外附信，介绍稿件写作的一些基本情况，或就某些问题向编辑作出说明。这些附稿信也是值得注意的信息，它们对分析判断稿件内容的价值、预测稿件的社会效果都有非常重要的作用。因此，编辑在处理稿件时，要认真阅读这类信件。有时，稿件本身问题很多，不能采用，但附稿信中却可能提供了有价值的线索或信息，这是编辑需要重视的。

编辑对稿件的处理结果必须尽快通知作者，这是对作者劳动的尊重，也是对媒体形象的维护。新闻稿件都是有时效特点的，一篇稿件不适合一家媒体采用，但可能适合另外的媒体，如果新闻编辑在决定一篇稿件不用之后，立即通知作者，就使作者有可能来得及把稿件转给合适

的新闻媒体，使其劳动不至于白费，作者也会因此而增加对编辑的信任。但在实际工作中，有些新闻编辑不注意这方面的问题，对不采用的稿件一弃了之，根本不通知作者本人。更有甚者，极个别编辑还将通讯员或作者的来稿改头换面，窃为己有。这种做法严重违背了新闻职业道德，也严重损害了新闻媒体的形象，必须坚决杜绝。

（四）注意发现人才，建立作者队伍

新闻编辑在对稿件的分析和选择中，往往能够发现一些具有新闻敏感度和良好写作能力的作者。这些作者长年在社会一线工作，对实际情况非常了解，具有某一方面的专业知识素养，对新闻工作又抱有很大的热情。编辑应该有意识地与这类作者建立联系，培养感情，帮助他们提高新闻报道水平，为他们的采访报道提供必要的帮助，使其进一步成为新闻媒体忠实的作者。通过长时间的发现和培养，新闻编辑就能够在自己周围建立起一支可靠的作者队伍，让他们在今后需要的时候为新闻报道提供稿件、线索和资料。这项工作不仅关系到编辑本人业务工作的顺利开展，还关系到新闻媒体的长远竞争力，新闻编辑理应担负起培养作者、建立队伍的责任。

二、“更正”的处理

在办报实践中，由于各种各样的主客观原因，新闻报道中出现差错是难以避免的。一旦发现已经发表的新闻稿件中存在差错，报纸就需要采用补救的方式进行“更正”。

需要更正的差错大致有两类：一类是新闻事实方面的差错，如新闻稿件中的人名或单位名称有误、新闻事实的某些细节描述有错等。这类差错有的是因为记者与作者在采写新闻时不够认真仔细所致，有的是编辑、校对等在编稿、排版和校对时不够仔细，对原本错误的内容没有改对，依然有错，或者将原本正确的内容改错。另一类是新闻报道的立场观点有错，即记者或作者对新闻事实的分析判断和价值评价不当，而编辑没有发现其中的问题，未能把好关，导致稿件产生不良社会影响。如 1999 年 7 月 8 日南方某报在头版重要位置刊登一条新闻，报道深圳国有企业改革的经验和做法，新闻标题及正文在表述事实时出现了观点错误，与中央经济改革的方向和政策不相符，在社会上引起不良反应，报社在第二天不得不在同一版面位置进行更正和公开道歉。

无论出现了何种差错，都会对报道对象产生一定的影响，有些涉及个人和组织名誉的报道，其差错对当事人的伤害往往更大，这也是导致新闻官司的一个主要原因。最高人民法院司法解释规定：编辑出版单位在作品已被认定为侵害他人名誉权或被告知明显属于侵害他人名誉权后，应刊登声明消除影响或者采取其他补救措施。拒不刊登声明，不采取其他补救措施，或者继续刊登、出版侵权作品的，应认定为侵权。因此，只有对报纸上的差错及时进行更正，才能为报道出错所伤害到的相关组织和人员消除负面影响、挽回名誉损失，使可能出现的侵权诉讼得以避免，或者使报社在诉讼发生后化被动为主动。更重要的是，及时更正新闻报道中出现的差错，也是维护新闻职业道德规范的必要举措，它能够体现报纸的客观公正原则，保持新闻媒体在社会中的公信力。早在 1977 年，美国著名的严肃大报《纽约时报》就在第一版组的第二版上，专门开辟了“更正”专栏，与“新闻简要与索引”专栏放在一起，位置固定不变，每天都对散布在各个版面上的稿件中的差错集中进行更正，有时两三条，有时五六条。该报执行总编辑说：“这种勇于认错的原则应当成为我们一般性的新闻原则。”① 1983 年，《纽约时报》出台一个更新的政策：除了“更正”专栏继续对新闻失实之处予以补正外，再增加一个“编者的话”栏目，与“更正”栏目放在一起，专门订正新闻失实以外的重大疏失，比如改正编辑们认为属于公正、平衡或观点方面的重要缺陷之处。这个栏目不是每日都有，但它与“更正”栏目一样，遵守一查清楚就立即刊登的原则。像《纽约时报》这样重视“更正”的报纸在美国等西方国家报界还有不少，这种做法对维护报纸的声誉起到了积极的作用。21 世纪初，我国也有一些报纸开始借鉴西方报纸的做法。

【案例】

《新京报》“更正与说明”专栏

更正与说明

[事实纠错]

9 月 19 日 B08 版《上周北京市场部分车型价格表》（编辑：××× 校对：×××）中，“10 万～20 万元”一节，第 4 行“捷达 CIF 舒适型”的优惠幅度“118 000”应为“11 800”。

[文字更正]

9 月 19 日 A02 版《有多少历史建筑面临着被毁的命运》（校对：××× 编辑：×××）一文，最后一段第 3、4 行“还会有更名建筑被无情拆除”应为“还会有更多建筑被无情拆除”。

[解释说明]

9 月 19 日 A17 版《西班牙破获一新纳粹组织》（编辑：××）一文，与 A20 版《西班牙破获一新纳粹组织》一文内容相同，系编辑重复发稿。

本报谨就以上错误和疏漏向读者和相关单位、人士致歉。

挑错热线：010－63190000

栏目编辑：杨永刚

资料来源：新京报，2005－09－20.

2003 年创办于北京的《新京报》自创刊第二天始，就在第一版组的第二版上推出了“更正与说明”栏目，下设“事实纠错”“文字更正”“解释说明”三个子栏目，对报纸近期出现的事实错误和文字错误进行了更正，并就部分造成歧义或难懂的地方进行了解释说明，这一做法得到了广泛好评。

编辑对“更正”的处理是编辑工作的一项重要内容。更正已经发表的稿件中的差错，主要有以下几种方式：

---

① 李子坚．《纽约时报》的风格．长春：长春出版社，1999：91.

（1）以“来函照登”的方式进行更正。在新闻稿件中的差错见诸报端后，被涉及的当事人或单位通常会来信来电提出抗议并说明真相，新闻编辑应对这些情况进行调查核实，一旦证实稿件中的差错确实存在，可直接刊登报道对象的来函，以消除差错稿件产生的不良影响。

（2）以编写“更正”的方式进行更正。即针对稿件中的事实差错，以简要的文字说明指出差错所在，公布正确的内容。这种更正方式是编辑在核实事实的基础上自己编写的，有时在更正中还会简要说明出现差错的原因，并向所涉及的个人或单位致歉。

（3）以重新发布新闻的方式进行更正。一旦发现新闻稿件中的差错，编辑还可以利用后续报道的方式，在向读者提供最新信息的同时，对前一稿件中的差错加以纠正，这也是一种更正。另外，针对那些出现重大立场观点差错的稿件，因为影响较大，也往往需要重新发表一篇立场观点正确的稿件，再次加以报道，以挽回影响。

（4）以公开检讨的方式进行更正。这主要针对特别重大的差错，因为在社会上影响很大，产生严重后果，编辑部不但要更正差错，还需要向当事者和广大读者公开检讨，有时还要说明对有关记者编辑人员的处理结果以及报社内部的整改措施。

【案例】

南方某报对一篇出现重大差错的新闻稿件的更正

事件背景：

1999 年 7 月 8 日南方某报在头版头条刊登消息，报道深圳国有企业改革的经验和做法，新闻标题如下：

深圳国企改革廿年再次棋先一着
让大中企业淡出国有经济
从一般竞争性领域大收缩，只据守关系
国计民生的关键行业

（正文略。）

更正：

1999 年 7 月 9 日，该报在头版头条对前一天的错误进行更正。具体做法如下：

（1）以重新发布新闻的方式进行更正。更正性新闻报道的标题是：

深圳国企改革有“六成功”
可资广东加快国企改革借鉴

（正文略。）

（2）以公开检讨的方式进行更正。内容如下：

重要更正和致歉启事

昨天本报头版关于深圳国企改革一稿，内容有重大失误。其中标题和内文提到“让大中企业淡出国有经济”的提法，不符合党的十五大关于坚持公有制主体地位和国有企业改革的精神。

我们报道这样的观点，是很不慎重的。出现这样的政治导向的错误，反映了我们报社在政治上把关不严，有关编辑和记者政治头脑不够清醒，政治素质不够高，也反映了我们在报社内部教育管理上存在的问题。对此，我们特公开承认错误并向读者表示歉意。我们一定要从中吸取教训，采取措施进行整改，不断提高办报质量。

×××报编辑部

【案例】

腾讯新闻转载文章出现重大差错的更正和致歉

腾讯新闻 新闻 > 国内新闻 > 时政新闻 > 正文

环球时报：要允许中国适度腐败 民众应理解

国际论坛 15

反腐败是中国社会发展的攻坚战

图 4-9 《环球时报》社评及"腾讯新闻"重新制作标题的转载

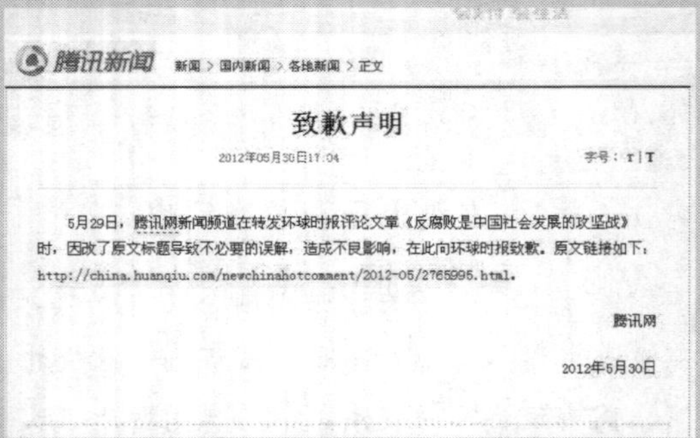

腾讯新闻 新闻 > 国内新闻 > 各地新闻 > 正文

致歉声明

2012年05月30日17:04

5月29日，腾讯网新闻频道在转发环球时报评论文章《反腐败是中国社会发展的攻坚战》时，因改了原文标题导致不必要的误解，造成不良影响，在此向环球时报致歉。原文链接如下：http://china.huanqiu.com/newchinahotcomment/2012-05/2765995.html.

腾讯网

2012年5月30日

图 4-10 "腾讯新闻"的《致歉声明》

2012 年 5 月 29 日"腾讯新闻"转载《环球时报》的社评《反腐败是中国社会发展的攻坚战》，将原标题改为《环球时报：要允许中国适度腐败 民众应理解》，引起社会争议和批评，造成不良影响（见图 4-9）。因此，以原文重新转发和发表《致歉声明》的方式公开更正和致歉（见图 4-10）。在此之后，有关部门要求所有网络媒体在转载新闻稿件时必须同时标注原标题。

【思考与练习题】

1. 分析与选择稿件的意义和目的是什么？
2. 如何分析稿件的新闻价值？
3. 如何判断新闻稿件的社会效果？
4. 如何根据媒体的特点选择稿件？
5. 新闻稿件的用途主要有哪些？
6. 为什么要对媒体上的错误进行更正？更正的主要方式有哪些？
7. ［综合练习之三］：根据前一章［综合练习之二］中设计的报道方案，从已经采写的稿件或相关媒体的报道中选择若干篇适合采用的稿件。
8. 阅读并分析下面这篇稿件，指出它存在的不足。如果你是《中国青年报》的编辑，会要求记者怎样采写这条新闻？请提出设想，并说明理由。如果你是中国人民大学校园报纸《青年人大》的编辑，又会要求记者怎样采写这条新闻？也请提出设想，并说明理由。

《全国青少年网络文明公约》正式发布

今天上午，中国人民大学学生活动中心网络教室里掌声阵阵，一片欢腾。对于全国亿万青少年来说，今天是一个特殊的日子，共青团中央、教育部、文化部、国务院新闻办公室、全国青联、全国学联、全国少工委、中国青少年网络协会联合召开网上发布大会，向社会正式发布《全国青少年网络文明公约》。10时整，全国人大常委会副委员长许嘉璐郑重按动键盘，正式揭开了中国青少年计算机信息服务网上的《全国青少年网络文明公约》主页面，宣告《全国青少年网络文明公约》正式发布。这标志着我国青少年有了较为完备的网络行为道德规范。这是我国青少年网络生活中具有里程碑意义的一件大事，必将在今后的网络使用中产生深远的影响。

在发布大会上，深受青少年网友喜爱的王小丫、姜昆、董浩被聘为《全国青少年网络文明公约》宣传大使。中国人民大学的学生代表向全国青少年发出《遵守公约，文明上网，营造健康的网络道德环境》倡议：积极响应《公民道德建设实施纲要》的号召，高举网络文明的旗帜，自尊自爱，文明上网，要严格自律，争做遵守网络道德的模范；要弘扬新风，争做传播网络文明的使者；要规范操作，争做维护网络安全的卫士；为营造健康向上的网络环境，推进我国社会主义现代化建设事业贡献出年轻人的青春、智慧和力量！

记者看到，除大会中心会场外，全国31个省、自治区、直辖市设立了分会场，各地万余名青少年通过互联网参加了发布大会。随着活动的进行，不断有青少年网络爱好者点击《全国青少年网络文明公约》主页面，表示响应支持公约。主会场和各分会场的观众通过网上直播观看了北京、天津、上海、重庆等11个省、市的活动。主会场和分会场之间形成了强烈的呼应，整个活动场面热烈，富有网络特色。

团中央书记处常务书记、全国青联副主席孙金龙，教育部副部长王湛，国务院新闻办公室副主任蔡名照出席发布大会并讲话。会议由团中央书记处书记赵勇主持。

据悉，发布《全国青少年网络文明公约》，是团中央贯彻江泽民总书记“三个代表”重要思想，落实《公民道德建设实施纲要》的重要举措，旨在推动网络道德建设，进一步提高青少年道德水平。目前，信息化已经成为当今世界经济和社会发展的大趋势，以互联网为主要特征的数字化正在深刻地改变着世界。全球已有1亿多台电脑和100多万个计算机网络与互联网相连，上网用户已达到5亿。近年来，我国互联网发展非常迅速，目前，上网人数已达2 650万，并且还在以每年翻一番的速度增长，其中青少年占80%以上。团中央等部门在调查中发现，网络已成为青少年学习知识、交流思想、休闲娱乐的重要平台，它增强了青少年与外界的沟通和交流，有利于创造出全新的生活方式和社会互动关系，有利于青少年的发展。同时，青少年也最容易受到网络不健康现象的侵害。例如，有的青少年在网上浏览不良信息，有的超时无节制上网，有的因缺乏自护意识而上当受骗等。今年10月，上海两名女中学生因约见网友离家30多天，身心受到严重伤害。在武汉、广州、天津、重庆等城市，中小学生因上网而夜不归宿已经成为一个严重的社会问题。据调查，青少年性犯罪与网络色情内容有着比较大的关系。所有这些现象说明，网络秩序亟待规范，网络道德亟待加强。为了增强青少年自律意识和自护能力，保障他们健康成长，经过认真研究，反复论证，多方征求意见，团中央等部门正式推出了《全国青少年网络文明公约》。

日前，共青团中央等八单位已发出通知，将在全国范围内开展学习、宣传公约的系列活动，增强青少年网络安全防范意识和网络道德意识，倡导全社会关注青少年网络环境，荡涤网络不良现象。11月26日，将在全国100所大学、1 000所中学、1 000所小学集中组织青少年学生开展以宣传青少年网络文明公约为主题的丰富多彩的团、队日活动，在大、中、小学校张贴《全国青少年网络文明公约》宣传画，在中小学生中发放《全国青少年网络文明公约》宣传卡；12月2日，《全国青少年网络文明公约》的宣传活动将结合青年文明社区道德建设行动进入所有的“青年文明社区”，广泛动员和组织广大社区青少年，积极学公约、守公约、议公约、传公约，在社区掀起宣传《全国青少年网络文明公约》的高潮；12月上旬，结合创建“青少年安全放心网吧”工作，在互联网的服务场所开展公约的宣传活动；12月中旬，全国近百家网站将进一步开展《全国青少年网络文明公约》宣传活动，利用网络媒体的优势大力宣传《全国青少年网络文明公约》。

第五章

新闻稿件的修改

改稿，是一项基本的编辑业务，也是新闻编辑的一项常规性工作。修改新闻稿件与修改一般稿件有许多共同之处，如都要求内容正确、主题突出、叙述清楚、条理分明、语句通顺、用词妥当、行文生动、标点准确、无错别字等。但除此之外，修改新闻稿件还有一些特殊要求，这是因为新闻稿件与一般稿件有所不同。

第一，新闻稿件是以客观存在的新闻事实为报道内容的，它不同于文学作品和艺术创作，因此稿件的内容表述必须与客观事实相符合，必须能真实、准确地反映事实。第二，新闻稿件要在大众传媒上公开发表，读者广泛，社会影响力大，因此更加强调正确的舆论引导作用，也就是说，比之其他类型的作品，新闻稿件在政治上有更高的要求。第三，新闻稿件强调时效性，新闻编辑修改稿件有截稿时间的规定，必须迅速而高质量地完成任务。所以，与其他类型的稿件相比，新闻稿件的修改难度更大。

对新闻稿件的修改，主要从两方面着手，一是对新闻事实的核实和订正，二是对新闻稿件中立场观点的修正。新闻编辑通过一些具体的改稿方法的运用，完成上述两方面任务，使新闻稿件达到公开发表的水平。

第一节　新闻事实的核实与订正

【知识要点】

- 新闻稿件报道新闻事实的基本要求是：真实、准确、科学、清楚、统一。
- 新闻编辑对新闻事实的核实与订正，主要采用分析法、核对法和调查法这三种基本方法。
- 分析法是新闻编辑通过对稿件所叙述的内容和叙述方法、写作条件等进行逻辑分析，发现其破绽和疑点的一种方法。
- 核对法是新闻编辑借助有关资料，发现和纠正稿件中的事实差错的改稿方法。
- 调查法是新闻编辑针对新闻稿件中有关事实表述中存在的疑点，对当事人或知情者进行调查核实的一种改稿方法。

一、新闻稿件报道新闻事实的基本要求

新闻是对客观事实的报道，新闻编辑在改稿时，首先对稿件中有关新闻事实的内容进行分析，看看有无需要核实和订正的地方。新闻稿件报道新闻事实的基本要求是：真实、准确、科学、清楚、统一。

（一）真实

真实指新闻报道中所涉及的现实方面的各种材料，必须完全符合事实的本来面貌。编辑在选择稿件时，由于稿件数量多，工作时间紧迫，不可能对每一篇稿件的真实性进行调查核实。因此，在修改稿件时，判断新闻内容的真实与否是首要任务。

新闻内容与事实不相符的情况是多种多样的，最常见的是这几类：一是作者虚构，报道内容是作者的主观想象，无中生有，没有任何事实依据。二是东拼西凑，即稿件内容的各个部分也许都是从某些事实出发的，但这些事实并非如新闻报道中说的，出自同一件事或同一个人，而是头是张三的，尾是李四的，中间的情节是王五的，作者把它们拼凑在一处，充作一条新闻，这样导致新闻违背事实真相。三是细节夸张，即稿件中报道的事情确有其事，但其中的细节被夸大了，把一分说成十分，把偶一为之的说成经常的，或者反过来，有意地缩小事实的严重程度，避重就轻。四是主观孤证，即为了证明作者的某一主观思想，违背事实原貌地选取材料进行印证，造成因果关系不真实，如把多种原因说成是某一种原因，以偏概全，或对真正的原因避开不谈，而主观地认定是另外的原因等。五是道听途说，轻信假象，即对新闻现象不加分析判断地进行报道，致使假象掩盖了真实的面貌。此外，还有作者有意“导演”等。判断新闻稿件内容的真实与否是一项十分复杂的工作，它需要新闻编辑审慎细致地进行分析和查证核实。

（二）准确

准确指构成事实成分的名称、时间、地点、数字、引语等都必须准确无误。编辑在修改稿件时，对那些越是细小的地方越要注意，比如有些不常见的地名，记者容易误听误记，如果编辑不认真把关，错误就会见诸报端，轻则贻笑大方，重则误事害民。比如有家报纸在一则文化新闻中把《苍天在上》《大雪无痕》《省委书记》作者陆天明写成了吴天明。吴天明是著名导演，不是小说家，记者的张冠李戴编辑没有及时识别，不但误导了读者，而且还会给当事人造成很不愉快的尴尬，弄不好甚至会引来官司。有家报纸在一则不长的春节交通消息中，把湖南“郴州”“耒阳”“嘉禾”分别错成“彬州”“莱阳”“加禾”，把“湖北”宜昌错成“湖南”宜昌，消息中有三分之二的地名搞错了。如果有对上述地方陌生的旅客按消息中提供的地名乘车前往，必将遇到麻烦、受到损失。还有一家报纸在报道国家队足球比赛时，将比赛时间写成下午5点钟，一个球迷就按照这个时间先坐飞机再搭“的士”从外地赶赴球场看球，到了以后才发现比赛已经结束，因为球赛是从下午3点钟开始的。原来是报纸把比赛时间刊登错了，球迷

认为报纸的错误报道造成了自己的损失，因此一纸诉状将报社告上了法庭。

新闻事实的准确表述还与时间的变动有关。随着时间推移，有些事物还沿用过去的说法就不再合适。如东欧形势变化后，我们自然不能再用“东欧社会主义国家”一词；过去我们称作“南朝鲜”的韩国，在中韩建交后就不能再用过去的称呼。再如马克思、恩格斯、列宁、斯大林著作，过去我们都用旧版本的译著为引文的依据，后来出现了翻译得更准确的新的译本，我们再引用经典作品时，就应该对照这些新的版本进行订正。

（三）科学

科学指涉及自然科学、社会科学的新闻事实、文字表述须符合科学。如《人民日报》编辑在修改一篇题为《泉城喊渴》的通讯时，看到文章中有这样一段话：“据供水部门介绍，到上个月，济南的地下水位已降至 23.8 米以下，接近警戒水位 23.5 米。而地下水位一旦下降到 23.5 米以下，现有的水泵就无法工作，将不得不更换深井泵减量取水。”编辑认为这段话所描述的事实有些问题，如果按照记者的说法，警戒水位是 23.5 米，那济南的地下水位 23.8 米，应该已经在警戒水位之下了，现有的水泵已经无法工作。经过向记者和有关部门核实，才发现原稿的写作因为表述不符合科学，导致歧义。正确的说法应该是：“据供水部门介绍，到上个月，济南的地下水位已降至海拔 23.8 米以下，接近警戒水位 23.5 米。”原稿中少了“海拔”两字，事实就不符合科学规律，变得难以理解。在许多新闻报道中，都有类似的需要进行科学表述的事实，编辑在这些看似细小的问题上要格外慎重、仔细。

（四）清楚

清楚指对于事实的表述要让读者看得明白，不留有疑问。新闻稿件写得不清楚往往有这几方面原因：一是名称过于简单，如对于第一次见报的地名，应该写清楚它所属的省、市、自治区（国际新闻还应注明国家）；在稿件中第一次出现的地名，如果不是读者十分熟悉的，应该用全称，后面可以用简称，但也要注意用得规范、合乎约定俗成和人们的习惯。对于人物的交代也一样，不能一开始就称呼“李书记”“张经理”，应该写出其尊姓大名。二是缺少新闻要素，如与新闻事实相关的时间、地点、人物、原因等要素有遗漏。三是缺少必要的背景交代，读者难以理解新闻的价值和意义。四是缺少必要的细节交代，读者对事件发展变化的过程很难把握。五是缺少必要的解释，特别是一些专业性较强的新闻，往往涉及一些艰深的专业知识，如果没有通俗化的解释，读者难以看懂。如一家报纸曾刊登过一条消息《全球二叠系三叠系界线在浙江》，说的是国际有关组织确认，标志全球二叠系与三叠系界线的“金钉子”在浙江长兴县。长兴灰岩记录了地球在古生代末的历史，是研究古生代、中生代之交地壳演变、古生物演化与灾变的重要依据。在这篇稿件中，“二叠系”“三叠系”是地质学中的术语，由于消息中未作任何解释，读者也就很难理解这条新闻所说的内容。

（五）统一

统一有两层含义：一是指在同一篇或同一组稿件中，关于事实的表述前后要一致。如在一篇稿件中，译名、计量单位、数字等，写法应该前后一致，如：年代的写作前后应该一致，不能前面写“二〇〇二年”，后面写成“2002年”；外国人的名称、译法要统一，不能同一人的名字出现不同的汉字译名。如果是一组连续报道，对于同一新闻事实的表述在不同的稿件中要前后一致，不能出现相互矛盾。二是指新闻事实的表述方式要与全国规定的或通用的方式相一致。比如在数字的使用上，为使数字用法趋于规范统一，2011年国家质量监督检验检疫总局和国家标准化管理委员会颁布了《出版物上数字用法的规定》（GB/T 15835—2011），作为中华人民共和国国家标准，对各级报刊与出版物在涉及数字（表示时间、长度、质量、面积、容积等量值和数字代码）时使用汉字和阿拉伯数字的体例作了比较科学、合理的规定，起到了良好的规范作用，为我们采编工作的标准化、规范化提供了指导与依据。新闻稿件中对计量单位的表述就应该按照这个规定来写，如果是重量单位，要用“克”“千克”，不能用“两”“斤”。如果必须用其他计量单位的，也应加以注释，并说明折合我国统一的计量单位是多少。

二、核实与订正新闻事实的主要方法

新闻编辑在修改稿件时，如何发现新闻事实方面的问题并进行改正？主要采用的方法是以下三种。

（一）分析法

分析法是新闻编辑通过对稿件所叙述的内容和叙述方法、写作条件等进行逻辑分析，发现其破绽和疑点的一种方法。这种方法在改稿时一般会首先采用，而且采用得最多。它不需要借助其他工具，主要运用新闻编辑已经具备的知识和经验，通过对稿件的分析、比较，发现问题并进行改正。

采用分析法，主要从以下几方面对稿件进行检查和分析：

第一，检查新闻内容是否违反常识或不合情理，情节是否过于奇巧，对事实的表述是否含糊其词。

世上任何事物都有其内在的规律性，这种规律性被人们认识，就成为人们生活中、工作中的一些常识，违背常识和不合情理的事情往往可能有假。如报道某省农村经济发展形势好的稿件中出现“农民安居乐业，家家六畜兴旺”这样的描述，显然就不合情理。因为“六畜”（猪、牛、羊、马、鸡、狗）即使是一家养齐也不容易，何况是“家家”？新闻稿中用词太过，话说得太满，往往导致内容言过其实。再如有篇新闻报道特殊教育工作成就，稿件中列举的事实是：一位入学前连自己名字都不会写的智力障碍儿童，经过老师的辛勤教育，现在已经能够使用1万多个汉字了，这同样令人怀疑。因为《新华字典》共收单字8 000多，很多大学毕业的人也不能全部认识和熟用，一位仅经过特殊教育的智力障碍儿童竟能使用1万多“常用”汉字？这类事实都是需要核实的。

【案例】

一条与事实不符的假新闻

新闻从业人员平均寿命45.7岁

新闻从业人员的平均寿命只有45.7岁，昨天在新华社江苏分社新闻信息中心主办、惠氏制药有限公司协办的一场新闻从业人员营养与健康专题研讨会上，医学专家公布了这一统计数据。通过对现场30多位新闻从业人员的健康状况调查发现，几乎没有一个记者认为自己是健康的。

据原江苏省人民医院林桂方院长介绍，“猝死”拉响了新闻从业人员的健康“警报”。北京电视台记者郑立在雅典拍片时猝死，俄罗斯著名体育摄影记者尤里·贝科夫斯基8月26日晚也猝死在雅典，沈阳《球报》的资深编辑在收看奥运会比赛时猝死等一系列的新闻事件都引起了医学专家对新闻工作者健康的关注。最近通过对新闻从业人员寿命的调查发现，目前新闻从业人员的平均寿命只有45.7岁，而导致这种结果的罪魁祸首就是常年熬夜、不能定时进食、生活没有规律和压力过大等。

林院长在研讨会上指出，上述问题也是许多知识分子所面临的共同问题，由此引发的高血压、高血脂、糖尿病等“富贵病”越来越多，导致我国平均每24秒就有一个病人死于脑血管疾病，并逐步向年轻人扩散。而一项统计数据显示，现在从事脑力劳动的“白领”的平均寿命只有48岁左右。事实上这些疾病并不是什么“富贵病”，而是“生活方式疾病”。通俗地说就是五光十色的夜生活多了，科学合理的休息少了；出门打车的时间多了，步行骑车的时间少了；大鱼大肉吃得多了，粗茶淡饭吃得少了；精神压力负荷多了，宽松轻松的环境少了。这些不良生活习惯所导致的亚健康状况，目前医学界没有任何的疫苗也没有任何的药可以治疗，只有靠改变自己的生活方式。而通过对研讨会现场30多位新闻从业人员生活方式的调查发现，没有一个人认为自己是健康的，超过一半的人承认自己目前处于亚健康的状态。

至于如何改善目前新闻从业人员的健康状况，林院长也提出了中肯的意见。他认为除了加强体育锻炼，在日常膳食的基础上增加全面、均衡的营养素补充剂外，最重要的是改变目前的生活方式。

这篇稿件是南方某报2004年9月26日发表的一条假新闻。凭常识判断，也应该怀疑“新闻从业人员的平均寿命只有45.7岁”这样荒谬的结论。

这则假新闻的信息来源是《新闻记者》杂志2000年第6期发表的一篇题为《“无冕之王”安然无恙乎？——上海市新闻从业人员健康状况抽样调查报告》。在那次调查中，发现上海10家新闻单位已死亡的在职职工平均年龄仅为45.7岁，其中患癌致死者的比例高达72.7%。同年年底，中国记协书记处书记肖东升在第四届全国新闻界网球邀请赛上公布了这则消息。此后，“已死亡记者的平均年龄仅为45.7岁”的统计数据不胫而走，多次出现在国内不同媒体上，越传越离谱。

其实，只要编辑上网检索一下，就不难看到这篇调查报告的全文。同时，一个四年前的调查结果如何变成了“最近对新闻从业人员寿命的调查”？这又是一个问题。

有些稿件中描写的新闻事实充满了巧合，非常离奇，还有些新闻描写非常富有文学色彩，但对一些关键的要素或过程又交代不清，含糊其词。对这类稿件编辑要特别注意，往往有编造故事或夸大事实的可能。如有报纸曾经刊登过一条《冷冻姑娘复活》的奇闻，说的是一位名叫兰海蓉的四川姑娘，在新疆打工时遭煤气中毒，经新疆生产建设兵团抢救多日后不幸死亡。其母亲把女儿的尸体送到乌鲁木齐火葬场停尸房，在零下 20 多度的停尸房里躺了 15 天后，死者奇迹般醒了过来。新疆某报的记者对这条新闻感到怀疑，进行了深入的采访。他了解到，兰海蓉住院期间从未离开过医院，医院从未开过死亡证明，送火葬场之事更是子虚乌有。事实的真相是，兰海蓉煤气中毒住院后，其未婚夫想借此发财，假托兰死掉，好向兰的老板索赔，于是就让兰的母亲编造女儿进火葬场的假话，兰海蓉“死而复生”的新闻就这样流传开来。像这样离奇的新闻本该引起记者编辑的怀疑，遗憾的是它竟然过关斩将，登上了多家报纸的版面。

第二，检查稿件的前后内容是否有自相矛盾之处。

新闻稿件的内容在表述上出现前后不一致、自相矛盾的情况，编辑根据逻辑学的“矛盾律”就能判断，其中必定有一处不对或两者都不对。如有一篇新闻稿《京东有个长寿村》中有这样一段：“78 岁的李旺不但能往返几十里去蓟县买他爱抽的旱烟叶，而且可以赶 30 多只羊上山。他的 91 岁的母亲李王氏，至今仍能做针线活……”根据这段话一算，李王氏生李旺时只有 13 岁，这种可能性是非常小的。一篇稿件中的数字运用前后矛盾也是常见的破绽。如一条消息写道：“去年，该市集体商业、饮食、服务业供应人员达 6 180 多人，比上年 1 968 人翻了两番多。”计算一下就知，从 1 968 到 6 180，是增加了两倍多，不是翻了两番多。这几个数字谁对谁错，就需要查实。

第三，分析消息来源的可靠性。

任何新闻都有其消息来源，谁提供的线索和素材？信息渠道是否可靠？这是编辑在判断新闻事实的真实性时必须要考虑的问题。对于作者自发来稿要重视这个问题，对于记者采写的稿件也不能轻易忽略。因为在现实中，有些记者采访作风不深入，道听途说，甚至编造新闻的情况时有发生，新闻编辑在修改稿件时，如果不能及时发现这方面的问题，失实的报道就会流传到社会上，造成不良后果。

【案例】

一条消息来源有问题的假新闻

见报稿：

中央督察组上海明察暗访　房地产巨头成清查对象

颇受争议的上海土地交易市场正受到国家五部委的严厉清查。

8 月 20 日，上海市政府有关官员向本报记者透露，由国土资源部、国家发展和改革委员会、监察部、建设部、审计署五部委

这是北京一家报纸在 2003 年 8 月 25 日发布的一条新闻，经查，报道内容失实。

组成的10个联合督察组，已经分别奔赴第一批督察对象：上海、山东、山西、黑龙江、江西、吉林、内蒙古、河北、青海和广西。“联合督察组将用两个月的时间对全国土地市场秩序治理整顿进行检查，部分部委的部长亲自参加了督察。”

国土资源部官员强调，五部委高官联合带队督办，就是要从土地规划和供应、产业政策和计划立项、建设管理、资金设计、干部监督等若干方面联手整顿土地市场。

当记者问及督察组在上海的督察结果时，该官员非常谨慎地表示：“这只是例行检查，结果还没有完全出来，现在还不是向外界宣布的时候。”不过，他同时表示：“这次检查力度前所未有，看起来不像是‘走过场’。”

“有关官员”是谁？如果因为特殊原因不能公开，新闻编辑也应该掌握详情，对其提供情报的可信性进行分析。

在督察结果还没有出来的时候发这样一篇稿件，是否更要慎重考察消息来源的可靠性？

一些大型项目、房地产巨头成了清查对象

“督察组非常震惊，因为他们查出了不少问题，”一位比较接近上海市政府相关部门的房地产开发商私下告诉记者，“现在上上下下都非常紧张。”

消息人士告诉记者，督察组这次清查“重点锁定了青浦、嘉定、松江、奉贤这四个区”，“发现一些项目不符合国家有关规定，包括一些大型娱乐项目、豪宅开发项目和大型工业项目。这些项目在上海都非常有名气，有的甚至在全国也有很大的影响力”。

房地产商是谁？消息人士又是谁？编辑编排这篇稿件时是否向记者进行了质疑？能够肯定这不是记者杜撰的吗？

8月21日，按照消息人士提供的线索，记者来到其所提到的位于某区的一个大型工业园区内的一个工业项目前发现，这是由国内某大型电子公司打算斥巨资兴建的一个规划用地1 000多亩的通信设备制造产业生产基地。

不过，该工业园区管理委员会的一位副主任表示：“我们都是按照国家有关法规来行事，并没有什么不妥之处。”该电子公司负责这个项目的一位办公室主任非常不耐烦地说：“我不太清楚这个事情，你可以到上海市政府和我们公司总部去问问。”

“某区”“国内某大型电子公司”“一位副主任”“一位办公室主任”“一位负责人”……所有的关键新闻要素都是不明确的。

记者致电该公司总部的一位负责人时，他说：“我们也听到了一些风声，但还没有确认下来。但可以告诉你的是，我们的项目很大，和地方政府的关系很好，肯定不会出什么问题的。而且我们将在本月底左右举行揭牌仪式和项目开工典礼。”

知情人士表示，该项目的1 000多亩土地是“这个开发区为了吸引这个公司前来投资而以‘零批租’的形式进行转让的”。地方政府这样做的原因是：“这个公司已经在有关协议上承诺，这个项目一旦落成后，保证三年内产值达到50亿元。”

除此之外，知情人士透露，上海市的一位曾被误传被中央有关部门拘留、“与银行间发生贷款问题，常常以债养债”的地产巨头的几个地产项目“也成了督察组的重点检查对象”。“但现在对他查到哪一步了，还不太清楚，估计不久就会水落石出。”

本报记者曾披露，不久前，央行及中共中央纪律检查委员会和上海市政府又列出一份名单，锁定上海市20多名地产商，除调查他们是否涉及违规贷款外，还将调查过去3至4年上海市房产用地的批地情况。上海市房屋土地资源管理局已向中共中央纪律检查委员会提交了过去3至4年中上海的批地及土地交易情况。而且有市场传闻，过去大半年高调表示集资用作支付上海批地及造楼的上海地产商，都名列受查名单之列。据了解，五部委的上海之行也将“把眼光重点盯住这些地产商”。

“据了解”是向谁了解的？国务院五部委联合督查组是掌握新闻事实的最权威的部门，记者并没有采访这个督查组中的任何成员，仅凭“知情人士”提供的情况就写出了这样的稿件，新闻编辑对这样的稿件必须进行调查核实。

知情人士还表示，包括记者前面所提到的上海的四个区在内，督察组查出了这样几个较为严重的问题：少数乡镇超越权限，擅自签订征地协议；近年来，上海低容积率的低密度商品住宅建造过多，不符合上海土地资源稀缺的市情，并且与国土资源部2003年2月18日下发的停止别墅用地供应的紧急通知要求相抵触；有的地方违反土地利用总体规划和城镇建筑规划，建立各类开发区、工业园区、科技园区和大学城等，也有地方违反审批权限和审批程序，擅自圈占土地建立各类园区；有的商业、旅游、娱乐、金融、服务业、商品房等六类经营性项目用地的土地使用权出让，未严格按照《关于严格实行经营性土地使用权招标拍卖挂牌出让的通知》执行；有的土地使用者在合法取得土地使用权后，不按合同规定开发建设，致使土地长期闲置浪费。

有84%的房地产项目用地是违规交易

据知情人士透露，在督察组来上海之前，即4月25日监察部、国土资源部召开全国电视电话会议，要求在全国范围开展经营性土地使用权招标拍卖挂牌出让情况的执法检查之后，上海市房屋土地资源局随即明确了各区摸清土地批租情况的政策界限，宣布5月至8月各区自查整改，9、10两月全市重点检查。

6月11日，上海市监察委和市房地产资源局联合召开会议，进一步明确上海开展对经营性土地使用权招标拍卖挂牌出让的执法监察。在这次会议上，上海市监察委和市房地产资源局共同对全市经营性土地出让情况进行三个方面的梳理。当时宣布：将重点审查2001年7月1日《上海市土地使用权出让招标拍卖试行办法》颁布以来，经营性土地使用权出让制度的建立和落实情况、土地集中供应制度的落实情况以及经营性土地使用权公开招标、邀请招标等出让情况。

这次自查将对三个关键的环节进行梳理：首先，检查协议出让土地是否按政策执行，对经市政府有关部门认定的旧区改造项目，一次规划分期开发建设项目等地块逐一登记备案，对不符合协议出让范围的，要详细说明情况，提出整改措施。

其次，重点检查土地出让邀请招标，是否经过批准，对不符合文件规定、不符合项目建议书和规划选址意见书，未经批准擅自确定的邀请招标等，进行重点清理。

再次，严格检查公开招标地块的程序，包括招标公告的发布、开标、评标、决标、公示等各个环节是否公开，评标过程和结果是否公正，是否按照规则和办法评标，工作人员是否擅自泄露地价的情况。

有关人士披露，这场“检查风暴”的最后结果表示：上海房屋土地管理局资料显示，自2001年7月1日起，上海所有经营性土地纳入招标拍卖，到今年3月，上海共出让土地479幅。但检查上海市土地招标拍卖出让公告却发现，自2001年至2003年5月30日，只有57幅土地进行了公告招投标。也就是说，上海市有84%的房地产项目，其用地是违规交易，可能有些用地是经过了多次暗中转包交易才到房地产商手里的。

此外，配合建设部全国范围的“严查土地审批”，目前上海整顿不规范批地的结果是：查处乡镇不规范批地1 083幅，其中较为严重的有320幅。

地产商的“圈地术”

有分析披露，目前，上海市的土地资源已经所剩无几，市区的土地已经被瓜分完毕，只有在浦东还有大量私人在炒土地，具体的方式是：先从政府部门了解到近两三年内的土地规划，然后根据规划到现在还是农田的地块上去征地。

拿到这些土地要经过两道关，第一道是当地的镇政府，第二道是规划部门。当地镇政府由于希望土地征收以后给当地经济发展带来好处，所以，往往会帮助土地的买家拖延时间，一块价值1 000万元的地皮，只要付100万元就可以一直拖着，因为镇政府可以通过拖延土地使用证、房屋建设证等办法将正式拿到土地的时间往后推，以应对“两年不开发的土地收归国有”的政策，直到找到真正的开发商。用这样的方法，土地可以一直炒下去。

此外，由于大片土地的审批要经过市一级的规划部门，比较难打通关节，土地的买家和当地政府往往把一大块土地分割成好几个小块，一块块拿到区一级政府去批，其实这些地都是连在一起的。

通过这些“圈地术”圈来的土地，清查起来也相当困难。比如，如果一个1 000亩的土地，被分五次进行审批，就很难进行清查。即使清查出来，也可能只是其中的一部分。待清查后，这些地方政府照样再在这1 000亩土地周围继续“分批次”地等待上级政府审批。“所以，只要你肯来投资，就不愁没有土地。”某区的一位招商科科长这样告诉记者。

也有一些地方政府与开发商私自签订土地出让协议。上海市一位政府官员向记者强调：“乡镇政府与房地产项目私自签订的土地出让协议一律无效，因为乡镇政府根本就无权批地!”

地产界专家还透露，2001年7月1日起，《上海市土地使用权出让的规定》开始实施后，这一制度在实际操作中还存在着这样的问题：一是可能会出现“邀标”的暗箱操作，也就是说，中标的企业通过事先安排，和有关政府部门达成协议，让其他几家企业同时来竞标只是为了“陪衬”；二是评标委员会的成员，是由政府官员组成，而不是处于中立立场的专家。

尽管目前上海已经建立了政府主导型的土地储备供应机制，但业内人士表示，上海的房地产市场还不算一个完全透明的市场。比如，该市没有官方统一的土地登记和审批制度，没有可以公开查核的物业买卖交易记录和每年推出市场的物业数量统计。

而且，由于上海市郊区也在同时实行政府土地储备开发制度，而且还规定，今后除法律、法规规定的情况外，所有用于商业、旅游、娱乐、金融、服务业及商品房等6类经营性项目用途的储备用地，都将由各区土地招标拍卖办公室以招标、拍卖及挂牌等市场操作方式，公开出让。但这仍然难以完全避免“寻租”现象。据透露，一些郊区在土地招标时采取由区政府“指定”的方式，表面上虽然有冠冕堂皇的理由，比如评估公司的信誉、资金、经验等，实际操作上却存在漏洞，让“关系户”有机可乘。

“其实，上海目前三四千家房地产公司，较为正常运作的只有一千多家。”知情人士向记者说。

附录：

新华网上海频道9月25日消息：近日，《中国××报》在本市各主要媒体刊登致歉声明，对该报8月25日刊登不实报道《中央督察组上海暗访84%项目有违规之嫌》向广大读者、国务院联合督查组和本市有关方面致歉。同时，中国××报社编委会决定，解除该报道采写记者的聘任合同，不再聘任。日前，市新闻出版局已对《中国××报》上海记者站作出行政处罚。

《中国××报》刊登《中央督察组上海暗访84%项目有违规之嫌》一文，内容完全失实，结论明显错误。记者没有采访到国务院五部委联合督查组成员，但在文章中多次提及督查组的情况；文章中引用的数字均非督查组提供，也未注明出处，给读者造成“督查组已查实上海房地产项目有违规之嫌”的误导。该报道先后被境内外多家媒体和网站转载，对国务院联合督查组督查工作和上海有关工作造成不良影响，严重损害了上海形象。

当然，新闻媒体不可能绝对禁止使用匿名消息来源，甚至在必要时，媒体还要坚定地保护消息来源。有些西方国家的新闻媒体为了保护消息来源，拒绝向行政、司法机关提供有关信息甚至引起诉讼。但是，对这类匿名消息来源的使用，西方媒体也是非常慎重的，除非没有其他的方式可以取得新闻信息，并且该新闻的确非常重要，媒介对消息来源的可信性又有绝对的把握，这时才会使用匿名消息来源。在我国，一些新闻媒体在采用匿名消息来源方面还没有形成规范和制度，记者编辑对消息来源的审查和把关不严，甚至轻易接受匿名报道，结果导致新闻失实的情况频频发生。

【案例】

《华盛顿邮报》对于引用消息来源的规定

鉴于传媒错报、抄袭甚至假造新闻风波不绝于耳，美国大报《华盛顿邮报》2004 年 3 月 7 日发表题为《我们用于报道的指引》的长文，由执行总编辑唐尼（Leonard Downie）执笔，向读者交代该报内部对报道守则的检讨和基本原则。

文章指出，信息科技急速发展，已进入“网上流言急速散播、清谈节目猜测多多，消息发布者以复杂手段企图影响报道取向和内容”的时代，报社应该根据新形势完善报道守则。

文章谈到，2003 年《纽约时报》前记者布莱尔被揭假造新闻而震惊全美。最近，有论者开始批判美国主流传媒在攻打伊位克前后，盲目听信和引述有问题的以至于是刻意捏造消息的放风人士，误导国人支持攻伊。

针对引述消息来源的问题，唐尼在文章中强调了三个报道原则：

1. 尽量明确交代消息来源

很多官员爱以“背景吹风会”的形式，向记者解说政策问题，但条件是不可具名引述，例如只可指消息来自“布什政府官员”。像总统布什本人，刚在上周就曾约会 5 名记者吹风 80 分钟。但是，《华盛顿邮报》会坚持尽量清楚具名交代消息来源，要求记者尽量争取官员同意书面交代资料。同时也会清楚交代，消息是否引述自另一新闻机构的报道。

2. 尽量解释匿名者背景

即使不能说出消息人士名字，也须尽量向读者解释。唐尼承认，有时披露消息人士身份，可能危及他们的工作以致生命。例如当年《华盛顿邮报》爆出水门丑闻，若记者悉数交代消息来源，就不可能详细披露丑闻。然而，报纸有责任尽量向读者解释，为何确信有关消息人士知情，而该人士在事件中又是否有特殊立场。例如，可以注明有关消息人士为“参与调查的警员”“不赞同布什政府政策的高级国防

《华盛顿邮报》总编辑针对引述消息来源问题提出的三条原则，在西方媒体的新闻实践中被证明是积极而有效的，值得我国新闻媒体借鉴。

部官员”等。同时，《华盛顿邮报》会要求至少要有一名编辑，知道匿名消息人士的真正身份，好让编辑们能帮助判断，应否引用该人的消息。

3. 公正引述

在引述消息人士的话时，要公允地交代前言后语和背景，确保没有断章取义。在引述原话时，记者不应对之有丝毫改动，包括“更正”对方的文法。

第四，分析作者是否具备采写稿件的条件。

记者和作者采写任何一篇新闻稿，都需要一定的条件，如时间、空间、本人身份和当时客观环境的许可等。如果一条新闻超越了采访者采访的可能范围，那么它的真实性就很值得怀疑。如有些稿件，采访对象非常特殊，以采访者自身的条件不太可能会有机会进行这样的采访；还有一些稿件，报道的事情才刚刚开始，但稿件中已经写到了事情的结果，这种“超前”很可能是采访者的想象和杜撰。因此，在分析稿件时，编辑要通过对记者和作者的情况了解，结合稿件的内容进行分析判断。

【案例】

读者对一篇新闻稿的质疑

质疑新闻“早产儿”

郭乃军

6月20日早上翻阅当日出版的某报，在头版发现这样一条新闻，题目为《“金剑王子杯”包粽子大赛今天开始了》。这本是一则很普通的预告消息，但笔者浏览一遍后，却发现这是一则很“稀有”的新闻。说它“稀有”，自然有它的不同一般之处，既没有“本报讯”，又没有作者，单看其导语部分，就让人“大开眼界”。好在内容不长，这里不妨把它引述一下：“今天下午2时，‘金剑王子杯’第三届包粽子大赛如期举办。盐马路西侧的世纪华联一楼，粽叶翻飞，粽针如梭，几十位包粽子好手，向各位观众当场展现妙技，奉献出形态各异、绿意晶莹、清香四溢的粽子。”此段内容的描述不可谓不精彩，但只要稍微心细一些的读者就能发现其中的“玄机”。

在该报的报名下面赫然标注了这样一行文字：“亲爱的读者：早上好！”这句话很清楚地表明这是一张早报。事实也是如此，每天早上8点钟之前读者就能看到这张报纸了。但这则消息写的却是当天

文章中批评的这条新闻，出现差错的原因除了作者提前编撰还没有发生的事实，导致新闻有假之外，还有一种可能，那就是比赛的时间是在前一天下午，作者当天写稿时用“今天”一词不能算错，但编辑在发稿时，应该考虑到报纸出版的时间，要将“今天”改成“昨天”。

下午将发生的事情。按照见报的时间推断，此稿最起码是在头一天晚上就已经写好，并交给编辑发排了。作者在头一天就能跨越时空采访到第二天下午发生的事情，并且是妙笔生花，对现场的场景又能描写得栩栩如生，实在令读者“佩服”！在我们视真实为生命的新闻媒体上竟也出现了这样的“早产儿”，实在不能把它看成是一件小事！

新闻是新近发生的事实的报道。在事实和新闻之间，事实是第一性的，新闻是第二性的，离开了事实，新闻便成了无源之水、无本之木。事实是决定新闻存在的基础，新闻只是事实的报道，是对客观事物本身的写真。该报在头版这样的重要位置出现这个“早产儿”，说到底是记者（通讯员）在编造新闻，而编辑和领导把关不严，在读者中造成了很不好的影响。

资料来源：新闻战线，2004（8）.

（二）核对法

新闻编辑在修改稿件时，第一步是用分析法对稿件进行审查，发现问题和破绽，对事实方面的差错进行订正。但是，有些情况下，分析法只能帮助编辑发现问题到底是错在哪里，真实的情况和正确的表述应该是怎样的，仅仅靠编辑的知识和经验还不足以得出结论，这时，就要采用订正事实的第二种方法——核对法。

核对法是新闻编辑借助有关资料，发现和纠正稿件中的事实差错的改稿方法。

为了保证新闻内容的真实性和准确性，编辑在修改稿件时需要针对自己拿不准的问题，找到相关的工具书和参考资料进行核对。采用核对法改稿，对所用的资料有以下三点要求：

一是要有权威性。比如查找全国生产数字，应该以国家统计局公布的材料为准。权威性的资料通常是由有关方面的最高机构公开发布的，正确率高，值得信任。

二是最新发布的。凡事都在发展与变动之中，即使是最权威的资料，也会随着时间的推移而成为过去的记录，比如：国家的人事在变动、组织机构在变动、行政区域的划分也在变动；生产纪录、体育纪录无时不在变动；形势变了，一些口号、提法也在随之改变。所以查对新闻中的内容和数据，还要找最新发布的、最新版本的资料。

三是直接的，而非转抄来的。因为任何资料几经转抄都可能失真或出现差错，比如要查对某一伟人的语录，应该找原著进行核对，而不能随意以某一篇文章中的引文作为依据。

【案例】

一篇未加核对而出现差错的稿件

见报稿：

为什么第二代身份证要日本企业来造？

雅虎中国8月20日转载《国际先驱导报》驻东京记者的报道，中国6个试点城市的第二代身份证的印制业务将交由一家日本企业承担。第二代身份证采用彩色数码照相技术，而这个日本企业的打印机在所有的测试、比较和论证过程中表现优异，因而被选中。看了这篇报道，不由地想到以下几点。

在我们的生活中，从汽车到电器产品，乃至日用品、食品，到处可见到日本企业产品。这是经济国际化、自由贸易的结果。性能、质量好的产品，无论是哪个国家企业生产的，都会在中国市场受到欢迎。中国政府对外资企业的优惠政策程度也是世界上少见的，因此中国成为世界上接受外资最多的国家。20余年来中国经济高速发展，人民生活水平普遍提高，证明对外开放的政策十分正确。与此同时，因为中国是主权国家，对外国资本也是有限制的。例如对关乎国家安全的经济、技术领域，我国政策就不允许外国资本进入。实际上，世界上许多国家也都是这样做的。这是利用外国企业技术时不应该忽视的原则。然而，允许日本企业印制第二代身份证的做法，是否与此原则偏离得太远？

身份证载有公民的基本信息，交给外国企业印制，就不担心因此泄露有关中国公民的机密吗？现在的印刷机都是由电脑控制，采用数码技术，所有经过印刷机的东西都可以简单地被储存下来，当然也就可以根据不同目的来做各种检索、分析。所以，一旦把身份证交给日本企业印制，就意味着日本人可以与我们的身份证管理机构工作人员掌握同样的信息。而这些公民信息是可以在很多地方派上用场的。也许，有关部门在把印制业务委托给日本企业时，要求日本企业作出了保密的承诺。当日本企业把商业利益放在第一位时，它是会履行这个承诺的。但如果有什么东西

这是北京一家报纸2004年8月24日的见报稿件。作者只是看了雅虎转载的报道而没有查找原文，便信手写来。新闻编辑也没有找最原始的资料进行核对。其实，只要上网搜寻核对就会发现，《国际先驱导报》报道并没有说中国第二代身份证将由日本企业印制。

刊登该文的报纸在8月26日就此问题进行了反思：“媒体的确应该负有这样的义务：以理性、建设性的声音，在社会上建立一道防止某些极端倾向或者思潮的‘防火墙’。”

附：

新华社北京8月25日电：针对日前有报道称“我国第二代居民身份证由国外企业印制”的传言，记者日前走访了公安部有关部门负责人。据介绍，第二代居民身份证完全由我国自主研发和制作，公安机关确保公民相关信息的绝对安全。据某报文章称，我国6个试点城市的第二代身份证的印制业务交由一家日本企业承担。公安部有关部门负责人认

能超过商业利益，它又不得不服从的话，那时保密承诺就形同虚设了。

身份证还是作为中国公民的一个佐证。虽然它在国外没有什么用场，但在一定意义上跟护照一样，除了证明身份之外，还会给持证者带来民族自豪感。而如果第二代身份证由日本企业印制，我们会有什么样的感觉呢？大概感觉不会比拿着中国企业印制的身份证更舒服。

为什么选择日本企业印制身份证？有关部门好像是严格按照市场规律办事，以技术水平为唯一标准，对中外企业一视同仁。其实，从扶持民族企业的角度看，政府采购应该给国内企业更多机会。实际上，就连美国、日本这样的高度市场经济化的国家，政府采购时都是尽力照顾本国企业的。尤其是像印制国民身份证这样的事，还是交给国内企业做比较好。

为，这一报道严重失实，是极不负责的新闻炒作。事实是，为确保证件质量，经公开招标，选用包括富士施乐、惠普在内的打印设备，用于第二代居民身份证表面照片和文字信息的打印，但所有的第二代居民身份证均由公安机关制证中心（所）印制，制证过程是在安全可控环境下进行的，不存在身份证由外国企业印制的问题。

（三）调查法

调查法是新闻编辑针对新闻稿件中有关事实表述中存在的疑点，对当事人或知情者进行调查核实的一种改稿方法。

有些新闻稿件是否真实、准确地反映了客观事实，仅仅靠分析法和核对法还不能明确判断。比如稿件中涉及对一些现场情况的描写、对当事人的采访等，没有相关的资料能够证明其是否真实，是否准确无误，编辑就要在时间容许的情况下，针对报道中的疑点进一步进行调查。这种调查，往往是通过电话、信件和走访等方式来进行的。对新闻事实的调查要注意全面地选择调查对象，尤其是对于重要问题和批评报道的调查，不能道听途说，也不能偏听偏信，要全面地向领导、群众和当事人了解情况，要广泛听取各方面的意见。

【案例】

因调查不全面而失实的报道

啤酒业早该禁用甲醛

编辑同志，您好：我是一个啤酒研究工作者，想和贵报谈谈目前很多啤酒厂用甲醛当稳定剂的事情。

这篇稿件由一封读者的匿名信引发对我国啤酒用甲醛当稳定剂事件的调查，由于记者其实，这事不算新鲜。前两年就有媒体报道过，也有行业内的有识之士站出来呼吁过，希望厂家能够停止这种有害百姓健康的行为。但是几年过去了，消费者仍对此一无所知，大部分企业还是照常使用。

早在几十年前，很多国家就已经禁止在啤酒中添加甲醛。我国不仅没有这样的规定，而且啤酒加甲醛在业内还变成了一个大家心照不宣的行规。为什么？原因只有一个，甲醛太便宜了！可是，啤酒企业要活，老百姓的利益就不重要吗？每年夏天，我看着街上大排档里那些辛苦工作了一天的人们，买瓶一两块钱的啤酒开怀畅饮，心里就有一种说不出的酸楚感，对行业内的这一现象就更是深恶痛绝。食品业要靠良心吃饭，可是，当有些专家呼吁应该禁用甲醛后，差点没被同行的口水淹死；有些啤酒厂家公开打出"不含甲醛"的口号，也被其他厂家骂得很惨。

《环球时报·生命周刊》是我看到的最有责任感的健康类报纸。我写这封信的目的，就是希望通过你们的报道，让更多的消费者知道这件事，因为他们有权利知道！我想，这可能会让某些人不高兴，但从长远来看，这么做无疑对我们的啤酒行业有好处，对老百姓更是有好处。

一位忠实的读者

2005 年 6 月 15 日

啤酒加甲醛，图的就是便宜

收到这封信后，本报编辑部非常震惊，立刻展开了调查采访。

首先要知道的是啤酒里为什么要加甲醛。记者从业内人士那里了解到，在啤酒的制造和储存过程中，麦芽壳中的多酚和氨基酸会因光照发生反应，生成絮状沉淀物，让酒变得浑浊。一般来说，啤酒在0℃下储存 1 到 2 个月，这些沉淀就会自动降解。但是，为了加快出厂时间，厂家往往使用稳定剂来消除沉淀物，甲醛因其"质优价廉"，成为稳定剂的首选物。

本报驻德国记者了解到，20 世纪 70 年代后，随着工艺的发展，德国等欧洲国家相继禁止在啤酒里使用甲醛。随后出台的欧盟食品法规也规定，甲醛不得作为食品添加物或加工助剂。欧洲专家指出，甲醛已经被国际癌症研究机构

的调查不够全面深入，编辑对记者的采访结果也未加质疑和进一步调查核实，导致新闻失实。更有其他媒体在转载这篇新闻时，将文中"95%的啤酒都加了甲醛"，擅自改为"95%的啤酒企业甲醛超标"，用错误的事实进一步误导舆论。韩国、日本的媒体也转载了该新闻，以致产生不良的国际影响，直接影响到我国啤酒出口。国家质检总局等有关部门最终不得不进行调查并对事实加以澄清。

确定为可疑致癌物。虽然甲醛含量低于每升 0.2 毫克是安全的，不过，再微量的甲醛也要由肝脏来解毒。在夏季大量饮用含甲醛的啤酒，会增加肝的负担。长期饮用，还会影响生殖能力。

如今，欧洲的啤酒厂家已经完全通过无毒方案来解决沉淀问题。比如用 PVPP（交联聚乙烯吡咯烷酮）来吸附多酚，消除沉淀。但这样做的成本较高，一个年产 10 万吨的中小型企业，如果全用 PVPP，光成本一年就最少要增加 20 多万欧元。正是由于这个原因，目前，除了美国、欧洲等发达国家和地区，不少国家还在用甲醛酿制啤酒。

西湖啤酒办公室主任刘女士曾给《北京青年报》的记者算过一笔账：1 公斤甲醛的价格为 12 元，而 1 公斤 PVPP 的价格为 200 元，1 万吨的啤酒，用 PVPP 再加上其他辅助添加剂，就意味着要增加 20 万元左右的成本。一位业内人士也告诉记者，对于一个年产数百万吨啤酒的企业来说，用甲醛所节省的成本绝对不是一点半点。而且，甲醛的稳定效果非常好，一周或 10 天左右就能出厂，还可以大大节约储存成本。

95%的啤酒都加了甲醛

2003 年 3 月，深圳金威啤酒宣布在产品中不再使用“有害助剂”甲醛，并声称自己是全国第一家不添加甲醛的啤酒企业，引得业内骂声一片。两年后，据《南方日报》报道，金威已经把“不添加甲醛”的“绿色工艺”当成了自己的技术优势，看样子是决定将甲醛“禁用”到底。那么，其他企业的情况又是怎样的呢？

记者首先打电话给中国啤酒品牌里最具国际影响力的青岛啤酒。质量管理部一位姓史的工作人员接听了电话。史先生告诉记者，“传统工艺”中一直在使用甲醛，但是他强调，青岛啤酒早就不用甲醛了。当记者问到什么时候开始不用的，他表示自己记得不是太清楚，但是在 2003 年的金威事件之前，公司就已经发布了文件，规定所有产品中不再使用甲醛。不过当记者问起其他啤酒企业使用甲醛的情况时，史先生以“不了解情况”为由，不肯多说。

接着，记者打电话给四川华润啤酒公司一位姓高的技术副总。她一听记者打听甲醛的事，立刻回答道：“你想知

“95%的啤酒都加了甲醛”，这一信息提供者是中国酿酒工业协会啤酒分会秘书长，记者和编辑本应就这个情况进一步向食品质量行政监管部门加以调查核实，但一关没有把住，导致出错。

啤酒中甲醛含量的国内国际标准到底是多少？这也是一个应该核对清楚的内容。在我国，国家强制性标准为 2 毫克/升，而世界卫生组织关于饮用水甲醛含量的标准是 0.9 毫克/升。根据这样的标准，我国啤酒并非不达标。

道啤酒里加了什么，应该问我们总部。这方面的事我不清楚。”——看得出来，她在回避这个问题。被拒绝后，记者又给华润公司一位姓武的副总打了电话，向他求证华润下半年将全面弃用甲醛的消息，得到了肯定的回答。这位武总告诉记者，啤酒企业用甲醛是个很普遍的现象，而且用了很久。

这两家大企业不再用甲醛，那么其他的啤酒厂家呢？中国酿酒工业协会啤酒分会副理事长、国家啤酒绿色标准课题组负责人顾国贤教授指出，现在有些大啤酒厂如燕京等，也已经不用甲醛了。不过，众多的中小啤酒企业依然在产品里普遍使用甲醛。中国酿酒工业协会啤酒分会秘书长杜律君告诉记者，就产量比例来看，95%的国产啤酒都加了甲醛。有些企业宣称自己不用甲醛，其实往往只是部分产品不用而已。一位业内人士还告诉记者，现在高档啤酒基本上已不再使用甲醛，但一两块钱的啤酒不可能不加甲醛，因为成本根本下不来。

杜律君秘书长告诉记者，其实，啤酒中用甲醛当稳定剂还是1962年的国家科技研究成果。只不过随着技术的进步，这种方法显得落后了。虽然专家们也希望啤酒企业能逐渐停用甲醛，但是，在中国，甲醛替代物如硅胶、PVPP等生产得很少，几乎全靠进口，与使用甲醛相比，“成本能差上几十倍”。而且，啤酒涨价也不可能。现在啤酒业恶性竞争激烈，一瓶啤酒的价格有时还不如一瓶水，甚至只能赚一分钱。再提高成本，真的就是“赔本赚吆喝”，很快就会被其他厂家打败。如此一来，谁还敢使用高成本的稳定剂呢？

绝大多数消费者毫不知情

甲醛在啤酒里用得这么普遍，那么消费者是否知情呢？在随机采访中记者发现，几乎所有受访的消费者都对此毫无了解，他们根本不知道身边还有这样的危险存在。

出租车司机姚师傅是第一个接受记者采访的。他在听说了啤酒里加甲醛的事后气愤地说：“这种做法太缺德了。”他说，一到夏天，自己每天都要喝两瓶啤酒，活了半辈子，都不知道稀里糊涂地喝进去多少甲醛，因此，他很想知道自己常喝的几个品牌的啤酒中是否含有甲醛。他还一再向记者表示，一定要将此事曝光，让更多的人知道。

附：

错误炒作“国产啤酒含甲醛”有关媒体被严处

新华社9月19日电 新闻战线“三项学习教育活动”领导小组办公室近日发出通报指出，7月初，少数媒体错误炒作所谓“啤酒含甲醛”事件，给国产啤酒的声誉造成严重损害，给啤酒生产企业带来重大经济损失。7月15日，国家质检总局召开新闻发布会，发布了157种国产啤酒和64种进口啤酒中甲醛含量的检测结果，检测结果表明，所有检测样品甲醛含量均低于国家强制性标准（2毫克/升）和世界卫生组织关于饮用水甲醛含量的标准（0.9毫克/升），我国啤酒完全符合国际国内标准。

通报说，7月5日，《环球时报·生命周刊》第24版刊发特别报道“一个啤酒工作者的来信”和该报记者采写的《啤酒业早该禁用甲醛》，记者未到啤酒企业采访，未到食品质量行政监管部门核实，将一些不准确的信息公之于众，造成不良影响。

7月7日《成都商报》转载《环球时报》稿件，将标题改为《啤酒界人士揭内幕：甲醛作稳定剂》，副题为《企业明知道可能致癌却因成本原因继续使用，绝大多数消费者对与姚师傅的义愤填膺相比，从事销售工作的周先生显得有些消极。他说："没办法，不喝它喝什么啊。这么多年不都喝过来了吗？"北京某医院的丁大夫告诉记者，他希望能够尽快制定出限制甲醛使用的标准来，那些没实力的企业倒了也不可惜。"不能只顾发展经济，让老百姓活得好才是最终目的。"

专家：不用甲醛是原则性问题

啤酒厂要生存，但是老百姓的权益怎么保证？顾国贤教授指出，甲醛在啤酒中经过分解之后，残留量很低，甚至低到难以检测出来的地步，因此一般不会对人体造成伤害。但是，啤酒中绝对不应该添加甲醛，这是一个原则性问题，和它的量多量少、会不会造成伤害无关。首先，甲醛是一种毒品，在我国的《食品安全法》中明确规定，不能将它作为食品添加剂使用。其次，添加甲醛会破坏啤酒本身的风味。他说，这么多年来，这一问题之所以屡禁不止，完全是由啤酒行业内的习惯势力造成的。有些啤酒厂家不动脑筋改进工艺，总是以会损害啤酒行业的利益为借口，纵容自己。他指出，改进工艺确实需要增加成本，但没有某些人想得那么严重，不会让太多的中小企业倒闭。

顾教授说，由他牵头制定的《国家啤酒绿色标准》已经在2003年开始实行，据他所知，中国食品发酵工业协会也正在修订《国家发酵酒卫生标准》。在这两个标准中，都规定啤酒中的甲醛最高含量在0.2ppm左右，即每升啤酒里可含0.2毫克甲醛。他告诉记者，啤酒在发酵过程中也会产生甲醛，如果再拿甲醛当稳定剂，基本上都会超出0.2ppm的标准。目前，国内啤酒的甲醛含量普遍达到了1.2ppm。

中国农业大学一位专门从事食品发酵研究的教授告诉记者，用PVPP、硅胺等来代替甲醛，肯定会提高一些成本，但他相信，目前的大部分啤酒厂能够承受。因为我国现在年产量在几十万吨以下的小啤酒厂已经几乎没有了，大啤酒厂的产量动辄几百万吨，不会因为此事而影响生存。他指出，光有标准还不行，目前很多啤酒厂的检测手段落后，也会影响标准的执行。他说，这么微量的甲醛，依靠普通手段很难检测出来，只有企业提高检测技术，加强自律，才能让法规发挥有效的作用。

此毫不知情》。7月8日《重庆商报》转载《成都商报》稿件时，将标题改为《国产啤酒95%含甲醛?》。之后，一些媒体争相转载，渲染国产啤酒的质量问题，使我国啤酒在国内消费者和出口国家中的声誉受到严重损害。

通报指出，"国产啤酒含甲醛"的报道所造成的后果和影响是严重的。有关主管部门对错误炒作的媒体和主要责任人进行了严肃查处和通报批评，相关媒体已向社会公开更正挽回影响。

相比前两种方法，调查法需要的时间较多，工作程序也相对复杂一些。一般情况下，由于新闻报道要抢时效，不可能对所有新闻稿件都进行调查核实，但有几类稿件特别要注意调查：

一是特别重要的新闻，如重大典型、重大成果和发明，牵连重大政策问题的稿件。这类稿件由于社会影响大，务必准确无误。

二是批评性新闻。这类稿件容易引起被批评者的挑剔，只要有一点内容与实情不符都可能招来官司，必须注意调查核实。

三是新作者的稿件。由于编辑对新作者的为人与采访写作风格不了解，加之不少新作者对新闻报道的要求不甚明确，在稿件中“犯规”的可能性相对来说要大一些，因此对他们的来稿应多加调查核实。

四是容易失实的作者的来稿。有些通讯员和撰稿人在采访写作中经常犯有主观猜想、以文学创作手法写稿的毛病，对这些人的稿件，编辑要格外小心谨慎。

五是搁置了一段时间的稿件。由于新闻是对某一时刻发生的事情或出现的现象的报道，时间变了，情况也可能随之变化，因此在发表这类稿件时，必须对事实进行调查核实，必要时做出相应的修改。

第二节　新闻稿件中立场观点的修正

【知识要点】

- 对新闻稿件中涉及敏感的政治和政策问题的文字表述要特别注意审查，严格把关。
- 对新闻稿件中的新闻事实与观点的内在逻辑关系进行分析，修正因事实与观点不一致导致的差错。
- 对新闻稿件的选材和角度进行分析，修正因选材与角度不当导致的新闻立场观点方面的偏差。
- 对于新闻稿件中涉及案件和法律方面的内容，要特别慎重地把握分寸，注意防止“报纸审判”。
- 对于新闻稿件中可能造成“泄密”的内容要从严把关。

新闻稿件中存在的问题不仅涉及新闻事实本身，还可能表现在报道事实的立场、角度和观点上。如在我国进入市场经济新时期以后，人们的思想观念、意识形态在发生变化，新的观点和理论也不断出现在新闻报道中。曾经有媒体报道“不找市长找市场”，曾经有新闻报道主张“不管经济的政府是最好的政府”，后来随着市场经济的发展和人们认识水平的提高，大家才逐渐认识到这些观点的偏差和可能带来的问题。

对新闻稿件中出现的立场观点方面的问题进行修正，主要应从以下几方面着手：

第一，对新闻稿件中涉及敏感的政治和政策问题的文字表述要特别注意审查，严格把关。

新闻稿件因文字表述不当导致出现政治差错的情况比较常见。一般说来，通过编辑选稿这一关，被选择刊登的稿件大多不会在政治导向和原则问题上有大的差错，但是，稿件中一些具体的概念、论点或提法仍可能有失准确、妥帖。最显而易见的是用字、用词的不当，导致出现政治问题。如曾有一篇报道我国引进外资形势喜人的消息《青岛经济技术开发区引进较大型项目出现好势头》，文中说："今年以来，已有中外客商 77 批共 834 人次到青岛技术开发区考察洽谈，外商主要来自日本、加拿大、丹麦和台湾、香港等地。"这段文字表述是有错误的。尽管台商和港商来大陆投资可以享受同外商一样的待遇，但在新闻中，仍不能把他们同外国商人并列在一起，统称"外商"，否则，就违反了我国一贯坚持的台湾与香港是中国领土的组成部分这一立场，造成政治错误。2000 年 7 月，上海一家报纸的一条证券新闻中，也出现了将台湾称为"全球最大电子产品出口国"这样的政治差错，当时正是台湾当局提出"两国论""台独"倾向比较严重的时期，这样的差错导致了很不好的社会影响，该报相关责任编辑被调离了新闻岗位。所以，针对稿件中涉及敏感的政治和政策问题的文字表述，编辑要特别注意仔细审查，不能掉以轻心。

第二，对新闻稿件中的新闻事实与观点的内在逻辑关系进行分析，修正因事实与观点不一致导致的差错。

有些稿件，单纯从新闻事实方面看没有什么问题，但是，从事实与新闻观点相联系的角度看就会发现新闻中的观点难以成立，这是因为新闻事实不能支撑新闻报道的立场和观点，它们之间缺乏合理的内在逻辑关系。

【案例】

读者对一条经济新闻的分析与批评

见报稿：

标准之争　市场之争
——当前世界技术标准发展趋势

温州打火机物美价廉，近几年占据了世界市场70%的份额。这是温州打火机行业以劳动力成本低、专业化程度高等产业优势换来的。但欧盟成员国最近提出了2欧元以下的打火机必须加装安全锁的法规，这明显是冲着温州打火机来的。安全锁技术专利早已被国外抢先一步占领，如此一来，温州打火机业就不得不花大价钱购买他人专利，其产品也必然因成本的大幅提高而失去竞争优势。如此一来，温州打火机将面临退出欧洲市场的危险。

读者的意见：

2002 年 6 月 19 日《××日报》第一版题为《标准之争　市场之争——当前世界技术标准发展趋势》的经济分析报道，论述了加入 WTO 以后，我国在国际贸易中应注意贸易技术壁垒问题，其中在第一小节"关税壁垒不断弱化　技术壁垒逐渐加强"中提到了美国限制中国钢材出口的例子。此例用得不当。熟悉贸易术语的人都知道，贸易壁垒分为关税壁垒和非关税壁垒。前者指国家通过提高进口关税等办法限制以技术标准作为贸易壁垒，这是当前世界技术标准发展的新动向。

关税壁垒不断弱化　技术壁垒逐渐加强

近一年多来，我国与一些国家发生的贸易纠纷，在社会上产生了比较大的影响，如美国限制中国钢材出口的纠纷、我国DVD企业与6C联盟的知识产权纠纷、温州与欧盟成员国的打火机技术标准的纠纷，以及大大小小的农产品贸易纠纷等等。我国产品在外国的大门口受阻，表面上是贸易纠纷，其背后是标准之争、专利之争，说到底是市场之争。

国际贸易壁垒分为关税壁垒和非关税壁垒。在当今国际交往中，关税壁垒的作用越来越受到限制，于是，非关税壁垒的作用不断上升。非关税壁垒是指通过法律、政策等形成的限制进口的贸易壁垒，主要包括对进口产品数量的限制如进口配额、进口许可证等非贸易技术壁垒手段。而贸易技术壁垒是指一国以国家安全、保障人类健康和安全、保护生态环境、防止欺诈行为、保证产品质量等为由采取的一些技术性措施。这些措施成为其他国家商品自由进入该国市场的障碍。

有资料显示，当今世界贸易壁垒的80%来自贸易技术壁垒。如今，贸易技术壁垒越来越多地受到各国的普遍重视和广泛应用，各国也纷纷拿起贸易技术壁垒这个武器来维护国家安全，调整优化产业结构，支持出口、限制和规范进口。

…………

外国商品进入本国境内的措施；后者指除关税以外对进口商品和货物所确立的法律和政策上的限制措施。它分为：进口许可证制度、进口配额制、外汇管制、自动出口限制、海关估价制、技术标准等。例子反映的是2002年3月，美国对钢坯、钢材等主要进口钢铁制品实施为期三年的关税配额限制或加征30%的关税。一方面，配额限制和技术壁垒都是非关税壁垒下的两个子概念。该例子不能说明技术壁垒加强，只能说明非关税壁垒加强。另一方面，配额限制也不能说明关税壁垒弱化。所以，这既不能说明关税壁垒弱化，也不能说明技术壁垒加强。技术壁垒是指一国以国家安全、保障人类健康和安全、保护生态环境、防止欺诈行为、保证产品质量等为由采取的一些技术性措施。绿色壁垒才属于贸易技术壁垒，如食品中的农药残留量、纺织品的染料指标、汽车排放标准等等。

资料来源：汤莉萍，殷俊．经济报道常见问题剖析．中国记者，2003（8）．

第三，对新闻稿件的选材和角度进行分析，修正因选材与角度不当导致的新闻立场观点方面的偏差。

新闻报道是新闻记者对客观存在的事实的认识和反映，新闻稿件对事实的表现总是受到记者本人的认识水平、采访的客观条件和稿件篇幅的限制，因此，新闻稿件表现出的立场与观点，也与这些限制有关。如果记者在采访时因为行动受到限制不能获得全面的信息，或者是因为认识水平有限，看问题片面，对所报道的事实理解得不准确、对新闻素材的选择不全面、报道角度不恰当，那么，稿件对新闻事实的反映也往往会有问题，而且这一类问题是隐藏在字里行间的，不仔细分析、推敲很难发现。如北京一家报纸曾发布过一条新闻《一百多家“污染源”迁出北京城》。报道说，近五六年来，北京市已经有103家有污染的企业迁出城区，移往郊县，从而减少了城区的污染源，治理了城市环境。这条新闻看似报道一件好事，稿件中写道："迁往郊区的企业获得了较大的生存空间"，但实际上这里面有很多问题需要思考。从报道中看，这些企业由于噪声扰民或排放废气废水污染环境，经常与周围居民发生冲突并受到环境保护部门停产罚款的惩罚，企业生存发展十分艰难。如果"污染源"并没有真正消除，这些在城市无法生存的企业搬到郊区后，农民将来也会像城市居民一样提出抗议。同时，这些企业如果在郊区继续排放三废，还会直接或间接影响城市居民。这篇消息为什么会使人产生一种感觉：这些企业的搬迁实际上是把污染源由城市转移到了郊区，使污染受害者由城市居民变成了郊区农民？这条新闻的原意是想说明北京市改善环境取得的成绩，但这样报道为何反而起负效应呢？主要原因就在于作者对这件事的认识不全面，他只从一个角度看问题，只看到事物的一个方面，而没有对问题的其他方面深入思考。我国的产业政策是强调新建、扩建、改建的企业要注意防止污染问题的。因此这篇报道其实还有一个更重要的方面不应遗漏，那就是报道这些企业在搬迁的同时是否进行了技术改造，彻底消灭污染源。倘若把这两方面都照顾到，全面地选取新闻素材，找准报道角度，这篇报道就会起到积极的作用。

对新闻报道的角度与取材还会影响到一条新闻的旨趣和品位，编辑在改稿时就要分析，记者或作者对新闻事实的报道，强调的是哪些要素，以什么样的眼光去看待事实，这种角度和素材的选择表现出的趣味是不是正确的、健康的。如 2013 年发生了韩亚航空坠机事故，两名中国女孩当场遇难，媒体在报道这一航空事故的同时，将更多目光聚焦在这两名逝去的如花少女身上。一家全国性大报发表了通讯《花谢旧金山》，第一个小标题下开头两段这样写道：

> 如果她们（指遇难女孩王琳佳、叶梦圆）在世，知道浙江省委组织部部长蔡奇在关注她俩，王琳佳也许会惊喜地睁大了眼睛，笑眯眯的，而叶梦圆也许不敢相信地跳了起来。
>
> 7 月 7 日，拥有 928 万多名"粉丝"的蔡奇在微博上发出了两个哭脸图形："悼念在韩亚航空客机失事中遇难的两位浙江籍女学生!"短短两天，阅读数达 1 653 万次。

这段文字，引起很多读者的不满，有人将此称作是"典型马屁式文体的传承"。事件后来由网民自发声讨发展成关于新闻专业精神的大讨论。一些媒体刊发了评论，如《报道逝者须远离"媚权化煽情"》《虚假的真相是我们心底的魔鬼》《反思"合理想象"，需提倡平等的价值观》《新闻版"纵做鬼，也幸福"尤其令人心寒》《想象也要坚守"人"的底线》等。在巨大的舆论压力下，该报通过官方微博公开道歉，称"行文确实不妥，本报已删除电子报里的这一段，并诚恳接受所有的批评"。这个案例提醒我们，在激烈的新闻竞争中，要特别注意防止出现为了吸引读者眼球而放弃新闻专业原则的庸俗报道。

第四，对于新闻稿件中涉及案件和法律方面的内容，要特别慎重地把握分寸，注意防止"报纸审判"。所谓"报纸审判"，是指在法院对案件进行判决前，新闻媒介就对案件擅自作出评判。我国《刑事诉讼法》和《民事诉讼法》中规定，诉讼程序要"以事实为依据，以法律为准绳"，法院是依据经调查属实的证据依法对被告人进行判决的，不受新闻报道的约束。但实际上，由于新闻媒介面向大众，它对案件的报道与评议能产生很大社会影响，形成一种强大的舆论力量，这就会对一些尚未查清或有所争议的案件的判决造成干扰。所以新闻报道要注意避免“报纸审判”的情况出现。

即使是可以公开报道的案件，在报道时也要注意把握好“度”。一是对残暴的、淫秽的行为不宜作过细的描写，如犯罪分子作案的详细经过、作案的具体手段、作案的现场情景等。虽然在新闻中不可避免，但应该有所选择，有节制、有策略地进行报道，而不能作纯自然的描绘，更不应加以过分的渲染，因为这方面过于详细的描述有时会产生传播犯罪技巧的负面效果，可能导致一些思想不健康或行为不端的人的仿效，同时还可能给被害者及其家属带来痛苦，也使一些读者产生恐惧。二是对于案件中的受害者以及某些失足者的姓名应该加以隐匿。一般来说，凡是公开报道对于受害者不利的，都不应披露姓名，可以只称姓，也可以用其他代称。新闻职业道德要求新闻从业人员应该保护和同情那些身遭不幸的受害者，不应因公开报道给他们造成新的痛苦或难堪。对于青少年犯罪，属于一时失足，情节不是十分恶劣的，一般也不宜公开犯罪者的姓名，这样更有利于争取和挽救他们。对于那些已经改恶从善的人，报道应该立足于鼓励，对他们过去的罪行也不宜作详尽的描写。对涉及案件的一些需要保护的当事人，新闻编辑在改稿时要特别注意对与他们有关的内容的处理，不能公开对他们有害的信息。曾有一篇通讯《八旬老翁陈荣杰　扳倒“三湘第一女巨贪”》，在提要题中介绍说，“他总共将20多名贪官污吏拉下马”，文章末段又明确写道“他自然而然地成了某些人的眼中钉”，文中还简述了三件这位反贪勇士遭到报复的情况，而其中两件就发生在他住处附近。编发此稿的新闻编辑应该想到要保护这位勇士。然而，不幸的是，文章最末段却十分具体地写出了勇士居住的地方，连门牌号码也没有漏掉。这样的报道对新闻中主人公的危害可想而知，这是严重违反新闻职业道德的。

第五，对于新闻稿件中可能造成“泄密”的内容要从严把关。在现代信息社会，新闻媒体已经成为各国情报机关获得情报的重要来源，新闻编辑特别需要注意新闻稿件中可能出现的泄密，以防给国家和人民的利益造成损失。新闻稿泄密，主要有这几种情况：一是信息量过大、报道过细造成的泄密。新闻要讲求信息量是毫无疑问的，但如果把握不当，就可能“言多必失”，无意中暴露了不应暴露的内容。如20世纪80年代我国首次用一枚运载火箭发射三颗人造卫星成功，国外情报机关想方设法企图获得有关卫星的详细情报，就在它们苦于无法得手之际，我国一家刊物却在报道中透露了卫星运行轨道和卫星无线电遥测频率等绝密技术细节，把有战略意义的空间技术水平暴露在外国人面前，这是报刊所含信息量过大、报道过细导致失密泄密的一个惨痛教训。二是报道时间把握不当造成的泄密。有些新闻涉及的事情，在今天不是机密，但在昨天可能就是机密。新闻报道虽然一贯强调时效性，但在这类事关机密的事情上，不能盲目求快而忽略对时间的把握，否则就会带来意想不到的后果。三是不注意内外有别造成的泄密。所谓“内外”是指党内党外、内部发行与公开发表等。有的信息只能在一定范围内公开，有的信息对党内公开但对党外需要保密，也就是说，新闻编辑对所报道的事件可以在多大范围内公开要有准确的把握，内外不分往往会造成泄密。总之，机密的构成是以一定的时间、地点、条件为基础的，编辑在修改新闻稿件时务必对于新闻报道内容做具体细致的分析，对于那些一时难以判断的，也应该向有关部门请示，不能轻率从事。

第三节　修改新闻稿件的具体方法

【知识要点】

- 校正，即改正稿件中不正确的写法，包括稿件中的事实、思想、语法、修辞、逻辑等各个方面。
- 压缩，就是通过对稿件的删意、删句和删字，使原稿在内容上更加重点突出，在章节上更加紧凑，在表述上更加简练。
- 增补，就是补充原稿中需要交代而又遗缺的内容，包括增补资料、回叙和增补新闻事实。
- 改写是对原稿重新写作，是改稿中难度最大、操作最复杂的一种修改方法，包括改变主题和角度、调整结构、改变体裁、分篇，以及综合。

对稿件中事实的核实订正和对立场观点的修正，是修改新闻稿件的两个“常项”。除此之外，对稿件辞章的修改，如对语法错误的修正、对错别字和标点符号的修正等，也是非常重要的。但这方面的修改与一般稿件的文字修改没有太大差异，这里不再展开论述。

新闻编辑对新闻稿件的修改，受到截稿时间的限制，还受到版面容量的限制。因此，根据原稿的情况采用恰当的改稿方法是非常重要的。

一、校正

校正，即改正稿件中不正确的写法，包括稿件中的事实、思想、语法、修辞、逻辑等各个方面。校正是改稿中运用得最广泛的改稿方法，也是最基础的改稿方法。

校正的具体操作方式有以下三种。

（一）替代

替代就是以正确的内容和叙述代替原稿中不正确的内容和叙述。如前文中我们谈到新闻事实的核实和订正时，列举的新闻稿件中出现地名、人名、时间、数字等要素的错误，在修改时一般就采用以正确内容替换不正确的内容这种替代方式。用替代方式修改稿件，看似改动不大，有时甚至只是一个标点符号的替换，但它对于新闻报道的准确性具有重要意义。

【案例】

替换了一个标点的改稿

新华社原稿：

温家宝总理与美国总统布什举行会谈

2003年12月9日，正在美国进行正式访问的国务院总理温家宝在白宫与美国总统布什举行会谈，双方就中美关系和一些重大国际问题深入交换了看法。

时近岁末的华盛顿，白宫南草坪飘扬着中美两国国旗。9点50分，温家宝总理的车队抵达白宫，在此等候的布什总统和夫人劳拉上前迎接，互致问候。布什向温家宝介绍了副总统切尼和其他美政府官员并陪同他登上检阅台，军乐队演奏两国国歌，19响礼炮在白宫上空回响。在检阅了仪仗队后，两国领导人先后致辞。布什说，中国是伟大的文明，伟大的国家，伟大的民族，美国期待着与中国进一步合作，应对时代的挑战。他表示相信，温总理对美国的访问将推动两国关系的发展。温家宝在致辞中指出，中美关系正处在承前启后的重要时刻，面临新的机遇和挑战。形势的变化不断赋予中美关系新的内涵。两国人民和世界人民的根本利益要求中美加强合作，增进互信，推动两国建设性合作关系进一步向前发展。温家宝说，我们要站在历史的高度，拿出战略的眼光和战略的勇气，审视和处理两国关系。中美双方制定的三个联合公报为妥善处理两国分歧、不断扩大交流与合作确定了指导原则。只要坚持恪守这些原则，加强合作，中美关系就会继续稳定地向前发展。布什总统和温总理讲话后，南草坪上观礼人群中爆发出热烈的掌声。

《人民日报》编辑的自述：

新华社12月10日播发的《温家宝总理与美国总统布什举行会谈》的电讯稿中，有这样一段话——

> 关于台湾问题，布什表示：最近从台湾传出一些试图改变现状的信息，令人不安，美方不赞成。我们反对单方面试图改变台湾现状的做法。

这段话在当晚一版出第一遍大样时，“转活”转到了第三版。总编室夜班值班主任提醒说，这句话十分重要，堪称此次温总理访美的最大“成果”，要求从三版再要回来。

转走的东西再要回来，按惯例，我们尤其要多读几遍，免得出错。这一读也就读出了“问题”——

新华社在“美方不赞成”后面使用的是句号，原本一气呵成的一句话为什么要分成两句说呢？

读着有些“别扭”，就不能放过疑问。我先是翻看本报从前方传回的送审稿，发现此处用的是逗号。再仔细一琢磨，此处是用逗号还是用句号，关系重大，十分敏感！

如果用句号，“我们反对单方面试图改变台湾现状的做法”就成了独立的一句话，可以理解为美方既反对台湾独立，也反对大陆武力收台，因为这两种情况均属“单方面试图改变台湾现状”；如果用逗号，这一段话就变成了一句话，表达的是美方反对台湾改变现状，即反对“台独”。显然，用逗号在外交上更有利于我方。

一个标点触动了中美外交中最敏感的神

在两国领导人随后举行的会谈中，温家宝表示，2001年10月江泽民主席和布什总统在上海确定了中美发展建设性合作关系的目标。我这次访美就是本着坦诚、合作和建设性的态度，期望与美方共同推进中美关系健康稳定向前发展。布什说，美中加强合作极为重要，希望两国建设性合作关系不断发展。

关于台湾问题，温家宝指出，我们解决台湾问题的基本方针是"和平统一、一国两制"，我们以最大诚意、尽最大努力实现祖国的和平统一。我们尊重台湾人民的民主诉求，但台湾当局假借民主，搞所谓"防卫性公投"，企图把台湾从中国分割出去，对这种分裂活动，我们绝不能容忍。维护台海地区和平与稳定，有利于两岸人民的利益。只有坚定不移地反对"台独"，才能维护台海地区的和平与稳定。只要有一线希望，我们就不会放弃和平的努力。布什表示，美国方面理解中方的关切，美国政府坚持一个中国政策，恪守美中三个联合公报，反对台湾独立，这一政策不会改变。最近从台湾传出一些试图改变现状的信息，令人不安，美方不赞成。我们反对单方面试图改变台湾现状的做法。

…………

经，搞不好会给别人以错误的解读，以为我方接受了美方反对我方主动统一祖国的表述。再说，布什在此使用"反对"（oppose），反对的是双方，还是一方，也关系着温总理的访美成果。

我将自己的理解向总编室值班主任和值班老总作了汇报，他们对此高度重视。在他们的安排下，11日凌晨2时许，我将这一情况向新华社作了说明，对方顿时悟到了意义的大不相同，并告知他们收到的原稿，与我们收到的一样，是一个编辑随手把逗号改成了句号。11日凌晨2时46分，新华社就此发出改稿，将"美方不赞成"后的句号改为逗号。2时51分新华社又不放心，发出"请注意"，提醒各报台：《温家宝总理与美国总统布什举行会谈》一稿中有一处重要改稿，务必改正。

在我印象中，新华社就一个标点符号发重要改稿还是不多见的。

敏感处，一个标点也不可忽视，标点中也有宣传艺术、外交艺术、政治艺术，不可小视，这是我的一点体会。

资料来源：陈陆军．敏感的标点：记新华社为一个句号发重要改稿．军事记者，2004（2）.

（二）删节

删节就是直接删除稿件中有差错的部分。在修改新闻时，由于时间的限制，编辑有时来不及对稿件中存在的疑点全部进行核实，有时虽然进行了核实调查，但因为种种原因一时还不能得到准确的结果，而稿件的发表又不能拖延，这时就可以考虑在不影响对整体事实的真实报道的前提下，将这些暂不能确定的内容删除掉，以免原文刊发后带来麻烦。当然，采用删节方式处理稿件，一个很重要的前提条件是，被删除的内容在新闻中不是至关重要的，不会因为这些内容被删而影响到整条新闻的真实性和准确性，也不会影响读者对新闻的理解。

（三）加按语

加按语就是对原稿中的错误不直接改动，而以另外加按语的方式指出差错。有时新闻稿件中的差错不是记者或作者采访写作上的原因造成的，而是报道对象客观上就存在的，如采访对象提供的材料或者接受采访时的说法有问题有疑点，而且这些内容又比较重要，不能用删节的方式删除掉，也不能用替代的方式直接改为正确的表述，这时就可以保留原来的文字，而以加按语的方式指出错误，其做法是直接在错误的文字后面加括号和标注，如：（按：“×××”有误，应为“×××”）。

二、压缩

压缩，就是通过对稿件的删意、删句和删字，使原稿在内容上更加突出重点，在章节上更加紧凑，在表述上更加简练。

稿件冗长是编辑经常遇到的问题。一种情况是，有些作者写新闻稿时总觉得自己知道的读者都不知道，于是把什么都写在稿件中；还有些作者觉得稿件写得越长越显得出水平和重要，短新闻没有分量，于是明明三言两语能说清的事非要拉拉扯扯拖泥带水写上几千字。编辑在修改这类稿件时，只有大刀阔斧地进行删改，才能去其糟粕，显其精华。还有一种情况是，稿件本身并没有多少问题，文字已经比较简练，只是由于版面限制不得不压缩，新闻编辑对于这类稿件的压缩需要格外慎重。

压缩新闻稿主要从这几方面着手。

（一）对新闻导语的压缩

导语是新闻稿件开头的第一段文字，是读者首先阅读的内容，其重要性不言而喻。所以，对新闻稿件的压缩，首先要看它的导语是否言之有物，是否简洁明了，如果长而空泛，就必须进行压缩。

【案例】

一条消息的导语压缩

原文：

本报讯 某省已着手今年在全省范围内，组织跨越100个专业学会的1万名科技人员走上经济建设的主战场，重点抓好1 000个国营大中型企业、乡镇骨干企业的技术进步。这是某省省长13日上午在省科协四大开幕式上，向全省各级科协和学会的900名与会代表宣布的。

这条导语约300字，过于冗长。其实，作者在这条导语中要说的事情很清楚，就是1万名科技人员将深入企业，这是主要事实。其他的内容，可以在后面再交代。如：这一行动，是某省省

他指出，为了搞好国营大中型企业，某省在转换经营机制、深化企业改革的同时，积极加快科技体制改革步伐，进一步放活科技人员，把科技人员引向企业，把科技引向经济建设的主战场，并且通过科研机构、科技人员同企业的结合，促使企业形成自觉追求技术进步的内在机制，主动面向市场，并按市场导向进行新产品开发、新技术开发和推广应用，使企业产品能更好地适应国内外市场的需要。	长在13日召开的省科协四大上宣布的。他说：这样做，一方面是为了放活科技人员；另一方面，是促使企业形成自觉追求技术进步的内在机制。（省长的讲话，简要概括就行，原导语太长，就是因为引用省长的讲话太多。）
压缩后的导语： （一） **本报讯**　某省已着手今年在全省范围内，组织跨越100个专业学会的1万名科技人员走上经济建设的主战场，重点抓好1 000个国营大中型企业、乡镇骨干企业的技术进步。这是某省省长13日上午在省科协四大开幕式上，向全省各级科协和学会代表宣布的。	这样一改，导语从300字压缩到100多字，主要事实没有受到损害，意义更加明确。
（二） **本报讯**　某省将组织1万名科技人员深入到企业，帮助企业实行技术进步。	这一句话的导语更加适合于简讯。

导语的压缩，还要和标题及全文放在一处考虑。比如有些新闻，标题做得较长，比较具体详细，导语也写得比较具体，两者在意思和表述上有所重复。在这种情况下，如果不考虑重新制作标题的话，对这条导语就需要压缩，甚至可以考虑不要原来的导语，以免使读者重复阅读同一段话，浪费时间和版面。

（二）对新闻背景材料的压缩

新闻的背景材料是新闻稿件中必不可少的一个组成部分，它对于读者了解新闻中的事实与观点往往起着很重要的作用。但是，背景材料毕竟不是新闻中最重要的东西，它只能处在一种“配角”的地位。这个“配角”要是处理不好，就容易喧宾夺主，而且使新闻变得冗长。因此新闻背景材料也要做到用最少的语言包含最多的信息。

新闻的背景材料运用不当，主要表现为这几种情况：一是一写背景就从“三皇五帝”写起，生怕漏掉了什么过程和细节，结果，有价值的背景材料和没有什么价值的背景材料搅成一团，历史跨度太大，使读者厌烦。二是背景材料的写作格式化、文件化，比如一介绍企业的背景就是“某某厂成立于××年，是××人的老企业，企业拥有××万元固定资产，近几年随着市场竞争的激烈，企业遇到了很大困难，后来，企业领导班子认识到……”久而久之，读者也失去了新鲜感。三是对背景材料的运用不灵活，单独一长段，写作也不生动，使读者读起来索然无味。上述这几类有问题的新闻背景材料都是需要压缩的。

【案例】

一篇新闻稿件的压缩

原稿：

北京大白菜走向市场获得成功

今冬北京大白菜首次实行种植面积和购销价格“两放开”的改革获得成功，起到了财政没多掏钱、菜农收入未减、市民普遍满意的效果。更为重要的是，它标志着让人担心多年的“当家菜”的购销改革正圆满完成。

这句议论是多余的，前面的文字已经说明了这个意思，所以这句话可以删除。

今年冬季，北京市将大白菜从过去沿袭多年的计划购销、限制价格改为全面推向市场，不再下达指令性的调市任务和种植计划，不再规定指令性的购销价格，全部由市场调节。10月25日至11月10日为大白菜集中上市期，北京市有关部门根据各自职责加强了产销合作和市场信息沟通，并着力做好大白菜上市的服务工作，工商、市容、交通、卫生等有关部门对大白菜上市进行协调管理，提供方便并免收部分费用。为充分发挥国营商业的主渠道作用，鼓励国营商业零售大白菜，将实行每销售一公斤菜奖励4分钱的奖励政策，与销售数量挂钩。为加强领导，仍实行区县长负责制统筹安排本地白菜产销的各项服务工作。同时，还对部分低收入居民每人一次性增加大白菜补助10元。

长期以来，大白菜一直是北京市冬季居民餐桌上的当家菜，政府有关部门每年都要花大量精力做好大白菜的生产和供应工作，为稳定市场价格，市财政每年都要拿出大量补贴。

据了解，今年北京市种植大白菜面积达19万亩，产量比去年略有增加。国有定点菜店将在产销放开第一年里积极发挥主渠道作用，目前全市共有860个大白菜销售网点，与去年相同。

这两个片段的背景材料不是很重要，而且有些内容在上下文中已经说到，删除这两段背景材料，不会影响读者对新闻的理解。另外，这两段内容放在中间也破坏了整篇新闻的结构，使上下文的材料结合变得松散，连接不畅。

近日记者在采访中发现，走向市场后的大白菜价格平稳，对于这一改革，市民反应平淡。大白菜上市价格在每500千克0.10元至0.18元之间，与去年相差无几。在老百姓中，没人抱怨，也没人抢购。一些收入不高的家庭仍在与往年一样，一如既往地购买着，不买或少买的人似乎更多——随着人民生活水平的提高，大白菜的“当家”地位正在不断下降，现在北京市民一年消费最多的菜是西红柿。

这段文字是进一步的解释，删除它也不影响对新闻主题的表现。

以前的北京市农副产品改革中，有的经过了几次反复，这次大白菜改革会不会也出现这样的反复？有关部门负责人指出，不会。据了解，近两年北京市菜田面积年年有增加，尤其是冬季细菜种植面积、产量都成倍增加，使市民的“菜篮子”不断丰富。与此同时，北京市场大流通的格局基本形成，外地进京蔬菜一年四季络绎不绝，大钟寺、岳各庄、新发地等六大农贸批发市场日益担负起首都大“菜篮子”的功能，不论春夏秋冬都上市大量品种丰富的各地蔬菜，这使大白菜产销放开的条件基本成熟。而且，这项改革是在所有农副产品改革之后，市民的承受能力增强，尤为重要的是，近几年北京市人均收入稳步增长，人民生活水平的提高注定要使大白菜从“当家菜”的位置上走下来。

这一问一答是多余的，让有关部门负责人回答这个问题，不如直接用事实来说明问题有说服力。

这些细节性的材料可以不要。

这句话多余，而且在语法上与上下文不能连贯，应删。

见报稿：

实行种植面积和购销价格放开
北京大白菜走向市场

新华社北京11月10日电　今冬北京大白菜首次实行种植面积和购销价格“两放开”的改革获得成功，起到了财政没多掏钱、菜农收入未减、市民普遍满意的效果。

今年冬季，北京市将大白菜从过去沿袭多年的计划购销、限制价格改为全面推向市场，不再下达指令性的调市任务和种植计划，不再规定指令性的购销价格，全部由市场调节。10月25日至11月10日为大白菜集中上市期，北京市有关部门根据各自职责加强了产销合作和市场信息沟通，并着力做好大白菜上市的服务工作，工商、市容、交通、卫生等有关部门对大白菜上市进行协调管理，提供方便并免收部分费用。为充分发挥国营商业的主渠道作用，鼓励国营商业零售大白菜，将实行每销售一公斤菜奖励4分钱的奖励政策，与销售数量挂钩。为加强领导，仍实行区县长负责制统筹安排本地白菜产销的各项服务工作。同时，还对部分低收入居民每人一次性增加大白菜补助10元。

近日记者在采访中发现，走向市场后的大白菜价格平稳，市民对于这一改革反应平淡。大白菜上市价格在每500克0.10元至0.18元之间，与去年相差无几。在老百姓中，没人抱怨，也没人抢购。

据介绍，近两年北京市菜田面积年年有增加，尤其是冬季细菜种植面积、产量都成倍增加，使市民的“菜篮子”不断丰富。与此同时，北京市场大流通的格局基本形成，外地进京蔬菜一年四季络绎不绝。不论春夏秋冬都上市大量品种丰富的各地蔬菜，这使大白菜产销放开的条件基本成熟。尤为重要的是，近几年北京市人均收入稳步增长，人民生活水平的提高注定要使大白菜从“当家菜”的位置上走下来。

（三）对新闻主体的压缩

新闻主体是指新闻稿中除导语和背景材料之外，主要报道新闻事实和观点的部分。新闻主体一般在新闻稿中所占篇幅最长、地位也很重要，因此，要压缩一篇新闻稿，对新闻主体部分的压缩是很重要的一个方面。

压缩新闻主体，一个较方便也较常用的办法是先将新闻的主要事实和主要观点根据其重要性以及与新闻主题关系的紧密程度进行“等级”划分：区分出谁是最重要、最应该保留的，谁是次重要也应该保留的，谁是不太重要、可有可无的，谁是最不重要、可以省略的，等等。然后，根据这种划分，我们就不难对新闻主体部分进行删节，只把那些最重要的、最能反映主题的内容保留下来。

【案例】

一篇新闻稿件的压缩

新华社原稿：

牡丹亦喜漫天雪
洛阳出现牡丹傲雪开放奇观

新华社 11 月 16 日电　正当牡丹被确定为候选国花之际，素有牡丹之乡称谓的洛阳，出现了牡丹傲雪开放、人们踏着瑞雪赏牡丹的奇观。

记者现场观察，傲雪开放的牡丹在洛阳耐火材料研究院办公楼前花坛内，这株牡丹今年第二次开出 3 朵大花，还有 5 个花蕾含苞待放，引来许多人争相观赏。

洛阳耐火材料研究院是洛阳市庭院绿化先进单位。这里种的一批牡丹唯独这株上开了 3 朵花，最大的花径达 11 厘米。雍容华贵的粉红色花朵上仿佛戴着一顶白帽，十分好看，游人们纷纷在花前合影留念。有人说，评选国花传佳音，牡丹有知傲雪开。研究院花匠郝海成向记者介绍，这株15年树龄的牡丹今年4月已开过，因前些日子天气较暖，他在修剪时把多余的枝条剪掉了。正值14日北京传来牡丹为候选国花的消息，15日这株牡丹就开了花，恰巧下了雪，就出现了“牡丹欢喜漫天雪”的奇观。今天，洛阳初雪放晴，人们等待着其他花蕾继续开放。

《人民日报》见报稿：

候选国花传佳音　国色天香傲雪开

洛阳一株牡丹初冬怒放

据新华社11月16日电　正当牡丹被确定为候选国花之际，素有牡丹之乡称谓的洛阳，出现了牡丹傲雪开放的奇观。

记者现场观察，傲雪开放的牡丹在洛阳耐火材料研究院办公楼前花坛内，这株牡丹今年第二次开出3朵大花，还有5个花蕾含苞待放，引来许多人争相观赏。

据介绍，这株15年树龄的牡丹今年4月已开过，因前些日子天气较暖，修剪时把多余的枝条剪掉了。正值14日北京传来牡丹为候选国花的消息，15日这株牡丹就开了花，恰巧下了雪。

《人民日报》编辑对新华社原稿进行了压缩，除了删掉导语中“人们踏着瑞雪赏牡丹”几字（这些内容第二段中也有），主要删掉了第三段的一些内容，总计100多字。如“洛阳耐火材料研究院是洛阳市庭院绿化先进单位”“游人们纷纷在花前合影留念。有人说，评选国花传佳音，牡丹有知傲雪开”“就出现了‘牡丹欢喜漫天雪’的奇观”“今天，洛阳初雪放晴，人们等待着其他花蕾继续开放”等，这些话有的是同意重复，有的与主题关系不紧密，被删掉后消息内容并不受损，更加简洁明快。

压缩新闻稿件的主体部分，还有一种方法是保留原稿内容的基本框架，删除具体事例或细节。这种方法主要用于综合性新闻稿件的修改。这类稿件往往集中了大量事例报道某一个主题，所选用的材料不只是某一件事或某一个人的，也就是说新闻主体部分是由若干同等重要的、相并列的部分组成，那么用前面所说的给材料排队，依重要程度而删节的方法则不行了，就需要根据报道的主题，保留内容的整体框架，删除用于说明每个要点的具体的事例或细节。

【案例】

一篇综合性新闻稿件的主体部分压缩

原稿：

…………

据调查，52名老人中92%是体力劳动者，自幼开始劳动，七八十岁才逐步减轻体力劳动，现在仍有半数以上的老人能操持家务，不少老人外出办事还坚持步行。多数老人至今坚持气功、太极拳、按摩等保健体育活动。106岁的廖富辉老人，鹤

这部分写长寿老人之所以长寿的奥秘的文字，共有四方面的内容，如果压缩掉其中任何一方面的

发童颜，精神奕奕。他每天数次上下四楼，到茶楼饮茶，去公园散步，几十年如一日。他从不间断“干洗脸”（双手由额向下拂面）、“舒大肠”（用手沿着大肠走向擦揉）、“旋膝盖”（用手掌按摩双膝）、“甩双手”等头、面、躯干以及四肢的保健按摩和其他运动。

作息有规律，起居讲卫生，这是城市长寿老人生活中的又一个显著特点。他们大多能够坚持早睡早起，其中有6位老人每天一早五六点钟就起床，步行到茶楼，品茶吃早点。许多人经常亲自打扫庭院，整理内务；90%的老人一年四季坚持每天用温水擦身或洗澡，106岁老人李英常常一日擦身3次，每次40分钟以上。99岁的李剑每次擦身长达1小时。医务人员说，这种擦身不仅使老人身上干干净净，还可以起到按摩肌肤，改善血液循环，舒筋活络，健体强身的作用。

调查发现，城市长寿老人绝大多数胃口好，消化能力强，但非常注意节制饮食。这些老人多数家庭经济比较宽裕，但他们从不暴饮暴食，也不偏食，饮食定时定量。52名老人中，只有15人喝少量酒，12人偶然抽点烟，多数人没有烟酒嗜好。他们中间有40人喜欢饮水，包括茶、凉茶、各种汤类以及糖水。从医学上来说，多饮水对清洁胃肠道，保持大小便通畅，增加皮肤的水盐代谢，促进消化吸收等都有好处。

性格爽朗，情绪乐观，无忧少虑，是这些长寿老人所共有的精神方面的特点。52名老人中，有40人开朗乐观，从容温和，有12人襟怀坦白，心直口快。他们多数在旧社会受过苦，解放后翻了身，得以欢度幸福的晚年。

压缩后：

据调查，52名老人中92%是体力劳动者，自幼开始劳动，七八十岁才逐步减轻体力劳动，现在仍有半数以上的老人能操持家务，不少老人外出办事还坚持步行。多数老人至今坚持气功、太极拳、按摩等保健体育活动。

作息有规律，起居讲卫生，这是城市长寿老人生活中的又一个显著特点。

调查发现，城市长寿老人绝大多数胃口好，消化能力强，但非常注意节制饮食。这些老人多数家庭经济比较宽裕，但他们从不暴饮暴食，也不偏食，饮食定时定量。

性格爽朗，情绪乐观，无忧少虑，是这些长寿老人所共有的精神方面的特点。

内容，都会使这条新闻的主体部分对事实的概括不全面。所以，在修改这类稿件时只能采用取其“骨架”而舍其“筋肉”的办法，把每一部分内容的具体细节省略，只保留比较精练的概括。

在压缩新闻主体部分时，还要特别注意对数字的压缩。因为新闻冗长，有时与数字使用不当有很大关系。新闻报道在引用数字时容易出现的问题有：数字太多，而且生硬地堆砌在一起，读起来枯燥无味；数字用得马虎，出现差错；对数字的选择欠考虑，所用的数字说明不了问题；等等。编辑在压缩稿件时，对于数字压缩可以对症下药，从下列几方面着手：一是删去不说明问题的数字和可有可无的数字，保留的数字应该少而精，并且能用到点子上，用得恰到好处。二是要注意删去不准确的数字，保留的数字应是查有实据、准确无误的。三是要把保留下来的数字用活用好，如可以通过换算、对比等办法将抽象的数字变得更加形象和直观，更能说明问题。

【案例】

灵活运用数字的一篇新闻稿

战胜饥饿　重在行动

本报驻意大利记者　史克栋

6月10日至13日，在罗马举行的世界粮食首脑会议五年回顾会议，全面回顾和审议了1996年首届粮食首脑会议所制定的减少饥饿人口计划的执行情况，并针对存在的问题进行了广泛深入的讨论与交流。

1996年，180多个国家的领导人签署了《罗马宣言》，确定了在2015年内将世界饥饿人口减少一半的目标。当时，全球饥饿人口为8.4亿，每年须减少2 000万人方可达到目标。根据几年来的执行情况看，每年只能减少饥饿人口600万至800万，照此速度下去，要半个世纪才能实现《罗马宣言》的目标。

据统计，现在世界饥饿人口还有8.15亿，而且，在联合国粮农组织跟踪研究的99个发展中国家里，近5年多只有32个国家的饥饿人口有所减少。目前，全世界每天因饥饿死亡的人达2.4万，相当于每4秒钟有一人饿死。每年因饥饿死亡的儿童有660万，问题十分严重。联合国粮农组织总干事迪乌夫不得不承认，在与饥饿的斗争中，“集体吃了败仗”。在会议期间，全体大会、圆桌会议、专题研讨会交叉进行。从不同会场传出的信息来看，大家较一致的看法是：不能满足于承诺，更重要的是行动。分析与会国代表的发言可以看出，有几个因素影响了有关计划的执行。

首先是缺乏较强的政治意愿。联合国秘书长安南指出，全世界的资源足够全体人口的消费，目前这一问题的存在主要是缺乏政治意愿。

《人民日报》的这篇新闻述评数字较多，但用得必要而且用得比较灵活。

每天死亡人数2.4万人，转换成死亡频率——每4秒钟有一人饿死，更加生动具体，具有说服力。

迪乌夫对大多数发达国家领导人未与会持批评态度。在出席这次会议的欧洲国家领导人中，意大利总统和总理是东道主，西班牙首相阿斯纳尔作为欧盟轮值主席参加，普罗迪则是以欧盟委员会主席的身份与会，其他国家无一位领导人，有的甚至连部长都没派来，缺乏政治愿望由此可见一斑。

另外，发达国家的保护主义严重影响了发展中国家的经济发展。乌干达总统穆塞韦尼的发言一针见血："世界上食品短缺的重要原因之一是欧洲与美国农产品保护主义造成的。"一些富国制定的食品安全法律，好像是专门针对穷国的，仅因为花生生产不符合某些条款，非洲的花生出口每年就少收入 2.5 亿美元。即将卸任的哥伦比亚总统帕斯特拉纳说："贫穷国家不需要施舍，而是希望能与富国公平竞争。"巴西代表指出："富国每天都在讲自由贸易，可第二天就提高了进口关税。"一些专家认为，阻碍穷国发展的正是富国采取的保护主义措施，远远超过其提供的财政援助。它们通过增加关税、实行进口配额的形式，采取反倾销措施，对自己的企业实行补贴和税收优惠，将国外产品挡在门外。一个明显的例子就是，美国对发展中国家的纺织品征收平均 17%（最高时达 100%）的税，而且还执行严格的进口配额。事实上，发展中国家出口的 70%恰恰是农产品和纺织品。

再者，贫穷国家债台高筑，资金短缺。据统计，穷国欠富国的债务高达 2.9 万亿欧元，相当于法国、英国和奥地利三国全年国内生产总值的总和。在最贫穷国家中，欠债最多的是科特迪瓦，为 138 亿欧元，其次是喀麦隆、坦桑尼亚、加纳、莫桑比克、尼加拉瓜和赞比亚。意大利总统钱皮呼吁发达国家免除穷国的债务。意大利在这方面带了个好头，在会议期间与莫桑比克签署了协议，免除其 5.24 亿美元债务。

> 穷国欠富国的债务高达 2.9 万亿欧元，通过换算——相当于法国、英国和奥地利三国全年国内生产总值的总和——更加形象地说明了问题。

本届会议通过的《"世界粮食首脑会议：五年之后"宣言》表明，这次会议使人们进一步认识到：战胜饥饿，任重道远，需要各方的共同努力。特别是一些发达国家，意识到了饥饿问题虽集中在发展中国家，但与发达国家密切相关。千里之行，始于足下。2015 年的目标能否实现，最重要的还是具体行动。

新闻稿件的压缩，要将删意、删句与删字相结合对稿件进行修改。所谓删意，是指将稿件中不重要、可以去除的内容删掉，使新闻主题更加突出。如前文中列举的压缩稿件的案例，有的是删除导语中不重要的内容，有的是删除新闻主体部分的次要内容或详细叙述，都属于删意这一类。删句，相对于删意要简单一些，主要是删除稿件中多余的或不准确的句子，如稿件中那些内容重复的话、描写不当的语句、多余的解释或议论等。删字，则主要删除新闻中重复的、不正确的字词，如“过去的往事”“报刊杂志”“凯旋归来”，应该删改成“往事”“报刊”“凯旋”。

编辑在压缩稿件时，要注意压缩后的篇幅应该与稿件的新闻价值相般配，如对于很有价值的新闻稿件不宜压缩得太简略，对于新闻价值较低的稿件则应压缩得更多，使其篇幅变短。还要注意压缩后的稿件应该符合新闻媒体一贯的风格和特色，因为不同的媒体对于稿件的长短和质量有不同的要求。

还需注意的是，压缩稿件除了要对原稿的内容和文字进行删除外，有时为了使稿件能上下连贯、保持完整，还要在删掉一些段落和文字的同时，增补一些字句，以完整、准确地表述报道内容，使得全文通畅、一气呵成，不致因删改出现新的问题或差错。

三、增补

增补，就是补充原稿中需要交代而又遗缺的内容。

新闻稿如果缺少一些重要的因素，如对涉及新闻事实的一些要素有遗漏，对必要的背景情况未加说明，对专业性太强的内容没有解释等，就会影响读者对新闻的理解。这时，新闻编辑要在改之有据的前提下对原稿进行必要的补充。

增补的主要类型有以下几种。

（一）增补资料

增补资料即对新闻稿件中应该交代而没有交代的有关人物、事件、地点的历史、背景和知识进行资料性的补充。

记者、作者在采写新闻时由于时间紧迫，或者手头资料不足，往往对一些应该交代清楚的东西没有交代。编辑在处理这类稿件时，就应该充分利用自己占有资料的优势，对稿件中这些缺漏做一些必要的补充。如果忽略这方面的增补，稿件就不能让读者读懂读透。比如曾有一家报纸刊发了一条新闻《哈尔滨一病人接受心脏原位移植手术后情况良好》，由于通篇没有介绍什么叫“心脏原位移植”，结果只有少数内行人看得懂，外行人就很难明白这项医学成果的重要意义。如果编辑在处理这篇稿件时查找一下有关资料，加几句话简要介绍一下“心脏原位移植”，以及这项手术在我国以至国外的进展情况和它的价值，就可以使读者进一步明白哈尔滨医科大学附属第二医院这项医疗成果的重要意义。

修改专业性较强的新闻稿件，编辑要特别注意资料的增补。此外，国际新闻经常涉及读者比较陌生的内容，也要注意增补有关资料。如有一条国际新闻《美将近五分之一的工人收入低微》，稿中说：“1990 年美国有将近五分之一的整年工作的工人从事的是低报酬职业，收入所得不能使一个四口之家摆脱贫困。”这就使读者产生了疑问：这些低报酬职业的工人收入究竟低到什么程度？同全国工人的平均数相比差多少？在美国一个四口之家收入多少被列为贫困线之下？目前，这样的贫困家庭在美国占多大比例？这些材料恰恰是稿件中没有的，这就需要编辑进行补充。

【案例】

使专业性强的新闻变得通俗易懂的背景资料

继合成出世界上最长以及储氢性能优良的碳纳米管后，我国科学家不久前成功合成出世界上最细的碳纳米管，从而在这一领域更上一层楼。

一纳米是一米的十亿分之一。1991 年被人类发现的碳纳米管，是由石墨碳原子层卷曲而成的碳管，管直径一般为几个纳米到几十个纳米，管壁厚度仅为几个纳米，像铁丝网卷成的一个空心圆柱状“笼形管”。它非常小，5 万个并排起来才有人的一根头发丝宽，实际上是长度和直径之比很高的纤维。

作为石墨、金刚石等碳晶体家族的新成员，碳纳米管韧性很高，导电性极强，兼具金属性和半导体性，强度比钢高 100 倍，比重只有钢的 1/6。因为性能奇特，被科学家称为未来的“超级纤维”，也成为国际研究热点。

这两段文字为读者提供了有关碳纳米管的专业知识背景，使读者原本陌生的专业概念得到形象而生动的解释，对读者了解这一新闻事件的价值很有帮助。

从 1992 年起，中科院物理研究所研究员解思深率领科研小组追踪国际前沿，利用化学方法合成碳纳米管，并对其性能进一步研究。1998 年，科学家合成出世界上最长的碳纳米管。

…………

（二）回叙

回叙大多用于连续性报道，指在后续的稿件中对前面已发表的报道内容做简要复述。

连续性的新闻报道，要考虑到读者不一定都阅读过已经发表的每篇稿件，或者即使看过报道，也可能已经记不清楚，因此在后续报道中，就要有意识地对已经报道过的内容加以简要的复述，帮助读者全面地了解情况，更好地理解新闻。比如报道一场重要的决赛，就有必要对过去的预赛、复赛情况做一些简单的介绍，使读者能够完整地了解目前这场比赛的来由和情况。

【案例】

新闻稿中的必要回叙

伊战两年半共66名记者殉职
高于越战20年总数

本报讯 设在法国巴黎的“记者无国界组织”8月28日说，自从2003年3月20日伊拉克战争打响以来，66名记者在伊拉克殉职；而在越南战争20年期间，只有63名记者在那里殉职。

路透社指出，虽然两个数字相当接近，但是，伊拉克战争至今只进行了两年半左右，而越南战争却是从1955年至1975年持续了整整20年。

“记者无国界组织”指出，对记者来说，伊拉克是世界上最危险的地区。除了66名记者在伊拉克遇难以外，还有22人曾经遭到绑架，其中1名意大利记者被绑架者“处死”，其他均已获释。

在伊拉克战争期间，第一名遇难记者是澳大利亚广播公司的摄影记者保罗·莫兰——他在2003年3月22日遭到汽车炸弹袭击死亡；最近遇难的是路透社录音师瓦立德·哈利德——2005年8月28日他在巴格达遭美军枪击身亡，与他同行的一名摄影师受伤并被美军逮捕。

这篇稿件最后一段内容是回叙，以过去发生的具体事实为新闻主题提供了有力支撑，也使稿件更加具体生动而免于空泛。

（三）增补新闻事实

增补新闻事实即请记者或作者对稿件中遗漏的新闻要素进行增补，或对过于简单的内容加以补充和解释。

新闻稿件报道新闻事实，通常应该写清楚新闻的五要素，即何人、何时、何地、何事、何故。如果没有特殊的原因，这五个要素一个也不能少，而且要让受众能看得明白。但有时因为记者或作者的疏忽，有些稿件在介绍“何地”时，只有小地名如村名、里巷名，没有区名、街名或乡名，没有大地名如某省某市，结果读者看了仍不知道新闻的发生地。如有一家省级报纸发表了一条消息《居民合抓“穿睡衣的蟊贼”》，写此事发生在“站北新村”，还有一条图片新闻《莫让青山“剃光头”》，文字介绍这种情况出现在“曙光村烛台山”。这两个地点都是只有小地点，没有大地名，一般读者很难搞明白事件到底发生在什么地方。对这样的新闻稿，编辑在改稿时就应该用增补的方法，加进大地名，告诉读者是某某市的“站北新村”、某某县某某乡的“曙光村烛台山”。

【案例】

一篇新闻稿件的事实增补

原稿：

曾轰动京城的优秀电视剧《李润五》将重播

曾在京城轰动一时的获奖优秀电视剧《李润五》，将于国庆节期间在北京电视台重播。

据了解，在中宣部组织的1996年度“五个一工程”的评奖中，根据北京市优秀领导干部李润五先进事迹摄制的电视剧《李润五》是获奖作品之一。

李润五生前曾任北京市副市长，1995年11月2日下午因操劳过度病逝在工作岗位上。李润五求真务实，一生为官勤政为民，清正廉洁，兢兢业业，诚心为广大市民服务。他的无私奉献的崇高风范，受到北京市广大干部和群众的尊敬；江泽民总书记赞扬他“是一个优秀党员、优秀干部”。

然而近日，有多家境外传媒制造谣言，向他身上“泼污水”。据记者从北京市的权威人士那里获悉，这些报道纯属造谣，是子虚乌有的无稽之谈。重播《李润五》，就是对谣言的有力驳斥。

优秀电视剧《李润五》，感人肺腑，催人泪下。北京市广大干部和群众怀念这位优秀领导干部。北京市电视台应观众的要求，在国庆期间将两次重播这部优秀电视剧。

见报稿：

优秀电视剧《李润五》将重播

新华社北京9月27日电 北京市有关方面负责人透露，曾轰动京城的获奖优秀电视剧《李润五》，将于国庆节期间在北京电视台重播。

李润五生前曾任北京市副市长，1995年11月2日下午因操劳过度病逝在工作岗位上。李润五求真务实，一生为官勤政为民，清正廉洁，兢兢业业，诚心

编辑对改稿经过的自述：

发这篇稿子是有针对性的。党的十五大召开期间，多家境外传媒制造谣言，向李润五同志身上泼污水，说什么他生前在香港存有多少多少万美元，家里存折上有多少多少钱。谣言流传很广，影响十分恶劣。为了澄清事实真相，9月底，记者以电视剧《李润五》重播为新闻由头，采写了这篇对外稿。

此稿新闻由头是抓得对的，记者写作也是认真的。但是，写起来却不那么顺利，先后四易其稿。上面刊登的作者原文是第二稿。在此之前，还有一稿；在此之后，还有第三稿。见报稿为第四稿。如此折腾，倒不是有什么人为的障碍，而是遇到一个怎么写合适的问题。

第一稿，对谣言写得很具体，且由北京市一位高级官员出面辟谣，其措辞亦较激烈。当稿子送审时，北京市委有关负责同志提出两点修改意见：不要具体转述谣言内容；不要摆出辟谣架势。理由是：有些人本来并不知道谣言内容，若一转述，等于“传谣”了，会带来负面影响，这样也就达不到我们的目的。这两点意见，当然是对的。

于是，又写了第二稿。它虽然改掉了前一稿所存在的问题，但编辑看后仍然觉得“硬”，并要求记者补充两个实例——找曾看过《李润

为广大市民服务。他的无私奉献的崇高风范，受到北京市广大干部和群众的尊敬；江泽民总书记赞扬他“是一个优秀党员、优秀干部”。

“润五一身正气，电视剧真实地塑造了他的形象。”李润五生前的秘书孙奇介绍说，润五到基层有个著名的“三不”规定：不通知对方，不让准备客饭，一般不带秘书。

家住东城菊儿胡同的退休老教师马玉荣说：“我是流着眼泪看完电视剧的。润五曾在东城区当区长，学校校舍改造找他，我们百姓房子漏水也找他，他为老百姓解决了许许多多难题，我们永远怀念他。”

这部根据李润五事迹摄制的电视剧《李润五》曾获中宣部组织的1996年度“五个一工程”奖。

北京市电视台应观众的要求，在国庆期间将两次重播这部优秀电视剧。

五》的人谈观感，以增强文章说服力。根据这个要求，记者写了第三稿。稿中补充了两个例子，即李润五生前的秘书孙奇和家住东城区菊儿胡同的退休老教师马玉荣看《李润五》谈李润五。至于“有点硬”的地方，大概是记者尚未理解，未作修改。

第三稿经编辑精心修改后，才成为见报稿，此为第四稿。

资料来源：张选国．应该怎样写作：对78篇新闻稿的评析．北京：新华出版社，1998：356-357.

编辑在修改稿件时运用增补手法，要注意以下几点：

第一，所补充的内容一定要有确实可靠的根据，也就是要有充分的可以信赖的资料，或者是记者通过补充采访获得的新的事实。对资料的要求，一要有权威性，二要是最新的，三要是直接的而非转抄来的，对此我们前一章已有说明。

第二，编辑直接对稿件进行增补时应该尽量征得作者的同意，使他们了解增补的情况与具体内容。如果需要对稿件进行新闻事实的增补，还应该请记者或作者通过补充采访，亲自完成。

第三，对资料的运用，应该紧扣新闻事实，不能离题万里；应该用得少而精，不能喧宾夺主。

第四，对通讯社的新闻稿一般不能自行增补，如果认为有内容必须补充说明的话，可以采取在文前或文中另加“编者按”的方式。

四、改写

改写是对原稿重新写作，是改稿中难度最大、操作最复杂的一种修改方法。

改写通常是因为稿件的角度选择不当、材料的详略安排不当、稿件结构有问题或者体裁不合适等，需要重新组织材料、安排结构，重新写作。改写的方法主要有五种。

（一）改变主题与角度

新闻报道能否吸引读者，把最有价值的信息提供给读者，与新闻主题的确定和角度的选择有很大关系。所以，修改一篇材料不错但主题不够新颖、角度不能吸引人的稿件，就要改变原稿的主题和报道角度。

【案例】

《人民日报》副总编辑谈一篇新闻稿件的改写经过

《人民日报》7月份的见报稿有一篇文章《脱贫攻坚再现党员的先进性》，是讲在贫困落后的乡村，党员要敢于承接项目和资金去示范致富。这篇稿子颇费周折。我先是发现了一篇内参，讲甘肃省定西县太平村实施“双富工程”，就是党员先富起来后再一帮一，带动了群众一起富。我请记者进一步采访，写了一篇公开稿。这是一件好事，但好事中给人有不好的感觉。如：为什么让党员先富，群众就不能先富？凭什么把项目贷款先给党员？这是不是搞特殊？原稿中有这样一句话更是加重了人们的疑惑：“‘双富工程’，实际上是在项目和资金上首先给党员优惠和倾斜。”太平村这样做到底对不对？原稿这句话也是多棱镜的一道棱，从这里照进去，确实有问题。

这个问题提得非常好，它说明原稿的主题存在一些问题。

但是，这里有一个不同于一般地区的特殊情况。这里很穷，又很保守，市场经济观念几乎没有，除了传统耕作，其他致富手段从未试过。在别的地方如果有项目和贷款是突然送来的“金娃娃”，这里的农民却视为负担、麻烦和债务。别处扶贫是给钱给项目，这里先要解决敢不敢要钱接项目的问题。这就是特殊性，记者的报道也正是要回答在这种特殊条件下党员如何发挥先进性，这时你就要把这个典型看作一个多棱镜，仔细转动、分析、选角度，努力把那一点最特殊的意义折射和检索出来。所以在编稿时，又请记者补充了材料，改稿里加了这样一段话：“过去，这里的群众习惯传统耕作，引来贷款和项目都无人敢接。‘双富工程’就是选取项目连同资金交给一些有文化、会经营的党员，让他们带头去试验，去闯。党员致富并取得经验之后再带领群众共同致富。”

在文章的主体部分进行了这样的改写：

“党员王进成、陈云花分别在新疆学了7年和3年的养鸡技术，积攒了一些资金。镇里分别给他们联系了2万元和1.8万元贴息贷款，支持他们搞规模养鸡。村民陈秉清将信将疑：‘一下子借那么多的钱，如果弄不成事，哭都来不及。’听说也可以让他贷款，陈秉清说：‘我才不那么傻呢！’

找到真正的原因，补充相关的事实，文章主体部分的改写使得整篇新闻的角度和主题得到了校正。

“鸡场刚建起来时，鸡蛋没有固定的销路。王进成和陈云花拉着三轮车到各乡镇到处赶集，价格也只有每公斤3.80元。那时，别说是村民担心，就连镇里也替两人捏了一把汗。随着规模的不断扩大，两人到定西、兰州苦苦开拓市场。半年之后，只要一个电话，客户就来车把鸡蛋买走了，并且价格也上升到了每公斤4.20元。

"看到陈云花、王进成的生意越做越顺，短短几个月里就挣了1.3万元，陈秉清开始动心了。他说：'有党员探路，我不怕啦!'在陈云花的担保下，陈秉清贷款1万元开始养鸡。后来，他们又带动4户群众建起了养鸡场。如今，6户养鸡规模已经达到了近万只，每户年收入都在2万元以上。"

可以看出，从"在贷款和项目上给党员优惠和倾斜"到"让他们带头去试验，去闯"，再加上群众由"不敢贷款"到"有党员探路，我不怕"——多棱镜转了一个面，文章的切入点转了一个大角度，这样读者就看到了问题的另一面，也是这个典型所反映的实质性的一面。同样还是这个村，还是这件事，却是完全不同的效果。如果按照开始那个角度，这篇文章的主题将完全不可能成立。这个效果完全是多棱镜换位、调焦、调光的结果。

资料来源：梁衡．把握准多棱镜的那一道棱：看稿手记之四．新闻战线，2002 (11).

值得注意的是，有些新闻工作者由于曾经长时间在计划经济条件下做宣传报道，养成了从领导的角度、工作的角度报道新闻的习惯。这种角度虽不能一概否定，但我们应该看到，它容易拉大与读者的距离，影响新闻报道的社会效果。因此，新闻改革中，我们提倡从贴近普通群众的角度、贴近社会生活的角度来报道新闻，缩短与广大受众的距离。

【案例】

一条重新改写的新闻导语

原稿：

本报讯　4月24日，国家教委、国家计委、国家经委、国家科委、财政部、轻工部、国家出版局、国家物价局联合发出《贯彻执行〈关于高等学校和中等专业学校教材问题的请示报告〉的通知》。《通知》中说，自今年秋季开始，高等学校和中等专业

这段导语如同绕口令，不厌其烦地罗列了八个国家机关的名称，却对人们最关心的问题一句没有谈到。人们最感兴趣的不是消息一开头写的这些内容，而是价格。"低价"，低到多少？"微利"，微到什么

学校教材实行低价、微利的原则和国家给予补贴的政策。

改稿：

本报讯 从今年秋季起，高等学校和中等专业学校学生的教科书费将比目前降低20%左右，这是国家教委等八个部门在4月20日联合发出的通知中透露的。

通知规定，出版社出版教材的利润不得超过其销售收入的5%，有亏损或赢利不到5%的，由国家补到5%。

程度？“补贴”，怎样补法？遗憾的是，这些内容在消息的第三段和第五段才涉及。像这样的稿件，就要转变角度，从读者的角度、服务的角度，而不是从领导的角度、工作的角度来切入。因此，有必要将稿件后面的重要内容提到导语中，重新写作。

（二）调整结构

新闻稿件的结构直接关系到一篇稿件的阅读效果。好的结构，首先是条理清楚、方便阅读；其次还应该波澜起伏，引人入胜。新闻稿的结构最忌线索不清、条理紊乱，让读者不知所云；再就是怕平铺直叙，干巴呆板。新闻稿要有条理，可以按新闻事件发生发展的时间顺序写，可以按事物之间的内在联系写；可以先交代结果，再回述前因和过程；可以先写这一面，再写那一面……文无定法，但结构的安排与报道内容有不可分割的联系，它是依据反映内容的需要而定的。为了最准确生动地表述内容，在新闻稿中必须合理地、艺术地安排结构，灵活巧妙地运用各种表现手法，该略的从略，该详的不惜笔墨，顺序、倒序、插序可以穿插使用，使新闻写作不落俗套。编辑在修改稿件时就要根据已有的新闻素材以及表现主题的需要，对原稿中结构不理想、材料运用比例不合理的地方进行调整和修改。

【案例】

一篇新闻稿的结构调整

原稿：

北京市外来人口普查
今天零时起进入具体实施阶段

北京市外来人口普查今天0时起进入具体实施阶段。

今天零时，北京市共出动4万余人，在全市近万个普查区，对不便填写普查表和居无定所的外来人口进行全面清点，即只清点人数和性别，不进行问卷登记。

该稿件的结构安排不合理，全文共有12个自然段，不但层次太多，而且次序不顺，缺乏逻辑性，上下文的连接非常生硬。

在北京举行的中国首次大规模外来人口普查的标准时间点为11月1日0时。普查将通过入户登记、全面清点和流量清点三种方式进行。

此次北京市进行大规模外来人口普查主要目的就是要通过普查更加准确地掌握北京市外来人口的总量、地区分布、结构、素质、职业等内容，从而为政府有针对性地做好外来人口管理工作提供科学的依据。

因此，为了全面准确掌握全市外来人口的数量，确保对外来人口的统计无遗漏，北京市外来人口普查办公室于今天0时起首先对部分外来人口进行全面清点。

在京所有的外籍和港澳台人员都包括在今天凌晨的清点范围之内。

同时，所有滞留在火车站、飞机场、长途汽车站等处的外来人口及监狱、拘留所、劳教劳改场所内的全部外来人口和在京居无定所的外来人口都在今天普查的清点范围内。

另据了解，作为此次外来人口普查工作的另一组成部分的流量调查，也将于明天（31）0时至20时进行。

届时，中国民用航空公司华北管理局、中国联合航空公司、北京铁路分局以及与天津、河北接壤的北京市10个远郊区县的外来人口普查办公室将对进出北京市地域各交通路口、民运机场港口、客运火车站的人口进行流量调查。

据北京外来人口普查领导小组办公室常务副主任顾兖州介绍，为保证流量调查工作的顺利，10月17日，北京市10个远郊区县已经对全市近百个路口进行了摸底，并绘制了地理位置草图。

10月31日当天，北京市将出动2000人，分成三个时间段即0时至8时，8时至18时，18时至24时对进出北京市的人次、机动车与非机动车的车次进行全面统计。

作为普查的主要方式，从11月1日至8日，北京市6万多名普查员将陆续在18个区县对所有外来人口进行逐一的入户问卷普查登记。

见报稿：

北京市外来人口普查开始实施

新华社北京10月30日电　北京市外来人口普查今天零时起进入具体实施阶段。

在第一段之后应该马上交代这次普查的“标准时间点”和普查的“三种方式”，因为这是最重要的内容，也是读者最关心的，但稿件的第三段才谈到此。

第四、第五两段讲此次普查的目的，不是本稿的报道重点，而且写得比较烦琐，放在这个位置，使对于最重要的新闻事实的表述分割开了，导致结构混乱。

清点范围在第二、第六、第七个自然段中都有涉及，过于分散，应该集中在一起说清楚。

这一段中介绍的背景情况在此之前已经有过报道，可删。

这篇改稿删除了第五、第十、第十一共三个自然段，对保留的九个自然段进行了调整和合并，全文

在北京举行的中国首次大规模外来人口普查的标准时间点为11月1日零时。普查将通过入户登记、全面清点和流量清点三种方式进行。今天零时，北京市共出动4万余人，在全市近万个普查区，对不便填写普查表和居无定所的外来人口进行全面清点，即只清点人数和性别，不进行问卷登记。清点范围包括在京所有的外籍和港澳台人员；所有滞留在火车站、飞机场、长途汽车站等处的外来人口及监狱、拘留所、劳教劳改场所内的全部外来人口和在京居无定所的外来人口。 作为此次外来人口普查工作的另一组成部分的流量调查，将于31日0时至20时进行。届时，中国民用航空公司华北管理局、中国联合航空公司、北京铁路分局以及与天津、河北接壤的北京市10个远郊区县的外来人口普查办公室将对进出北京市地域各交通路口、民运机场港口、客运火车站的人口进行流量调查。 作为普查的主要方式，从11月1日至8日，北京市6万多名普查员将陆续在18个区县对所有外来人口进行逐一的入户问卷普查登记。 北京外来人口普查领导小组办公室常务副主任顾兖州说，此次北京市进行大规模外来人口普查主要目的就是要通过普查更加准确地掌握北京市外来人口的总量、地区分布、结构、素质、职业等内容，从而为政府有针对性地做好外来人口管理工作提供科学的依据。他希望广大在京的外来人员和北京市民解除顾虑，真实地反映情况，协助市政府圆满完成普查工作。	变为五个自然段，每段分工明确，转接自然，使文章形成了相对合理的结构。

（三）改变体裁

改变体裁就是将稿件的原有体裁形式改变成另一种体裁形式。新闻的体裁是多种多样的，不同的体裁适宜于表现不同的内容，报道效果也往往不同。有时，新闻编辑拿到一篇新闻稿件，发现体裁与内容不太相配，比如有的稿件真正有价值的内容不多，写成一条简讯就足够了，但记者却写成了一篇通讯，如同一杯掺了很多水的奶，这时编辑就需要改写这篇稿件，将它改成一条简讯，使有价值的内容更能突出，篇幅上也大大缩短。

还有一种情况是，新闻编辑根据媒体的需要，把一些其他媒体已经发表的新闻经过改写再刊登，也往往要改变体裁，比如把一篇长通讯改写成一条短消息，把一篇评论改写成一条新闻，等等。新华社在转发《人民日报》社论时，就是将社论这种体裁改为消息发布的。在一些文摘类报纸上，摘录的东西都很短，原文却可能是通讯、调查报告等篇幅比较长的报道，编辑一方面运用了压缩的办法，另一方面也改变了体裁。

随着越来越多的新闻媒体推出官方微博、微信公号、App等新媒体产品，新闻编辑还会将一些重要的新闻报道进行内容摘编，以这些基于社交网络平台的新媒体形态进行推介。编辑在这类改写中，一方面要考虑到产品形态对文字数量的要求，如编写微博控制在140字以内，编写微信也要考虑到手机显示屏的页面阅读效果，文字篇幅不宜过长。另一方面，编辑在编写文字内容时还应同时考虑到与文字相配合的图片、图表等其他形式（这在“新闻稿件配置”一章中将详细讲解）。如编写微博可以采用配长微博，以及插入原文链接的方式，为读者提供更多的信息。编辑将传统媒介的新闻稿件改编成适合于社交媒介的新产品形态，其实也是一种体裁的转换。

【案例】

改变体裁（由一篇言论改编成一条微博）

《人民日报》的言论：

青春更应在奋斗中放光彩

李浩燃

友人大学毕业后辗转了几家公司，薪水越领越高，心情却未“水涨船高”。深入一聊，是因为觉得有竞争压力，还不够“安稳”。不禁想起年初哈尔滨环卫系统招聘，落败研究生誓言为了生活稳定，“死也要死在编制里”。上大学选“安全”专业，就业时挑战大的不愿去、竞争强的不敢去，工作生活渴望安逸……由此让人感慨，如今一些年轻人，怎么就有一味求稳的心态呢？

不是说青年人不能有求稳心态，注重避险、追求稳健，不轻易出手、拒绝做无把握之选，可说是一类行事风格，也堪称生存哲学。孔子在《礼记·哀公问》中有言：“不能安土，不能乐天；不能乐天，不能成其身。”先求稳，一方面能促人审慎权衡、科学抉择，避免冒进风险；另一方面，也会让个体预期保持在合理范围内，有利于稳中求进、稳中有为，积小胜为大胜。但求稳不等于唯稳，尤其对于青年这一独特群体而言，更须警惕过分求稳。

青年人被喻为早上八九点钟的太阳，最有朝气蓬勃、进取求变的精神风貌。诚然，离开校园、闯入社会，难免可能要历经浪高风急，体悟环生险象。也有人说，小人物总是过早与生活短兵相接，品味挫败。但惟其艰难，才更

《人民日报》的言论篇幅较长，充分展开了论述。受微博的字数限制，编辑摘取了其中最有代表性的思想和观点，并对文字略加组织、修饰，使其自然、流畅。编辑还将刊发该言论的报纸版面作为配发图片，放在了微博的结尾，方便读者点击阅读原文。

《人民日报》微博：

【人民日报：青春应在奋斗中放光彩】如今有些年轻人一味求稳，甚至“死也要死在编制里”。假如血气方刚之时就不思精进、患得患失，何谈创新，又遑论伟大变革？靠什么实现人生意义、升华生命价值？年轻人不应尊崇“万石之钟，不以莛撞起音”的老成稳重，更当挥洒“到中流击水，浪遏飞舟”的青春

显勇毅；惟其笃行，才弥足珍贵。假如血气方刚之时就不思精进、患得患失，何谈创新，又遑论伟大变革？假如风华正茂之际就“精神早衰”、畏葸不前，又靠什么实现人生意义、升华生命价值？从这个意义上，年轻人不应尊崇“万石之钟，不以莛撞起音”的老成稳重，更当挥洒“到中流击水，浪遏飞舟”的青春激情。

古罗马历史学家塔西佗曾写道，“有冒险才有希望”。一个充满生机的社会，必定有胸怀梦想、敢言挑战、不惧风险的群体；一个国家和民族臻于创新的活力，也源自无所畏惧的果敢担当和不计成败的进取之心。试想，乔布斯治下的苹果公司，之所以能引领科技风潮、赢得国际市场，不正在于研发团队一次又一次的潜心试错？朱熹平教授及其团队，若非大胆假设、穷尽可能，又怎能证明庞加莱猜想、破解百年悬疑？寻找解读成功的密钥，恰在于积极求变，而非消极求稳。

也应看到，年轻人的过分求稳心态，亦有社会原因。失败不足惧，如何对待失败更关键。“失败是成功之母”，在未知道路上放手探索，乃是青春之特权。正如恩格斯所说，年轻人犯错是可以原谅的。倘若社会氛围对于失败过于严苛，青年就可能惮于尝试，甚至会留下挫败感的心理阴影，其结果也必然导致“失败是失败之母”。允许失败、宽容不成功，不仅是成熟社会的应有风尚，更应成为公民的常识与素养。正因如此，美国《商业周刊》才把“宽容失败”列为硅谷文化的重要一环。积极创造条件，以制度设计打开机遇闸门，鼓励进取、宽容失败，青年人方能成为创新生力军。

青春需要以奋斗来定位坐标，用进取来成就无悔，切勿因万事求稳而丢弃“拼一把”的决心，遗失“搏一回”的信念。泰戈尔把激情喻为鼓满船帆的风，“风有时会把船帆吹断，但没有风，帆船就不能航行”。求新求变的激情，常在不经意间照亮命运的彩虹，也是发展进步永不枯竭的动力，我们的社会不可失，青年人更不可失。

激情（见图 5-1）。

人民论坛

青春更应在奋斗中放光彩

李浩燃

走入大学毕业后跳转了几家公司，薪水越领越高，心情却未“水涨船高”。深入一聊，是因为觉得有竞争压力，还不够“安稳”。不禁想起年初哈尔滨环卫系统招聘，居然研究生皆言为了生活稳定，“死也要死在编制里”。上大学选“安全”专业，就业时挑战大的不愿去、竞争强的不敢去，工作生活渴望安逸……由此让人感慨，如今一些年轻人，怎么就有一味求稳的心态呢？

不是说青年人不能有求稳心态。注重规避、追求稳健，不轻易出手，拒绝无把握之选，可说是一类行事风格，也堪称生存哲学。孔子在《礼记·哀公问》中有言：“不能安土，不能乐天；不能乐天，不能成其身。”求稳，一方面能让人审慎权衡、科学抉择，避免冒进风险；另一方面，也会让个体预期保持在合理范围，有利于稳中求进、稳中有为，积小胜为大胜。但求稳不等于唯稳，尤其对于青年这一独特群体而言，更须警惕过分求稳。

青年人被喻为早上八九点钟的太阳，最有朝气蓬勃、进取求变的精神风貌。诚然，离开校园、闯入社会，难免可能要历经涨落风急，体悟职场生态。也有人说，小人物总是过早与生活短兵相接，品味艰难。但唯其艰难，才更显勇毅；惟其笃行，才弥足珍贵。假如血气方刚之时就不思精进、患得患失，何谈创新、又遑论伟大变革？假如风华正茂之际就“精神早衰”、畏葸不前，又靠什么实现人生意义、升华生命价值？从这个意义上，年轻人不应尊崇“万石之钟，不以莛撞起音”的老成稳重，更当挥洒“到中流击水，浪遏飞舟”的青春激情。

古罗马历史学家塔西佗曾写道，“有冒险才有希望。”一个充满生机的社会，必定有胸怀梦想、敢言挑战、不惧风险的群体；一个国家和民族臻于创新的活力，也源自无所畏惧的果敢担当和不计成败的进取之心。试想，乔布斯治下的苹果公司，之所以能引领科技风潮、赢得国际市场，不正在于研发团队一次又一次的潜心试错？朱熹平教授及其团队，若非大胆假设、穷尽可能，又怎能证明庞加莱猜想、破解百年悬疑？寻找解读成功的密钥，恰在于积极求变，而非消极求稳。

也应看到，年轻人的过分求稳心态，亦有社会原因。失败不足惧，如何对待失败更关键。“失败是成功之母”，在未知道路上放手探索，乃是青春之特权。正如恩格斯所说，年轻人犯错是可以原谅的。倘若社会氛围对于失败过于严苛，青年就可能惮于尝试，甚至会留下挫败感的心理阴影，其结果也必然导致“失败是失败之母”。允许失败、宽容不成功，不仅是成熟社会的应有风尚，更应成为公民的常识与素养。正因如此，美国《商业周刊》才把“宽容失败”列为硅谷文化的重要一环。积极创造条件，以制度设计打开机遇闸门，鼓励进取、宽容失败，青年人方能成为创新生力军。

青春需要以奋斗来定位坐标，用进取来成就无悔，切勿因万事求稳而丢弃“拼一把”的决心，遗失“搏一回”的信念。泰戈尔把激情喻为鼓满船帆的风，“风有时会把船帆吹断，但没有风，帆船就不能航行”。求新求变的激情，常在不经意间照亮命运的彩虹，也是发展进步永不枯竭的动力，我们的社会不可失，青年人更不可失。

图 5-1 《青春更应在奋斗中放光彩》报纸版面图片

改变体裁，一般都是由信息含量较大、篇幅较长的体裁改换为信息含量较小、篇幅较短的体裁，如通讯改为消息，而不能消息改为通讯。改换体裁的目的，是换一种更适合媒体需要的形式报道新闻，或者为了突出原来稿件的某一部分，达到一种新的报道效果。

【案例】

改变体裁（由一条消息改编成一条微博）

新华网原稿：

读而不思 学只为用

——大学生“功利性阅读”现状如何解？

新华网长春11月17日电（孟含琪、郭思彤） 快餐式阅读主要是指依靠电脑、手机等工具，读图、读视频、略读速读文字的形式，本作为一种休闲方式在快节奏的生活中为读者带来放松，但近年来，这种阅读方式却有“反客为主”的苗头。

阅读量不断减少、略读泛读不求甚解、读书只为考研或求职……教育专家认为，长此以往，大学生易导致视野狭窄，看事物流于表面，无法形成良好的文化底蕴和人文素养，甚至逐渐丧失独立思考能力。

读而不思：快餐式阅读渐流行

“每天从早到晚上课，课余时间也只能上网看看新闻，根本没时间静下心读书。”东北师范大学生命科学学院学生宋晨阳说。据她介绍，今年她只看了两三本书。

像宋晨阳这样的大学生并非个例，记者在采访中发现，不少大学生说自己“没时间”“没精力”阅读书籍，许多人选择刷微博、聊微信等方式代替深入阅读。而在阅读微博和微信内容时，不少大学生表示“只爱看图和视频”，“不愿意看长微博”，“喜欢阅读笑话等轻松的文字”……

不仅如此，一些实体书籍也开始向快餐化的方式转变。长春学人书店店长孙浩介绍，一些书籍越来越薄，文字越来越少，插图越来越多；内容越来越“浓缩”，趣味越来越“戏说”；表面化越来越强，精神性越来越弱，这样的书籍却很畅销。而购买经典名著和文史哲类书籍的大学生却在减少。

学只为用：“功利性阅读”成趋势

记者在调查中了解到，即使大学生有时间阅读，也多数为工具书所挤占。记者来到吉林大学朝阳校区内的唯一一家书店，这里像是工具书的“集中营”。除了计算机、英语类辅导书等工具性图书，未见其他种类书籍。书店老板说，这个校区只有大三、大四的学生，都忙着考研或求职。“学生根本没时间看别的书，其他书很早就不上货了。”

“除了课堂教材外，今年我没看过其他书。我们每学期平均有10本教

新华网的原稿较长，内容有三个部分，包含一些具体人物与事例。《人民日报》的编辑从中摘取了最核心的事实表述，附上了该报道的网页地址链接，并以“你怎么样”的提问结尾，突出了微博文字精练、互动性强的特点。《人民日报》微博：

【大学生流行浅阅读?】调查发现，不少大学生说自己没时间、没精力阅读书籍，而以刷微博、聊微信代替深阅读。只爱看图和视频、不愿看长微博、喜欢笑

材，根本没时间一本本细读，一般我都是看老师讲过的重点。”华东师范大学学生郭彤说，“都是为考试看的，时间长了大部分内容也就忘了，也没时间翻开再看。身边同学大多都这样。”

跳出阅读怪圈 引导是关键

究竟是何原因造成大学生“功利性阅读”现状？专家认为目前较大的就业压力、出版商缺少对大学生购书群体关注等问题影响了大学生的阅读倾向。

东北师范大学远程与继续教育学院院长于伟认为，当今社会竞争激烈，求职成为大学生步入学校就开始担心的难题，为大学生带来不小压力。“现在很多大学生刚上学就想着找工作或是出国留学，为了自身发展，‘功利性阅读’必不可少，但不能极端，当所有的阅读都是出于某种目的时，不利于大学生的精神建设，也会影响心理健康。”

不少大学生为了在求职过程中增加竞争力，常常在正常上课外利用大量时间考取专业资格证书，直接导致没有过多精力阅读，并且在紧张的学习后，就会选择不必过多思考的快餐式阅读进行放松。

此外，市场上书籍种类虽然繁多，但多包装华丽、价格也较贵，很少有专以大学生作为客户群体而发行的包装从简、价格低廉的图书，也减少了大学生的购书需求。

对此，华东师范大学传播学院路鹏程老师建议，高校应开设经典书籍导读课，由老师为大学生推荐经典书目，激发学生的阅读热情，培养学生良好的阅读习惯和阅读方式。

话等轻松的，也成了阅读倾向。书店则多成考试工具书集中营，购买经典和文史哲的在减少，“功利性阅读”倾向明显。http：//t.cn/8kvvFOW 你怎么样？

（四）分篇

分篇是将内容比较丰富、篇幅较长的稿件分成若干篇稿件。编辑在处理一些篇幅较长、包含内容较多的稿件时，为了方便读者阅读，也为了版面的活泼美观，经常将一篇长稿分成几篇相对独立的短稿。如很多报纸的编辑在处理新华社的重要会议报道时，经常将一篇很长的电讯稿拆分成若干篇消息，集中在一个版面上刊发。

采用分篇这种改写方法，原稿必须具备这样一些条件：一是内容重要，如果采用压缩的办法就不能保全要点，会损害报道内容；二是报道内容比较丰富，一般是由若干个报道重点构成的，这些重点相互联系又相互独立，可以分开来表述，而不会影响读者对新闻内容的理解。如 2000 年 11 月 2 日新华社曾经播发了一篇《民航靠机票涨价能渡难关吗》的稿件。

【案例】

稿件的分篇

原稿：

民航靠机票涨价能渡难关吗

新华社记者　林红梅　索研

这两天人们发现机票涨了。有关专家分析说，随着加入世贸的临近，机票涨价的空间越来越小；与此同时，国际航线的机票都在打折。市场提醒民航部门应当通过改革理顺体制，而不是靠机票涨价渡过难关。

据了解，国家计委已经批复了中国民航国内航线实行浮动票价。具体内容是：为减轻航空煤油价格持续上涨对航空公司运输成本增加的影响，自11月1日起，允许国内航线票价在不超过公布票价20%的幅度内适当上浮，单程票价上浮金额最多不得超过150元；建立国内航线票价与航空煤油价格变动联动机制，今后航空煤油价格累计每上涨或下降10%时，允许各航空公司国内航线票价再上浮或下降3%；实行票价浮动的具体航线、幅度、时间由各航空公司根据市场供求情况自主确定，并提前7天对外公布。

中国民航总局解释说，从去年11月到现在，航空煤油价格8次上调，上涨幅度为86%，其中10月份每吨上涨480元，幅度达25%。预计中国民航全行业今年因此增加支出40亿元。于是机票涨价成了“无奈之举”。

我国价格学专家、中国人民大学经济系主任许光建教授认为，在价格上做文章只能是中国民航渡过难关的“权宜之计”。

这篇新华社稿件全文近2 000字，而且没有小标题。但稿件的信息含量很大，涉及方方面面的情况和信息。如果将这样的长稿不加改动地登出，篇幅太长需要转版不说，读者也难有耐心从头到尾阅读。所以，有报纸编辑将这篇长文拆分成了三篇短稿，集中在一块版面上登出来，使版面比较活泼美观，也方便了读者阅读。

见报稿：

中国民航总局解释——

油价涨8次　民航吃不消

这两天人们发现机票涨了。

中国民航总局解释说，从去年11月到现在，航空煤油价格8次上调，上涨幅度为86%，其中10月份每吨上涨480元，幅度达25%。预计中国民航全行业今年因此增加支出40亿元。于是机票涨价成了“无奈之举”。

经济专家分析认为机票价格变动背后——

隐藏民航现行体制问题

我国价格学专家、中国人民大学经济系主任许光建教授认为，在价格上做文章只能是中国民航渡过难关的“权宜之计”。按照一般经济学理论，价格怎么降、怎么涨是企业的权利，企业确定价格的依据是成本，旅客对价格的接受程度决定着企业的存亡，故价格被称为“看不见的手”。对于旅客来说，人在旅途，渴望安全、舒适、快速、经济，运输企业对四要素的满足程度，决定着旅客的选择。

另据分析，在国内民航机票价格变动的背后，隐藏的是中国民航现行体制问题，这种体制是造成民航公司高成本和价格不顺的根源，按照一般经济学理论，价格怎么降、怎么涨是企业的权利，企业确定价格的依据是成本，旅客对价格的接受程度决定着企业的存亡，故价格被称为“看不见的手”。对于旅客来说，人在旅途，渴望安全、舒适、快速、经济，运输企业对四要素的满足程度，决定着旅客的选择。

另据分析，在国内民航机票价格变动的背后，隐藏的是中国民航现行体制问题，这种体制是造成民航公司高成本和价格不顺的根源，也是国家不得不对民航价格进行调控的原因。决定价格的基本要素是成本，机票价格高的主要因素是成本高，而成本高与我国航空公司太多有关，几架飞机就可以成立一个公司，总公司又设分公司，规模太小自然成本提高。另外，我国航空公司都是国有企业，产权不清晰，航空公司与政府没有脱钩，不是真正意义上的“独立核算公司”，在1997和1998两年的低价倾销中，大部分价差落入中间代理人的腰包，航空公司出现大量亏损，“打折”的结果是损害了国家利益、肥了小团体，支持这种价格战的就是现有产权关系。

从竞争角度看，涨价要看旅客买不买账。我国铁路10月份进行了第三次大提速，但火车票价格没有涨，速度快了，时间短了，车票不变，等于相对降价。机票价格涨，火车票价格降，势必会有更多的人选择乘坐火车，民航在与铁路的竞争中将处于劣势。据了解，国内23家民航公司在联营的108条航线上，由于担心客源流失，将机票价格上涨幅度“暂时”定为15%，与计委批复的20%相比，仍留有余地。

有关专家认为，价格太高或太低都不

也是国家不得不对民航价格进行调控的原因。决定价格的基本要素是成本，机票价格高的主要因素是成本高，而成本高与我国航空公司太多有关，几架飞机就可以成立一个公司，总公司又设分公司，规模太小自然成本提高。另外，我国航空公司都是国有企业，产权不清晰，航空公司与政府没有脱钩，不是真正意义上的“独立核算公司”，在1997和1998两年的低价倾销中，大部分价差落入中间代理人的腰包，航空公司出现大量亏损，“打折”的结果是损害了国家利益、肥了小团体，支持这种价格战的就是现有产权关系。

有关专家认为，价格太高或太低都不利于一个行业的发展，太高只会追求短期效应，太低又将降低产品质量，价格应有一个稳定的变动机制。民航的根本出路在于进一步改革。首先是理顺体制，各级政府应退出来，航空公司应该交给市场来办，在市场中生存。其次是发展规模经营，组建企业集团。体制理顺了，就可以按照市场规则运作，成本自然会降下来，机票价格才会接近旅客需要。

国家计委调价批复透露重要信息——

机票禁折令解除了

据了解，国家计委已经批复了中国民航国内航线实行浮动票价。具体内容是：为减轻航空煤油价格持续上涨对航空公司运输成本增加的影响，自11月1日起，允许国内航线票价在不超过公布票价20%的幅度内适当上浮，单程票价上浮金额最多不得超过150元；建立国内航线票价与航空煤油价格变动联动机制，今后航空煤油价格累计每上涨或下降10%时，允许各航空公司国内航线票价再上浮或下降3%；实行票价浮动的具体航线、幅度、时间由各航空公司根据市场供求情况自主确定，并提前7天对外公布。

利于一个行业的发展，太高只会追求短期效应，太低又将降低产品质量，价格应有一个稳定的变动机制。民航的根本出路在于进一步改革。首先是理顺体制，各级政府应退出来，航空公司应该交给市场来办，在市场中生存。其次是发展规模经营，组建企业集团。体制理顺了，就可以按照市场规则运作，成本自然会降下来，机票价格才会接近旅客需要。

从竞争角度看，涨价要看旅客买不买账。我国铁路10月份进行了第三次大提速，但火车票价格没有涨，速度快了，时间短了，车票不变，等于相对降价。机票价格涨，火车票价格降，势必会有更多的人选择乘坐火车，民航在与铁路的竞争中将处于劣势。据了解，国内23家民航公司在联营的108条航线上，由于担心客源流失，将机票价格上涨幅度"暂时"定为15%，与计委批复的20%相比，仍留有余地。

资料来源：人民日报，2004-03-13.

（五）综合

综合就是将若干篇稿件合并、改写成一篇新闻稿。这个方法与分篇正好相反。有时，编辑会收到若干篇反映同一题材的稿件，各有各的长处，也各有各的缺陷，用其中哪一篇都觉得不尽如人意，但如果同时都用，篇幅过长而且内容不够精练，效果也不理想。在这种情况下，采用综合的改写办法，就能有效地解决问题，使稿件取各家所长，相互补充，信息量加大，而占用的版面却很经济。

采用综合这种改写办法，对原稿的基本要求是，这若干篇稿件的材料都与一个共同的主题相关，或者说，能从它们中间提炼出一个共同的主题，然后根据这个主题在每一篇稿件中选取可用的材料，重新进行组织，改写成一篇新的稿件。因此，定题与选材，是综合的两个关键。一方面要善于概括，也就是从不同的稿件内容中发现共同的主题，以此来统率全文；另一方面需要提炼，也就是要在相似的内容中选择最有代表性、最能说明问题的典型事例，而不重复使用相类似的材料。

【案例】

稿件的综合

以下是新华社2005年8月23日对于秘鲁客机坠毁事件的报道：

新华社利马8月23日电　秘鲁总统托莱多23日说，秘鲁国家航空运输公司一架波音737客机当天在秘鲁普卡尔帕市附近坠机，造成至少70人死亡。

《大众日报》2005年8月25日对新华社的稿件进行了合并改写，见报稿如下：

综合新华社电　秘鲁国家航空运输公司一架客机23日遭遇暴风雨，飞机紧急着陆时断裂，已造成30人死亡，11人失踪，57人受伤。救援人员目前已找到30具遇难者尸体。

这架失事飞机是从秘鲁首都利马飞往该国北部洛雷托省首府伊基托斯的，途中试图在普卡尔帕市机场迫降时失事。机上共有92名乘客和8名机组人员。

另有报道说，目前营救人员已在飞机出事地点发现了40具尸体和20多名幸存者。但这一消息尚未得到官方证实。

秘鲁国家航空运输公司代表贝莱班说，秘鲁空军将在明天派一架飞机把已聚集在利马首都国际机场的乘客家属以及药品、医疗器材等运往普卡尔帕市。

秘鲁国家航空运输公司属于秘鲁空军的一家航空公司，创建于20世纪60年代。这架失事飞机已使用了22年。据认为，飞机严重老化以及当天的恶劣天气可能是导致这次空难事故的主要原因。

遭遇侧风　公路迫降失败

秘鲁国家航空运输公司（TANS）在一份声明中说，一架波音737－200型客机当地时间8月23日下午3时12分，在距离首都利马东北部840公里的普卡尔帕市机场附近坠毁。当地电台报道说，飞机失事前，正试图在距离普卡尔帕市机场大约9公里的一条高速公路上迫降。公司发言人豪尔赫·贝莱班称："初步资料表明，这起事故由降落时（遭遇的）侧风引起。尽管飞行员技术娴熟，尽可能做到操作无误，不幸的是，飞机（仍然）坠毁。"贝莱班的说法得到地面飞行控制人员证实。飞机坠毁前，一名女飞行员联系机场控制塔台说，由于强风和一场暴雨，飞机无法降落，只能在空中盘旋，试图紧急着陆。飞机可能是在起落架没有打开的情况下强行着陆时坠毁的。

机上有11名外国乘客

事发时，TANS204航班上载有92名乘客和8名机组人员。各家媒体报道的伤亡情况不

秘鲁国家航空运输公司说，这架波音737－200型客机当地时间23日下午3时12分（北京时间24日凌晨4时12分），在位于首都利马东北840公里处的普卡尔帕市机场附近坠毁。据悉，失事前，这架客机曾在普卡尔帕市机场周围上空盘旋，试图在距机场3公里处紧急着陆，但没有放下起落架。最终，飞机在一条高速公路附近坠毁。

这架失事飞机是从秘鲁首都利马飞往该国北部洛雷托省首府伊基托斯的，机上共有92名乘客。现已确认机组实际人数为6人，其中包括机长在内的4名机组人员死亡，另外两人受伤。

据悉，这架失事飞机已使用了22年。飞机严重老化以及当天的恶劣天气可能是导致这次空难事故的主要原因。

秘鲁这架波音客机的坠毁，是今年8月近20天来全球发生的第3起重大的客机事故。此前，8月16日，哥伦比亚航空公司一架从巴拿马飞往法属马提尼克的客机在委内瑞拉西部苏利亚州坠毁，160人全部遇难。14日，一架塞浦路斯波音737客机在希腊雅典附近荒山上坠毁，121人死亡。

上述"综合新华社电"，是对三篇新华社稿件的合并和改写，前两篇是突发性新

一。不过，秘鲁总统亚历杭德罗·托莱多稍后在电视讲话中说，只有大约20到30名乘客和机组人员幸存。

目前还不清楚是否有外国乘客生还。而航空公司资料则显示，飞机上有11名外国乘客，其中包括来自同一家庭的4名美国人。此外，还有另外3名美国人、1名澳大利亚人、2名意大利人和1名西班牙人。

据来自中国驻秘鲁大使馆的消息，大使馆工作人员在空难发生后迅速联系了失事航空公司，该公司调查后回复称，机上没有中国乘客。

新华社利马8月23日电 秘鲁国家航空运输公司一架波音737客机23日在秘鲁普卡尔帕市附近坠机，造成至少30人死亡。

这架失事飞机是从秘鲁首都利马飞往该国北部洛雷托省首府伊基托斯的，途中试图在普卡尔帕市机场迫降时失事。

秘鲁国家航空运输公司发言人豪尔赫·贝莱班24日说，该国中部亚马逊丛林地区23日发生的空难已造成30人死亡，11人失踪，57人受伤。救援人员目前已找到30具遇难者尸体。

贝莱班说，在这架失事的波音737-200客机上共有92名乘客。现已确认机组实际人数为6人，其中包括机长在内的4名机组人员死亡，另外两人受伤。目前，救援人员已恢复搜救工作。

据悉，在92名乘客中有11名美国人、2名意大利人、2名西班牙人、1名哥伦比亚人和1名澳大利亚人。

秘鲁国家航空运输公司代表贝莱班说，秘鲁空军将派一架飞机把已聚集在利马首都国际机场的乘客家属以及药品、医疗器材等运往普卡尔帕市。

秘鲁国家航空运输公司是属于秘鲁空军的一家航空公司，创建于20世纪60年代。这架失事飞机已使用了22年。据认为，飞机严重

闻，后一篇是与新闻相关的背景资料。编辑在综合时对原稿进行了压缩，对第一篇电讯稿中未经证实的事实不加采用，而主要采用第二篇稿件中的相关数据和资料，再编入必要的背景资料，使改写后的稿件更加重点突出而且篇幅短小。

老化以及当天的恶劣天气可能是导致这次空难事故的主要原因。

新华社背景资料

今年以来较为严重的民航空难事件：

一架哥伦比亚客机16日凌晨在委内瑞拉西部偏远地区坠毁，哥伦比亚民航局局长卡洛斯说，机上6名机组人员和152名乘客无一生还。

今年发生的较为严重的民航空难事件还有：

2月3日，阿富汗一架波音737客机在阿境内坠毁，机上104人全部遇难。

3月16日，俄罗斯一架安-24客机飞到距离俄北部阿尔汉格尔斯克州涅涅茨自治区一座中转机场还有5公里时，因发生故障紧急迫降，飞机一侧机翼撞到地面，整个飞机起火燃烧。机上45名乘客和7名机组人员中，28人死亡。

5月4日，刚果（金）一架私人航空公司租用的苏制安-26型飞机在刚果（金）基桑加尼市以北130公里处坠毁。机上除1名乘客幸存外，其余5名乘客和6名机组人员丧生。

5月16日，智利一架小型客机在智利与阿根廷边境地区坠毁，机上10人全部遇难。

5月26日，一架俄制安-28民航客机在刚果（金）东部山区坠毁，机上32名乘客和机组人员全部遇难。

7月16日，赤道几内亚一架俄制安-24客机从首都马拉博起飞后不久坠毁，机上60人全部遇难。

8月6日，突尼斯航空公司一架小型客机在意大利南部西西里海域坠毁。机上39名乘客和机组人员中有13人遇难，3人失踪。

8月14日，塞浦路斯“赫利俄斯航空公司”一架波音737客机，在希腊首都雅典以北的历史名城马拉松附近坠毁，机上115名乘客和6名机组人员全部遇难。

第四节　修改新闻稿件应注意的问题

【知识要点】

● 将稿件放在新闻媒体的“参照系”中，确定最佳修改方案。

● 根据改稿时的实际情况与需要，确定由谁来改。

● 改稿要使用正确的校对符号。

● 改稿中要充分尊重作者的意见，尽量使稿件保留原有的特色。

● 改稿中要认真细致，防止出现新的差错。

● 改稿中要注意语言文字的规范性，并注意使用有意义的新生语言。

新闻编辑修改稿件，由于受到发稿时间的限制，加上新闻稿件本身的特殊性，工作难度是比较大的。改稿程序主要由三步构成：第一步是审读全文，分析稿件，确定最佳的修改方案，以及由谁来修改。第二步是动手修改，这一步可以由编辑独立完成，也可以由编辑与记者、作者合作完成。对稿件的修改可以在电脑上直接改，也可以打印出原稿，用校对符号进行书面修改。第三步是检查复读，确保修改后的稿件没有差错。在整个改稿过程中，要注意下列几方面问题。

（一）将稿件放在新闻媒体的“参照系”中，确定最佳修改方案

新闻媒体的种类与性质是多种多样的，对稿件的要求也不同，因此要使一篇新闻稿件适合于某一特定的媒体刊用，就必须由这个特定的媒体出发，建立一个修改新闻稿时的“参照系”。这个“参照系”能够决定编辑改稿的总的思路，编辑在修改一篇稿件时，只要把所要修改的对象放入这个“参照系”中，就可以明确这篇新闻稿是在哪一个“坐标点”上，它应该选择什么内容，放弃什么内容，选择什么形式，放弃什么形式。那么，这个“参照系”是什么样的？新闻编辑应该怎样运用这个“参照系”？

第一，根据媒体的特性与优势确定稿件的修改方案。传统媒介和新媒体因为媒介形态的差异，在稿件的结构和文字风格方面会有不同，如党报的风格一贯比较严肃，而这类报纸开设的微博却具有社交媒介轻松活泼、幽默风趣、平易近人的特点。即便是同一类媒介如报纸，因为性质和担负的任务不同，也有不同风格和特色。编辑在修改稿件时首先要考虑的也就是自己这张报纸是一张什么性质的报纸，担负着什么样的职责和任务。比如对一条新华社发布的经济新闻，《经济日报》和《新民晚报》的采用方式往往不同：前者因为稿件具有政策指导性和专业服务性而全文刊用；后者则要通过压缩，使稿件中与群众生活关系紧密的内容得到突出，使报道更加通俗和实用。这两家报纸对同一条新闻的处理不同，就是由它们不同的性质和任务决定的。报纸的性质与任务不同，还会促使报纸形成各自不同的优势。比如有些全国性大报，由于地处我国政治、文化中心，又有一支实力雄厚、水平较高的采编队伍，就很容易在全局性、宏观性的重大题材和重要问题报道上显出优势。在这些报社，编辑修改稿件更加重视报道的宏观视野和思想深度。

第二，要根据读者的接受水平和心理状态决定如何修改稿件。所有新闻都是给读者看的，因此，读者的文化程度、所在的地区，以及当时的心理状态是编辑在修改一篇稿件时必须考虑到的因素。如主要以国家干部为读者对象的省级机关报和主要面向普通市民的城市晚报，对于同一类问题在新闻报道中所瞄准的重点、所达到的深度、所体现的风格都是不一样的。机关报的新闻从内容到形式都可以比较严肃，而晚报则强调生动性、趣味性。对于同一事件，不同地区的读者还会因所处的地理环境不同而产生不同的注意焦点，编辑在改稿时要注意到稿件的主题、内容与读者需要的吻合度。

由于社会总是在不断发展变化的，读者的兴趣、爱好、要求、愿望也在随之不断变化，所以，对读者心理的把握还要受特定时间的制约。在某一阶段为广大读者所普遍关心的话题，到下一阶段可能就不再是热点；而现在还不很引人注意的东西，也许不久就会成为社会焦点。编辑在修改新闻稿时就要注意到这种特定时间条件下的读者心理状态：对于正处在“沸点”的内容，应该在报道中尽可能翔实、突出；对于已经不再为人们所关注的东西，就不宜多费笔墨，浪费版面和读者的时间；对于那些即将成为社会热点的问题，应该尽早进行报道并作正确的引导。

第三，要参照过去有关的同类报道修改稿件。新闻报道中总有大量的题材是传播媒介共同享有的，还有不少题材是历史上许多时候都需要触及的，比如报道灾难性事件、重要会议、重大国际比赛、英雄模范人物等。这些题材你报我也报，去年报了今年还要报，弄不好就会老调重弹，一不小心就会千报一面。因此，编辑在修改这种“共有型”的新闻稿时，眼睛只盯着自己一家、只盯着手中这一篇是不可能编出好新闻的，他必须看看前后左右，从别人和自己的经验教训中吸取养分，力求使“这一个”不同于人家，也不同于自己过去，给读者以新鲜、独特的感受。

第四，要参照当时稿件的总体情况和版面需要决定如何改稿。尤其是报纸的新闻编辑要注意到，报纸的版面是读者阅读新闻稿件的第一触及目标，新闻的阅读效果与它在版面上的位置和排列形式有很大的关系。如果一条新闻被安排在一个很不引人注意的地方，又没有任何突出的处理，而它本身的标题再不醒目的话，那么，即使这条新闻内容不错，也会像一颗珍珠被埋在土中，无法放射出它应有的光彩。要避免这种情况，编辑在修改稿件时就必须预想版面效应。比如一篇内容丰富的长篇报道，写得很生动，但排到版面上由于篇幅太长，可能很沉闷，令人望而生畏。那么，编辑在处理这篇稿件时，就可以选择能够在视觉上“短化”长稿的手法，采用“分篇”的改写方式，化整为零来处理。新媒体如微博的文字编辑，则要根据碎片化传播和小屏幕阅读的特点，在对内容特别重要、篇幅又较长的新闻稿件进行摘要和改写时，如果不能以一条微博表述其核心思想，也要采用“分篇”的方式，以多条微博连续播发才能达到更好的传播效果。

（二）根据改稿时的实际情况与需要，确定由谁来改

对于差错不多、改动不太大的稿件，编辑可以自己动手修改。但对于那些问题较大，需要重新选择主题、补充新闻事实的稿件，就要考虑请记者或作者自己来改，因为编辑没有亲自去

采访，对有些实际情况不了解。最好的办法是将自己的意见和建议告诉记者或作者，请他们补充采访并重新写稿。也有一些稿件，可以由记者、作者和编辑共同协商来进行修改。

由于改稿受到出版时间的限制，在由谁来改的问题上，时间也是必须考虑的一个重要因素。时效性强的急稿，编辑往往自己动手改，不延误时间。而有些时效性不是很强的稿件，如果改动又比较大，就可以考虑请记者或作者本人来修改。

（三）改稿要使用正确的校对符号

现在已经有越来越多的编辑直接在电脑上改稿，一些报社的采编网络系统能够将原稿及编辑修改的痕迹全部保存下来，如果见报后发现问题，根据这些记录就能查清是谁的责任。也有一些报社的编辑依然是在打印出来的小样上用笔改稿，使用这种方法就一定要注意运用正确的校对符号。

校对符号是在长期的编辑实践中形成并被大家共同认可的符号，它也是信息的代码和载体，与文字和标点不同的是，它传递的是内容改动的信息。校对符号也是编辑与作者、版面编排技术人员、校对人员之间所用的“联络语言”，也有人把校对符号称为“改校符号”，这套符号详见本书附录《校对符号及其用法》（中华人民共和国国家标准），最常用的校对符号有：改正、删除、增补、对调、转移、接排、保留、另行等。编辑在使用这套符号时要注意符合规范，不能自己随意生造；要勾画清楚，对稿件中的错误要用引线从行间画出，拉到页边空白处改正，不要在文中改；符号不能粘及上下左右不需改动的文字和标点，以免发生误会。在改稿时，还应该选用与原稿不同颜色的笔，引线与引线之间不要重叠交叉。

（四）改稿中要充分尊重作者的意见，尽量使稿件保留原有的特色

新闻编辑在与作者协商修改稿件或约请作者自己改稿时，要充分听取作者的意见和建议，即使有意见分歧，也要心平气和地倾听作者的提法，耐心细致地说服和解释，不能发号施令，独断专行，没有商量地要作者服从自己。要在平等待人的前提下达成修改稿件的一致看法，使作者心情愉快地完成任务。

编辑改稿的目的，是消灭稿件中的差错，保证新闻报道的质量，而不是把所有的稿件都变成一种模式。另一方面，作者的稿件一般都是或多或少有自己的风格特色的，如专家学者的稿件富于哲理，基层作者的稿件生活气息浓郁，记者通讯员的稿件也大多具有各自不同的长处和特色。编辑在修改稿件时应该看到这些个性和特色，并注意尽可能保留这种特色，不能因为稿件通过编辑之手，就变得篇篇如同是编辑一个人所写。

（五）改稿中要认真细致，防止出现新的差错

编辑在修改稿件时，无论是校正一个错误，还是增补一段材料，都必须有可靠的根据，不能想当然，自以为是。对于自己一时拿不准的问题，或自己不太明白的知识，要向行家请教。要特别防止在改稿过程中因为不细致，出现新的差错。

（六）改稿中要注意语言文字的规范性，并注意使用有意义的新生语言

一方面，新闻媒体应该担负起推广普通话的责任，编辑在改稿时要注意语言文字的规范和

标准，要注意把一些古文、方言、外国文字翻译成现代汉语和普通话，另一方面，也要考虑到新闻是对最新的社会变动的反映，对于一些已经被广泛接受的健康的流行语，可以在新闻稿中适当采用。这些有时代特点的流行语用在新闻稿件中能够表现社会的发展变化，是应该提倡的，但同时也要注意避免使用那些生造的、不合规范的、大多数人不明白的新词。

【思考与练习题】

1.［综合练习之四］：根据第三章［综合练习之二］中的新闻报道策划方案，对上一章［综合练习之三］中选择的若干篇新闻稿件，运用改稿符号进行校正、压缩或改写。

2. 分析下面这篇稿件，指出其存在的问题，并将它改写成500字左右的消息。

效益第一：对虾养殖业必由之路
——对河北津滦养殖公司的调查与思考

今年由于国际市场的波动，对虾出口价格下跌，加上天灾及饵料价格飞涨等原因，使我国对虾生产受到很大损害，对虾养殖业面临大滑坡的严重局面。但是，河北省滦南县津滦养殖公司不仅没有亏损，而且效益比较显著。他们的经验是：大力挖掘企业内部潜力，努力减少投入、降低成本，把对虾养殖的风险降到最低点。津滦养殖公司地处渤海湾，滩涂面积辽阔，有大规模进行人工养殖对虾的良好自然条件。公司成立于1988年，是一家全民所有制企业，共有虾池102个，养殖水面7 136亩。去年，这家公司像全国许多养虾单位一样，以高产为目标，主要使用鲜活饵料养对虾，平均亩产15.6公斤，加上市场需求大，收购单价较高（平均每公斤19.20元），每亩平均收入达2 995元。但是，由于平均每亩投入2 980元，成本太高，每亩只盈利15元，基本上是盈亏平衡。

今年年初，公司认真分析了养虾业的状况，总结去年的教训，认识到只有低成本、高效益，公司才能在竞争中立于不败之地。于是，他们果敢地提出，今年主要使用配合饵料养虾。5月份放苗入池后，除去早期投喂少量鲜活饵料外，其余时间全部投喂配合饵料。一年下来，饵料成本才893.3万元，仅此一项就较去年节省支出760万元之多；如果扣除今年配合饵料原料价格上涨等因素，则节省得更多。今年对于海湾的养虾业来说是个大灾年，先是放苗入池时碰上倒春寒，气温偏低，造成部分虾苗死亡；随后8月份又遇上严重的赤潮，引起相当一部分对虾病死，普遍减产25%甚至更多。在起捕时，收购价格又大大低于往年。这些不利因素，使这一带养虾企业受到极大损害。但是，津滦养殖公司由于使用配合饵料，每亩总投入1 628元，虽然亩产减到114公斤，收购价格也只有每公斤16.60元，比去年每公斤平均下跌2.68元，但是却实现了每亩平均盈利268元，全公司净盈利191万元，效益明显好于去年。另外，今年由于饵料价格平均上涨30%左右，与去年同期相比，相当于公司多支出150万元；而如果收购价格仍保持去年每公斤19.20元的水平，则又可使公司多收入200万元左右。

津滦养殖公司之所以能够实现这种转变，其原因除了认真总结去年的经验教训之外，也还受目前市场上鲜活饵料供应状况的影响。人们传统上认为，对虾只有吃鲜饵才能长得大、长得好。但近几年对虾养殖面积大规模扩大了，鲜活饵料已经供不应求，不少地区对这一浅海生物资源实行掠夺性捕捞，严重破坏了生态环境，不少品种已近绝迹，而且价格猛涨。在唐山地区，兰蛤价格上涨了15倍多，卤虫价格上涨了17倍，同时，供不应求的局面又造成养虾成本居高不下。而配合饵料的价格一般在每公斤2.20元至3元之间，每公斤配饵相当于2.5公斤多的鲜饵。津滦养殖公司看准了这一点，及时调整了经营方针，变主要使用鲜饵为使用配饵，避免了亏损。

津滦养殖公司的经验给人们一条重要启示：我国的对虾生产只能走效益第一，而不是产量第一的路子。经过10多年的努力，我国已成为世界上的养虾大国，养殖水面达240万亩，为了保证年产量20万吨规模的养虾业健康稳定发展，迫切需要选择一条正确的战略方针。近两年来，不少地区养虾平均每亩投入3 000多元，个别地区甚至高达4 000元，如果全国的养殖单位都形成这种高投入水平，以240万亩水面积计，一年就需资金72亿元，这对我们这样一个发展中国家来说是非常不现实的。

由于饵料费用在许多养虾场的投入中约占70%以上，因此使用低成本的配合饵料，是减少投入、降低成本的最重要一环。

目前，我国养虾业实际上已经具备了大量使用配饵的条件。在饵料配方上国内已出现一批适合当前原料供应状况的科学配方，如北京大学化学系研制的“北大二号”就是一种配方比较科学的对虾饵料。这种饵料在津滦养殖公司和其他地区使用过程中，被证明诱食力强，抗缺氧能力强，可防止对虾浮头现象，而且对虾生长比较迅速；从饵料生产上看，近几年各地方已形成了一定规模的配合饵料生产加工能力，只要厂家端正经营方针，对现有设备适当进行改造，是可以基本上满足国内需要的。发展人工饵料养虾既可降低成本，减少风险，又能取得高效益，何乐而不为呢？

3. **请将下面两篇稿件综合改编成一条800字左右的消息。**

作者原稿（之一）：

今朝京城英雄多
——首都见义勇为好市民评选巡礼

当一酗酒的凶汉在公共汽车上殴打一男一女两名外地乘客，女乘客向周围人哭救而车上30多人竟无人相助时，身为共产党员的首钢工人杨宏本勇敢地站出来制止歹徒的违法行径。歹徒又持刀对杨宏本大打出手。在邪恶面前，杨宏本一身正气，毫不畏惧，同歹徒展开搏斗，将歹徒的刀打落踢下车。在群众的协助下，把歹徒制服，扭送公安机关。这是发生在去年11月16日深夜的事。

42岁的杨宏本最近获得“首都见义勇为好市民”光荣称号。这次北京市评选出的20位“好市民”中，有临危不惧与歹徒勇敢搏斗并抓获歹徒的8位，有不畏严寒破冰或深水中救人的6位，有不怕牺牲冲进烈火中救人和保护国家、群众财产的4位，有处险不乱、挺身而出在列车轮下救儿童和自然灾害中救助多人的2位。

因儿时车祸造成肢体残疾的27岁的王新文，在去年6月26日下午，邻居一精神病患者家失火时，他拖着行走不便、右眼视力几乎为零的残疾身体，不顾一切3次冲进浓烟滚滚的屋内。当他把一个装满20公斤油，表面已着火的塑料桶冒险提出门外刚刚扔掉时，塑料桶爆炸起火。王新文忍着大面积烧伤的剧痛，又从火海中救出了病人及财物，并同邻居一起把火扑灭，制止了一场危及周围几十户居民的严重火灾。

北京开展“首都见义勇为好市民”评选活动已届3年，至今已经评选出“好市民”61人，评选出“见义勇为积极分子”129人；其中年龄最大的83岁，最小的只有9岁。他们中有工人、农民、学生、干部、教师，还有老红军。年龄最大的张福老人是怀柔县的农民。去年8月下旬，他拖着残疾的右腿翻墙冲进烈火浓烟中，救出了邻居家5岁儿童，并及时报火警，保护了群众的生命财产安全。年仅9岁的小英雄赵金硕，是1992年度的“好市民”，他勇敢机智地从火车轮下救出了一名两岁的小孩。

评选“见义勇为好市民”活动受到社会各界的大力支持。目前已有700多人和20多家单位向这项活动捐款达60多万元。保险公司向“好市民”给付了一定数量的保险金，并解决了因见义勇为造成的疾病或伤残的医疗及保险和生活困难问题。北京市向“好市民”颁发了“首都精神文明建设奖章”和奖杯，并号召向他们学习。

这次坐在主席台上披红戴花的英雄中，有一位河北来京务工的“没有户口的北京人”刘国忠。他在去年12月，从结冰的湖水中救出了两名儿童。

有关方面介绍，这三届“好市民”的评选中，北京市各区县、各行各业都评选推荐了大量的候选人，仅今年的候选人就有63人。记者从候选人的感人事迹中，看到了首都人民群众弘扬正气、见义勇为的精神风貌。

这次获“好市民”称号的农民个体经营者王德山对记者说：“政府和人民给了我这么高的荣誉，感到很激动，我觉得在别人遇到危难时，出于良心大家都应该伸出援助之手。事情让我赶上了，不这样做我在良心上会受到谴责。”王德山是在冰水中一下救出3名儿童的英雄。

作者原稿（之二）：

北京有20名市民
获“见义勇为好市民”称号

北京近日评选出20位“见义勇为好市民”。同时有43人被评为“见义勇为积极分子”。

这是继北京自1992年开始评选“1991年度首都见义勇为好市民”活动以来，第三次评选。至今，已有61人获此殊荣。

今年的20名“好市民”中，年纪最大的83岁，最小的16岁。他们中，临危不惧与歹徒搏斗的有8人，在冰水中救人者有6位，救火者4位，在列车轮下和自然灾害下救人的2位。

北京“见义勇为好市民”的评选，是在全市各区县、各行业广泛推荐、评选的基础上，以无记名投票方式产生的。

获“好市民”称号的勇敢者，北京市政府授予其“首都精神文明建设奖章”和奖杯，并大力予以表彰，奖励“21遥彩电”1台；保险公司给每人上了人身意外保险，并给其中因见义勇为造成的疾病或伤残者及生活困难者一次性经济补偿；对个别伤残较重者投了养老保险。

北京对“好市民”广为宣传，鼓励人们争当“好市民”。据了解，这项活动受到社会各界大力支持与捐助，今后将继续开展“见义勇为好市民”评选活动。

4. 根据题3改编后的消息，再改写成一条140字以内的微博加以推介。

第六章

新闻标题的制作

第一节　新闻标题及其主要功能

【知识要点】

- 新闻标题是用以揭示、评价新闻内容的一段最简短的文字，用醒目的形式刊于新闻之前。
- 新闻标题的出现和发展，大致上经历了三个不同的阶段："类题"、单行题和现代标题。
- 新闻标题的主要功能如下：划分与组织新闻内容，揭示新闻内容，评价新闻内容，吸引读者阅读，美化版面并表现风格。

一、新闻标题的历史沿革

什么是新闻标题？可以用这样一段文字来概括：新闻标题是用以揭示、评价新闻内容的一段最简短的文字，用醒目的形式刊于新闻之前。这段话说明了新闻标题的这样几个特点：(1) 概括新闻最主要的事实或观点，并且可以对新闻内容进行评价；(2) 简短、凝练，往往只有一句话或两三句话；(3) 位置通常在新闻之前（小标题穿插在文章中间），并且通常以不同于正文的字体字号吸引人们关注。

新闻标题的出现和发展，大致上经历了三个不同的阶段。

第一阶段是"类题"。我们知道，我国早在唐朝就出现了官报，但那时的报纸上还没有标题。因为古代报纸是仅供少数上层统治者阅读、限于手工抄写简短新闻的一种只能算报纸"雏形"的简报，一直保持着"系日条事，不列首末"（唐·孙樵《经纬集·谈开元杂报》）的形式，根本不使用新闻标题，也不具有使用标题的最基本条件。直到清初，这种情况才有所改变。从清光绪初年起，《京报》就不再是"系日条事"，而开始使用一种词条式的标题，像"宫门抄""上谕""奏折"等，把原本杂乱无章的内容划分为几个门类。后来，这种"类题"在《申报》《时务报》等近代报纸上又有了更进一步的发展，或按新闻报道的内容性质分类（如"上谕""命令"等），或按新闻发生的地点分类（如"上林春色""羊城夕照""域外报译"

等），或按新闻的门类划分（如“法律”“商情报告”等）。按我们今天的情况看，“类题”还只是一种专栏新闻的标题，并非为每条新闻所作的题。它比无标题的时代前进了一步，但表意仍然很概括、笼统、勉强，算不了严格意义上的新闻标题。

第二阶段是单行题。大约在19世纪70年代，《上海新报》（鸦片战争后外国人在中国办的第一批报纸之一）等开始使用一种新式的新闻标题，即单行题。如“刘提督阵亡”“种树得雨”等，打破了只在每堆新闻上刊“中外新闻”字样的惯例。后来，梁启超主办的《时务报》也在“类题”之下出现了这种真正意义上的新闻标题，如“京外近事”下就有“广西开办铁路”这条标题，只是还没有采用较大字号。单行题的出现，开始了一文一题的历史，是一个根本性的改变。

第三阶段是现代标题的出现和发展。现代标题的出现是在20世纪初。其标志是标题打破栏的界限，采用比正文大的字体，并出现辅助标题，基本摆脱“类题”的束缚，成为一种独特的版面语言。在这一时期，标题已经不再局限于单行题，而是有多行题出现。1919年五四运动以后，副题引题开始出现于报纸中，如《时报》对五四运动的连续报道，在每条主题下都有副题，多的有七则，少的也有两则。同时期的《京报》甚至出现过十行标题。另外，标题开始评价新闻内容，在版面编排上也与过去不同。如1905年我国历史最长的资产阶级报纸《申报》决定“刊别大字，择要标题”，改变了标题字号与正文相同的规矩，标题比较显著了。20世纪30年代以后，4行以上的标题已比较流行。《时报》还推出了6种异体字。标题的排列打破了基本栏的限制，变得更加引人注意。在这一阶段，新闻标题还表现出评价新闻内容的特点，不再像单行题那样只限于揭示新闻事实。

在新闻媒介由最早的报纸发展到广播、电视、网络以及更多的新媒体形态之后，新闻标题在不同的媒介上也有不同的呈现方式。广播新闻由于口播的特点，通常没有标题，但在新闻节目的开头可以有一段话的提要，简要介绍本期节目的主要内容。具体到每条新闻的播报，一开头的导语实际上承担了标题的功能。电视新闻主要是视频形式，但配合画面或者播音员的口播可以在屏幕上打出文字标题，这类标题与报纸的标题有些相似，只是结构上更简单明了，文字更讲求简洁明快。网络新闻在电脑屏幕上呈现的效果与报纸版面的效果更加相近，但新闻标题与新闻正文可以处于不同的页面，用户在网站首页上对自己感兴趣的标题点击之后，才能进入正文的页面详细阅读。这个特点加上网页的面积有限，网络新闻标题以一行题居多，字数一般控制在20个字以内。在移动终端上呈现的微信公号、App等新媒体形态的新闻标题继续保持着网络新闻标题的特点，同时更加重视手机屏幕的面积限制对于标题结构和文字的影响。

制作新闻标题，是对编辑政治理论水平、新闻业务功底和语言文字能力的综合考验，许多报社都把这项技能看作衡量编辑水平的标尺之一 。因此有关制题的佳话在新闻界流传甚多。据说张恨水先生在重庆《新民报》任经理时，每录用一人都要经过考试。我国新闻界的老前辈郑拾风当年就接受过张恨水一考，要他处理一大堆稿件。其中有一篇新闻报道重庆朝天门一带吊脚楼年久失修，常有倒塌情况的稿件，郑为之作了一个标题：“到处起重楼　更哪堪连朝风雨”。此题一下赢得了张恨水的赏识，使他得以在《新民报》度过了45年生涯。

新闻编辑对标题的制作往往是在截稿时间的压力下完成的。这项工作难度较大，有时还需要集思广益，只要时间来得及，还应不断修改，精益求精。

【案例】

一位总编辑谈新闻标题制作

谢军获得世界国际象棋冠军的那一次，报社一位记者一口气写了洋洋万言，唯有标题不理想。夜班几个编辑便在一起集思广益。有人率先当“炮灰”，拿出一个“世界冠军诞生记”让大家“批判”，然后有人加了四个字，变成“世界国际象棋冠军诞生记”，还是觉得平。后来，又有人冒出个“两个人的世界”，这回入门儿了，但仍未表现出激烈程度。最终，有人在“世界”的后面加了“大战”两个字——《两个人的世界大战》，见报后果然博得众人喝彩。

搞新闻讲究时效，快是应该的。但快又不等于粗制滥造，在快的同时，只要时间允许，应尽最大的努力求好才是。好就无止境了。自我感觉良好，业内人士叫好，广大读者称好，如果得到三者的认同，就得煞费功夫，就得追求到位。

资料来源：陈泉涌．追求到位．新闻出版报，1998-06-25.

标题制作需要集思广益，需要精益求精。该文提出的“三好”标准很有道理。

二、新闻标题的主要功能

新闻标题在报纸版面上占据重要地位，它主要有这样一些功能。

（一）划分与组织新闻内容

以报纸的新闻版为例，一块新闻版面上往往有多篇新闻稿件，这些稿件涉及不同的主题。有些稿件是独立的，与其他稿件互不相关，但也有些稿件是内容相关的，如都是关于同一主题的报道，或者报道内容形成对比等。这些稿件如果没有标题，排列在版面上的结果将是首尾难分，相互之间的联系也无法体现。对于读者来说，没有标题的新闻内容是很难让他们理清头绪、选择阅读的。因此，在严格意义上的新闻标题出现之前，最早出现的题是“类题”，以词条式的标题对某些具有共同性的新闻信息进行归类编排。像“宫门抄”“上林春色”“皖公山色”这些“类题”说明了新闻稿件的种类或地域来源。在现代报纸上，“类题”这种形式的标题依然还有，比如大标题、栏题等，也都是对某一类稿件进行归类，使版面上庞杂的内容得到划分。像“来自国家部委的报告”“京九行”“股市快讯”等，让读者一看就能知道这类标题之下新闻报道的主题。标题的这种功能在新媒体上依然有突出的表现，如许多媒体的手机报、微信公号和 App 等，每次推出一组稿件，也往往以固定的栏目标题对稿件进行分类提示。

（二）揭示新闻内容

新闻标题能对新闻稿件中最重要的新闻事实进行简要的提示，使读者在最短的时间内了解新闻说的是什么，这是新闻标题必须具备的一种功能。尤其是随着经济和社会发展，读者生活节奏不断加快、时间越来越紧，而报纸的版面却不断增加，少则十几个版，多则几十上百版。这使得读者对新闻的选择越来越感到压力和困难，他们不可能有时间从头到尾一篇不漏地阅读所有新闻稿件，只能通过对新闻标题的粗略浏览，找到自己最感兴趣的内容。还有一些读者由于时间压力，只读标题，不读正文，他们更需要能够提供最重要新闻信息的新闻标题。所以，新闻标题要将重要的新闻信息反映出来，才能有效地帮助读者选择和阅读。

（三）评价新闻内容

新闻标题在 20 世纪初期进入现代标题阶段之后，开始具备评价新闻内容的功能。随着多行题的大量采用，新闻标题不仅能够揭示最重要的新闻事实，而且还能够对新闻事实进行评论，代表新闻媒体表态、发言。标题的这一功能，对新闻媒体担负起引导社会舆论的重任，对新闻报道取得良好的社会效果起到了重要作用。

【案例】

一条评价新闻内容的多行题

背景：《扬子晚报》刊登一条社会新闻，报道南京出现万元宴席。当时中央正大力提倡勤俭节约，反对铺张浪费，报道这条新闻就需要进行正确的舆论引导，以免产生副作用。因此，编辑将新闻标题做成：

此风不可长

南京出现万元宴席

消费者为外商　国人不可攀比

这条新闻标题类似一篇小言论，先用引题表态，再以主题揭示最主要的新闻事实，最后以副题说明“此风不可长”的原因。这样的标题在特殊形势下表明了编辑部的立场，对公众进行了正确的舆论引导。

新闻标题评价新闻内容，可以通过多种方式来实现。第一，可以通过对新闻事实的选择进行评价，标题中写什么不写什么，本身就是一种评价；第二，可以通过对标题内容的安排进行评价，如把什么内容放在主题中，把什么内容放在辅题中，也能让读者看到媒体的态度和评价；第三，可以直接对事实发表议论，如上面的案例中就是直接评论和表态；第四，可以通过语言文字的运用，如选择褒贬鲜明的词语制作标题，也能表现媒体的态度和评价。

（四）吸引读者阅读

新闻标题不仅能向读者提供最重要的事实和观点，还能够以生动优美的形式、幽默风趣的语言吸引读者阅读正文。如标题采用设问的方式，提出读者最感兴趣的问题，或者以比拟的手法，生动描述新闻事实最精彩的一幕，这些表现方式都会对读者产生强大的吸引力。当然，新闻标题能够吸引读者，首先还是它揭示的新闻内容是读者需要了解和感兴趣的东西，但标题的形式新颖，语言运用巧妙、形象，会使重要的内容得到更好的表现，激发读者更大的兴趣。在网站、电子报、微信公号等网络媒介上，标题与正文可以分处不同的页面，标题吸引读者阅读的功能因此更加被强调。

值得注意的是，因为网络传播中标题吸引读者阅读的功能比以往更加凸显，“标题党”成为一种时弊。所谓“标题党”，指在以互联网为代表的论坛或媒体上制作引人注目的标题来吸引受众注意力，以达到增加点击量或知名度等各种目的的网站编辑、记者、管理者和网民的总称。这些标题看起来很吸引人，但点击进去却发现新闻内容与标题完全无关或联系不大，具有误导性，耸人听闻、涉黄涉暴、新奇重口味是其主要特点。更广义的“标题党”，还包括对具有“标题党”之表现形式的标题的统称。对于新闻编辑来说，要让新闻标题能够吸引读者，同时又不沦为“标题党”，是需要不断探索的一个专业难题。

（五）美化版面并表现风格

有人把标题比喻成版面的“眼睛”，能够使报纸炯炯有神。在同样讲求页面设计的网络媒介上，标题同样也是传神的“眼睛”。新闻标题对版面的美化作用是非常突出的。在早期没有标题的报纸版面上，所有稿件密密麻麻排在一起，不方便读者阅读，更没有美感。标题的出现，尤其是标题以大于正文的字号、多样化的字体成为版面上最突出的组成部分之一以后，报纸版面形象才得到根本的改观。标题的结构、语言、字体字号等不仅能够美化版面，而且还能表现一家报纸的风格特色。如《人民日报》和《北京青年报》在标题的制作和编排上就有很大差异，从标题的结构、语言风格，到字体字号的选择，甚至色彩的运用都有所不同，这种不同恰恰能够说明这两家报纸不同的定位和风格。即便在手机屏幕上阅读的微信公号、新闻客户端等，标题的制作也是各有风格的，语言结构和文字风格都要力求展示自己的定位和品位。

第二节　新闻标题的种类

【知识要点】

- 新闻标题根据标题与稿件的关系可以分为两大类，一类是单篇新闻的标题，另一类是多篇新闻共有的标题，即“大标题”。除此之外，还有一种介于新闻与标题之间的新品种：标题新闻。
- 单篇新闻的标题共有五种：主题、引题、副题、提要题和分题。这些标题中，只有主题是可以独立存在的，引题、副题、提要题和分题都不能脱离主题独立存在。单篇新闻标题采用什么形式，与新闻文体有紧密的联系。
- 多篇新闻共同的标题是大标题，它可以是实题，提示新闻事实，也可以是虚题，表达立场观点。

- 标题新闻是以标题形式对新闻事实的简要报道，是介于标题与简讯之间的一种新型新闻体裁。
- 标题根据内容特点分为实题与虚题。实题是指叙述事实的新闻标题，着重表现具体的人物、动作和事件等。虚题是发表议论的新闻标题，着重说明原则、道理、愿望等。实题可以独立存在，而虚题不能独立存在，必须依附于实题。

新闻标题最早出现在报纸上，由于印刷媒体的版面编排特点，标题的种类和结构相对于网络新媒体如新闻客户端、微信公号等要复杂得多，而后者限于移动终端的屏幕面积，标题的字数更少，也较少分行，结构上更加单一。学习标题的种类和结构，需要从其源头（报纸）学起。在报纸上，根据标题与稿件的关系，可以分为两大类：一类是单篇新闻的标题，而且主要指的是消息的标题，这也是我们通常意义上说得最多的新闻标题；另一类是多篇新闻共有的标题，即“大标题”。除此之外，还有一种介于新闻与标题之间的新品种：标题新闻。

若以标题的内容特点划分，又分为实题与虚题两类。下面分别加以介绍。

一、单篇新闻的标题及其与文体的关系

（一）单篇新闻的标题

在一篇新闻稿中，可能出现的标题共有五种：主题、引题、副题、提要题和分题。这些标题中，只有主题是可以独立存在的，引题、副题、提要题和分题都不能脱离主题独立存在。

1. 主题

主题是新闻标题中最主要的题目，是标题的核心部分，用以说明最主要的事实或观点，所用的字号也最大，地位最突出。

【案例】

多行题中的主题

“金鸡”第五次啼晓

《红衣少女》捧走最佳故事片奖

吕晓禾、李羚分获最佳男女主角奖

这条新闻中最重要的事实是《红衣少女》获得最佳故事片奖，主题揭示了这一事实。

2. 引题

引题是位于主题之前，用以引出主题的辅题。引题又称眉题、肩题，字号小于主题。如上题中，“‘金鸡’第五次啼晓”就是引题，它介绍了《红衣少女》获奖的背景——“金鸡”奖第

五届评奖。

3. 副题

副题是位于主题之后，用以对主题作出补充和解释的辅题。副题又称子题，字号小于主题和引题。如上题中“吕晓禾、李羚分获最佳男女主角奖”就是副题，它补充了主题中没有交代的次重要事实。

4. 提要题

提要题是位于主题与正文之间、用以提纲挈领地概括新闻中的主要事实和观点、给读者以比较详尽的内容介绍的题，提要题也称作提示题、纲要题，字号介于标题与正文之间。值得注意的是，提要题一直在发展变化中，有的已经突破传统，出现了内容与形式的创新。

提要题一般用于内容比较重要、篇幅比较长的新闻中，旨在帮助读者迅速了解新闻的主要内容，使读者能在较短的时间内掌握较多的新闻信息。在读者没有时间阅读正文的情况下，这种提要题能够使读者获得满足。现在，这种以概括新闻要点、帮助读者快速阅读的提要题仍然在报纸上占有重要地位。

【案例】

传统、规范的提要题

惊人真相：术后滥用抗生素

世卫组织推荐抗生素医院内使用

率为30%　而我国使用率在67%～82%之间

（以下提要题）

● 有专家指出，在常规手术后不使用抗生素和使用抗生素的感染率无差异，但是我国医院目前却普遍存在滥用现象

● 术后滥用抗生素是看病费用高昂现状背后一大未被明确揪出的“秘密”

● 专家指出，目前对于术后抗生素的使用，基本上是采取“经验用药”的方式，依靠医生的个人判断来把关，缺乏统一的可行性标准，部分医生为求“保险”，滥用相当普遍

● 与发达国家相比，我国抗生素使用数量极为惊人——据不完全统计，目前滥用抗生素是最严重的药物滥用行为，无指征预防使用抗生素现象约占其中的30%～50%

这条新闻篇幅较长，读者可能没有时间从头至尾详细阅读全文。编辑制作这些提要题，旨在帮助读者迅速了解新闻中报道的主要事实和观点。这条提要题对新闻内容的“提要”是传统而规范的。

随着报业发展，新闻标题的形式也在不断创新。20世纪末期，提要题的内容与形式出现了突破，出现了新型的提要题。这种新型的提要题有以下几方面特点：

一是提要题的内容从以往比较全面地概括新闻事实和观点发展到有侧重、有选择地对部分内容加以概括，甚至只对引出新闻事实的某些现象加以揭示，以造成悬念，吸引读者阅读正文。

【案例】

并不“提要”的提要题

为了几代人的夙愿：

走过黄浦江

（以下提要题）

南浦大桥，双塔双索面迭合梁斜拉桥。大桥全长 8 346 米，主桥净空高 46 米，一跨过江，跨度为 423 米，在同类斜拉桥中居世界第二位。1991 年 11 月 16 日试通车。1991 年 11 月 19 日，李鹏总理为南浦大桥建成典礼剪彩。

从主标题中我们不难看出，这篇通讯写的是为了实现几代人的夙愿，上海的领导者、设计者和建设者们是怎样同心同德、团结奋斗，终于使南浦大桥一跨过江的。

提要题中的这段文字虽然是通讯中写到的，但它并不是通讯的核心内容，更不是通讯所要表现的主题。用这段话作提要题，按提要题的“常规”来看，是不合规矩的。可见，这种提要题已经突破了传统的范围，是一种创新。

提要题有意不“提要”真正的要点，而是截取稿件中的某一部分内容。它选择了描绘南浦大桥长度、净空高和外形的这段话，并着重说明它“在同类斜拉桥中居世界第二位”，李鹏总理亲自为典礼剪彩，看起来这与怎样“走过黄浦江”没有多大关系，但实际上它巧妙地说明了上海人走过黄浦江的难能可贵，吸引读者阅读下文。

以提要题制造悬念是一种大胆的突破。有些新闻的提要题，非但不“提”正文之“要”，甚至有意不从正文中选择内容，而是用看似扯得较远的话来引出正文，激发读者的阅读兴趣。

【案例】

制造悬念的提要题

中国股市第一波

（以下提要题）

股票市场对于生活在中国大陆上的绝大多数人来说是个陌生的词汇。在大上海，那些旧社会过来人的陈旧记忆里，股票交易是冒险家和有钱人的游戏。79 岁的上海老经纪人魏少庭先生还依稀记得洋人发行“橡皮股”，用假股票骗走许多中国人真钞票的辛酸故事。

数年前当人们从电视荧屏上一次又一次看到纽约、东京、伦敦、香港证券交易所里股票交易的喧嚣场面，也只是看作遥远的海外逸事，神情依然冷淡。然而今天……

在长达数千字的文章中并没有提要题中的这段文字，正如主题所言，这条新闻写的是“中国股市第一波”，是发生在 20 世纪 80 年代末 90 年代初的事情，而提要题中说的是遥远的过去。与其说这个提要题是一种“提要”，不如说它更像是这篇文章的开头，所不同的是，它采用的是标题的形式。这种提要题最主要的作用，是制造悬念，一下子就能“抓住”读者，使他们产生浓厚的兴趣。

二是提要题的形式从过去单纯的平铺直叙发展到运用多种表现手法，如描写、抒情、设问等，在结构上讲求灵活多变，富有层次和节奏感。

【案例】

形式新颖的提要题

洒下今人汗　留得万代荫

郑州城市绿化四十年

（以下提要题）

为什么会出现这样的奇迹？

黄河边的重镇郑州，年平均沙暴日由1950—1970年的9.7个下降到现在的不足1个；夏季极端温度40年来下降了6℃，完全相对湿度增加了20%。往昔风沙弥漫、无风三尺土的市区变得空气清新，风景宜人。

那是因为：郑州的树木，由1949年的全市共79棵，变成现在的200多万棵，覆盖率达35%多。

是谁创造了这样的奇迹？

这条提要题不仅在内容上有所突破，而且在形式上与传统提要题的平铺直叙也不同。它一开头就以一个设问句引起读者的注意，第二、三自然段用描写的手法向读者展现了郑州40年来的巨大变化，从而造成悬念，吸引读者。最后一段再次提问，加重语气。这条由四个自然段构成的提要题，文字优美，句式多变，富有明快的节奏感，读起来朗朗上口，生动流畅。

三是提要题的版面位置从固定于标题和正文之间发展到灵活多样。比如上面列举的郑州绿化稿和“走过黄浦江”一稿的提要题都放在了主标题的上方。主标题各有一部分压在大幅照片上，由于照片位置较大，主题的位置偏下，在主题上方与照片之间恰巧形成一块空白地带，这里放置提要题，醒目而且美观。此外，提要题放于正文中间的位置，也时常可见。总之，随着版面的不断创新，标题的版面形式，包括提要题的版面形式也在不断改变。

需要指出的是，提要题只适合于内容重要并且篇幅较长的新闻稿，这些稿件通常是版面的头条或重点。对提要题的采用不宜过多，不能为了形式的新颖滥用提要题，而且在提要题的制作处理上，稿件编辑与版面编辑要相互沟通配合。

5. 分题

分题是穿插在新闻稿件中、对每个部分的主题进行概括的辅题，一般用于篇幅较长的新闻中，既是对新闻主标题的补充，又打破了长稿视觉上的冗长沉闷，美化了报纸版面。分题又称小标题、插题。

分题通常有这样几个特点：一是在不影响内容表达的前提下，每个分题的字数相近，结构相同，给人以统一、整齐之感；二是每个分题下辖的文字篇幅也长短相近，这对版面的编排有利。

【案例】

分题

主题：

油价攀升　节能有道

以下分题：

日本　精明细致多种举措并举

韩国　优惠措施鼓励车主节约

德国　政策支持开发替代能源

《羊城晚报》国际新闻版上的稿件《油价攀升　节能有道》报道了日本、韩国和德国在节约能源方面的经验和做法，稿件共分三部分，三个分标题结构和字数相同，整齐、一致，对打破长稿的冗长沉闷、活跃版面起到了作用。

（二）单篇新闻标题与文体的关系

新闻稿件的标题采用哪种方式来制作，与新闻稿件的体裁有很大关系。在我国办报传统中，文字新闻稿件主要分为消息、通讯、新闻评论这几大类。进入互联网时代后，网络新闻的标题又有与传统媒介标题不同的特点。随着新媒体形态不断涌现，新闻标题制作发生的变化还在继续。以目前媒介机构使用较多、相对比较成熟的新闻文体为据，单篇新闻标题因为文体的差异表现出如下特点。

1. 消息的标题

消息是以相对简明扼要的行文方式，报道最新发生的新闻事实。因此，消息的标题以表述最新发生的新闻事实为主，要尽可能全面、准确地说明最重要的新闻内容，显现一种动态，即告诉读者事情的发生与发展，并强调时态。如果新闻事实具有特殊的意义，标题中也可以表达媒体对新闻事实的观点和态度。因此，消息的标题形式多样，内容简单的消息可以只作单一的主题，内容复杂的消息可以采用主题加辅题的结构方式。如：

山东作家莫言获诺贝尔文学奖

我军第一代女导弹操作号手高原亮剑

35名平均年龄不足23岁的军中女“剑客”首次实弹发射圆满成功

值得注意的是，现代社会中人们的时间压力越来越大。新闻编辑为了让读者在只读标题而不看正文的情况下也能够了解最重要的新闻信息，会将消息标题处理成相对复杂的结构，为读者提供更多的重要信息，如采用引题＋主题＋副题、主题＋提要题的方式。

2. 通讯的标题

通讯是向读者提供比消息更加详细的内容的新闻体裁，如讲述新闻事件的来龙去脉，提供更详尽的细节和背景材料等。广义的通讯还包括对人物的专题访谈、对事件的调查报告等。通讯的标题除了要揭示最重要的新闻内容，更重要的是要吸引读者花时间阅读稿件全文。因此，相对于消息的标题，通讯标题的制作更加灵活自由，可以标出事实，也可以不标出事实，重在抒情或议论。通讯标题与消息标题强调动态不一样，更多地表现出静态，如常用“的”字结构，以及用“为了……”的表现形式等。通讯标题的结构主要有两类：一类是一行主题简要概述新闻；另一类是以主题＋副题的方式制作，主题对新闻内容的本质特征或社会意义加以提炼，副题补充说明报道对象的相关信息，这类副题前大多加破折号。如：

“三西”扶贫记

守望精神家园的太行人
——红旗渠精神当代传奇

小胡同走出大记者
——“张刚现象”启示录

【案例】

同一主题不同体裁的标题比较

消息标题：

奥运会中国健儿又传佳音
跳水名将高敏为我赢得第三枚金牌

该标题标出事实，表现动态。

通讯标题：

蜀中姑娘多泼辣
——高敏铸造金牌之路

该标题发表议论，带有感情，表现出静态特点。

需要指出的是，消息标题与通讯标题的这种特点区分不应成为束缚编辑手脚的框框。在实际工作中，由于报道上的某种需要，通讯作消息题，消息作通讯题，只要运用得当，都是可以的。西方新闻文体基本被分为消息、评论、特稿三大部分，比我国传统分类简单，制题的自由度也更大，消息标题做成通讯标题的情况时常出现。

3. 新闻评论的标题

新闻评论是新闻性与政论性相结合的文体，针对现实生活中出现的问题、现象或者大家共同关注的热点展开议论，通过摆事实、讲道理，亮明自己的立场、观点和主张。新闻评论的标题一般都是一行主题，对评论的主要观点加以阐述。如：

倾听那些“沉没的声音”

城市管理亟待走出“整治思维”

4. 网络新闻的标题

网络新闻标题与报纸的新闻标题不同，由于网页面积的限制，普通新闻一般不以引题＋主题＋副题的复杂结构出现，并且严格限制字数，一般在20字以内。如：

中国两架侦察机飞临钓鱼岛　日 F15 战机拦截

云南招标采购局今年三公决算数据为零遭质疑

也有一些网站为了突出头条新闻，有意对每天的头条新闻标题特殊处理，如采用大于其他标题的字号，以及“主题＋副题”或者“主题＋提要题”的结构形式。如财新网 2013 年 11 月 24 日的头条新闻标题：

比特币投资风险几何

无论是热爱比特币社会实践的极客，还是热衷炒作的投机分子，即便参与比特币交易的初衷各异，但投资者都应该对比特币交易的特殊性有清醒的认识

由于网络新闻的内容以首页、二级页面、三级页面等多层次结构来呈现，有时首页的标题为了页面的整体效果而制作得更加简洁直接，内页的标题却不完全与首页标题一样，而是与报纸的标题更加相似，以更多的文字或更复杂的结构，提供更加详细的内容。而且，网站在转载其他媒体的新闻稿件时，还需要在刊登稿件正文的页面上标明该稿件的原标题，这既是对原稿作者与原发媒体的尊重，也是对读者知情权的尊重。并且，这种做法还可以在网络标题万一出现对原标题的意义扭曲时，厘清责任，并减少对网民的误导。

二、多篇新闻共同的标题：大标题

大标题也称横幅、牌子、刊头等。它可以是对新闻事实的概括，也可以是对观点立场的表述，如与新闻内容相关的口号、语录等。作为口号形式出现的大标题，经常是就某一阶段的报道重点提出方向性、指导性强的思想观点或倡议，宣传鼓动性明显。对新闻事实进行概括的大标题，可以是对某种新闻现象的概括和揭示，也可以是由新闻事实来引出某一问题。大标题的作用主要用来集纳同一主题的新闻稿件，集零为整，形成报道规模。

【案例】

两种不同类型的大标题

大标题一：

开展家庭助廉教育工作
构筑反腐倡廉防线

大标题二：

粤港鄂陕遭强降雨袭击
35 人死亡 15 人失踪

大标题一表明了立场观点，强调对现实工作的指导性。《人民日报》的专题版以此大标题集纳了 4 条同一主题的新闻稿：一组简讯、一篇言论、一张新闻照片、一组漫画。

大标题二说明了具体的新闻事实。《京华时报》的“各地/热点”版以此大标题集纳了 5 篇新闻稿和 1 组新闻照片。

三、标题新闻

在过去漫长的新闻出版史上，标题从来都是依附于新闻而存在的，它由新闻内容派生出来，揭示与评论内容。但大约在20世纪80年代中期，一种脱离新闻而独立存在的标题在我国报纸上出现了，它就是标题新闻。

标题新闻最早出现于哪一家报纸，在新闻界有所争议。据有关材料表明，《山西日报》《抚顺日报》在1985年已经开始使用标题新闻，《经济日报》《文汇报》等也在同一时期推出标题新闻。这一新的标题形式在当时引起了广泛的注意与争论，褒贬俱存。在实践中，这一新品种在报纸上得到普及，直到今天，它已成为运用较广的一种特殊的新闻品种。

标题新闻是以标题形式对新闻事实的简要报道，是介于标题与简讯之间的一种新型新闻体裁。

【案例】

标题新闻

胡锦涛分别签署第三十八、三十九号主席令

公布《中华人民共和国治安管理处罚法》《中华人民共和国公证法》和《全国人民代表大会常务委员会关于修改〈中华人民共和国妇女权益保障法〉的决定》

十届全国人大常委会第十七次会议闭会，吴邦国主持

吴邦国将出席第二届世界议长大会并访问摩洛哥

贾庆林出席“庆祝西藏自治区成立40周年成就展”开幕式并参观展览

《工人日报》的头版报眼位置设计为固定的“标题新闻”专栏，这是2005年8月29日该栏目中的一组标题新闻。

这四条标题新闻都对主要新闻事实进行了概括，不需要正文的支持就能够独立存在。

标题新闻一般具有三个特点：

一是重要的新闻要素比较齐全。因为标题新闻是独立存在的，标题下面没有任何解释或补充的文字，要使读者从标题中了解新闻的全部内容，就必须把所有必不可少的新闻要素都包含在标题中。

二是具备标题的结构和特点。标题新闻虽然不依附于新闻而存在，但它在形式上仍然是标题而不是文章。所以，它具备标题的结构与形式，如它可以是单一式标题即只有一行主题，也可以是复合式标题，即主题与辅题都有。标题新闻在制作上与标题制作的原理是一样的。

三是标题新闻通常比较严肃、简洁，不加修饰或渲染。这是由于标题新闻主要用于内容比较严肃、单一的政治、经济、外事、文化等题材的新闻上，而且要用尽可能少的文字说清楚新闻事实，不能给读者造成误会或悬念，在措辞上就不宜花哨和烦琐，只求简明扼要、一目了然。

标题新闻在现代报纸上出现的意义，在于它能够以最简洁明快的方式报道新闻事实，能够节省版面空间，节省读者的时间。但需要指出的是，标题新闻只适合于用在新闻内容比较简单的新闻报道上，对于那些包含着比较复杂的新闻要素、应该详细交代新闻事实或者对事实加以解释分析的报道内容，不宜采用标题新闻。近几年，标题新闻在我国报纸上使用最频繁的是有关国家领导人的外事活动报道、工作报道和一般性的政策发布消息。

四、实题与虚题

实题是指叙述事实的新闻标题，着重表现具体的人物、动作和事件等。虚题是发表议论的新闻标题，着重说明原则、道理、愿望等。实题可以独立存在，而虚题不能独立存在，它必须依附于实题。因为读者看到表述事实的实题，能够了解最基本的新闻内容，而如果读到的只是一个表达立场观点的虚题，则无法了解发生了什么事，为什么有这样的评论。在许多新闻稿件的标题制作中，既要告诉读者基本的新闻事实，又要表达媒体对新闻事实的态度和观点，就会采用实题与虚题同时出现的方法，做成虚实结合的标题。

【案例】

虚实结合的新闻标题

允许“生财有道”　不可“为富不仁”

大东门集贸市场举办有毒有害商品展览

陋习不除　农民难富

读者黄祥成来信指出：请客送礼铺张浪费是造成农民“富裕的困难户”的一个原因

这两条标题都是将主题做成虚题以表明观点，将副题做成实题以揭示事实。标题虚实结合，有理有据，旗帜鲜明。

在网络新闻媒体的标题中，同样有“实”和“虚”的成分。但因为大多数网络新闻标题是单一式结构，即不分主题和辅题，因此在短短的一两句话标题中，往往虚实结合，既说明事实，也表达观点。

【案例】

虚实结合的网络新闻标题

又有地方负责人被约谈！敷衍应对、态度消极决不允许！

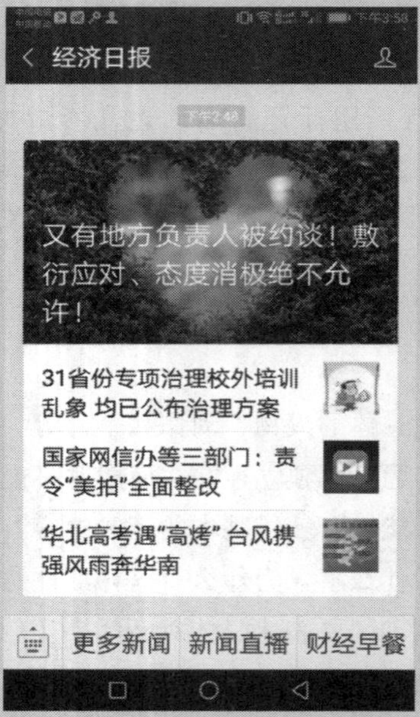

图 6-1 《经济日报》的微信公号页面截图

《经济日报》微信公号的这条头条标题由两句话组成。前一句说明事实，后一句表明观点，虚实结合，简洁有力（见图 6-1）。

第三节 新闻标题的结构

【知识要点】

- 新闻标题的结构分为单一式和复合式两类。
- 单一式结构的标题只有主题，没有引题和副题。一般情况下单一式结构的标题是实题，向读者揭示最重要的新闻事实。单一式结构的标题意义必须完整，让读者看得明白，不存疑问。
- 复合式结构的标题是由主题、引题和副题共同组成的，可以是引题加主题或主题加副题的形式，也可以是引题、主题、副题三者俱全的形式。
- 制作复合式结构的标题要注意处理好引题与主题的关系、副题与主题的关系，以及标题各部分之间的逻辑关系、虚实关系，注意分行的合理性和语意的连贯性。

掌握新闻标题的结构，是制作新闻标题的前提。新闻标题的结构分为单一式和复合式两类。

一、单一式结构

单一式结构的标题只有主题，没有引题和副题。在多数情况下，单一式标题是一行题，有时也可以是两行甚至三行题。

【案例】

单一式结构的标题	
长征火箭首发欧洲国家通信卫星鑫诺1号获成功	单一式结构的一行题
沪市：新股上市　末跌反升前景看好 **深市：走出谷底　下周有望继续上扬**	单一式结构的两行题

制作单一式结构的标题，要注意两个问题。

第一，单一式标题只有主题，没有辅题，所以一般情况下这种结构的标题是实题，向读者揭示最重要的新闻事实。

【案例】

比较两条单一式结构的标题	
轻工业部决定设法解决小商品问题	这条标题是实题，作为单一式标题可以成立。
从根本上解决小商品问题	这条标题是虚题，不能脱离实题独立存在，因此不能作为新闻的标题。

第二，单一式结构的标题没有辅题作为引导或者补充、解释，因此标题的意义应尽量完整，让读者看得明白，不存疑问。也就是说，在报纸上，单一式结构的标题通常是一个完整的句子，包含了最重要的新闻要素。

【案例】

有问题的单一式结构标题

一些国家领导人对这场灾难深表同情

这是一篇通讯社新闻稿的标题。新闻内容是，美国旧金山发生地震，很多国家领导人致电美国总统对这场灾难表示关注和同情。但这条标题的意义不完整，“一些国家”是哪些？“这场灾难”是什么？新闻要素交代不清。

值得注意的是，在网络新闻媒体上，为了吸引读者点击正文，编辑越来越多地有意使用疑问句式，提出让读者好奇的问题，以吸引他们阅读。这与报纸编辑制作单一式新闻标题尽可能要概括最重要的新闻要素截然不同，新媒体编辑有意在标题中将最能吸引读者的信息设为“谜面”，“谜底”则在正文中揭开。如果说，报纸的单一式结构标题重在让读者通过标题把握最重要的新闻信息，网络新媒体的标题则重在吸引读者点击。

【案例】

有意以问句吸引阅读的单一式结构标题

第18届亚运会昨晚开幕！
今天有哪些赛事看点？戳！

第18届亚运会昨晚开幕！今天有哪些赛事看点？戳↓

央视新闻 今天

北京时间昨晚（18日）8点，2018年雅加达亚运会开幕式在朋加诺体育场举行。本次开幕式的主题为“感受亚洲能量”。

开幕式舞台长120米、宽30米、高26米，舞台上设置有“绵延的群山”作为背景。山上有瀑布、火山，还长满独特美丽的印尼植被和花木。

图6-2 “央视新闻”微信公号页面截图

这是“央视新闻”微信公号的一条头条新闻的标题，单一式结构，前半句提示新闻事实即第18届亚运会昨晚开幕，后半句则有意用“今天有哪些赛事看点？”这样的问句，意在制造悬念，吸引读者点击阅读（见图6-2）。

【案例】

有意省略最重要信息以吸引读者点击的新闻标题

不是奶茶是“毒药”！这两款奶茶竟检出禁用物质……

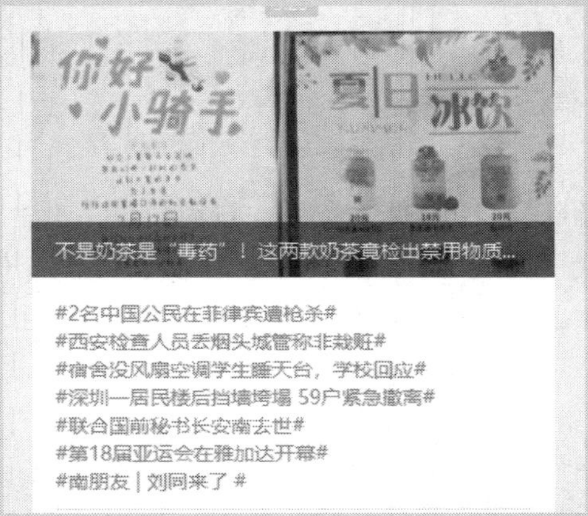

图 6－3　《南方都市报》的微信公号页面截图

这是《南方都市报》微信公号的封面页，头条新闻的标题为单一式结构，编辑有意将两款有毒奶茶的名字不在标题中注明，旨在制造悬念，吸引读者点击阅读（见图 6－3）。

二、复合式结构

复合式结构的标题在报纸上运用较多，它是由主题、引题和副题共同组成的，可以是引题加主题或主题加副题的形式，也可以是引题、主题、副题三者俱全的形式。复合式结构的标题比单一式结构的标题复杂，制作这类标题要注意以下几个方面。

（一）引题与主题的关系

在复合式的新闻标题中，主题是中心，引题在主题之前，对主题起引导作用。引题如何引出主题？可以采用的方式主要有这样几种：

第一，以交代和说明相关的背景、意义、目的、原因、气氛、性状等引出主题。

【案例】

引题引出主题的方式

书信一封报上登　离散骨肉喜团圆

段玉明为养子养女找到亲生父母

引题交代事件的背景与经过。

鼓励实施“星火计划”有功之臣 **国家设立“星火奖”**	引题交代国家设立“星火奖”的目的。
车辚辚　马萧萧　凯歌贯云霄 **最可爱的人回来了** 安东举行盛大欢迎大会和欢迎宴会	引题描写新闻场景与气氛。
笔触伸向贫困百姓的下一代 **张平力推《对面的孩子》**	引题说明主要新闻事实的性状。

第二，以直接叙述主干事实的起始部分引出主题，使长主题简短化。要注意的是，这类引题与上述第一种类型不同，它通常交代“何人”与部分“何事”，因此是整个标题中不可删除的重要组成部分。离开这样的引题，主题的意思就是不完整的，不能独立存在。

【案例】

引题引出主题的方式

关广梅在京接受中外记者采访 **对答如流　语惊四座** 国家计委对78个项目稽查发现 **招投标：96%失灵**	这类引题是标题不可去除的重要部分，主题不能脱离它们独立存在。

第三，以提出疑问或发表议论引出主题。提出问题的引题与主题形成一问一答，生动而有吸引力。发表议论的引题能够表明编辑部的立场观点，也能引起读者对主题中新闻事实的关注。

【案例】

引题引出主题的方式

征地造房为啥等煞人？ **一道公文背着39颗印章旅行** 希望有关部门舍繁就简，多办实事，加快住宅建设步伐	引题提出问题 主题给予回答
说来令人心痛　听来难以置信 **农民郭元英捐赠的飞机三年无人问**	引题发表议论 主题是议论所起的新闻事实

（二）副题与主题的关系

副题是在主题之后，对主题进行补充和解释的辅题。副题对主题的补充与解释，主要有这样一些方式：

第一，补充主题中未交代的事实。主题限于字数，不可能对所有新闻要点进行揭示，副题可以对主题没能涉及的新闻事实进行补充。这种补充包括两方面：一是与主题同一事实的不同方面，二是与主题事实相关的另类事实。

【案例】

副题补充与解释主题的方式

毛主席含笑乘“东风”	主题揭示主要新闻事实
说：“坐了自己生产的小汽车了。”	副题补充同一事实的不同方面
新修改的《产品质量法》正式实施	主题揭示主要新闻事实
千家企业联合发表新世纪质量宣言	副题补充与主题相关的另类事实

第二，补充交代主题所揭示的新闻事实所产生的结果或影响。主题限于字数，往往只能说明最主要的新闻事实，无法阐述这一事实所产生的后果。这时，副题能够担负这个职能，使整条新闻标题信息完整。

【案例】

副题补充与解释主题的方式

北京破获全国最大虚开倒卖增值税发票案	
国税局家贼虚开31亿	主题说明主要新闻事实
造成国家税款损失4.54亿元	副题交代结果与影响

第三，印证主题的观点或回答主题的提问。这种标题的主题通常是表明观点的虚题，主题中的观点还需要用事实（实题）来支撑，或者主题仅仅提出了一个问题，答案有待用事实来回答。在这种情况下，副题通过对新闻事实的揭示，使主题的观点得到证明，或使主题提出的问题得到回答。这类副题是不可删除的，否则主题就不能成立。

【案例】

副题补充与解释主题的方式	
害人的噪声有“法”治了	主题表明观点
我国环境噪声污染防治条例今起施行	副题以事实印证主题中的观点
保健品是否都保健	主题提出问题
陕西发现近七成卫生指标不合格	副题以事实回答主题提出的问题

第四，解释主题中概括的事实或描述的细节。这有两种情况：一种是主题是对基本事实的概括，详细的情况由副题补充介绍；另一种情况是主题已经揭示了事实中最能吸引读者的某些细节，全面的情况由副题补充介绍。

【案例】

副题补充与解释主题的方式	
天山“瑶池”逐年萎缩	主题是对事实的概括
每年缩小水域200平方米　80年后将消失	副题描述详细情况
一头猪可赚三万元	主题揭示事实的某一细节
湖北省农科院研制出转基因猪	副题介绍全面情况

（三）复合式的标题要注意防止的问题

第一，要注意标题各部分之间的内在逻辑关系。复合式标题都是多行题，而且在语言表述上与写新闻稿不一样，为了简洁明快，一般不用“因为……所以……”“为了……”“虽然……但是……”等关联词，但从内容上说，标题各部分之间实际上存在因果关系、目的与手段的关系等，这种逻辑关系不能搞错，否则就会产生歧义或出笑话。

【案例】

逻辑关系有问题的复合式标题	
禁毒　迫在眉睫 **我国禁毒工作成绩显著**	引题中的观点与主题揭示的事实相互矛盾。

把伟大的祖国建设得更加清洁美丽 **中央领导同志走上街头和** **群众一起打扫卫生**	这篇新闻报道中央领导与首都群众一起参加“全民文明礼貌月”活动，但标题把地点夸大为“祖国”，造成目的（把伟大祖国建设得更加清洁美丽）与手段（在首都打扫卫生）之间的不合逻辑，此外，这条标题中“建设”与“清洁美丽”也不相配。

第二，要注意虚题与实题的结合。复合式的标题经常由虚题和实题共同组成，这种虚与实的关系要处理正确，使虚题依托实题而存在，实题凭借虚题得到升华。

通常情况下，标题的引题和主题可以是实题，也可以是虚题，副题则多数是实题。一条新闻的标题可以全部由实题组成，但不能全部由虚题组成。虚题必须依托实题才能存在。这也就是说，复合式的标题中，至少要有一行是实题。

复合式标题的主题是实题还是虚题，应该根据新闻报道的意图来确定。如果报道的目的主要是告诉读者事实，主题可以做成揭示事实的实题；如果报道的目的主要是通过事实引导读者接受某种观点，主题可以做成表明立场和观点的虚题，而对事实的揭示由辅题来承担。

【案例】

比较两条同一新闻的标题

天津一市民找回失落在国外的巨额财产	这条单一式结构的标题揭示了主要新闻事实。
鼓励找回私人在国外的资产 天津市一居民在中国银行天津分行协助下找到了失落在外国公司的 29 万美元的财产	这条复合式结构的标题通过对事实的揭示表明了立场观点。

第三，要注意标题分行是否合理，主题意义是否完整。复合式标题由多行题构成，行与行之间的分隔要讲求自然、合理，不能给人以生硬、牵强之感，更不能因分行的不当，造成标题歧义。

【案例】

分行不合理的复合式标题 台湾围棋界要求当局 **准许聂卫平赴台比赛**	由于主题的字比引题大，这条标题给读者的第一眼印象是台湾当局已经准许聂卫平赴台比赛，而事实恰恰相反。所以，这条标题不宜做成复合式标题而应做成单一式结构的一行题，如：台湾围棋界要求当局准许聂卫平赴台比赛。

第四，要注意标题各部分的语意连贯。复合式的新闻标题虽然不用关联词表示内容上的相互联系，但要注意语意连接与转换的连贯性，不能给人生拉硬扯、语义不通畅的感觉。

【案例】

语意不连贯的复合式标题

全国政协、中共中央统战部举行
八旬以上老同志春节团聚会
多活几年　多做些事

这条标题的主题与引题连接不顺，使得主题的观点没有事实支撑（没有说明是谁的观点或要求）。

第四节　新闻标题的制作方法

【知识要点】

- 从新闻中选择列入标题的内容是制作标题的第一步，方法是：告诉读者新闻中最新鲜、最重要的事实和观点；告诉读者新闻中最有特点的事实与观点；标题选择的事实和观点要与新闻内容的本质相一致。
- 确定标题的立场态度和感情色彩是制作标题的第二步，方法是：用事实说话，即通过选择事实表达立场和感情；选择恰当的角度；选择适当的字词；掌握分寸。
- 确定标题的结构和表现手法是制作标题的第三步，方法是：根据媒体的介质特点、稿件的重要性、篇幅长短和体裁决定标题结构；根据新闻报道意图决定标题结构；根据媒体的一贯风格制作标题，以保证媒体形象的相对稳定性；根据当日版面编排的需要决定标题结构；采用具体形象的表述方式使标题形象生动；适当运用修辞手法使标题形象生动。
- 锤炼标题的文字是制作标题的第四步，方法是：压缩标题的内容；删除标题中多余的字词；通过改变叙述方式使标题简练；适当采用简称。

新闻标题的制作是新闻编辑的基本业务技能之一。胡乔木曾说，有时想一个好标题，等于写一篇文章所用精力的三分之一。标题制作的不易，由此可见一斑。怎样才能制作出好标题呢？这就需要掌握制作标题的步骤和技巧。

一、从新闻中选择列入标题的内容

新闻标题能否吸引读者，首先在于标题告诉读者的内容是不是他们最想知道的和最有兴趣的。标题比新闻篇幅短、字数少，不可能将新闻稿件中的所有要点和细节都写在标题中，所以，做好新闻标题的首要一步，是要善于挑选写进标题中的内容。

（一）标题应该告诉读者新闻中最新鲜、最重要的事实和观点

新闻的价值在于它能把最新发生的事实告诉读者，它最吸引读者的地方也就在于一个“新”字。新闻标题要能够满足读者的求知欲，能够吸引读者，也同样要讲求这个“新”字。因而在考虑把新闻中的什么内容写入标题中时，我们的注意力首先应放在那些最新鲜最重要的事实或观点上。

【案例】

一条重要新闻及其标题的编辑过程

1978 年 10 月到 11 月，北京市委常委扩大会议召开。会议期间，关于“天安门事件”的平反问题，又一次提出来了。但北京市委对“天安门事件”的表态，是在会议作总结报告的时候，而且方式也有些特别。参加这次会议的新华社北京分社社长周鸿书回忆说：在为会议作总结的会上，贾庭三讲话，每个代表都发了一份铅印的报告稿。讲到后来，贾庭三离开讲稿，从旁边拿出一张小纸条，念了一段关于天安门事件的问题。

贾庭三念的小纸条的内容，大致就是后来《北京日报》发表的会议报道稿中的关于天安门事件的说法：

1976 年清明节，广大群众到天安门广场悼念我们敬爱的周总理，完全是出于对周总理的无限爱戴、无限怀念和深切哀悼的心情，完全是出于对“四人帮”祸国殃民滔天罪行的深切痛恨，它反映了全国人民的心愿，完全是革命的行动，对于为此而受到迫害的同志一律平反，恢复名誉。

这段话，虽然并没有出现“天安门事件”五个字，但三个“完全”的连续运用，实质上是否定了 1976 年 4 月群众在天安门广场的行动是反革命事件。

11 月 15 日，《北京日报》刊登了北京市委常委扩大会议的报道，关于“天安门事件”的那段话，也在这个4 000字左右的报道里面。新华社里敏感的人们，立即发现了其重要的新闻价值。

最先注意到北京市委态度的，是周鸿书。他回忆说：

我听了贾庭三念的小纸条的内容后，觉得这实际上是在为“天安门事件”平反，感到很重大。我就找总社国内部主任杜导正。我把这

《北京日报》是最早报道这条新闻的媒体，但因为没能将这段最重要的新闻信息从长篇会议报道中提取出来

个情况给老杜谈了，说能不能单独发表这一段。老杜看了稿子后，非常支持我的提议。他表示，争取一下试试。

回到分社，我在起草会议的新华社通稿时，有一个考虑。虽然老杜支持单发，但还要经过北京市委同意才行，如果北京市委不同意单发，我担心关于这一段就发不出来了。所以，我在写稿子时，就把这一段放在稿子里，而没有单独写一条。但是，在送审稿时，我要争取北京市委同意单发，因为老杜也表示了这样的意见。14 日晚，我在将稿子送给毛联珏审查时写了这样一段话，大意是：此稿总社有关领导看过。关于“天安门事件”那一段，建议拿出来单发，要否？请您审定。

夜里 11 点钟左右，毛联珏来电话说：老周，你的稿子我看过了。如果就照这样来发，我这里通过了。关于“天安门事件”那一段单发，我定不了，这得请示林乎加同志。他沉了一下又说：恐怕林乎加同志也定不了。

既然这样，我也不好说什么。给总社打电话通知照大稿子发后，我又给老杜打电话，说明了毛联珏的态度。老杜沉吟了一会儿说：那就算了吧。

第二天早晨，我听新闻联播，没有我写的消息；翻阅报纸，也没有。我感到奇怪，总社为什么没有发消息？

单独发布，新闻标题中也没有揭示这一最重要的内容，导致了稿件中最有新闻价值的内容被湮没。

周鸿书的奇怪很正常，因为按照惯例，北京市委开会的消息，新华社应该在当晚就发出电讯稿。这一次新华社没有这样做，是因为对于如何报道为“天安门事件”平反的问题，还没有拿定主意。

杜导正回忆说：

看了周鸿书的稿子后，觉得报道关于“天安门事件”的内容非常重要，但湮没在长长的报道里，不突出。我认为这是应该重点突出的内容。所以，我就和国内部的几位副主任于明、冯健等同志商量，能否就这一段发一个电讯稿。因为事关重大，国内部总编室将稿子送给穆青、李普同志审定。穆青、李普同志表示支持。穆青同志告诉我，他和曾涛同志商量后再做决定。当晚，穆青与在京西宾馆开会的曾涛通了电话，两人取得一致意见。

新华社编辑决定将这条新闻单独发稿，是根据其新闻价值作出的正确决策。

新华社决定用**“中共北京市委宣布‘天安门事件’完全是革命行动”**这个标题。

这条标题揭示了最重要的新闻内容。

第二天，由杜导正主持，国内部开会商量发电讯稿的事情。

周鸿书回忆说：

……大家立刻开始讨论如何落实曾涛意见的问题。讨论来讨论去，觉得有两个方案：一个是按照我原来写的稿子发，但在导语里突出“天安门事件”的平反；一个是单发，但大家都有顾虑，担心通不过审查。

到后来，我说：我讲个馊主意，看行不行。今天的《北京日报》已经登了会议的报道，里面有关于“天安门事件”的那一段。我们是否可以从报纸里把这一段抽出来单发。

大家认为，我这个主意还不错，既单发还不用送审，两全其美……老杜最后拍板说：做两个方案，一个是摘出来单发，一个是放在导语里，但要把老周的稿子调整一下，最后送给穆青来定。

穆青拿到稿子后，就通知国内部做好发稿的准备。标题是曾涛、穆青他们反复斟酌的，老杜也参与了。

穆青回忆说：

标题是再三斟酌的。国内部曾经定过一个长标题，这个标题是确切的，但不醒目。大家几经反复，最后确定了这个标题。这个标题一加上，把这件事情的政治意义完全突出出来了，所以，我们就用这个标题。

…………

资料来源：余庆全．新华社“天安门事件平反”电讯稿发出前后．文汇读书周报，2003-02-21.

《人民日报》在刊登新华社这条电讯时制作的标题是：

中共北京市委宣布
“天安门事件”
完全是革命行动

网络新媒体的标题制作同样要以最新鲜最重要的事实来唤起读者的关注。和报纸编辑制作标题有所不同的是，为了增强标题吸引读者点击阅读的效果，新媒体编辑经常会有意使用疑问句如“今天的赛事有哪些看点”，或者有意将某一部分重要信息用“这”“这些”“他们”等指代（如“这个‘奖’没有人愿意领”），以制造悬念，吸引注意。而编辑有意为之设“谜面”的内容正是读者最感兴趣的最重要的内容，这样揭开“谜底”的稿件正文才有可能被认真阅读。

（二）标题应该告诉读者新闻中最有特点的事实与观点

好的新闻标题不仅告诉读者最重要的新闻信息，而且还能够使读者感觉到这条新闻与其他同类题材的新闻不同。在新闻传播活动中，对同一新闻题材多次进行报道的情况是难免的，如果一遇灾难性新闻，都是“大火无情人有情”“大水无情人有情”“地震无情人有情”……只会让读者望而生厌。其实，正如世界上不会有两枚一模一样的花瓣一样，也不会有完全雷同的人或事。在报道新闻时，要注意表现“这一个”与其他的不同，做标题也同样需要突出个性。

【案例】

比较同一新闻的两条标题

标题一：

人民法院审结两起重大贪污受贿案
阎健宏被处死刑，郭政民被判死缓

该标题虽然概括了主要新闻事实，但没有表现出案件的特点，其主题可以套用到其他同类案件的报道上，缺乏吸引力。

标题二：

两正厅级贪官被判极刑
高级人民法院称将一如既往抓经济犯罪

主题突出了案件的特点——“两正厅级贪官被判极刑”，副题补充介绍高级人民法院的表态，使新闻的导向更加鲜明。

新闻事实的特点往往存在于细节中，制作标题就不能只满足于笼统地概括事实，而忽略那些有特色的细节。要使新闻标题有个性和特色，应该重视表现新闻事实中那些最有特点的部分。

【案例】

比较同一新闻的两条标题

标题一：

我国新闻通信手段的新突破
新华社中文发稿处理系统显示优越性

引题是虚题，主题对事实的概括比较笼统，“新突破”何指，“优越性”何在，都不明确。

标题二：

新华社中文发稿运用微电脑技术
一万多字新闻稿七分钟就发完

引题说明具体的新闻事实——“运用微电脑技术”，主题进一步表现细节——“一万多字新闻稿七分钟就发完”，标题二比标题一具体、生动。

在新媒体时代，制作标题更加重视对新闻事实中细节和特点的提炼，而这些细节和特点也往往是标题能够打动读者的奥秘所在。

【案例】

《人民日报》微信公号的标题制作

房租 300，“90 后”抢着住进养老院，
背后的故事却温暖了两代人……

全国首例！房产中介被判为“黑社会”，
暴力敛财逾千万

求学九年获 30 多万元奖学金！
这个“90 后”不简单……

这些新闻标题的共同特点是，将新闻稿件所讲述的故事中某一两个具体细节挑选了出来，以生动的文字进行描述，从而突出了新闻事实最能够吸引读者的特点，诱发了读者的好奇心和阅读欲。

（三）标题选择的事实和观点要与新闻内容的本质相一致

标题虽然是从新闻中选择事实与观点加以表述的，但由于标题字数和结构的限制，这种表述与文章中的表述往往不一样。标题比正文更加概括和简练，要用最少的文字容纳最多的信息。如果概括不全面，只说了部分事实而漏了其余，就会出现标题与新闻内容不一致的情况。

【案例】

概括事实不全面的标题

蔡炬虹因诬陷罪被判刑 20 年

（新闻事实）

北京市中级人民法院院长纪树翰宣布：原北京市无线电元件六厂技术员蔡炬虹，因犯诬告陷害罪、盗窃罪、泄露国家重要机密罪和投机倒把罪等，被北京市中级人民法院一审判处有期徒刑 20 年。

稍有法律常识的人就会对这一标题大惑不解，诬陷罪怎么会判刑 20 年呢？再看导语才明白，原来标题概括不全面。对蔡的判决是“数罪并罚”，而不是标题所说只因诬陷罪就判刑 20 年。

【案例】

有意误导读者的标题

打工妹买下县机关大院

（新闻事实）

四川省三台县沿用了50年的县委机关大院连同周围40亩土地经营权，被珠海怡海房地产开发公司购买，该公司的董事长曾经在珠海打过工。

“打工妹”只是珠海怡海房地产开发公司董事长过去的一段经历，该标题以此作为标题中的关键词，是有意制造卖点吸引读者，但这种标题与事实不符，实际是对读者的误导。

标题与新闻内容的不一致，还与标题对事实的表述不准确有关。如果标题在概括新闻事实时用词不当，也会对读者形成误导。

【案例】

概括事实不准确的标题

山西29名副厅长竞争上岗

（新闻事实）

山西省向社会公开招考选拔了29名副厅级干部。

用“竞争上岗”概括公开招考选拔干部不恰当，因为报考的干部原来并不在这个岗位上，并非“竞争上岗”。

《工人日报》的这条新闻标题是《山西29名干部“考”上副厅长》，这样概括事实才是准确的。

还有一些新闻着重通过报道新闻事实来传播某种思想和观点，同样应注意对思想和观点的概括和表述要全面、准确。

【案例】

概括观点不正确的标题

欠债还钱并非天经地义

一居民两年不讨债丢了七万元

主题的观点概括有问题。新闻的本意是告诉大家如果不注意诉讼时效，所欠债务就可能收不回来，但这并非说，欠人债务不还是有道理的。

《文摘报》转载这条新闻时，将标题改作《两年不讨债　丢掉七万元（引题）讨债莫忘诉讼时效（主题）》。这样一改，虚实结合，观点正确。

在选择进入标题的内容时，要注意标题与新闻内容相一致，但同时还要注意标题不能与导语重复。因为导语是读者在浏览标题以后紧接着就会阅读的文字，如果这段文字与刚刚看完的标题一样，就会使人感觉到浪费时间和版面，破坏了继续阅读的兴趣。

【案例】

一条重复导语的标题

福建省副省长施性谋出席省工商联执委会并指出

工商联开展非公有制经济成分工作很有意义

各级政府在工作条件上应给予大力支持

本报讯 副省长施性谋日前在省工商联召开的五届四次扩大会议上说，工商联开展非公有制经济成分工作，具有积极和深远的意义。省政府要求各级政府支持工商联工作，帮助协调好与有关部门的关系，在工作条件上给予支持。

…………

这条新闻的标题长达 57 字，与导语的内容包括表述都几乎一样。这就使读者感到浪费时间，影响了阅读效果。而且，这一长标题内容也较空泛，不易激起读者的阅读兴趣。

二、确定标题的立场态度和感情色彩

新闻标题的首要功能是揭示新闻中最主要的事实，而对事实怎样揭示，本身就有立场态度与思想感情寓于其中。如何确定标题的立场态度和感情色彩？可以从下面几方面考虑。

（一）用事实说话——通过对事实的选择表达立场和感情

标题采取什么样的政治倾向与感情色彩，与发布新闻的特定时代背景和客观环境是密不可分的。因此，在制作标题时，就要针对当前的形势考虑标题应该起到怎样的舆论导向作用，使读者有所悟，有所得。常言道，事实胜于雄辩，这个道理对于制作标题也是适用的。如果在新闻事实中能够发现最有说服力的内容，这些内容本身就能表明媒体的立场态度，那么，就要考虑以强调事实的实题来表明观点。

【案例】

一条用事实说话的标题

打工仔工伤断手索赔，引出了一个老板的“价值观”

一只手就想要二十万？

你的命都不值二十万！

用老板自己的话作为主题，要比笼统地概括事实更加尖锐、辛辣。这条标题中没有议论，但揭露与谴责的立场非常鲜明。

所以说，在制作标题的第一步，考虑选择什么内容写入标题、什么内容作为主题时，本身也包含了编辑的立场和态度，而善于用事实说话，是标题表现感情色彩的有效途径。

（二）选择恰当的角度——制题的立足点可以传递情感

标题的角度不同，读者的感受也会不同。从贴近媒体受众的角度制作标题，就是要找准与受众在心理上、情感上最能贴近的那一点，使他们感觉到新闻与自己有关。

【案例】

比较两条角度不同的标题

标题一：

省消费者协会和本报发起

家用电器义务维修服务活动

标题二：

家用电器坏了请到这里来

本报和南京五大家用电器厂开展三天义务服务

标题一是从工作的角度发布信息，对读者不太有吸引力。

标题二从读者角度、生活角度切入，让读者感到媒体为他们服务的热情。

不同的受众对于新闻的关注点是不同的，编辑在制作标题时，要研究受众心理，将新闻事实中与他们最相关的东西在标题中反映出来，这也是角度选择时必须考虑的。

【案例】

比较两条角度不同的标题

标题一：

印度加强控制人口增长

标题二：

2020 年印度人口会超过中国吗?

（新闻事实）

1985 年印度人口为 7.42 亿，年增长率为 2.2%，即一年增加约1 600万人，人口学家预测，照这样的速度增长下去，到 20 世纪末，印度人口将达到 10 亿，到 2020 年将超过中国。印度政府正在采取措施控制人口增长。

标题一是对事实的一般概括，对中国读者吸引力不大。

标题二从印度与中国人口比较的角度切入，提出问题，能够激起中国读者的兴趣。

（三）选择恰当的字词——语言要能够准确地传情达意

我国汉语言文字非常丰富，同样一个行为，用不同的词来形容，读者的理解也会完全不同。标题在表述事实时同样如此，标题的遣词造句也能够表现立场和情绪。因此，编辑在标题的语言运用上要多动脑筋。

【案例】

一条让读者不满的标题

没零钱请下车

—外地乘客打电话给本报诉说在公交车上的遭遇

（新闻事实）

有位外地乘客第一次到北京，在公共汽车上拿出一张面额较大的钱买票，售票员嫌他没零钱，半路上赶他下车，让司机把他“扔”在了桥上。

主标题用了“请”字，与事实不符，令读者看了不平，有人打电话到报社对此提出了批评。

【案例】

读者对两条新闻标题的意见

原文与标题一：

医生收“红包”罚做洗衣工

省新华医院一名医生先后收受患者2 800余元红包，被该院吊销医师执照一年，并被安排到医院洗衣房当一年洗衣工。昨日，省卫生厅组织的“省新华医院纠风集中评议大会”上，各方代表对该院纠风动真格的做法给予了高度评价。

据查，该院这名皮肤科医生，自去年下半年至今年5月，先后13次共收受患者2 840元现金，让病人下班后再来找他看“低价病”。今年6月3日该院纠风评议领导小组接到群众举报后，查实并对其做出上述处理，并给予行政记大过处分，罚款5 000元。

读者点评：

一“改”一“罚”见高下

包世华

一家都市报在头版刊发这样一条消息：省新华医院一名医生先后共收受患者2 800余元红包，被该院吊销医师执照一年，并被安排到医院洗衣房当一年洗衣工，给予行政记大过处分，并罚款5 000元。该消息标题的主题为《医生收“红包”罚做洗衣工》。

后来，《报刊文摘》在转载《医药养生保健报》同样内容的消息时，标题为《医生收红包改做洗衣工》。

转载与标题二：

医生收红包改做洗衣工

据《医药养生保健报》8月19日报道，湖北省新华医院一名医生先后共收受患者2 800余元红包，被该院吊销医师执照一年，给予行政记大过处分，罚款5 000元，被安排到医院洗衣房当一年洗衣工。据查，该院这名皮肤科医生，自去年下半年至今年5月，先后13次共收受患者2 840元现金，让病人下班后再来找他看“低价病”。

“两报”的标题仅一字之差，前者为“罚”，后者为“改”，我认为后者的标题比较准确。因为在我们国家，只有社会分工不同，做任何工作没有高低、贵贱之分，都是不可缺少的。如果医生违纪违规，处罚其去当洗衣工，那就有贬损洗衣工之嫌，人们也许会问：洗衣工是不是都受过处罚？而“改做洗衣工”，只是调整其岗位，就比较妥帖。

该都市报的新闻标题向以简短、通俗、生动形象著称，受到读者的肯定，这是值得发扬的。但就上例而言，采编人员制作标题时，还需在政策的准确把握上下功夫，千万不要顾此失彼。

资料来源：新闻战线，2003（6）.

（四）掌握分寸——表达感情色彩应与媒体的性质和特点相称

新闻报道具有引导舆论的作用，这种引导是建立在及时准确地反映客观现实的基础上的。所以，新闻报道一方面要立场鲜明地反映现实，另一方面又要保持客观公正的态度。它既不能对社会变动、社会问题无动于衷，态度暧昧，也不能对群众的某些不健康的需求或情绪一味迎合。所以，新闻标题在表明立场态度的同时，还要注意“度”的把握，过犹不及。

相对于传统媒介，网络新媒体在标题制作时往往更多地表达立场和情绪，这也是在激烈的媒介竞争中赢得用户关注的一种策略。如聚合新闻平台“一点资讯”曾将一条新闻的原标题《“饿了么”黑店被查封现场》修改为《“饿了么”黑店被查现场　看完瞬间不饿了》。这一修改增加了标题的反讽效果，凸显了事件的冲突性和标题的趣味性。

应该指出的是，强调标题应该表明自己的观点与立场，并不排斥在某些特定的情况下不表态，或保持中立的态度。不表态，不等于不鲜明。含蓄，在必要时是一种表现立场的特殊形式与手段。比如有一些事态微妙的国际新闻事件，由于属别国内部事务，或者是兄弟国家之间的矛盾与冲突，在这时我们不宜公开发表评论，最为妥当的方式就是客观全面地报道事实，而不对事件发表自己的看法。还有一些新闻报道的内容是突发性事件，事态的性质和发展尚不明朗，或者关系到学术争论，双方观点孰是孰非暂不明了，这类新闻标题不宜表露报纸的倾向性，只能对事实本身做客观报道。此外，社会新闻经常报道一些有趣的人或事，旨在向读者传播知识或提供消遣，对这些奇闻逸事的报道，标题也只说明事实，不表示喜恶。

【案例】

不表态的新闻标题	
上海有一个怪病人 酒后三年昏睡未醒 血压、心跳、呼吸正常，每天吃六顿	标题对这样的社会新闻不需表态。
印孟军队边境发生交火 **俄一共和国首府发生爆炸** 3名警察死亡	国际新闻事件涉及国家之间的矛盾与冲突，或别国内部事务，或情况尚不明了，标题不宜表态。

三、确定标题的结构和表现手法

新闻标题应该选择什么样的结构，是由标题的内容与编辑部的报道意图决定的。一般情况下，编辑在制作或修改新闻标题时，主要考虑这几方面。

（一）根据媒体的介质特点、稿件的重要性、篇幅长短和体裁决定标题结构

传统印刷媒体和网络新媒体因为介质差异，版面大小和传播手段不同，在标题结构、字数和表现形式上也有所不同。如报纸的版面较大，可以运用相对复杂的结构和多样化的字体字号制作新闻标题，而主要通过手机阅读的网络新媒体更多地采用单一式结构，并且在文字表达方面更加追求趣味性和个性化，以吸引读者点击。

报纸对标题结构的选择空间较大。通常，重大报道题材、放于头条的新闻、篇幅较长的稿件可以考虑采用长标题、复合式标题，重要的长稿，有时还要运用提要题、分题。反之，不重要的、短小的稿件，更多地考虑用单一式标题、短标题。但这个原则不是绝对的，也有一些稿件，篇幅并不长，但编辑希望读者能一眼就注意到它们，需要在版面上给予突出处理，也会采用长题或复合式标题，以引起读者注意。我们在“版面设计”一章中将进一步展开谈这个问题。

标题结构与新闻体裁也有关系，对此已在前文中说明。

随着媒介竞争的不断加剧，对标题的改革与创新也不断向前推进。总体上说，标题结构上的变化向着更加简洁明快、更加方便读者阅读的方向发展。如《南方周末》在报道广西南丹事故时用的标题就是“南丹矿难”四个字。随着新闻阅读越来越向移动终端上转移，新闻标题的这种特征还会更加突出，如何在有限的屏幕上把最有价值、最吸引人的新闻信息以最简洁、有趣的形式传递给读者，是一个仍然在探索中的业务课题。

【案例】

美国报纸上的“锤题”

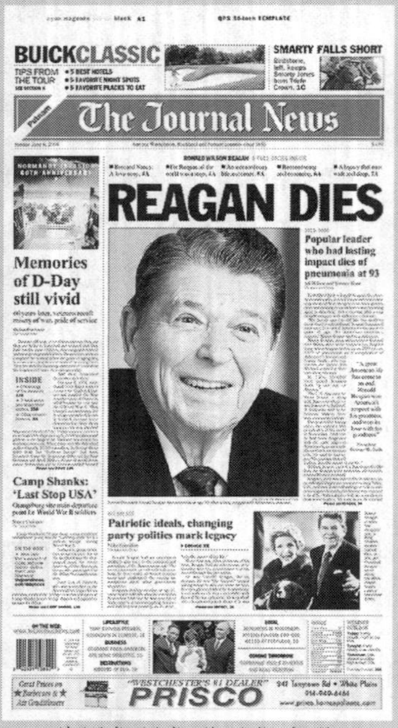
BUICKCLASSIC
SMARTY FALLS SHORT
The Journal News
REAGAN DIES
Popular leader who had lasting impact dies of pneumonia at 93
Memories of D-Day still vivid
Camp Shanks: 'Last Stop USA'
Patriotic ideals, changing party politics mark legacy
PRISCO

美国报纸报道里根去世的锤题

Billings Gazette
Forging ahead
U-System may insure gays soon
Bush takes oath, vows to confront tyranny worldwide
2 Lockwood schools among 125 to fail NCLB
Peaceseekers rally in Billings

美国报纸报道布什就职典礼的锤题

图 6-4　美国报纸上的锤题

锤题（hammer）（见图 6-4）是美国报纸版面上的一种特殊类型的标题，通常由一至三个单词组成、字号特别大、题周围留白较多。如“Desert Storm”（沙漠风暴）、“WAR”（战争）等。在这些特大字号的锤题的下面，有时还有小字号的辅题补充说明相关信息，但锤题的字号一般比辅题大 6 至 12 点，辅题的面积只有锤题的一半。

锤题在视觉效果上如锤子敲下来一样简洁有力，能充分吸引读者的注意力。

（二）根据新闻报道意图决定标题结构

新闻标题不但能揭示新闻事实，而且能够表达媒体对新闻事件的立场和态度，因此新闻标题对受众的引导作用是不能忽略的。有些新闻事件的社会背景比较复杂，新闻发布时客观形势比较微妙，尤其要考虑到新闻标题的社会效果。为了实现正确引导舆论的报道意图，对标题结构的安排往往要采用复合式结构，虚实结合，既说明事实也发表意见。如前面我们谈到的《扬子晚报》关于“南京出现万元宴席”的新闻标题就是一例。这条新闻是一篇 300 字左右的简讯，如果按常规处理，用单行题足矣，但考虑到形势的复杂性，为了防止副作用，有意用了一条引题、主题、副题俱全的三行式复合题。

（三）根据媒体的一贯风格制作标题，以保证媒体形象的相对稳定性

标题是媒体展示个性特色的重要方面，成熟的媒体在标题制作与版面安排上一般都有自己

的特点，如：有的报纸强调采用单一式结构的标题，绝大多数新闻标题只有主题，没有引题与副题；有的报纸重视新闻标题在版面上的视觉效果，主题非常简洁，对重要稿件较多地采用提要题；等等。因此，新闻编辑制作新闻标题，除了要考虑前面谈到的媒体介质特点、新闻重要性、篇幅、体裁和报道意图这些因素之外，还要考虑媒体一贯的传统和特色，这样才能使媒体在整体上保持相对稳定的风格。

（四）根据当日版面编排的需要决定标题结构

标题是版面上的“局部”，应该服从版面整体的需要，所以编辑制作标题与记者或作者写稿时制作标题的考虑有所不同。他一方面像记者或作者一样从稿件本身出发考虑标题的制作，另一方面还要考虑这条标题与其他标题、这篇稿件与其他稿件之间的关系。比如，这篇稿件是否需要与其他有关稿件集纳编排？是否要让它们在版面上形成一个相对完整的组合？如果是，这篇稿件的标题就要与其他一些标题相统一、相呼应，这样才能表明这些稿件之间的相互联系，表现特定的编辑思想。从版面编排角度决定标题的结构，比较常见的是采用统一式标题与对角题。

统一式标题是两条或两条以上的新闻标题结构相一致，标题字数相等或相近，并在版面上以相同的字体字号整齐排列。

【案例】

统一式标题

我们为二十世纪最后一刻送行（大标题）

人大会堂新年乐章

世纪坛前焰火绽放

三国学生推倒骨牌

温岭目击第一曙光

世纪直播十个小时

世纪婴儿今晚诞生

本报明日触摸未来

这一组共7篇新闻稿件报道了人们迎接新世纪的各类活动，它们的主题有共同性，因此编辑将7篇消息的标题都制作成同样的结构，并且字数相等，形成一组统一式标题。另外，再为这组新闻制作一条大标题以集纳这七条消息，使其成为版面上相对独立的一个部分。

对角题是两条新闻的标题结构相同、主题对仗，并在版面上以相同的字体字号呈对角对称排列。对角题除了与统一式标题一样要求标题的结构相同，还有更进一步的要求：主题相对仗，也就是两条主题的名词与名词相对应，动词与动词相对应，而且在版面上两篇稿件通常连排，两条标题一在左上角一在右下角，或者一在右上角一在左下角，对角对称排列。

【案例】

对角题

干部调离，留下你的机子

湖州市城建系统实施公物清退制度一刀切

干部下乡，停下你的杯子

杞县禁酒刹公款吃喝一年减少开支近千万

这两篇报道主题相近，可用对角题编排在一起。两条标题的结构一致，主题对仗，副题字数也一样多。

（五）采用具体形象的表述方式，使标题形象生动

在确定了标题的结构以后，如何用有限的文字使标题生动活泼、吸引读者，使人过目难忘，是我们要考虑的又一个问题。这时，采用具体形象的语言进行表述就非常重要。标题要形象化，就是要化静为动，化虚为实，多些具体细节的表现，少些抽象笼统的概括，激发读者的阅读兴趣。

【案例】

比较同一新闻的两条标题

标题一：

牡丹江市仪器仪表二厂

试制成酒敏反应器

标题二：

司机喝过酒　汽车开不走

酒敏反应器试制成功

标题一虽揭示了主要新闻事实，但标题语言呆板，毫无吸引力。

标题二用“司机喝过酒　汽车开不走”的动态细节做主题，将“酒敏反应器”这一静态事物表现得非常生动具体，标题趣味横生。

【案例】

一组生动形象的标题

北京煤气：上气不接下气

这些标题的共同特点是用生

一块大楼基地晒太阳 7 年

为扯皮造成的损失算笔账

出来带两只手 回去盖一座楼

无为保姆真有为

500 多师生终日泡在毒气、扬尘、噪声里

洋溪小学挺不住啦！

前年冲垮“豆腐渣” 今年又出“豆腐脑”

九江：洪水没到新堤先倒

动形象的语言再现了有关新闻事实的某一代表性场景，化静为动，引人入胜。

新闻标题字数不多，但寥寥数语能否说得贴切，是否传神，关键在于每一个字词的运用和语序的把握。所以标题的文字表述是编辑要再三斟酌的，有时，为了一字的改动，也会绞尽脑汁，可谓用心良苦。

（六）适当运用修辞手法，使标题形象生动

借用修辞手法，有助于新闻标题形象化地表现新闻内容，这也是编辑应予以重视的一种方法。经常用在新闻标题中的修辞法有比喻、比拟、借代、排比、复叠、对偶、对照、衍化、双关、设问、质问、反问、拈连等。通过下面的案例，我们来看看修辞手法在标题中的作用。

【案例】

运用修辞手法的新闻标题

让外国车穿“中国鞋”

东风轮胎厂四年创汇 1 600 多万美元

比拟（拟人）修辞手法

我国科学探测卫星进入为经济建设服务的实用阶段

巡天遥遥看九州 山川历历图中收

观海可知波浪纹理

测地可知地下断层

考古可识历史陈迹

探矿可辨地质构造

排比修辞手法

借问尼庵何处有 学童遥指校园中

编者呼吁：维护校园圣洁地位

衍化修辞手法

“检查生产”7天吃掉3 000 **请问屯白县经委领导：像话吗?**	质问修辞手法
唯我“毒”尊 ——哥伦比亚毒枭头子莱德尔	双关修辞手法
往昔逃荒要饭走四方　如今劳务输出下西洋 **凤阳农民走州过府进异邦**	对照修辞手法
老挝不老　万象更新	拈连、双关、比拟修辞手法

需要强调的是，无论是用形象化的表述方式，还是借用修辞手法制作标题，都要注意形式服从于内容，不能以辞害意。如果为了追求生动、新颖，导致标题与内容不符，是不足取的。在现实中，经常会出现为了吸引读者注意，不惜使标题夸大其词，或者滥用成语和修辞手法的现象。如有些标题将“百依百顺”改成“百衣百顺”，将“有理走遍天下”改为“有礼走遍天下”，将“前途无量”改为“钱途无量”等，这样的标题不但误导读者，而且会损害新闻媒体的形象。同时，我们也要重视在新媒体环境下，新闻标题在语言表达方面的创新和变化。在新闻传播中，适当地吸纳民间共同认可的网络新词，往往能够更有效地提升传播效果。如2011年11月10日《人民日报》头版头条的新闻标题《江苏给力“文化强省”》因采用了网络热词“给力”而备受关注并得到社会舆论的好评。这也说明，标题语言风格的与时俱进使媒体能够更好地贴近读者、贴近生活。只是，在汲取网络新词的时候，编辑需要慎重考虑利弊，把握好分寸。因为新闻媒体是面向社会公众的文化载体，担负着引导语言文字的规范化使用、促进民族文化健康发展的重任，绝不能为了吸引读者的眼球而滥造“新词”、哗众取宠。

【案例】

盲目追求生动的新闻标题

为清市容　重庆骤减饮料摊
商怒民怨　山城碰翻多米诺

（提要题）

生活在“火炉”重庆的居民正为突然消失了6 000多家饮料销售摊点而难喝上饮料发愁。街头行人要喝瓶汽水也得找商店去买，一些饮料生产厂家也因销售渠道堵塞而被迫停产，无照经营摊贩趁机抬高饮料价格……

这条新闻标题用“商怒民怨　山城碰翻多米诺”来形容“骤减饮料摊”的后果，过分渲染了事情的严重性。

巴塞罗那警笛声声
爆炸　恐怖组织阴影迭现
失火　萨马兰奇卧榻生烟

“萨马兰奇卧榻生烟”与实情不符，夸大其词。

中国人打败中国人 效力异邦的韩健、杨阳、陈昌杰掉转炮口，轰塌“长城”	将一项体育比赛拔高到民族问题的层次，用词夸张激烈，社会效果不好。
谢晋的儿子“调戏”李嘉欣	新闻事实是谢晋之子扮演电影女主角（李嘉欣饰）的寻芳客，标题有意“假戏真说”，格调庸俗，尽管“调戏”加上了引号，也易使读者产生误解。

在激烈的新闻竞争中，新闻标题追求“轰动效应”是一种比较普遍的现象。一方面，应该鼓励创新，鼓励标题表现个性和特色；但另一方面，也要防止新闻标题的庸俗化。标题的创新应该注意如下方面：第一，必须以准确地反映新闻事实为基础，在准确的前提下追求表现形式的创新。也就是说先要保证客观准确，其次再求生动活泼。否则，容易沦为“标题党”。第二，“轰动效应”在于言人所未言，出人意料而又一语中的。因而，在大家都追求创新的时候，要特别注意不拾人牙慧，不人云亦云，要有自己的风格，不落俗套。

四、锤炼标题的文字

制作标题的第四步是锤炼标题的文字。新闻标题要用大于正文的字号刊登出来，如果字数太多，在版面处理上就很难突出，甚至会排不下。所以，标题不仅要求具体、准确、生动，而且要求简练。如何才能使标题简练？主要可以从下面几方面着手。

（一）压缩标题的内容

在初步写好一条标题之后，先检查一下标题中是否容纳了一些不重要的内容。一般说来，标题长往往是由于包含的内容太多，什么都想说，结果字数就少不了。这时，就需要分析一下，哪些新闻要素是必须要在标题中交代的，哪些可以不在标题中说，然后对那些相对不重要的内容进行压缩。

【案例】

一条标题的内容压缩 原标题： **中国医大一叙利亚留学生伤害致人死亡** **沈阳市法院判处卡玛尔十五年有期徒刑** 修改后： 伤害致人死亡 **留学生卡玛尔被判刑**	原标题较长的原因就是由于标题中包含的要素太多，相比较而言，“中国医大”“叙利亚”这些地点可以省略，对于是哪个法院宣布的判刑、判多少年刑也可以不在标题中说。

（二）删除标题中多余的字词

标题长，往往与语言文字不够精简有关，如有些标题重复使用同一个词或意义相近的词，或者使用了一些意义不大的字和词等。所以，锤炼标题的文字，就要对这类重复的或可有可无的词与字进行删除。

【案例】

字词重复的新闻标题

标题一：

人口教育进入中学课堂

我省四所中学开设人口教育课

标题二：

工业经济效益趋向好转

产销衔接水平提高　资金周转加快

“人口教育”四字使用了两次，读来乏味，需删改。

主题中“趋向”二字多余，“好转”即有“趋向”的意思。

一般情况下，标题中对形容词的运用大多可以省去，还可以尽量不用或少用语气助词，如“的、之、了、吗、呢”等。总之，标题必须逐字锤炼，做到“一言理尽”“两字穷形”。当然，标题要求简练，不等于“简陋”。简练是以完整、准确、清楚地表述内容为基础的，而“简陋”的标题则不能全面准确地说明问题，会产生歧义或消极影响。

【案例】

一条修改不当的新闻标题

原题：

依靠集体致富

石户大队出现 10 户万元存户

修改后：

石户大队十户存万元

修改后的标题变短了，但不如原题表达得准确，容易产生歧义，如也可以把它理解为 10 户共存款万元。

（三）通过改变叙述方法使标题简洁

有时，标题字数较多，在内容与字句上都不便“动手术”，我们可以考虑改变叙述方法使标题变短。

【案例】

一条标题的锤炼

原题：

维吾尔族养路工挺身救援遭暴风雪袭击受困的子弟兵脱险

修改后：

维吾尔族养路工救出被暴风雪围困的子弟兵

原题既想说维吾尔族养路工挺身救人，又想说明子弟兵已脱险，读起来有点拗口，仅在原题上删字比较困难，要清楚地表达原意，只有改变叙述方式。

（四）适当采用简称

在标题中必须标出的地名、人名、单位和机构名称、国名、事件名等，如果有简称，可以考虑适当采用，以减少标题的字数。如“中华人民共和国政治协商委员会”可以简称“政协”，“朝鲜民主主义人民共和国”可以简称“朝鲜”。但要注意运用简称必须得当，要符合惯例和约定俗成，不能生造。

【思考与练习题】

1. 什么是新闻标题？新闻标题有哪些功能？

2. 新闻标题的种类主要有哪些？在结构上分为哪两种？各应注意什么问题？

3. 试对若干报纸及其网站或微信公号、新闻客户端某一相同题材的新闻标题进行比较分析，指出其优点和不足。

4. 根据下面这篇新华社电讯稿，为晚报编写一篇200字以内的新闻摘要（日报已经刊发全文），并为晚报及其微信公号各制作一条标题。

我国加大吸引高层次留学人才回国工作力度

新华社北京7月28日电（《人民日报》记者陈鹏　新华社记者沈路涛）　我国在吸引高层次留学人才回国工作的政策上有新的规定，在高层次留学人才回国任职条件、工资津贴水平、科研经费资助以及住房、保险、探亲、家属就业、子女入学等方面，较过去都有较大突破。这是人事部部长宋德福在今天举行的全国留学人员回国工作会议上透露的。

据介绍，最近，经党中央、国务院批准，人事部印发了《关于鼓励海外高层次留学人才回国工作的意见》。意见规定，国家鼓励银行、保险、证券业和国有大型企业以能创造经济效益和单位有承受能力的原则，自主引进海外高层次留学人才。高等院校、科研院所引进高层次留学人才，由国务院主管部门制定办法，所需资金按现行资金渠道解决。回国后主持的科研项目，确属国际先进水平或国内急需的，申报立项后可由国家提供科研配套经费。

海外高层次人才的遴选，将根据岗位急需，通过公平竞争，择优聘用；也可通过其他形式，经适当渠道考察确定。用人单位根据工作需要和人选条件，按干部管理权限，可聘任或委任其担任银行、保险、证券等单位领导职务，以及国有企业、高等院校、科研院所技术领导职务或高级行政管理职务，可以担任司局级职务。

回国工作的海外高层次留学人才，可保留国外长期或永久居留权（如绿卡）。根据工作需要，符合任职条件者经一定时间任职并放弃长期或永久居留权，可担任单位法定代表人。留学回国人员报酬应与其本人能力水平、对国家的贡献和所创造的社会经济效益挂钩，并建立竞争激励机制，根据职务、岗位变化和贡献大小进行调整。专利、专有技术、管理等要素可以参与分配。家庭生活基础在国外的，其合法收入纳税后，可兑换成外汇汇出境外。

在聘用或任职期间，回国工作的海外高层次留学人才将享受与用人单位其他人员相同的医疗、保险待遇。家庭生活基础在国外的可享受出国探亲假。随同海外高层次留学人才回国的家属（含外国籍配偶）在国内就业，用人单位有接收条件的，应为其安排工作。确有困难的，当地人事部门应积极帮助推荐就业。子女在国内上初中、小学的，由工作单位所在地的教育行政部门就近安排到条件较好的学校或“双语学校”“双语班级”，报考高中、大学的，可酌情给予适当照顾。

宋德福表示，按照党中央、国务院的要求，将通过改革奖励、津贴办法，逐步提高先期回国或国内成长的高层次人才的待遇，对于其中确有显著贡献的，可以同样享有相关优惠政策，以真正调动各方面的积极性。

5. 分析下列这条新闻的标题妥当与否，如果不妥，请另作一题。

唐山农民“抢雪”记

新华社石家庄2月27日电（通讯员×××）　春节刚过，一场大雪飘落冀东平原。大雪才停，农民纷纷出动“抢雪”，车拉人担，把雪运到农田里，培在果树下。

唐山农村这几年缺水严重，影响了庄稼收成。缺水成了农民的一块心病。马年伊始就下雪，庄户人喜上眉梢。雪后几天里，地处平原地带的玉田、丰南、滦县、遵化等县，上万农民冒着严寒，把数万立方米积雪运到了农田里。往田里运雪的农民都说：“白雪堆到大田里，等于浇了一遍水，省工、省时又省电，春耕春种不用愁!”

6. 请给下列两条新闻作对角题。

本报讯　中国船舶工业总公司703研究所研制的彩色不锈钢，最近投入批量生产，并通过了国家经委委托中国新技术开发公司主持的鉴定。

彩色不锈钢是一种通过化学浸渍，使原色不锈钢表面呈现蓝、黄、红、绿等数十种颜色的新型材料，目前，世界上只有日本等少数发达国家能批量生产。用它生产的板材、型材、异型材颜色均匀，绚丽夺目，并永不变色，其耐腐蚀、耐高温、抗风化、耐摩擦等物理、化学和机械性能比原色钢更优。

参加鉴定的专家认为，这种新型材料在建材、化工、汽车工业、电子工业、轻工业，以及工艺美术装饰等行业，都有广阔的应用前景。

本报讯　江西吉水县乌江乡最近发现一种具有“甜、酸、苦、辣、涩”五味的矿泉水。

据化验，这种五味矿泉水中二氧化碳和放射性元素等含量，都符合国家矿泉水命名的标准。

江西省地矿局水文大队等正帮助吉水县勘探设计，拟开采利用这种奇特的矿泉水。

7. ［综合练习之五］：根据第三章［综合练习之二］中的新闻报道策划方案，为上一章［综合练习之四］中已经改编好的新闻稿件制作标题。

第七章

新闻照片与信息图表

虽然“读图时代”的提法是否准确、科学存在争议，但是，新闻照片和信息图表在传媒上的使用量越来越大，地位越来越高，这已是不争的事实。它们已不再仅仅是装点版面，而更多地承担着传递信息、表达观点的功能。随着受众消费“新闻信息”时间的日渐缩短，在传播中“先声夺人”已经成为媒体出于商业报偿和传播效果双重考虑的明智选择，新闻照片和信息图表——具有高度视觉冲击力的传播样式，不仅吸引着受众的注意力，同时也吸引了传媒生产者、经营者的视线。因此，研究新闻照片和信息图表的应用是一个引人关注的课题。

第一节　新闻照片与信息图表的兴起及发展

【知识要点】

- 新闻照片与信息图表的兴起是信息社会的发展、受众阅读行为的变化、媒介传播技术的进步等多种驱动力共同作用的结果。
- 新闻照片的作用主要有：吸引注意，方便理解和记忆；佐证新闻事实的真实性；再现新闻场景，纪实历史；营造版面的视觉中心。
- 信息图表的传播优势主要有：传播信息的效率更高；再现难以摄取形象的新闻事物；传播信息时简洁直观，更具易读性；可以突破时空限制。

一、新闻照片与信息图表的兴起

1. 信息社会的发展

我们目前所处的信息社会是一个大量生产、传播、消费信息的社会。信息已经成为影响社会进步、经济发展、科技创新的关键因素。我们在享受由信息提供的便捷、乐趣的同时，也在承受着由选择、证实信息带来的疲惫和无奈。信息学家乌尔曼对此曾经有过一段话概括：过去30年，人们所制造出的信息，已经比过去5 000年来的信息还要多，人们每天不得不阅读大量的资料，简直就要在资料洪流中窒息而亡。这似乎印证了我们正在体验的信息的负面效应：各种信息扑面而来，需要的、不需要的，高雅的、低俗的，有价值的、无价值的……

在传播形态、传播渠道发生变革的情况下，一条信息再重要、一条新闻再可读，都可能被淹没在信息的汪洋大海中。因此，对信息进行梳理、印证、重新组构，然后以轻松、方便受众解读的方式进行传播，已经成为解决“信息焦虑”的有效途径。在这种情况下，以“易读性”为突出特征的新闻照片和信息图表成为众多媒体的选择，它们以形象直观、清晰明了的视觉传达方式，有效地消除了阅读疲劳，并带来了阅读时的愉悦和舒适。可以说，把新闻信息以照片、图表的方式展示出来，将成为新闻传播、信息交流的重要方式。

2. 受众阅读行为的变化

阅读是获得信息的主要方式。对受众而言，一方面需要大量的信息，另一方面阅读时间却在缩短，人们对阅读效率提出了更高要求。文字是一种严密、抽象、规范的语言符号，传播信息精准但阅读速度慢，并且对阅读者有一定的文化知识的要求；相比而言，图像传播则显得形象直观、简单便捷、一目了然、方便理解，几乎没有阅读门槛。在传播渠道多元化的信息社会，受众的阅读需求、阅读行为正在发生变化，“读图”不仅省时而且省力。这就使得受众的阅读行为从文字阅读的方式转变为“图形阅读＋文字阅读”的方式，这种方式不仅可以节约阅读时间，而且能够有效降低阅读的心智成本，减少枯燥，增加趣味。

依据传播学的“使用与满足”理论，受众接触传播媒介和传播内容也是为了满足某种需要。为了满足这一需求，受众会倾向性地选择自己偏爱的媒体和传播方式。受众在视觉需求上的变化反过来推动了新闻产品的生产理念由重视必读性、可读性向追求易读性、悦读性转变。而新闻照片和信息图表恰恰符合受众阅读行为的变化和新闻生产理念的变革。可以说，它们正是为了满足受众不断变化的阅读需求而发展起来的视觉传播方式。

3. 媒介传播技术的进步

从历史与现实来看，科学技术不仅影响着生产方式的走向，同时也影响着人类的思维方式、行为方式乃至社会变迁。麦克卢汉的技术决定论观点认为，媒介技术的革新造成了媒介形态的变化以及社会的变化，在媒介的发展进程中，技术起到了决定性的作用。尽管这一观点受到诸多学者的质疑，但是，我们不难发现，在新闻传播史上，每一次新技术的变革，都把新闻传播事业推进一个新的发展阶段。而新闻照片和信息图表在传播过程中所体现出来的精美和震撼无不是科技发展的结果。

在近代报纸出现的初期，摄影、照相制版和图片印刷技术或没有发明，或处在很落后的阶段，报纸便不可能采用照片传递信息。1839 年法国人路易斯·达尔盖的摄影术得到了确认和公布，时隔三年之后，欧洲国家出现了最早刊登新闻照片的画报。报纸运用照片则要晚一些，在照相铜版印刷术发明之后，19 世纪末期的英、法、美、德等国的报纸上才有少量的新闻照片发表。20 世纪初，传真技术发展到可以传递照片的水平以后，新闻照片在报纸上的使用才真正推广开来。信息图表的发展是计算机、制图软件、互联网等多种因素共同作用的结果。受限于技术水平，早期的信息图表主要生成于 Excel 和 Powerpoint，这些图表形式简单，缺乏趣味。随着制图软件的升级换代，信息图表的设计与制作得以突飞猛进，从文字传播的附属品变成独立的信息传播方式，动态图表、立体仿真图乃至互动式信息图表开始出现，并展现出强大的视觉冲击力和感染力。

二、新闻照片的发展概况与作用

新闻照片是以图像的形式直接作用于视觉感官的，不仅是认识对象，也是审美对象，又因其配有简明的文字说明，可以引发想象，因此，新闻照片作为一种传播手段，有着特殊的价值。

20 世纪中后期电视的出现，有力地推动了报纸对照片的运用，因为照片提供给读者的固定形象对于那些习惯了电视图像的人们来说具有强烈的吸引力，于是照片在报纸版面上多起来、大起来成为一种普遍的现象。1982 年美国诞生了一家全国性报纸《今日美国》，该报在版面上大量采用大幅的彩色照片，而且每天出版整版的彩色天气预报示意图，以一种“快餐式”报纸的活泼新颖的形象在西方报坛独树一帜。《今日美国》的成功掀起了西方报纸的改版热潮，照片在报纸上的地位进一步提高。受其影响，《纽约时报》也一改版面严肃的风格，开始在头版重要位置刊登反映国内外大事的新闻照片。随后，欧美国家的各类报纸，纷纷以这种设计模式为样本，在理念上和实践上都加强了对新闻照片这种视觉传播样式的重视。

1990 年 8 月举行的我国首届总编辑新闻摄影研讨会，提出“图文并茂，两翼齐飞”的方针，是图片在我国报纸传播中地位提升的标志。现在重视图片已成为报人的共识。人民日报社原总编辑范敬宜就多次在《总编辑手记》中谈到图片编辑的重要性，提出“要改变仅仅把照片当作点缀版面、美化版面的旧观念，而要把照片放在与文字并重的地位（当然不是指数量）。采编人员要有图片意识（即在发稿时要想到尽可能配照片）；摄影记者要有版面意识（即拍摄时要尽可能想到如何适应版面的需要和印刷的效果）；版面编辑要有主体意识（即把照片与文字并重）”①。

20 世纪 90 年代中期是我国新闻界使用数码技术的开端。这不仅仅是个技术问题，而且是推动新闻摄影产生重大变革的关键一步。此后，伴随着数字化图像处理技术、网络传输技术的发展，新闻摄影的时效性得到了大大提升，新闻照片具备了与电视等媒介相竞争的条件。近些年，随着手机、平板电脑等摄影摄像功能的拓展，以及社会化媒介的广泛使用，新闻照片的制作和传播更为便捷和广泛。报纸和网络新媒体对照片的运用达到前所未有的境界。2008 年北京奥运会、新中国成立 60 周年盛大庆典、2010 年上海世博会、2012 年伦敦奥运会等报道，几乎都采用了大量的新闻照片，版面上、网页上流光溢彩，气势夺人（见图 7-1 和图 7-2）。

南方日报

天宫升空
期待神八

胡锦涛等九常委
北京酒泉两地观看

本报记者现场直击
火箭飞越人群欢呼

北京天文馆职员
肉眼观测天宫过境

把新技术引入广东
你们赚钱我们发展

图 7-1　《南方日报》报道“天宫发射”

东方早报

开园首日20万人都很high

客流低于预计 浦西亮点多游客少 园内避暑措施逐步启动

开园首日客流低于预计可能是部分持票人避峰所致
排队少 不拥挤 还能看到更多演出
后滩公园入口是团队游客昨日进场最集中的地方

集世界智慧 展文明精华

图 7-2　《东方早报》报道世博会开幕

① 范敬宜．总编辑手记．北京：人民日报出版社，1997：391.

新闻照片地位的提高不仅表现在被采用的数量与规模上，还表现在报纸版面上的受重视程度上。有相当一批学者和业内人士认为，我国报纸进入了“读图时代”，可见新闻照片的价值已经得到人们的普遍关注。概括而言，其作用主要表现在以下方面：

第一，吸引注意，方便理解和记忆。

新闻照片对于吸引读者视线具有显著的作用。报纸头版的报道如果没有配照片，读者阅读的可能性只有12%；如果配上一张一栏宽的新闻人物的照片，其阅读率会增加到42%；如果将照片的尺寸放大，阅读率还会增加。[①]《今日美国》每日头版的“封面故事”的做法就是范例（见图7-3）。美国锡拉丘兹大学的一项研究显示，当对一篇没有配照片的新闻报道提出问题时，只有13%的受试者能够做出准确的回答；但同一报道配发了照片后，75%的受试者对报道内容和新闻意义的理解有所提高。[②]另外，静止的新闻照片能够使时间的一瞬间独立存在，这与人们的记忆方式相吻合。在大多数情况下，回忆一件事或一个人，是通过唤起一个单一的形象来完成的。当你回想一个新闻事件时，首先想到的很可能是记忆中一幅新闻照片反映的一个场景，而不是一连串的影视镜头所反映的整个事件过程。[③]

第二，佐证新闻事实的真实性。

非独立使用的新闻照片与非新闻照片具有证实文字报道的作用，这类照片对新闻资源的充分发掘，对提高新闻报道的可信度具有重要意义。对于读者来说，文字报道固然能够描绘新闻人物或事件的发展变化，能够阐述其意义，但“耳闻是虚，眼见为实”，如果在阅读文字报道的同时还能够通过照片的形象性画面看到当时的真实场景，对报道内容的真实性就更无怀疑了。

第三，再现新闻场景，纪实历史。

作为独立报道体裁的新闻照片具有再现新闻现场、记载真实瞬间的作用，这类照片成为报纸上不可或缺的重要组成部分。俗话说，“一图胜千言”，新闻照片能够以文字新闻报道所没有的非语言符号，形象地再现新闻发生现场的每一处细节，使读者得以最直观、最全面、最真实地看到事物的全貌。今天的新闻是明天的历史，而新闻照片无疑是一种最生动、最真实的历史纪实。如《俄勒冈人》报的封面报道《9秒，特洛伊时代完结》（见图7-4），无须文字说明，随着阅读视线的移动，读者通过5张照片，直观地了解到这座152米的美国历史上最大的冷却塔爆破拆除的过程。

第四，营造版面的视觉中心。

新闻照片的形象性和直观性能够产生强烈的视觉冲击效果，产生巨大的吸引力与震撼力，这是文字报道所难以达到的。因此，现代报纸版面设计中，新闻照片已经被当作吸引读者的第一位元素得到编辑的充分重视。很多报纸的新闻版编排，首先考虑的是选择具有视觉冲击力的“主打照片”，以较大的篇幅加以突出，因为一张优秀的照片足以让版面生辉，从而强烈地吸引读者阅读。

三、信息图表的发展概况与传播优势

现代意义上的信息图表可以追溯到1861年巴黎土木工程师查尔斯·约瑟夫·米纳德绘制的

---

① Kobre K. Photo journalism. Focal Press，1996.

② Kobre K. Photo journalism. Focal Press，1996：195.

③ Evans H. Pictures on a page. William Heinemann Ltd.，1978：5.

《拿破仑东征路线图》（见图 7－5）。这幅图今天从信息设计的角度看，依然有较高的信息量和设计价值。该图记述并分析了 1812 年拿破仑远征俄国的历史事件。图中元素包含了人数、温度、方向、河流。设计者以线条的宽度代表军队人数的变化（1 毫米＝1 万人）。浅褐色（本书中为浅灰色）线条代表进军路线，黑色线条代表撤退路线。线条的走向按照真实的经纬度变化来确定，并在周围标注了途经地的名称。由竖线引出到达各地时的具体温度。这幅图所展示的信息比较繁杂，但却体现出清晰的逻辑关系，从图中可以看出气候是拿破仑东征失败的重要原因之一。

USA TODAY
Game of century? Already?
TV picks up where it left off
Fan's guide to kickoff
Newsline
Killer cancer genes ID'd
'Achilles' heel' of tumors discovered
9/11 put anonymous faces on the front page of history
Bit players from awful day remember in different ways
Drug use rises in 50s, dips among teens
Boomers, young adults push up overall rates

图 7－3 《今日美国》“9·11”五周年封面故事

Since the 2000 season, the Blazers have slipped from prominence in the NBA
Barbaro undergoes lengthy surgery
The Oregonian
In nine seconds, Trojan's era ends
Feelings flash as onlookers watch a textbook implosion of the nuclear plant's cooling tower
Mexican president will spin through Washington state
Lawsuit could redefine value of Fido to family

图 7－4 《俄勒冈人》报封面

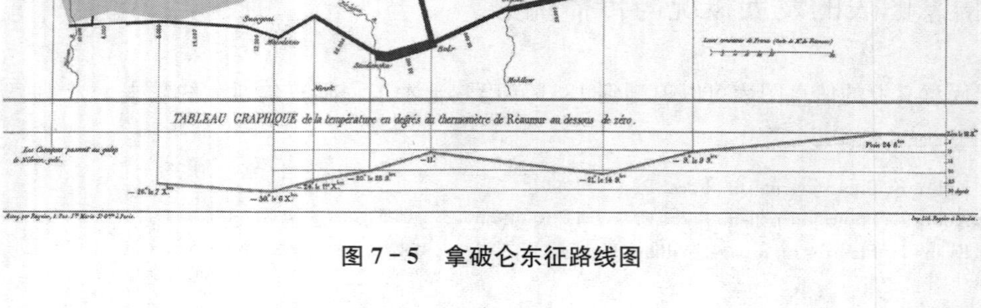

图 7－5 拿破仑东征路线图

1982 年《今日美国》的创办推进了视觉设计的快速发展，也成为信息图表的开路先锋。彩色的统计图表、示意图和新闻地图在《今日美国》的版面上占有重要地位，每天在四个版组首页的左下角都有一幅固定的小图表（snapshots）。由《今日美国》开创的信息图表式的彩色天气预报版至今仍为各国报纸所仿效（见图 7 - 6）。此后，越来越多的美国报纸开始重视信息图表。随着报业和制图技术的发展，信息图表作为报道新闻的手段得到了长足发展。

WEATHER
MARCH 7 - 9, 2014
USA TODAY WEEKEND
Mad scramble to save Ukraine
AGING BULL
We're $9,800,000,000,000 richer
USA TODAY MONEY
AGE MAY NOT TRIP UP BULL
Cerberus to acquire Safeway in $9B deal
Quit being so paranoid
USA TODAY SPORTS
MANAGING THEIR ANGER
Don't believe talk: Points still matter
USA TODAY LIFE
Ralph Fiennes is having a 'Grand' run
Small town tackles life's big mysteries

图 7 - 6　《今日美国》天气预报版和各版组首页

我国经常性地在显著位置刊登图表的做法，在媒体上大致始于 1993 年的《光明日报》。该报的新闻图表编辑赵和平曾撰文说：1993 年 7 月，《光明日报》国际部开设的新闻图表“数字与事实”栏目，受到读者欢迎，很多读者还剪贴收集，就是很好的证明。① 此后，《中华工商时报》每天在头版刊出“时报图表”专栏，《中国青年报》的“社会周刊”也刊出了“与我们有关的数据”，《北京日报》也开辟了“图解新闻”专版，这些做法普遍获得好评。②

1999 年 3 月，新华社摄影部将图表作为一种新颖的新闻报道形式，成立图表新闻编辑室，以表格、柱形图、饼形图的方式，辅以计算机绘图手段，解读新闻事件。2000 年，新华社图表新闻专线正式向用户播发图表新闻产品，日发稿量 2 至 3 幅，这时的图表新闻品种主要以平面图表为主。2006 年，新华社图表新闻专线对外播发繁体字图表新闻产品。2007 年，新华社第一张英文图表新闻产品诞生。之后，新华社图表新闻编辑室在国内外重大事件的报道中发挥了不可替代的作用。

2002 年新闻仿真图开始在《南方周末》等媒体中大量运用。仿真是 20 世纪 60 年代美国军

---

① 赵和平．我和《数字与事实图表》．新闻战线，1997（2）．

② 唐润华．新闻图表：日受青睐的新闻形式．中国记者，1994（9）．

方掌握的一种实用技术，冷战结束后，开始大量运用在影视、建筑、动漫等方面。随着3DSMAX、MAYA等三维制图软件的推广，新闻仿真图大量使用于媒体。在2003年3月份伊拉克战争的报道中，许多报纸都配有新闻仿真图，其中《北京青年报》在同一版面上连续刊登了25幅之多①。不仅限于重大事件，《法制晚报》的新闻仿真图几乎天天见报，该报还对经常使用新闻仿真图的情况进行了划分②，新闻仿真图的使用走向了日常化。

随着传媒数字化的发展，以及制图技术和受众阅读行为的变化，信息图表已经成为新闻信息传播的常规性武器。凡遇国内外大事，例如2008年第29届北京奥运会、2009年国庆60周年大庆、2010年上海世界博览会等，各家媒体都会在信息图表制作的精度、广度和美观上期望一鸣惊人。

2010年7月，《辽沈晚报》在新一轮的改版中，设立了“表述新闻”专版。2012年4月，《华西都市报》提出“图示”常态化的目标，追求视觉的愉悦，实现从快速浅浏览到选择深阅读的突破，在头版和内版大大增加了信息图表的使用率。如图7-7所示，这是改版第一天在头版刊登的关于“修车骗局”的图表报道。2012年9月，《新京报》开辟了“新图纸”专版。《烟台晚报》为了配合山东半岛蓝色经济区的发展，唤起读者对海洋的关注，丰富海洋知识，从2012年12月开始推出烟台海洋生物资源系列图解报道——《海国图志》（见图7-8）。

華西都市報
《桃姐》
包揽五项大奖
本报今日全新改版
观天下，
朝鲜大阅兵
第一眼，
修车骗局
成渝高速路口
上个厕所出来车坏了？
皮革废料造药用胶囊外衣
财富潮，
出国买香水
运动会，
舒马赫退赛
星娱乐，
赵本山否认移民
公告

图7-7　2012年4月16日《华西都市报》头版

① 杨超，周菲菲．新闻仿真图在报纸中的功能．新闻战线，2004（1）．

② 耿瑞林．法制晚报如何制作新闻仿真图．中国记者，2005（1）．

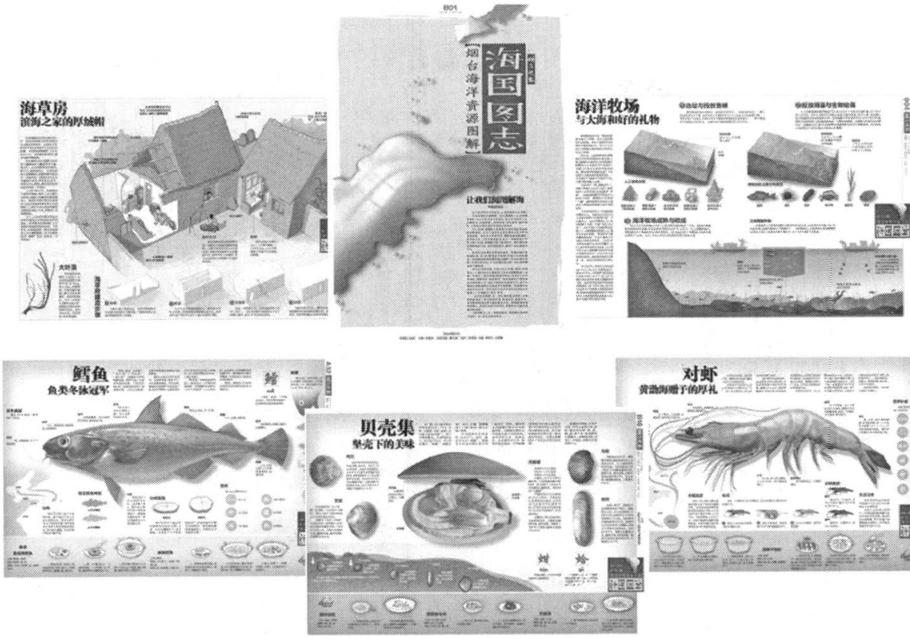

图 7-8　海国图志

资料来源：2012 年 12 月至 2013 年 12 月《烟台晚报》。

在 2013 年的全国“两会”报道中，信息图表作为独特的报道样式得到前所未有的体现。《人民日报》3 月 3 日头版头条就开始用图表，还出现了整版用图表的版面（见图 7-9）。

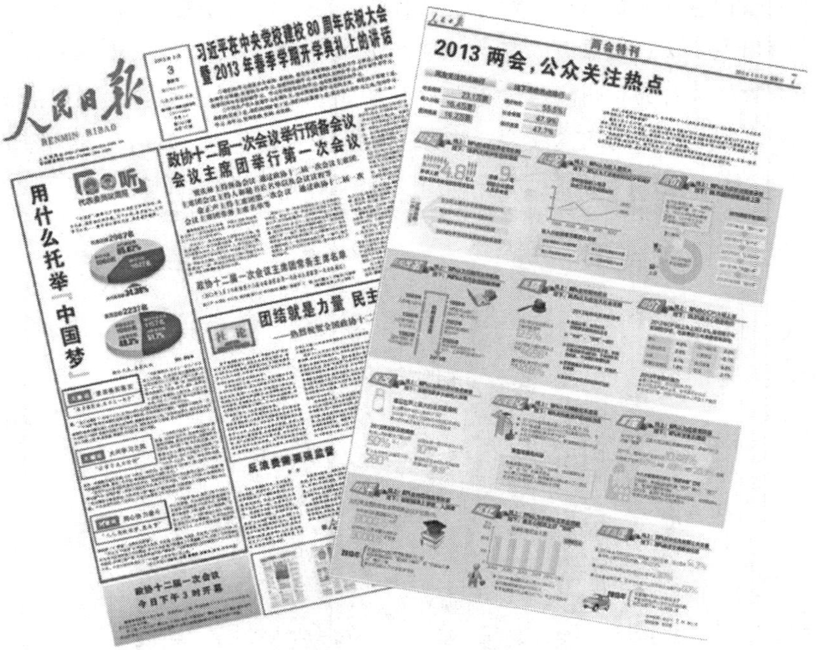

图 7-9　图表在报纸中的体现

资料来源：2013 年 3 月 3 日《人民日报》。

以图像传播见长的电视媒体，近些年也增加了对信息图表的使用。2013 年 6 月 7 日，央视在《新闻联播》栏目中，以 Flash 动态图表加人物访谈的组合手法，以“数说”的方式报道关于高考新闻（见图 7-10）。

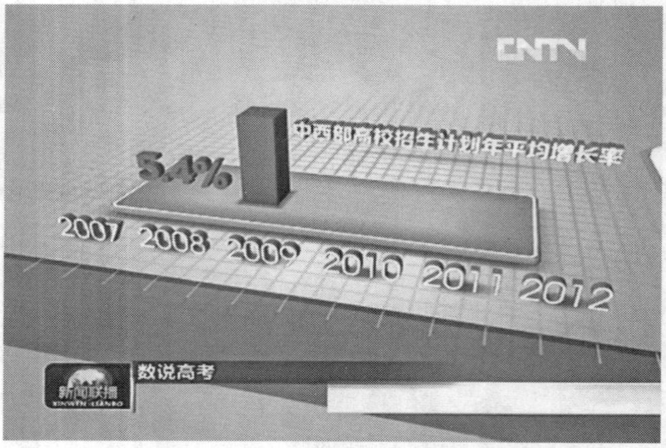

图 7-10 数说高考

资料来源：2013 年 6 月 7 日《新闻联播》。

当前媒体上常见的图形信息传播方式主要包括新闻照片、资料照片、插图、漫画、标识以及信息图表，直观、形象是它们的共同特点。那么，信息图表又表现出哪些独特的传播优势呢？

第一，传播信息的效率更高。

新闻照片对报道对象的反映比较逼真，但是，它在传播信息的选择性上很受限制，难免会摄入不需要的冗余信息、干扰信息。相比较，信息图表则可以删繁就简，过滤掉不必要的次要信息或细节，突出主要信息或重要信息。例如 2011 年 7 月 1 日，新华社图表新闻编辑室在报道“青岛胶州湾大桥和青岛胶州湾隧道”时，所制作的信息图表就发挥出高度的概括性，把重要信息提炼出来，简化了事物的复杂性，并为读者提供了更多的有效信息（见图 7-11）。

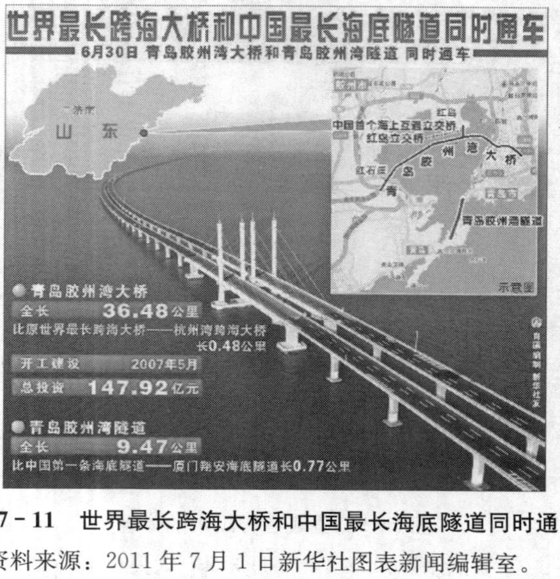

图 7-11 世界最长跨海大桥和中国最长海底隧道同时通车

资料来源：2011 年 7 月 1 日新华社图表新闻编辑室。

第二，再现难以摄取形象的新闻事物。

一些事件或者现象用文字往往难以描述，这时候就需要借助图像来展现，但是，事情的发生突如其来或者稍纵即逝，还有的事物的图像信息采集非一般摄影、摄像技术所能实现。那么，在这种状况下，采用信息图表，以示意图的方式再现新闻场景，把看不到的过程或结构简明扼要地勾勒出来或动态地演示出来，能够给予受众更完整、更直观、更清晰的认识（见图 7－12）。

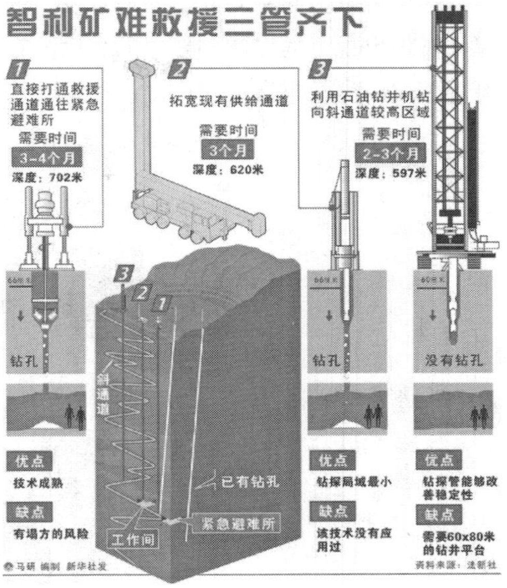

图 7－12　智利矿难救援三管齐下

资料来源：2010 年 9 月 8 日新华社图表新闻编辑室。

第三，传播信息时简洁直观，更具易读性。

随着获取信息渠道的多样化，受众希望能够在最短的时间内获得尽量多的信息。信息图表作为视觉化的传播方式，以其呈现的简洁、生动、直观等优势，大大降低了受众解读信息时的费力程度。比如“神舟七号”的看点是“太空行走”，当时《北京青年报》刊发了《首次出舱　航天员神游太空》的立体仿真图，把复杂烦琐的过程划分为穿衣、泄压、出舱、返回四步，方便了受众阅读，提高了信息传播的易读性和悦读性（见图 7－13）。

图 7－13　首次出舱　航天员神游太空

资料来源：2008 年 9 月 27 日《北京青年报》。

第四，可以突破时空限制。

信息图表能将时过境迁的事件或现象结合在一起，从中提炼出新的含义。犹如组合式报道，制图者可以把同一时间不同地点发生的同类事件，或者同一主题不同门类的情况，组合在一起，体现出视野的广阔和思想的高度。在系列图表报道中，通过梳理同类信息，可以增强历史厚重感和内容的丰富性（见图 7－14）。

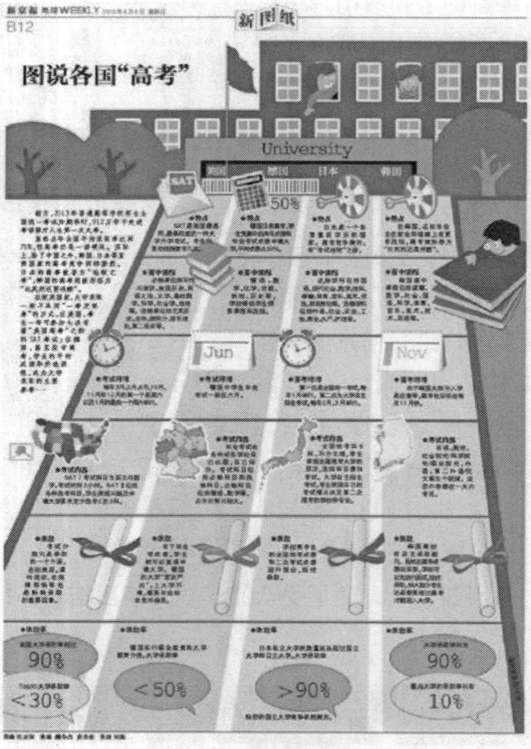

图 7－14　图说各国“高考”

资料来源：2013 年 6 月 9 日《新京报》。

第二节　新闻照片的选择与编辑

【知识要点】

- 新闻照片选择的标准是：照片反映的内容是真实的、自然的；新闻照片报道的题材具有新闻价值；照片的画面形象具有视觉冲击力和感染力；照片画面上的景物层次丰富、对比清晰、制作精良，有利于制版印刷；照片反映的内容具有正面的社会效果；照片的内容和形式符合报纸的特点；如果是选择系列照片编辑专题新闻报道或图片专栏、专版，还要综合考虑照片之间的相互配合，使其组合后的整体效果大于每幅照片机械相加的总和。
- 新闻照片在报纸上最常见的采用方式有：独立编发的新闻照片；配合文字稿件的照片；专题新闻摄影的系列照片；照片专栏；照片专版。
- 新闻照片的编辑方法主要有：照片剪裁；编写照片的文字说明；制作照片的标题。

一、新闻照片选择的标准

报纸编辑每天对大量来稿的选择就包括了对照片的选择。新闻照片的稿件来源主要是本报记者拍摄的照片、通讯社提供的照片和社外作者的来稿，有时报社编辑也会在互联网或者其他新闻媒介上选择一些照片转载。为了不断扩大照片来源，越来越多的报社要求文字记者在采写新闻稿件的同时拍摄照片。还有不少报社经常举办新闻摄影征文活动，以吸引广大摄影爱好者为报社提供优秀作品。

报纸编辑选择照片，一方面要考虑照片的内容具有新闻价值、良好的社会效果和合乎报纸采用，这与对文字稿件的选择是相同的，另一方面还要考虑照片作为一种形象化的作品，在技术上要达到一定的要求，适宜报纸的制版印刷。因此，图片编辑应该懂得摄影规律，能够把握摄影技巧，要善于发现那些能够成为新闻事件典型代表的新闻照片。概括来说，照片的选择标准大致有以下几条：

(1) 照片反映的内容是真实的、自然的，而不是拍摄者摆布或假造出来的。新闻照片尤其强调画面内容的真实性，这种真实包括画面中的形象是真实的，人物的表情和新闻细节是真实的，现场气氛是真实的。编辑对于照片的分析与对文字稿件的分析一样，一旦发现不合情理之处或者产生某些疑问，就要对当事人或知情人进行调查核实，杜绝假新闻见报。配合文字报道的照片还要注意图片反映的内容与文字报道相一致，不可出现张冠李戴或风马牛不相及的情况。

尤其需要注意的是，在数码相机和 Photoshop 等图片编辑软件日益普及之后，利用高科技手段编造假新闻图片越来越容易操作，将不同照片进行剪辑后拼凑到一处，或者对照片上的某些内容进行删改或添加等，都会使照片与现实情况不符。图片编辑在选择新闻照片时，必须非常仔细地审查，进行分析和辨识，必要时向当事人与目击者进行调查。

【案例】

对电脑合成的虚假照片要保持警惕

图 7－15　电脑合成的虚假照片

图 7－15 是一张在“摄影术发明 150 周年”展览中展示的照片，画面上表现的是阿拉法特、沙米尔和里根三个国家的领导人十分融洽地在一起的特写镜头。众所周知这三国之间矛盾很深，三位领导人不可能同时处在一个和谐的氛围中。这张照片是《生活》杂志的编辑用电脑把三张不同的照片（见图 7－15 下部的照片）巧妙合成的。他用这张照片向人们昭示：现代技术可以把任何不同的照片合成在一起。这张照片也在提醒新闻工作者在图片报道中应该约束自己的行为，遵循新闻的真实性原则，同时告诫新闻编辑要注意防止虚假的新闻照片。

（2）新闻照片报道的题材具有新闻价值。编辑要分析照片所反映的新闻事实是否是新近发生的、重要的、显著的、具有趣味性的、与读者地理或心理上相接近的，这些新闻价值要素具备得越多，新闻照片就越有采用的价值。

（3）照片的画面形象具有视觉冲击力和感染力。新闻照片不同于文字报道的最大特点是以形象性的符号生动再现新闻场景，因此，编辑在选择照片时要考虑其画面是否抓住了报道对象最典型、最精彩的那一瞬间，这一瞬间应该能够展示人物最有特点的面貌与性格，展示事件发展最高潮时期的场面和气氛。新闻照片应该具有动感。

（4）照片画面上的景物层次丰富、对比清晰、制作精良，有利于制版印刷。编辑一般都要对图片进行剪辑和放大或缩小，如果照片层次不清、图像模糊，在制版以后就会效果不佳，照片中的主体得不到突出，视觉效果大打折扣。黑白照片的黑白对比不宜太大，也不能太小，以免影响制版效果。如果是彩色照片，还要注意照片画面的色彩不宜太多，景物不宜太多太琐碎，否则花花绿绿一片，既不利于突出主体，也不利于整个版面的美观和谐。彩色照片的主色调最好能够与版面的主色调和风格相协调。

（5）照片反映的内容具有正面的社会效果，力戒负面作用。有些新闻照片从画面上看很有视觉冲击力，但这种冲击力可能是对社会阴暗面或者丑恶行为的夸张表现，甚至是对一些犯罪场面、淫秽行为赤裸裸的展示，这样的照片如果发表出去就会产生不良的社会后果。还有一些照片由于拍摄者考虑不周，选择角度或取景不当，画面上泄露了不应泄露的国家机密，这类照片也是不能被采用的。

（6）照片的内容和形式符合报纸的特点。编辑选择照片与选择文字稿件一样要立足于本报的编辑方针，根据报纸的性质、立场、读者需求和风格特色来分析照片是否适合报纸采用，是否能够体现报纸应有的水平和一贯风格。

（7）如果是选择系列照片编辑专题新闻报道或图片专栏或专版，还要综合考虑照片之间的相互配合。要避免一组照片中出现画面重复的情况，而且要注意中景、远景和特写镜头画面的相互配合，使其组合后的整体效果大于每幅照片机械相加的总和，如图 7－16 的《密西西比新闻》关于阵亡将士纪念日的报道。

编辑对照片的选择是否恰当，不仅关系到报纸的质量和新闻传播效果，而且还会潜移默化地引导摄影记者与作者的拍摄倾向和趣味。编辑在选择照片时能够重视与鼓励摄影业务的创新，给那些角度独特、构图新颖的照片以突出的版面处理，记者的创造性才会充分地得到发挥，报纸也才有可能获得更多的精彩照片。

STATE: 3-A
GULF COAST CHARACTER REBUILDS IN STYLE
SPORTS: 1-B
Rebels to host Tulane, South Alabama
Old Crab
THE MISSISSIPPI PRESS
TUESDAY, MAY 30, 2006
CBS News journalists killed in Iraq
'NOT FORGOTTEN'
In Ocean Springs and Moss Point, Memorial Day ceremonies honor the fallen
Quake survivors say aid arriving much too slowly
Bush signs law outlawing protests at military funerals
Resident wants 'Capone hideout' rubbed out
INDEX

图 7－16 《密西西比新闻》组图的使用

二、新闻照片的编辑方法

（一）新闻照片的采用方式

报纸编辑对照片的采用主要有下列几种情况。

1. 独立编发的新闻照片

大多情况下是一幅新闻照片，有时是两三幅，配以标题和简短的文字说明。独立编发的新闻图片有两类：一类是“图片新闻”，作用类似于简讯或消息，以图片反映报道对象最典型的场面与瞬间，以简洁明快的直观方式传递新闻信息。另一类是特写性的新闻摄影报道。以特写性镜头表现新闻对象的典型瞬间的典型特征，刻画其局部或细节。特写性新闻摄影报道的作用类似于文字报道中的“新闻特写”，在时效性上一般比图片新闻弱，但比图片新闻更有深度、更有艺术性和表现力。

2. 配合文字稿件的照片

以一幅或多幅照片配合文字报道，具有证实性与解释性的作用。这类照片可以是新闻照片，也可以是时效性不强的非新闻照片如人物照片、风景照片等。根据文字稿件与版面情况，可给照片配文字说明，也可不配文字说明。

3. 专题新闻摄影的系列照片

用多幅新闻照片与标题、文字说明相组合，全面深刻地揭示新闻事物。这类照片的特点是围绕一个特定的主题，选择表现多时空状态下的多个瞬间形象的一组照片进行有机组合，从而表现事物发展变化的过程及重要细节，达到报道的深度和广度。

4. 照片专栏

照片专栏有两种：一种是在报纸版面上位置相对固定、有专门名称的一种以照片为主、标题和文字说明为辅的专栏，以连续的、有规律的方式出现，如《人民日报》曾经开设的“立此存照”。另一种是临时根据报道需要组织的专栏，也是以照片为主，标题与文字说明为辅。

5. 照片专版

可以看作照片专栏的扩大，即以整个版面刊登照片。可以是定期的，也可以是不定期的；可以是同一主题的照片的汇集，也可以是不同主题的照片的汇集。现在有越来越多的报纸推出整版的图片新闻报道，有的叫“图片报道”，有的叫“视觉新闻”，它们共同的特点是以规模化的新闻照片进行新闻传播，如图 7－17 所示。也有一些带有副刊、专刊性的照片专版，这种专版更接近传统意义上的画刊，照片的时效性不强，更注重艺术性和观赏性。

RUSSIAN HOSTAGE CRISIS

图 7－17 《洛杉矶时报》报道“俄罗斯人质危机”

（二）新闻照片的编辑方法

报纸编辑在编辑以上几类照片时，都要注意对照片的剪裁，要编写好照片说明和标题。《人民日报》原副总编辑李仁臣曾说："一张报纸照片用得好，不仅是记者或通讯员拍摄得好，其中更包含老总的决策和编辑的辛劳。""编辑的二次加工，是对新闻照片内涵的再度挖掘，是对新闻照片的包装打扮，使之在版面上'亮'起来。是编辑的呕心沥血，才使记者和通讯员的千辛万苦在版面上得到比较完美的体现。是记者、通讯员和编辑共同创造才使一幅新闻摄影佳作有了更大的价值。这也是摄影记者、通讯员对遇上一个好编辑无限感激的原因。"① 确实，无论从更好地发挥摄影作品的潜力，还是从增强整个版面的吸引力来说，编辑对照片进行二次加工都是非常必要的。

1. 照片剪裁

编辑对新闻照片进行剪裁的目的，是使照片能够更好地体现编辑思想，突出报道主题，同时也使照片更有视觉冲击力。因此，在剪裁照片时，需要注意以下几点：

第一，照片构图的修正。一般来说，新闻照片在当初拍摄时已经考虑到了取景构图的问题，但由于新闻摄影往往要抢时间，还会受到拍摄距离和拍摄角度等客观因素的限制，难免有不该摄入的对象也进入画面的情况，这样新闻主体在照片上就不够突出，主体与背景的比例也会失当。因此，编辑在剪裁照片时，就要根据报道意图分析照片的构图是否合理，对那些与主题关联不大的旁枝错节的东西加以剪除，使画面的布局更加合理，新闻主体形象更加鲜明。比如有些报纸编辑在采用新闻人物照片时，考虑到照片原来选取的背景与所反映人物的特点并不协调，或者背景太乱影响了人物形象，就干脆将照片的背景全部剪裁掉，只保留人物。这样人物形象在版面上非常突出。还有一些照片是用来衬托标题的，照片的一部分将被压在标题字下面，这时就要考虑到标题所占据空间的大小，以及所处位置，要使照片被标题遮盖的部分不是这张照片中最重要的内容，而且要考虑照片的色调能够突出标题。在这种情况下对照片构图的处理与对独立发表的新闻照片的构图的处理有很大差异。

第二，照片长宽比例的调整。编辑在剪裁照片时一方面要考虑到照片的长宽比例应该符合审美要求，通常情况下符合"黄金比例"是最好的，但另一方面也要考虑到照片在版面上的位置以及稿件配置时的特殊需要。比如版面编排时需要一张压题的狭长横幅照片，或者需要一张竖立于版面中心位置的狭长纵幅照片。如果是同时采用多张照片，还会因为要处理好它们相互之间的位置和大小比例关系，需对一些照片进行特殊规格的剪裁。当然，对照片长宽比例的调整，要以不损害照片主题思想的表现、不损失主要内容为前提。相反，有时恰恰会为了更好地表现主题，而选择某种特殊的长宽比例。

第三，照片篇幅大小与外形的确定。照片应为多大篇幅，编辑一方面要考虑到照片新闻价值的大小、社会效果突出与否，一般对于重大主题的新闻照片应该给予相对大的篇幅。如果照片拍摄的人物很多、图像比较复杂，也应该给予足够的篇幅使读者能够看清楚。另一方面，还要考虑到照片的质量，如果照片本身的清晰度不是很高，放得很大效果就会不佳。此外，如果要编辑系列新闻照片，还要考虑一组照片中的主次问题，选择画面最典型、视觉效果最佳的一

① 李仁臣．思考的相机．新闻战线，1999（12）．

张作为主打照片，给以最大篇幅，其他照片的大小和长宽比例则在考虑版面设计整体效果的前提下灵活掌握，一般应做到大小相结合，远景照片、中景照片和特写照片相结合，不同角度拍摄的照片相结合。照片的外形一般以矩形居多，因为外形为矩形的照片方便版面的整体安排，也有助于版面的整齐美观。但在现代报纸编排中，也有有意用非规则外形的照片来活跃版面的做法，特别是在一些副刊、专刊中，照片经过异形的剪裁，在版面上成为突破常规、令人耳目一新的特殊部分，给这些版面营造出与众不同的风格和个性。甚至有些报纸的新闻版也在尝试这种异形剪裁（见图 7－18 和图 7－19）。

13
新民晚报
欧陆风云
Euro 2004
葡萄牙队 踢得太窝囊
祸由心出
书写奇迹 改变格局

图 7－18 《新民晚报》对照片的处理

Youth Weekly
青年周刊
追梦人
我叫张璐

图 7－19 《厦门日报》对照片的处理

应该说明的是，对照片的异形剪裁是不能随意操作的，特别是涉及新闻照片在剪裁后要叠放的话，还须慎重考虑这种处理不至于造成与客观实际的不相符，或者引起读者理解的歧义。另外，这种异形处理在一块版面上也不宜过多，否则会影响版面的整齐与简洁。

2. 编写照片的文字说明

照片往往需要配文字说明，因为照片使用的是非语言符号，它虽然能够给读者以最直观的视觉性信息，但这种信息经常是不全面的。比如读者可能会对照片中的人物、地点、时间以及画面上无法表现的其他新闻要素不甚明了，这就需要用文字说明来辅助图像信息的传播。另外，单独发表的照片有时和文字报道一样，还需要加上标题，使新闻照片的主题得到突出。

照片的文字说明应该包括两方面：

第一，读者应该知道的但照片画面本身却无法全部传递的信息。这里有两种情况：一种是单独发表的新闻照片，必须借助文字说明来解释画面。还有一种情况是，照片要配合文字报道一同发表，这时如果照片画面本身的信息量足够，而且照片的篇幅也不是很大，比如配合人物报道发一张主人公的照片，就可以不加说明。但如果这张照片不是主人公的近照，那就需要以文字说明补充交代一下照片拍摄的时间背景。

第二，有关照片拍摄者或者照片来源的文字介绍。有些照片是从其他新闻媒体上转载过来的，除了要标明拍摄者的姓名外，还应说明转自何处，或者是某某媒体为本报提供，这是向作者负责，也是向广大读者负责。

对于专题报道的系列照片，除了要为某一幅照片编写分说明，还要编写总说明。一般情况下，如果分说明比较详细，总说明就相对简练，如果分说明比较简练，总说明则应相对详细。因此，在编写系列照片的说明时，要统筹规划，全面考虑。2008 年 8 月 8 日，国家主席胡锦涛举行隆重宴会，代表中国政府和人民，热烈欢迎来京出席北京奥运会开幕式和相关活动的五大洲贵宾。《广州日报》策划了图片专版“历史一刻　弥足珍贵”共 4 个版（见图 7－20）。每幅照片都有说明，但是，为了突出事件的重大历史意义，用改写过的新华社电讯稿作为总说明。

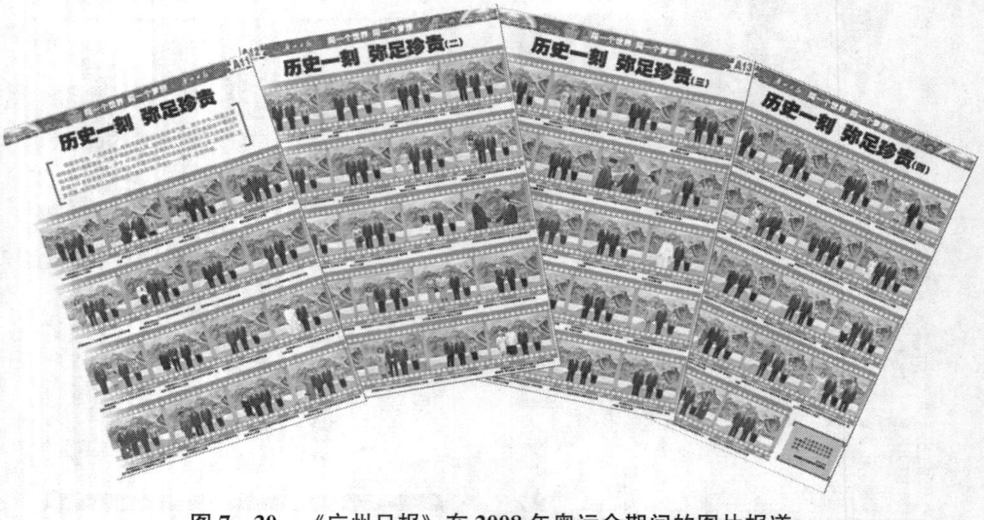
历史一刻 弥足珍贵
历史一刻 弥足珍贵(二)
历史一刻 弥足珍贵(三)
历史一刻 弥足珍贵(四)

图 7－20　《广州日报》在 2008 年奥运会期间的图片报道

编写总说明，要注意从全部照片中提炼和概括报道的主题思想，交代必要的背景信息，同时仍要注意生动活泼、言简意赅。

值得注意的是，在报纸版面设计不断改进之后，照片配发说明除了考虑补充传递信息之外，同时也越来越多地考虑到版面编排的需要。比如为了优化版面的整体效果，对一些可以不加文字说明的照片也有意添加说明，甚至除文字说明以外还配以其他文字内容。

类似这样的图片说明，编辑在制作时需要具体情况具体分析，配发什么样的说明，应该从报道整体效果出发，不能随心所欲，弄巧成拙。

3. 制作照片的标题

新闻照片在单独发表时，为了使报道思想得到更加鲜明的体现，有时还需要配上标题。新闻照片的标题与文字报道的标题一样，要求内容真实准确、立场态度鲜明、语言生动简练。但由于照片一般比标题更具有视觉冲击力，照片画面上的非语言符号也更加丰富，为照片制作标题就要求比为文字稿件作题更加简明扼要。一般情况下，采用单一式的一行标题较多，但在编排系列新闻照片时，有时也采用多行题或复合式标题。

新闻照片的标题大致有两类：

一类是写实性的标题。这类标题以简洁的语言概括图片所反映的主要新闻事实。写实性标题都是实题，向读者交代最重要的新闻要素，标题向读者传递的信息能够帮助读者在最短的时间内准确把握照片的主题，如图 7－21 所示。

另一类是写意性的标题。这类标题以饱含感情色彩的语言，阐述观点、抒发情怀，揭示新闻照片的内在意义，使报道主题得到升华，如图 7－22 所示。写意性的标题，“意”是借助于图片表现的新闻事实来生发的，要做到“意”和“实”相符，编辑不能脱离画面本身随意引申，或者牵强附会。否则照片的标题就不会有说服力和感染力，相反，还会引起读者的反感，产生负面社会效果。

南方都市報
别了，北川
最后一批人员撤离县城
芙蓉楼 向汶川灾区人民捐赠100000元

图 7－21　《南方都市报》汶川地震报道封面

值得注意的是，专题新闻报道的标题，以及同一主题的新闻照片专版的大标题相对而言在报道内容的概括、主题思想的表现上要更费心琢磨，因为这一标题要统率这一专题或这一整版的所有照片，它的立意应该比下辖的这些单幅照片所表现出来的各部分的意义更完整、更深刻。另外，由于在版面上有更大空间来表现，这类标题的制作也更加灵活，更注意语言优美、耐人寻味。如图 7－23 所示，一个“风度”就对 12 幅照片的“热度”“弯度”“速度”“力度”“高度”“角度”“跨度”等小标题进行了归纳。

海峡导报
别难过，我只是关机了！
苹果“教父”史蒂夫·乔布斯昨日因病去世

图 7－22　《海峡导报》关于乔布斯去世的封面

奥运·记忆
风
度

图 7－23　《新华每日电讯》一组奥运报道的照片

附录：《华盛顿邮报》的新闻照片编辑原则摘要

(1) 所有的原始数码图像都必须由数码相机直接下载到图片库以备所需时编辑和回顾。在进行本地传输时，原始文件需存盘。所有用于编辑目的的打印输出都必须来自数码相机的原始文件。

(2) 图片应标注清晰的图片说明。

(3) 读者认为图片应当是对事件的真实记录，我们决不能辜负这种信任。纪实照片的完整性具有最高优先权，纪实照片边框内的所有内容都不能改变，包括改变背景，增加颜色，制造图片蒙太奇或者拼接图片。不能对图片中的内容做任何的增减，这意味着即使是一只手或者一根树枝出现在图片中不合适的位置，我们也不能去掉它。

(4) 摄影记者不能对新闻事件进行设置、重现、导演或者采取其他人为行为干扰新闻事实。

(5) 报纸的任务是刊发纪实图片，导演现场只在下列状况下被允许：肖像摄影、时尚或室内设计摄影、工作室摄影。这些照片在使用时必须加以区别，其图像不能给人以纪实照片的错觉。一般情况下，这些照片在使用时应做文字说明。比如某人是为了拍照而在现场工作，则图片说明不能是“某人正在办公室工作”。

(6) 纪实照片应尽量减少侧面影像的图片的使用，这些图片容易造成特征性元素的缺失。

(7) 纪实照片不得被拉伸、变形以适应版面需要。

(8) 应减少标题压图片的用法，如使用则必须与摄影者和图片编辑共同论证。

(9) 数字图像改造技术的使用必须明显地显示出其虚构性。如果必须使用图片说明才能让读者明白此图片经过了数字技术的处理，那么这张图片不能被采用。

资料来源：杨晓白.《华盛顿邮报》图片处理之15条军规.青年记者，2004（4）.

第三节　信息图表的设计与制作

【知识要点】

- 信息图表具有信息整合、视觉审美和互动服务等功能。
- 信息图表的构成分为形式构成要素和内容构成要素。形式构成要素包括文字、图形和色彩；内容构成要素包括标题、信息来源、新闻发生的时间地点、新闻主体、文字注释、绘制者。
- 准确性、易读性和艺术性是信息图表设计与制作的基本要求。
- 设计、制作信息图表的程序主要包括：选择合适的题材，收集和提炼信息，创意凸显主题，选择恰当的色彩，合理安排构图，确定合适的文字样式，核对检验细节。

信息图表是一个不断发展的领域。信息图表的设计与制作是一个搜索、过滤、整理和表达信息的过程，从分析信息、挖掘数据、设计图表到视觉展示，高效清晰地传递信息是整个工作的核心。其中，卓越的视觉设计是增加信息易读性、受众关注度的主要方法。进入设计和制作程序之前，我们首先要对信息图表的功能和构成要素有个大致的了解。

一、信息图表的功能

1. 信息整合功能

信息图表通过可视化过程将原本单一、枯燥的文字、数据转换为形象、生动的图形，运用点、线、面、色彩等多种元素解读信息，是对多种信息传达方式的整合。信息图表不仅可以解释事物的复杂结构和工作原理，再现事件的过程和显示事物间的关系，而且可以将不同时间和空间内的信息整合在一起展示，充分挖掘信息的价值、数据的意义。尤其在互动式信息图表中，借助网络的超链接和海量信息特点，通过网状结构，表现出高效的信息整合功能。图 7-24 是北京奥运会期间《华商晨报》的“看懂奥运”特刊上对“马术”的介绍，制图编辑在右侧边栏介绍了场馆地理位置、项目历史、比赛规则和中国队员的情况。左侧是一张内容复杂的图表，版面上部是用解剖图的方式对赛马的关键部位进行了介绍，然后依次介绍了三场比赛的场地，并用分解动作的方式分析了跳跃障碍和盛装舞步，用剖面图分析了赛场的沙地构成，最后还简单介绍了现今的 8 种名马。可以说，制图编辑整合了几乎所有与马术相关的信息，看完这幅图表之后再去看比赛，肯定会有“内行看门道”的感觉。信息图表不是单纯的图形，而是聚合了文字符号、数字符号、图形符号和色彩等。随着制图技术的进步和传播平台的变化，在网络互动式信息图表中，还可以整合音频符号甚至动画等视频符号，增强传播符号的丰富性和生动性，充分体现出信息图表更具易读性、悦读性的传播优势。

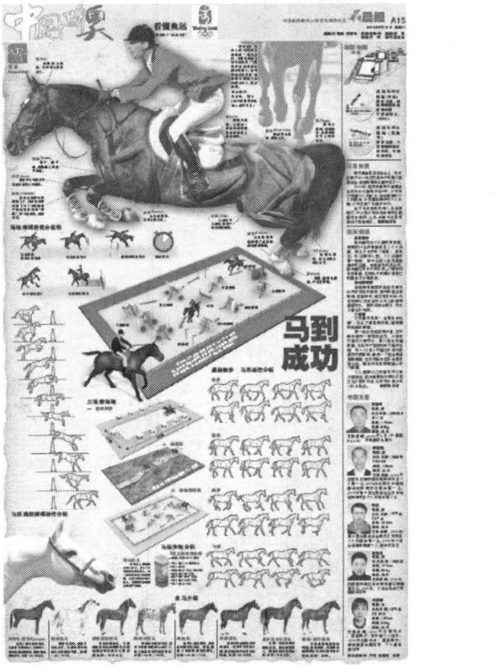
马到成功

图 7-24　马到成功

资料来源：2008 年 8 月 12 日《华商晨报》。

2. 视觉审美功能

如果说文字报道是“写新闻”，新闻摄影是“拍新闻”的话，信息图表则是在“画新闻”了。既然是“画画”，就要体现出设计者的艺术表现力，在传达信息的同时，在视觉上和心理上赋予受众一种双重审美体验。

传统的版面编排讲求平衡性和秩序感，而现代视觉设计则有所突破，通过对版面元素的设计与编排，构建视觉冲击中心，在形式上吸引受众，进而在内容上留住受众。版面编辑营造视觉中心的常用元素不仅包含标题、照片、插图，还有信息图表。作为配置的图表，与传播主体之间是补充或延展的关系，在版面的整体布局中，遵循内容的协调、色彩的搭配，使局部服从整体。而以整版形式呈现的信息图表则利用“优先率”的概念，以大图形、大号文字等引领注意力，使信息图表的构图详略得当，主次分明。

信息图表是一种视觉传播形式，制图与其他新闻产品的采制一样，都是对信息的加工和提炼。制图不仅凝聚着制图者的逻辑思维，而且要在用色、构图等方面融入设计者的艺术设想。新华社图表新闻编辑室原副主任曹文忠曾说，图表新闻制作人员“要像记者那样去思考、探究和调查，像艺术大师那样去绘画”①。一张好的图表不仅方便受众接收重要信息和新闻事实，还能让受众在视觉上得到享受，并在心理上产生愉悦感，甚至有收藏的欲望（见图 7-25）。

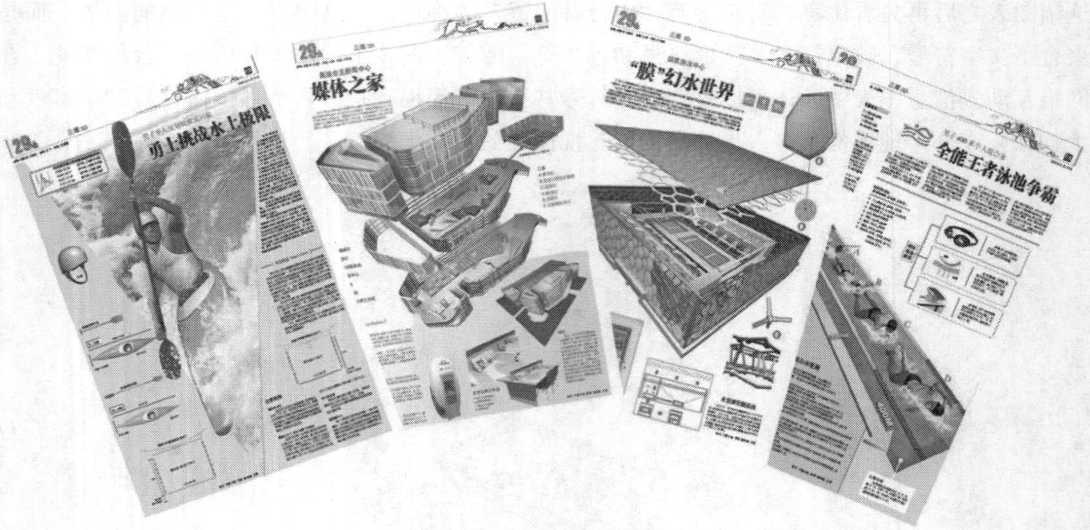

图 7-25 奥运三维信息图表

资料来源：2008 年 7 月 26 日至 8 月 12 日北京奥运会官方会刊。

3. 互动服务功能

互动服务功能主要体现在互动式信息图表中，借助互联网的交互性特点，受众可以在图表的多层次信息中任意选择，以满足不同的阅读需求。受众也可以参与信息图表的生成，统计调查类的网络图表往往有此功能。如搜狐网在“延迟退休”的新闻专题中就有一个“你对延迟退

① 曹文忠．让新闻一目了然：新华社的图表新闻及其制作．中国记者，2001（4）.

休怎么看”的互动调查（见图 7 - 26），网民做出选择，点击投票之后，就会生成显示当前投票人数及各个选项比例的新图表。图表编辑在设计、制作互动式信息图表时，依据网页结构、信息内在的逻辑关系等因素，把大量的数据或信息链接到某些按钮、符号上，受众根据自己的信息需求，通过点击鼠标、拖动滑块，或者输入一定的文字，以主动搜寻的方式来获取相应的信息。

信息图表的功能就是更好地传递信息，图表与信息是形式与内容的关系，缺失任何一方，对方都将失去存在的价值和意义。与文字符号传播、图片图像传播相比，信息图表以其独特的传播功能，借助图形、色彩、表格等，清晰、简洁、快捷地传播各类信息，并对传播内容、传播载体、阅读者等产生影响。

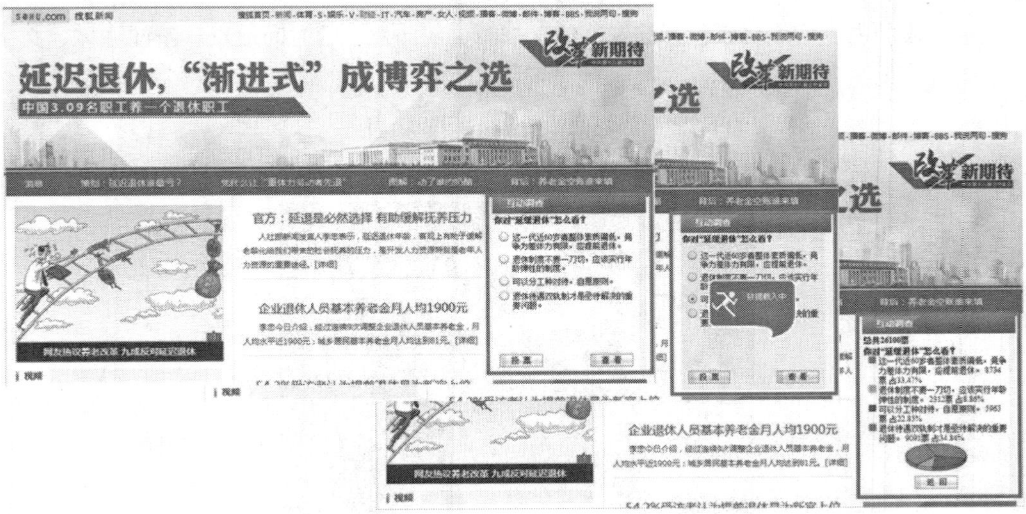

图 7 - 26　搜狐网新闻专题“延迟退休”

二、信息图表的构成要素

任何事物都由内容和形式两部分构成。内容是事物的内在诸要素的总和。形式是内容的存在方式，是内容的结构和组织。二者是辩证的统一。据此，我们也可以把信息图表的构成分为形式构成要素和内容构成要素两个组成部分。

信息图表的形式构成要素包括文字、图形和色彩。

文字是语言的载体和形态，是传递思想的规范性通用符号，是信息图表的必要构件。信息图表设计中涉及的数据多以数字方式呈现，数字也属于文字范畴。信息图表中文字和数字的使用特点是追求准确、简短、简练和鲜明，为了吸引注意力和实现有效传播，可以通过图形软件对文字进行艺术处理，赋予其一定的色彩、阴影、旋转、透视、立体等效果。

图形主要包括点、线、面、箭头、标识、图画和照片等，这些图形元素有具象和抽象之分。具象图形元素直接、形象、生动，能够再现事物特征，清晰而明确，识别性强，贴近读者的日常视觉认识，便于信息快速传达和简单接收。抽象图形元素则需要读图者发挥联想，可以营造阅读秩序，具有很强的信息表达功能。如：点可以指代事物，并表明其所在位置；线可以起到分隔、比照作用，表示变量和趋势；面主要表示事物或事物之间的量值、范畴、距离、属性等关系。箭头形式则具有流动与方向性，箭头接近线的属性，即流动与方向性，同时更具流程感、指向感。

色彩是表达思想和传递情感的中介，不同的颜色代表不同的属性，具有信息分类与强化的作用，并由此衍生出视觉心理。在我国的信息图表中，喜庆类的图表总是以红色或黄色为基调，而灾险事故则多为黑灰基调，蓝色往往用于科技类题材。另外，色彩在信息图表设计中主要用来区分信息，比如主次关系、类型关系、整体与局部的关系等。

不同的信息元素具有各自的视觉特征，挑选形象直观、鲜明生动、简单清晰、诙谐趣味的视觉元素，有利于受众愉快、有效、快速地接收信息。

信息图表的内容构成要素包括标题、信息来源、新闻发生的时间地点、新闻主体、文字注释、绘制者（见图 7－27）。

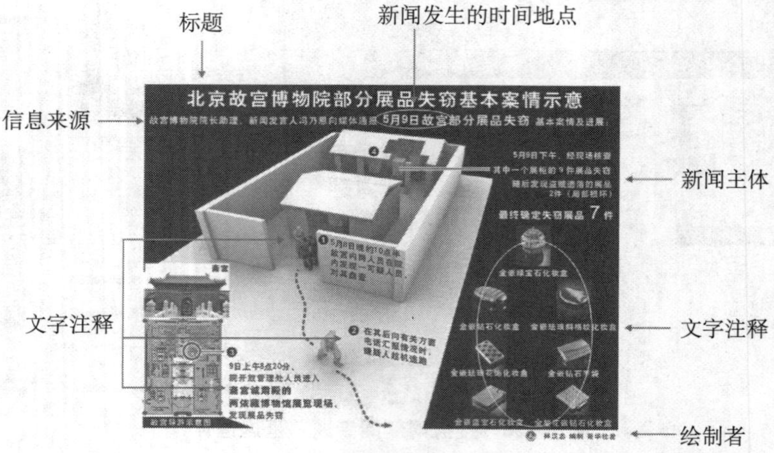

图 7－27　关于故宫博物院部分展品失窃的新华社图表

美国新闻学者多萝西・A. 鲍尔斯和黛安・L. 博登在专著中论述如何编辑信息图表时认为，一张信息图表的作用，简单说来就是用易于理解的可视形式传递信息。一张图表就像一张报纸一样有开头、中间和结尾。一张信息图表的基本要素包括标题、解释、主体、信息来源、绘制者，如果上述要素之一被漏掉了或出了错，这张图表就不能达到目的。①

标题是信息图表自成一体的重要标志，缺乏标题的图表会让受众一头雾水，不能达到传播新闻信息的目的。

信息来源是图表内容的来源，它和绘制者一同确保了信息的真实性。绘制者的署名还是信息图表专业化发展的表现。

标注新闻发生的时间地点是重视新闻时效性的表现。在这个新闻易碎的时代，让受众快速获得时空概念，从而清晰地理解新闻信息是媒体竞争的焦点。

新闻主体指的是新闻的焦点，它需要制图者用鲜明的形象来揭示，它可能是具象的人物、事物，也可能是一起事件或者一个现象。

---

① 鲍尔斯，博登．现代媒体编辑技巧．北京：新华出版社，1999：108.

文字注释是在新闻主体确定后，采用简明扼要的文字来消除受众在阅读图表时的信息不确定性的。

三、设计、制作信息图表的准备工作

1. 前提条件

媒体在确定需要使用图像传播信息时，如果没有可以采用的照片，而形象素材又至关重要，这时可以考虑把新闻“画出来”。有时一些比较复杂的场景、物体的内部结构需要展示，而摄影、摄像受到技术或拍摄环境的限制无法采制出所需要的图像时，也可以考虑以信息图表替代照片。当平面媒体需要在版面上营造视觉中心，或需要渲染气氛等时，也可以发挥图表的美化、装饰功能。凡出于上述情况考虑，都可以使用信息图表来传播信息。

2. 需要准备的资料

尽可能地收集报道对象的全部信息，包括文字、数据、图像，乃至相关的图形元素等等，资料越充分越好，因为制图前还要对资料进行筛选、核实。就像写消息，5 个 W 是基本要求，不能遗漏，否则就会影响到信息的完整性。另外，当记者采集的信息与编辑掌握的信息有出入时，要反复核对、确认，不能模棱两可、似是而非。

3. 需要平时做的准备工作

不能临时抱佛脚。平时要有所准备，“家里有粮”，才能在需要时“心里不慌”。首先，注意培养和强化采编人员的制图意识，知道在什么情况下使用信息图表可以取得更好的传播效果。其次，建立完善的合作机制和考核激励机制。制图不是个人或某一部门的工作，需要前后方、多部门的密切配合，不能等资料齐全后再制图。一旦决定制图，编辑要尽快和记者、制图师联系，围绕核心问题进行沟通。最后，要建立资料齐全的数据库。凡是能够入库的资料，往往是经过把关核实的，有助于保证新闻宗旨所要求的“真实”“准确”，是杜绝差错的最有效的措施；而且能够节省因描绘地图、制作图形、查阅标识所要花费的时间。

四、信息图表的设计要求与制作原则

以图形信息传播的信息图表与以文字语言传播的新闻稿件在产品的设计制作上，既有相同的地方，也有特别的要求与原则。

1. 准确性

信息图表设计的准确性主要是指表达的准确性，不仅是对所示事物的内容、性质或数量等表达的准确无误，而且还要确定精确的表达对象。只有这两个准确性结合在一起，才能实现图表设计的目标。因此，在设计图表之前，对概述性信息、细节性信息，乃至不同层面的详细数据都要准确把握，确保完成后的信息图表所传递的信息数据不伤原意，不仅内容上详尽、贴切，而且传达上清晰、明确。

2. 易读性

信息图表在设计上不仅要通俗易懂，同时应当考虑受众的认知水平、阅读习惯和心理承受能力。那么，易读、易懂就成了设计图表时的关键。一般情况下，可以采取以下思路和举措来做到易读、易懂。首先是精简信息，删除不必要的信息，分解枯燥的文字、数据。其次是尽量使用简单易懂、具有普遍性的图形符号传达信息。最后是建立信息秩序，理顺信息之间的逻辑关系，组织合理有序的信息结构。这些都是处理复杂信息和大容量数据的有效手段。

3. 艺术性

根据心理学家的分析，注意分为无意注意与有意注意。注意是一个互动的过程，只有被注意客体与信息接收主体之间发生接触，而且客体必须具有吸引主体的刺激点，才能引发主体的注意，才能促成信息的传播。信息图表的传播属于无意注意，而无意注意离不开刺激，信息图表中的图形元素则发挥着刺激物的作用。换句话说，设计者可以通过使用特异、新颖的图形元素来营造刺激点，以求达到吸引受众注意的目的。当然，设计者在注重营造视觉刺激点的同时，不能忽略对受众审美观的把握。

五、设计、制作信息图表的重要环节

信息图表需要通过充分的视觉语言来表达，虽然打破常规的一些表达能够使信息图表更容易吸引眼球，但是，信息图表的终极目标是数据和信息能够得到准确传达，便于受众理解。因此，要避免“设计、制作过度”。

1. 选择合适的题材

选择题材是新闻报道的第一步，为新闻报道确定了方向。选择题材是传播者的新闻价值观在报道实践中的体现，是在客观事实基础上，媒体的传播意图与受众的客观需求共同作用的结果。如同新闻报道，制作信息图表首先也要考虑题材问题，寻找制作信息图表的可能性。凡涉及以下内容的题材均可以考虑用信息图表来展示：

（1）在报道中涵盖了数字、百分比，具有数据比较、发展趋势等信息要素。

（2）事件发生的地点具有重要性，且可以找到最新的地图。

（3）事件的发展按照时间顺序梳理更便于受众理解。

（4）信息要素重大，值得推荐和强调，如影响重大的突发事件，建设成就或经济发展，重要政策和政府报告，重大工程的结构、进展或竣工。

（5）信息结构清晰，有明显的要点可以迅速概括，帮助受众理解。

（6）有些术语、名词需要解读才能更好地理解信息的价值和意义，如相关背景知识等。

2. 收集和提炼信息

在实际设计过程中，信息素材的收集制约着信息图表的产生，决定了信息图表的成败。信息的匮乏，势必造成内容空洞流于形式，这就失去了信息图表的核心价值。一些媒体的图表编辑在收集信息时主要依据文字资料，主要包括已播发的报道、记者的采访素材、权威部门或官方网站提供的统计数据、专业的地图集等。此外，查阅书籍更新背景资料也是日常的案头准备工作。在突发事件报道中，为了快捷地获取事发现场的第一手材料，图表编辑需要与在事发现场采访的记者保持联系，请记者或现场有关人员设法将事发现场涉及的详细地图、房屋建筑样式、交通状况，以及军队部署、武器装备等的示意图用传真发回以供制图之用。在报道重大事件时，媒体也会派出图表编辑赶赴事发现场收集信息，以获得尽可能多的真实数据。一般情况下，许多信息、数据的原始状态都较为繁杂。因此，对采集到的信息或数据进行分类、归纳、简化、提炼等加工是必然的，这样才能使信息图表的展示更具逻辑性，有助于形成有序、明晰的信息结构。

3. 创意凸显主题

常见的创意构思方法主要有两种：具象创意和抽象创意。

具象创意，顾名思义，就是以写实为依据，开门见山，直指主题的创意方法。因为依据的是具体而又实在的创意要素，常常借用照片作为创意元素，受众不需要联想。如果说抽象创意会使受众在思考之后豁然开朗，那么具象创意则使受众一目了然。

抽象创意，指借助抽象的符号、图形，帮助、暗示或者引导受众产生一定指向性的联想，以抽象来表现意境和精神。例如，制作关于“夏粮产量”的图表，大多数人会想到用柱状图或者折线图来标明产量的变化，很难用实物表达，这时用抽象创意反而比较适合。说起粮食，人们马上会想到的是谷仓或麦穗，于是制图师就用“麦穗”的造型来取代柱状图，6 个麦穗分别代表近 6 年的产量，背景衬以全国地图，寓意所报道的是全国夏粮生产情况，可谓构思巧妙（见图 7－28）。

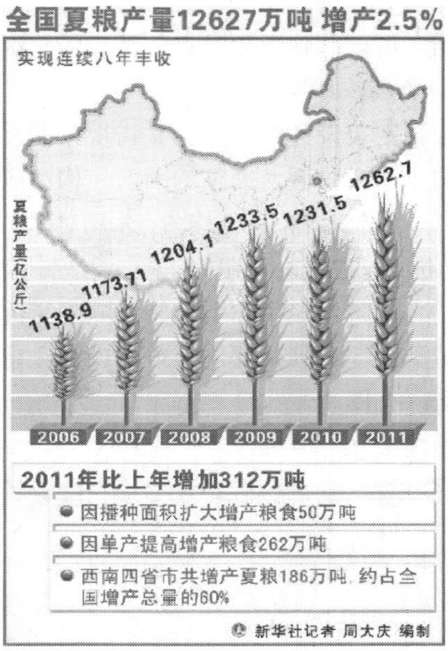

图 7－28　全国夏粮产量 12 627 万吨　增产 2.5%

资料来源：2011 年 7 月 11 日新华社图表新闻编辑室。

无论是具象创意还是抽象创意，在选用图形元素的时候，都应当优先考虑采用与内容密切相关的元素。

4. 选择恰当的色彩

色彩在信息传播的过程中也起着重要作用，尽管色彩可以帮助我们记忆信息，但是对于三种或四种以上的色彩代码的记忆就比较困难了。因此，在信息图表设计中，色彩的使用并不是为美观服务，而是必须传递特定的信息，不传递信息的色彩是多余的。

在信息图表中，色调统一于新闻信息的主题基调，色调与主题和谐，能够更好地烘托气氛。以与主要新闻要素“相关”的颜色来确定主题基调及配色。一般情况下，红色基调适合节日、庆典、政治活动及重大成就类报道，在此基础上，可加入同一色系的黄色等，增添喜气，渲染气氛。蓝色基调适宜于工业科技、天文天象、科普知识等内容，可加入同一色系的紫色调显得更加庄重、沉稳，并略带神秘。绿色基调多用于农业、环保、自然等主题，显得生机盎然。警醒基调主要用于灾险事故等突发事件。整体基调介于蓝黑色系之间，尽可能使整体基调低暗。在事故发生点以放射状的红、黄、紫等色标出现，扩大反差。[①]

① 陈琛．浅谈图表新闻的设计．新华社图表新闻编辑室内部资料．

根据色彩在色谱中的位置，我们可以得到有效搭配色彩的一些启发。比如在设计中使用相邻色，诸如红色和橙色，可以传递互相有协调关系的内容，或是显示不同数据间的维度变化；但如果想要表现元素之间的鲜明对比，那就要避免使用它们。要形成对比关系则可以尝试使用红色和黄色，但这两种颜色都不能与自己的邻近色橙色配用，否则会造成它们之间相互关联的假象。色彩不仅可以通过不同的色相表现来帮助受众区分信息的差别，还可以通过色调及饱和度的变化来呈现信息之间的相互关系。感官上，色彩可以使信息图表设计富有美感、令人愉悦，同时可以起到强化重点信息、弱化次要信息的作用。①

5. 合理安排构图

信息图表设计中的构图是指根据题材内容和传播目的，把要传达的信息与视觉要素结合起来，构成一个协调、完整的画面。构图应以核心信息为主体。常见的构图方式有以下几种：

（1）灵活运用对称式构图。采用对称式构图的题材往往是有关双方的斗争、竞争、竞赛的，这种构图的优势是逻辑关系清晰明了，设计制作时省时省力；不足是过于平稳，缺乏变化（见图 7－29）。

（2）调整优先率，引导阅读顺序。优先率指的是图表中各部分内容所占的尺寸比例。当媒体希望受众注意到某些内容，并遵循一定的读图顺序时，可以通过调整图像或文字的大小来引导受众（见图 7－30）。

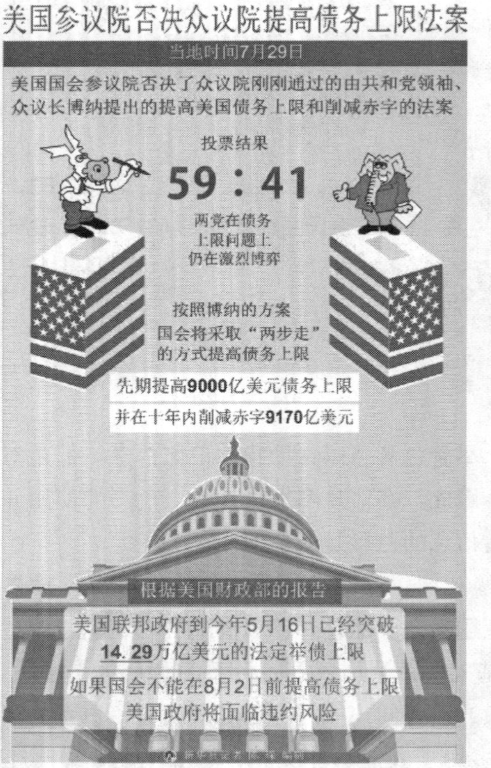

图 7－29　美国参议院否决众议院提高债务上限法案

资料来源：2011 年 7 月 31 日新华社图表新闻编辑室。

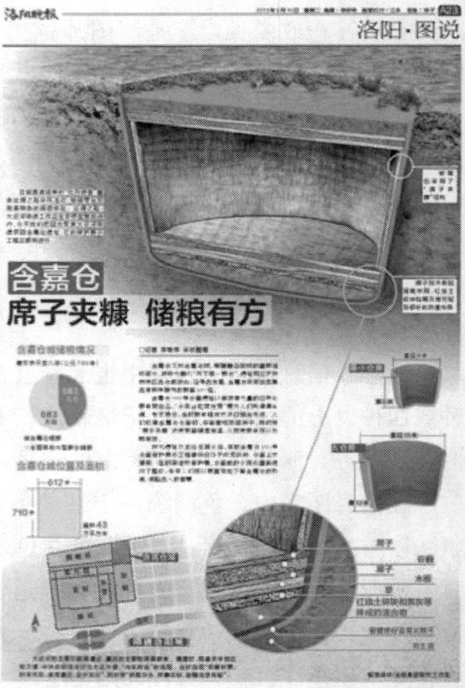

图 7－30　含嘉仓——席子夹糠　储粮有方

资料来源：2013 年 9 月 10 日《洛阳晚报》。

① 马骄．信息图表设计的发展与视觉传播研究．苏州：苏州大学，2012.

（3）以段组划分版式，增强易读性。段组的作用就是为了保证图表设计的易读性、易懂性。把关系密切的信息放在一起，并采用某一色彩作为标识，较容易和其他信息形成对比关系。图 7－31 就是图研所网站刊载的一张图表，通过 3 种颜色，把语言的难易程度分为了简单、中等和困难 3 个级别，使读图者一目了然。

6. 确定合适的文字样式

虽然在视觉符号为主的信息图表中文字和数字不占主要成分，但是，文字和数字有时在图表中起着提纲挈领的作用。因此，图表编辑在选择、处理文字、数字的字体字号、行距字距时更要精心。

考虑到图表在使用时可能被伸缩变形，以及被印刷之后的视觉效果，以下几种字体不适宜用于信息图表：过于艺术化的字体不宜用，如喵呜体、胡子体等等，这些字体有失庄重，过于强调装饰性，显得华而不实；笔画间隙过于狭窄的字体不宜用，如琥珀体、超粗黑体等，因其字体笔画拥挤，印刷效果欠佳；笔画过细的字体不宜用，如仿宋体、瘦金体等，因字体面积过小，辨识度差；在不加背景衬托的情况下，各类阳文、阴文的字体不宜用，因字体有膨胀感，使得笔画边缘模糊不清。实践证明，信息图表常用的字体主要有中等线、黑体、综艺体等，这些字体轮廓鲜明、笔画清晰、间隙明朗，在视觉效果上能够突出内容，便于阅读。

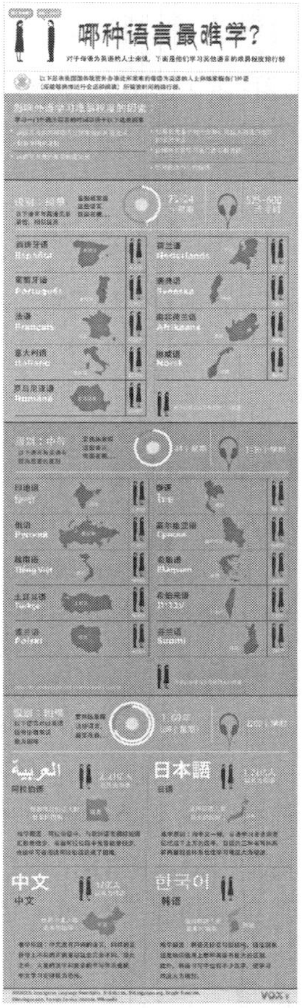

图 7－31 哪种语言最难学?

资料来源：图研所。

在信息图表中，文字有时会以成若干行的文字块出现。有的图形软件会使字间距和行距比较接近，导致受众在横排、竖排上产生误解。如果在文字中混杂了阿拉伯数字，均衡的字距就会被干扰而使版面显得杂乱。这两种情况都需要对字距和行距单独处理，既要保证字距不能拥挤，也要使行距一定大于字距，在保证版式规范的前提下，避免引起受众的视觉疲劳。

7. 核对检验细节

一张信息图表应该包括标题、解释性或概括性文字、点、线、图标、色彩、制图人署名及所属媒体。制图结束后，首先要看看这些要素是否齐全。然后，要像文字编辑一样，检查是否存在政治性、导向性、原则性差错，核对是否有事实性差错、技术性差错，以及在画面中是否有容易引起误解或存在隐患的地方。为了确保信息传播的真实、准确、清晰，要仔细审核细节部分，比如：文字、数字、分类是否准确，文字与背景颜色是否协调，图与背景的对比是否合适，等等。

有时候，细节往往决定成败，不容忽视。首先，注意地图的准确性，涉及台海、中印边境纠纷的地图要谨慎，在所有地图中别忘记指北针，并且永远不要忘记图例。其次，要把所用的色彩、线条等加以说明，使读者一目了然。再次，道路的级别一般根据线条粗细来划分，若同级别类别不同，则要靠颜色来区分。当线条过多时，要搞清楚它们是从属关系还是平行关系。最后，要使用具有代表性的元素，小图标要简单明了，让人一目了然而不喧宾夺主。[①] 完成的信息图表产品要做到真实而形象，准确而直观地传达、展现事实，结构排列有序，设计明晰简洁。

第四节　互动式信息图表

【知识要点】

- 互动式信息图表借助互联网技术和媒介融合的传播理念，突破了传统信息图表符号单一、缺乏趣味的局限，以传受互动来提升传播效能。
- 互动式信息图表可以划分为初级别、中级别和高级别信息图表三类。
- 互动式信息图表在时间线索、地理位置、逻辑关系，以及认知规律和用户阅读体验等方面具有特殊的应用特点。

信息图表就是一种可视化的信息传达方式。传统的信息图表是以平面和静止状态呈现的，随着传播方式多媒体化趋势的增强，传统信息图表逐渐面临一些难以超越的障碍。

一是传播符号较少，缺乏趣味性。以纸媒为主要载体的传统信息图表是由文字、数字、图形、色彩或照片组合而成的，是不折不扣的静态图表。即使设计得再有创意，与多媒体的表达方式相比，也难以摆脱因表现手法陈旧而显示出枯燥和平淡的劣势。而动态信息图表则不然，由于加入了音频、视频及动画等元素，增强了画面的动感和生机，更利于吸引注意力。

二是缺乏传受互动，影响传播效果的提升。我们常说的传播效果，实质上就是传播者通过传递视听信息而对受众产生的影响，使受众在态度、认知或行为上发生变化。吸引、动员受众参与传播活动，在传播过程中融入交互环节，更易于实现引导舆论的目的，取得预期效果。

随着传播技术的发展，传统媒介在内容制作和传播渠道等方面也日益注重对网络特性和优势的运用，互动式信息图表（active info-graphics）就是在这样的背景下应运而生的。它是发布在网络上，综合了文字、图像、音频、视频等符号，以动态为表现特征，具备了和受众及时互动，实现双向交流等功能的信息图表。这种传播方式的诞生，是在媒介融合大趋势下的一种主动而积极的应对。

互动式信息图表的使用可以追溯到 2001 年，美国的一家网站 MSNBC 就用 Flash 报道了“9・11”恐怖袭击。该网站用了 3 个图表分别介绍了撞击世贸大厦飞机的路线、世贸大厦内的情况与坍塌过程、世贸大厦第二次被袭击的情况。图表运用了互动手法，受众可以连续收看五角大楼遭袭的所有片段，也可以选择其中的某一个片段，或反复收看其中的一个片段。[②]

---

① 丛云．新闻图表：让新闻变得立体、生动．法制新闻传播，2013 年第 1 辑．

② 彭兰．网络新闻学原理及应用．北京：新华出版社，2003：288－289.

2004 年 10 月，时任新华社图表新闻编辑室副主任的朱剑敏走访了韩国联合通讯社，发现该社自 2002 年起，为了加大图表新闻参与网络传播的竞争力，充分依据视觉传播原理，引入网络动画、音视频拍摄及剪辑技术，研发了集文字、图片、图表、音频、视频、动画等于一身的网络互动式图表新闻（active news）。该类图表的推出使韩国联合通讯社图表组在国内名声大振。[①]

互动式信息图表的精髓在于“互动”“对话”，帮助、引导受众通过自己的操作完成传播活动，不同的受众可以获得不同的信息。互动式信息图表同样有助于传播者随着事件的发展及时更新和添加内容。由于匹配了各种多媒体的信息资源，互动式信息图表的信息容量往往很大，但是，其阅读的操作过程却很简单，只需鼠标点击或拖拽便能获得所需信息。

一、互动式信息图表的类型

互联网和移动互联网等新媒体的互动功能让传统媒介望尘莫及，借鉴和更好地发挥这种双向的传播模式，有助于增强新闻传播的吸引力和效能。一些网络媒体把互动作为一种生产理念和技术，将其应用于信息图表的制作中，并取得了良好的传播效果。根据数据体量、交互的复杂程度以及受众参与的深度等因素，互动信息图表可以划分为初级别、中级别和高级别信息图表三类。

第一类是初级别互动信息图表。这种类型的最大特点是操作简单，获取信息的路径明确清晰，往往只需用鼠标点击按钮或拖拽滑块，即刻有数据图形、音频或视频予以回应，受众通过预设好的叙事框架获取传播者意欲传达的信息。在初级别的互动中，受众几乎不参与信息的生产过程。

第二类是中级别互动信息图表。这类信息图表除了挖掘的数据体量大之外，传受之间的交互更为密切，传播者预设了一系列的选项，受众选择特定的路径或结构来获取信息，不同的选择意味着不同的结果。这种类型的最大特点是通过互动来实现信息生产的个性化。

第三类是高级别互动信息图表。这类信息图表的最大优势是赋予了受众更大的参与权，即与传播者一起参与新闻生产过程。当然，实现高级别的互动需要传播者开放数据，可能还要提供探索数据的工具和展示平台，也只有这样才能加大开发用户价值的力度，这样的传受互动才更具现实意义。

二、互动式信息图表的应用特征

互动式信息图表是在“图表”的大框架下，将各种多媒体的操作手段运用到设计、制作中。一般而言，互动式信息图表具有以下四个应用特征：

第一，具有明显的时间线索。事件性新闻往往是按照时间顺序发生发展的，环环相扣。此类互动式信息图表首先梳理事件发生过程中的关键环节，然后在每一个重要的时间点处，链接已经采集并加工好的素材（包括文字报道和相关的图片、视频、音频报道，以及现场效果图、Flash 模拟动画等）。受众通过点击时间按钮，便能够了解此时发生的事情。2007 年 4 月 16 日

---

① 朱剑敏．国内外图表新闻现状与新华社图表新闻发展构想//卓培荣．传媒发展与未来规划．北京：新华出版社，2007：128.

的《今日美国》在其网站上采用互动式信息图表报道了“弗吉尼亚理工大学的惨剧”（Tragedy at Virginia Tech）。标题下导航条中的第二个就是“Timeline”。点击该按钮则会出现一条4月16日上午7点到下午5点的时间线。时间线上标明了11个时间点，还有3个信封图标。点击这些时间点和信封图标，则会出现对该时间所发生事件的描述和学校发送给学生的电子邮件的内容（见图7-32）。

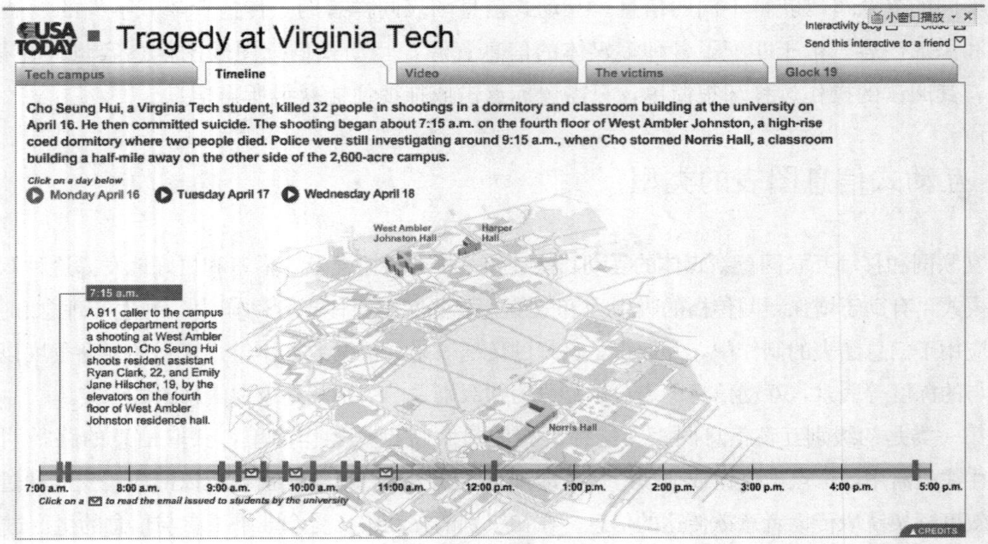

图7-32　《今日美国》网络专题“弗吉尼亚理工大学的惨剧”中的信息图表

第二，具有很强的地理特点。通常情况下，事件发生的地点和时间是如影相随的，但有时，地点的特性比时间还强。通过地点贯穿事件，同样使内容条理清晰。《纽约时报》在2008年中国四川地震报道的图表中使用了互动地图（interactive map），点击北川、都江堰、绵竹、江油等地名处的图标，则链接到反映当地灾情或救援情况的图片报道（见图7-33）。打开《今日美国》报的网络版天气报道，点击“weather”图标旁边的小箭头，则在全美地图的主要城市图标上会依次显示最近12个小时的天气情况。如果在右侧的搜索栏中输入城市名称，则在该栏的下面会显示最近10天的天气情况。与以时间为线索的图表不同的是，以地点为主线的图表，会更多地使用地形图和三维模拟图。

第三，具有一定的逻辑关系。这类图表大多是关于当前某一社会问题或者热门话题的讨论，对某种社会现象的阐释等，体现信息的深度和广度及各类信息之间的逻辑性是其特色。图7-34是2014年世界杯的赛前预测信息图表，该图表采用D3软件绘制而成。右下角的世界地图中，圆圈越大，夺冠率越高。左侧大图显示的是依据数据运算预测的32支球队的出线率。8个小组共32支球队进行小组赛，两两比赛，各小组三场，最后根据胜负平的积分排行前两名的球队晋级淘汰赛（16强），胜得3分，平得1分，负得0分。第一轮淘汰赛，A组第一对阵B组第二，A组第二对阵B组第一。以巴西队为例，他们获得小组第一的概率是63.5%，小组第二的概率是24.2%，所以他们小组出线的总概率就是87.7%。如果以小组第一出线参加淘汰赛第一轮，胜率是45.4%，以小组第二出线参加淘汰赛第一轮，胜率是16.8%，所以，

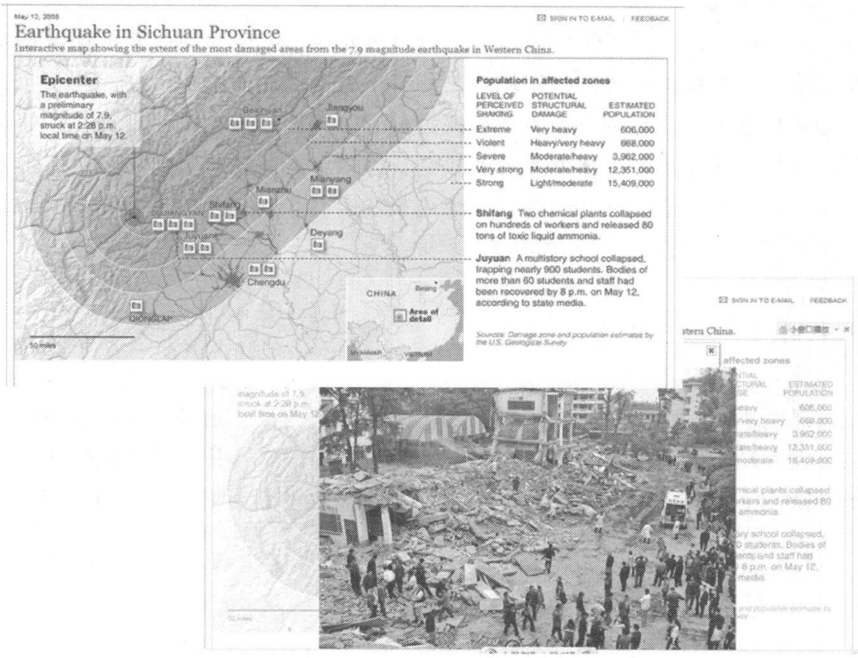

图 7-33　《纽约时报》网络新闻“四川地震”中的信息图表

巴西晋级八强的概率是 62.2%。以此类推，巴西队晋级四强（半决赛）的概率是 43.6%，晋级决赛的概率是 31.1%，最后夺冠的概率是 21%。事实上，巴西队最后在首场半决赛时以 1∶7 惨败给了德国队。

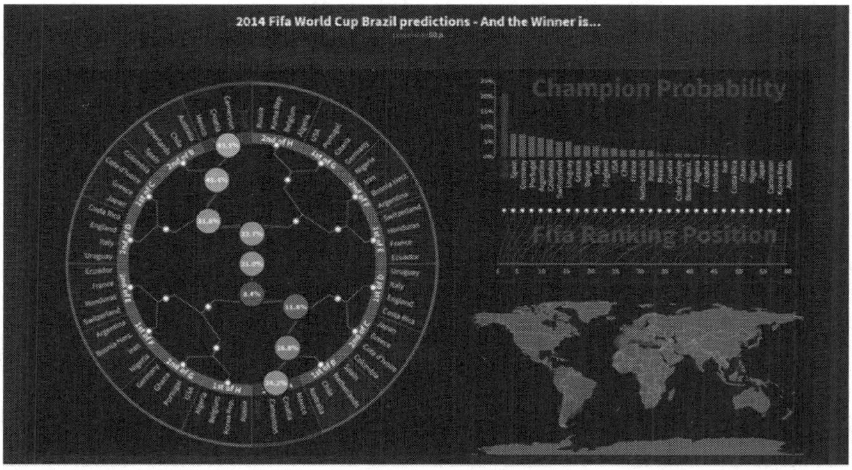

图 7-34　2014 年巴西世界杯赛前预测图

第四，注重认知规律和用户阅读体验。在信息图表制作中加入互动交流功能，有助于提升受众的阅读兴趣和用户体验，进一步增强传播的效能。为了更好地实现这些目标，人性化在设计中得到了充分体现，并且非常尊重认知规律。互动信息图表在制作中首先是采用新闻地图或三维仿真图来还原事件发生的场景、展示事物的结构的，即便是抽象的数据图，也是抓住重点信息以强势手段刺激视觉。等受众对事件有了清楚的了解后，再用时间轴的方式梳理事件发生前后的关键点，进而分析事件发生的原因。有时以时间线、数据地图或者依据事物本身的逻辑性来集纳相关信息，为报道提供背景知识，进一步拓展报道的深度和广度。

尽管互动信息图表有初级别、中级别和高级别的区分，但是在设计制作时，简捷实用依然是首要原则，即受众在互动中能够不费力地找到获得信息的路径。互动形式是为了更精巧和有趣地呈现内容，并且让受众因此在内容上停留更长的时间，对信息有更充分的掌握。① 这才是制作互动信息图表的最终目标。

三、互动式信息图表的设计

互动式信息图表传达信息有两个关键问题需要解决：一是把信息或者数据可视化为相关联的图形；二是在互动中，使受众易于实现有着认知目的的操作，并在可视化的各个环节中获得信息。因此，从交互设计的角度出发，互动式信息图表的设计框架主要包括两个部分（见图 7－35）。

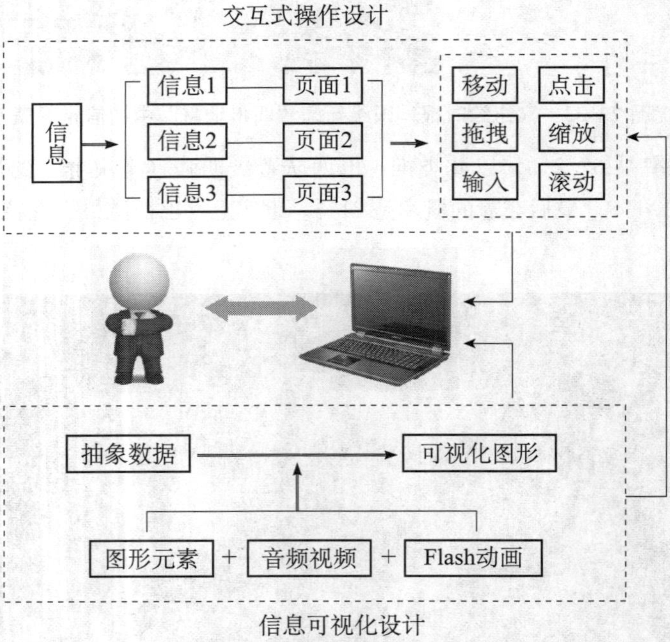

图 7－35　互动式信息图表的设计框架图

1. 信息可视化设计

信息可视化是对某事物建立心理模型或心理图像。它是人类的认知活动，不仅涉及视觉经验，除了图形外，声音和其他感知形式都可以用作数据描述。信息可视化的主要任务是帮助用户从数据中提取信息。② 可视化结构是指能够被人的视觉有效处理的图形系统，一般具有三个

① 马忠君．走进纽约时报互动新闻报道部．新闻战线，2011（11）.

② 思朋斯．信息可视化交互设计．北京：机械工业出版社，2012：3.

基本组成部分：图形空间、标记及其图形属性。[①] 可视化设计就是设计者在一定的图形空间里，用标记及其图形属性对数据或信息进行编码。标记就是图形空间中的图形元素，包括点、线、面、箭头、标志、色彩等。从图形属性上分析，“点”可以指代事物，并标明所在位置。“线”表示变量和趋势。“面”主要表示事物或事物之间的量值、范畴。“箭头”则接近线的属性，更具流程感、指向感。“标志”是约定俗成的视觉语言符号，具有普遍认知的特点。“色彩”具有信息分类与强化的作用。设计者通过形状、大小、位置、排列、各元素之间的关系，以及对视频、音频和 Flash 动画的综合运用，把抽象的数据或信息进行可视化组构。

2. 传受交互操作设计

互动式信息图表的设计目的就是帮助受众通过交互方式快速、有效地发现所需要的信息，或者探寻到隐藏在抽象信息中的特征、规律或趋势。通常情况下，受众在互动之前有着明确的目标，设计者需要考虑受众的行为和心理特征，依据所传播信息的内容、属性，以及任务流程来进行设计。第一步是把传播内容进行层次化的分解，确定各层次展示的先后顺序和位置（串行或并行）。第二步是在此基础上进一步明确不同层级的内容与网页之间的跳转关系。第三步是把操作步骤具体化和人性化。设计者考虑采用移动、点击、拖拽、缩放、输入、滚动等方式来帮助受众进入交互流程，并使受众获取信息。有效的互动一定不只是形式上的，受众在互动中不只是为了点击鼠标，让受众在最短的时间内耗费最少的精力弄明白如何互动，并且获得实实在在的信息，是传受交互操作设计的原则。

总之，在互动式信息图表的设计框架中，简捷实用是首要原则，即受众能在互动中方便快速地找到获得信息的路径。互动形式是为了更精巧和有趣地呈现内容，并且让受众因此在内容上停留更长的时间，对信息有更多的掌握。[②]

互动式信息图表对于传统信息图表，乃至传统新闻报道而言，其意义就在于让受众以一种愉悦、有效的方式参与信息的传递过程，帮助受众更好地理解抽象的概念或复杂的事物。互动只是一种方式，其存在的最大意义是被受众便捷地使用并使其有所收获。

【思考与练习题】

1. 报纸编辑选择新闻照片的标准是什么？

2. 试为一些新闻照片配写文字说明和制作标题。

3. 信息图表具有哪些传播优势？其形式构成要素和内容构成要素都有什么？

4. 设计、制作信息图表需要把握哪些原则？主要的设计、制作环节包括哪些？

5. [综合练习之六]：根据第三章 [综合练习之二] 中的新闻报道策划方案，为版面设计、制作一张信息图表（配合文字报道和独立报道均可）。

---

① Card S，Mackinlay J，Shneiderman B. Readings in information visualization：using vision to think. San Francisco，Morgan Kaufmann，1999.

② 马忠君．走进纽约时报互动新闻报道部．新闻战线，2011（11）.

第八章

新闻稿件配置

新闻媒介的新闻产品都是由更小的单元构成的。如报纸的组成单元是版，版里面有栏目，栏目里有稿件，而且有的栏目容纳的还不止一篇稿件。这些稿件或表现出空间上的集中性，如多篇稿件放在版面的某一区域中集中刊登；或表现出时间上的连续性，如在某一个固定专栏中周期性地连续刊登同一类性质的稿件。再如新闻网站，也是由专栏、新闻专题以及新闻稿件组成的新闻内容的整体，而且由于网络的信息海量、多媒体传播以及超文本链接的内容表达方式，网络媒介的新闻产品不仅具有平面媒介上新闻稿件可以区域集中、时间连续的特点，在稿件的编排和整合上还会采用更加复杂多样的方式。因此，新闻编辑在对新闻稿件进行了选择和修改之后，还需要根据稿件内容的相关性或内在联系，进行组织搭配或者补充扩展，使其成龙配套，形成相对完整的系统，为新闻产品的整体设计编排打好基础。

第一节　稿件配置的意义

【知识要点】

- 稿件配置有助于充分挖掘新闻信息资源，全面反映报道客体，深化主题。
- 稿件配置有助于灵活多样地运用表现手法，加强传播效果。
- 稿件配置有助于优化媒介的新闻产品，表现风格特色。

稿件配置是新闻编辑工作的主要内容之一，具有以下几方面重要意义。

一、稿件配置有助于充分挖掘新闻信息资源，全面反映报道客体，深化主题

新闻报道是对客观变动的事实的记载，而新闻稿件是新闻报道的原始材料。在日常编辑工作中，新闻编辑每天都会得到大量的新闻稿件，但无论稿源多么丰富，每一单篇的新闻稿件，其报道范围、报道深度相对于无限变化的客观存在来说都是极其有限的，往往只能从一个角

度、一种层面，以一种体裁、一定的篇幅，报道一个主题，甚至只是报道主题的一个方面，而难以展现事物发展变化的全貌，也难以揭示事物的本质。单篇稿件的这种缺欠在报道一些并非十分重要也非十分复杂的客体时，可能不会造成太大影响，因为受众并非对所有的报道客体都要知道其全部的信息。然而，如果是报道重要的事件、人物或问题，单篇稿件的缺欠就会有很大的影响，以至于报道不能全面地反映客体，不能满足受众的需要。这时，通过稿件的配置，就能够弥补单篇稿件的这种不足。

尤其要注意的是，对于受众普遍关心的重要事件、人物或问题，单篇稿件很难包容全部的信息，应该采用若干篇稿件充分地挖掘新闻信息资源，从多种角度采写，从不同的层面上表现主题，通过稿件的配置来全面反映报道客体。

二、稿件配置有助于灵活多样地运用表现手法，加强传播效果

新闻报道的表现手法是多种多样的，比如报纸上有文字报道与图片报道之分，文字报道中又分消息、通讯、特写、专访、调查报道、评论、编者按语、标题新闻等不同体裁，图片包括新闻照片、图表、图示、漫画等。电子媒介的报道手法比之纸质媒介更加丰富，特别是电视和网络媒介在报道新闻时可以声音、文字、图像同时兼备，还能够运用电脑动画、特技处理等，表现手法非常灵活。但是具体到任何媒介的某一篇稿件，所能采用的表现手法又是很有限的，往往只能用一种体裁来表现主题。因此，对于那些比较重要和复杂的报道客体，单篇稿件在表现手法上的局限性必然会影响传播效果。而稿件配置特别是“稿群”的运用，能够弥补单篇稿件在表现手法上的局限性，获得更好的报道效果。网络新闻专题最能体现稿件配置的这种效果，如人民网在2013年报道H7N9禽流感的专题（见图8－1），不仅滚动发布同一主题的新闻，还以多种角度、多种体裁、多媒体形式的相关稿件的配置，包括将有关禽流感话题的“人民微博”纳入专题，形成对新闻主题的拓展，不仅让网友全面了解事态的发展变化，还能够获得相关的知识，采取措施自我保护。

三、稿件配置有助于优化媒介的新闻产品，表现风格特色

新闻产品都是由局部构成的一个系统，比如报纸的新闻版面不止一块，有要闻版，还有本地新闻版、国内新闻版、国际新闻版、体育新闻版等，它们按照一定的结构组合成报纸最重要的部分。而进一步看，版也不是最小的元素，因为版里面还有栏目，有稿件。新闻稿件才是组成新闻产品的最小的元素。不同的新闻媒介，这些最小的元素的组织结构和组织方式不同，也就是说媒介有不同的整合稿件、发展报道的策略和手段，由此便表现出不同的版面风格、专栏特色和产品特点。

【案例】

人民网新闻专题“聚焦——H7N9禽流感”

图8-1 “聚焦——H7N9禽流感”专题的部分截图

该新闻专题首页的版式结构与稿件配置情况如下：

<table>
<tr><th colspan="3">新闻专题的栏头及子栏目</th></tr>
<tr><td rowspan="2">新闻图片（3张，轮换展示）</td><td rowspan="3">文字新闻报道，含主要新闻（4条，出标题加摘要）、滚动快讯（3条，出标题）、各地疫情（13条，出标题）</td><td>图示：H7N9禽流感症状</td></tr>
<tr><td>文字稿件：预防措施（3条，出标题）</td></tr>
<tr><td>视频报道（5条，1条出视频点击窗口，2条出视频截图加文字说明，2条只出文字标题）</td><td>配图文字稿件：小知识：H7N9禽流感是什么？世界卫生组织权威解答（出标题与摘要）</td></tr>
<tr><td colspan="3">图片新闻：患者治疗，共10条，每条出1张图片，下配简要文字说明</td></tr>
<tr><td colspan="3">文字报道：各方行动，共4条，每条配相关部委的网站小图一张，出文字提要</td></tr>
<tr><td colspan="3">文字报道：疫情速递，共6个省市，分别列出地名及患者情况</td></tr>
<tr><td colspan="3">人民微博：对有关本主题的微博的汇集，以拉滚动条的方式展示</td></tr>
<tr><td colspan="3">相关新闻：分最新疫情、专家解读、预防知识、各方行动、防范提示等几部分对本专题的内容进行分类，出标题</td></tr>
</table>

新闻稿件的组合与发展，对于优化新闻产品这一系统具有重大意义。事实上，在新闻编辑策划新闻产品之时，就多多少少对稿件的整合和发展有所考虑，之后的新闻报道策划则进一步将这种考虑细化到每一个选题的报道方案中，再到后面，编辑运用各种编辑手法修正、补充和组织稿件，最终完成了新闻产品与新闻报道的设计目标。

稿件配置，一般是根据新闻产品中各部分的定位和风格特色的规定来操作的，或者说，新闻产品的局部设计与新闻报道策划中已经包含了稿件配置方面的设计，新闻编辑不过是在编排稿件时按照方案中的设计对稿件加以配置。然而，这并不排除新闻编辑在原先的设计范围之外，对稿件进行临时性的配置。比如，报纸编辑在组版时临时决定将若干篇内容相互关联的稿件组织成专栏，或者为某一条新闻临时配发评论、资料等。这种临时性的稿件配置在任何新闻媒介中都是随时会发生的，可以视作对报道方案的一种调整和补充，是编辑主观能动性的表现。这种临时性的配置对于优化媒介新闻产品、体现风格特色同样具有意义。

第二节 稿件组合

【知识要点】

- 稿件组合是指将若干篇具有某种内在联系或共同特点的稿件组织为一个稿群，使之成为媒介新闻产品中相对独立的一个组成部分。稿件组合的主要方法有同题组合、专栏组合、集中编排。
- 同题组合，就是将相关的若干篇稿件放置在同一个标题之下，作为一个整体发表。
- 专栏组合，就是以集纳性的专栏集中主题相关联的稿件。
- 集中编排，又称“集纳”，就是将若干篇内容相关的稿件集中在一处刊登。

稿件组合是指将若干篇具有某种内在联系或共同特点的稿件组织为一个稿群，使之成为媒介新闻产品中相对独立的一个组成部分。通常情况下，专题报道尤其是网络新闻专题，在前期的新闻报道策划中事先设计了稿件的组合。由于网页面积的限制，除了专题首页可以看到稿件的标题与摘要、图片、视频等在同一页面上进行整体性的编排，专题的二级、三级页面上主要呈现单篇稿件，在稿件的结尾处再配有相关新闻或资料的标题链接，供读者自由选择点击来进行相关内容的延伸性阅读。而报纸与网站不同，版面面积较大，但版面的容量有限。版面编辑将多篇新闻稿件编排在同一块版面上，除了按照报道策划方案落实稿件的配置之外，往往还会根据当天的稿件情况，临时进行稿件的组合。

单篇稿件能够组合在一起，前提是这些稿件相互间有某种关联，或者具备某种共同的特点。这种关联或特点主要有以下方面：

（1）主题相同。稿件都反映同一主题，报道的中心思想是一样的。比如有若干篇新闻稿件分别报道各地植树造林的情况，由于报道的主题相同，就可以组合在一起。

（2）内容相同。稿件的内容在某一点上相同，所反映的社会生活、事件、人物、地点、时间等方面具有同一的因素。比如若干篇稿件都与新发明新发现有关，或者所报道的事情都发生在同一地区，这些共同的因素使得这些稿件可以组合在一起。

（3）形式相同。稿件所运用的体裁、符号、表现手法等相同，比如都是照片，都是简讯，都是来信等，它们也可以组合在一起。

新闻编辑在处理稿件时，要根据稿件的上述关联或特点，对单篇稿件加以组合。稿件组合的主要方法有同题组合、专栏组合、集中编排。

一、同题组合

同题组合，就是将相关的若干篇稿件放置在同一个标题之下，作为一个整体发表。同题组合的作用如下：第一，以多篇稿件从多种角度报道一条新闻，或者全面报道事物的各个侧面、各个阶段，使受众能够全面了解报道对象，获得更多的信息。第二，以多篇稿件反映同一主题，能够造成报道声势，形成报道重点，从而使主题得到强调甚至升华。第三，多篇稿件归纳于同一标题之下，必然删除稿件之中相互重复的内容，从而精简了稿件，节省了受众的时间。

运用同题组合，首先要对稿件的主题与内容加以分析，以找出稿件的共同点，确定统领这些稿件的共同主题，以这一主题为基础制作稿件共同的标题。同题组合稿件通常有这样几种确定主题的思路。

1. 组合内容性质一致的稿件，从稿件内容的同一性中归纳主题

内容性质一致的稿件经常会在同一个时间集中出现，一种可能是新闻编辑在策划某一报道时，预先设计了组合报道方式，布置了若干记者在不同地区同时采访某一问题。如《经济日报》曾针对飞机、火车不正点到达的问题，策划组织了“话说‘正点率’”的专栏报道，根据编辑部的安排，北京、上海、广州、西安和昆明五个城市的驻地记者在同一天对当地机场实地调查，分别发回有关飞机当日正点到达情况的报道。编辑得到的这五条消息在内容上就是相同的，但这五条消息并没有一条一条单独刊登，编辑将它们分别做了删改之后合并为一篇稿件，制作了一条共同的标题：“航班何处能正点　请看前日五机场”。这样的同题组合是在前期的报道策划中就设计好的一种报道手法。

然而也有另一种可能，编辑事先并没有策划组合报道，但在记者、通讯员和作者的来稿中有若干篇稿件主题一致、内容相同，编辑在发现了这些稿件的共同特性之后，编排版面时临时决定将它们组合在一起，制作一条标题统领所有这些稿件。

【案例】

内容性质一致的稿件同题组合

哈市：特大洪峰今日到达
大庆：洪水冲破第三防线
洪湖：长江干堤深夜脱坡

图 8－2　三条同一内容的新闻稿件同题组合

这是由三篇稿件临时组合的报道（见图 8－2）。这三篇稿件都是反映洪灾最新情况的，主题的一致性使得编辑能够对它们进行同题组合。

组合内容相同的稿件，主要是利用稿件内容的横向联系，更加全面地报道某一主题，形成一定的报道规模。比如反映某一问题在不同地区的表现、反映某一事件在不同人群中的反应等，所用的稿件越多，报道面往往也越大，越能表现事物发展的全貌。但这种同题组合，稿件是同一水平上的累积，不会因为所组合的稿件越多，报道就越有深度。

2. 组合内容性质对立的稿件，从稿件内容的矛盾性中提炼主题

编辑经常会在稿件中发现内容性质相对立、相抵触的稿件。通常是两条新闻，一条表现高尚，一条表现丑恶；一条批评赞扬，一条揭露批判。这种内容性质相悖的稿件编排在一起，能够形成鲜明的对比，使每篇稿件原先的主题得到深化。

内容性质相悖的稿件要形成对比性的组合，同样要求这些稿件具有某些共同的特征。

【案例】

内容性质对立的稿件同题组合

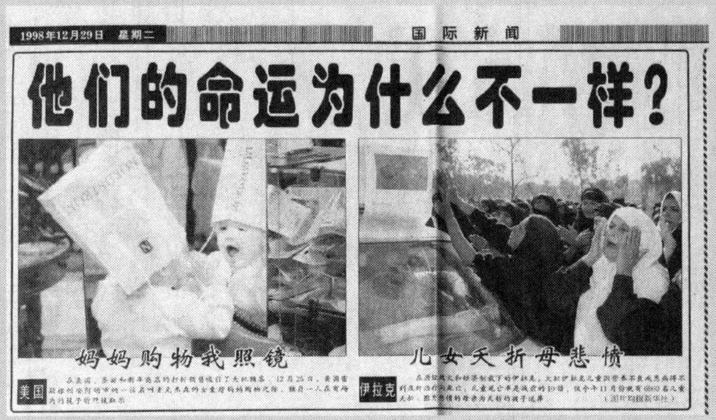
1998年12月29日　星期二　国际新闻

他们的命运为什么不一样？

妈妈购物我照镜

美国

儿女夭折母悲愤

伊拉克

图 8-3　两张内容性质对立的新闻照片同题组合

这是两幅新闻照片的同题组合（见图 8-3），一张表现的是美国一位儿童在圣诞节妈妈购物时，独自一人在商场内的镜子前照镜取乐。另一张表现的是伊拉克的儿童由于连年战争与经济制裁营养不良或患病死亡，一群悲痛的母亲在为夭折的孩子送葬。这两张照片的共同特征是反映儿童的命运，内容的对立性是两国儿童命运迥异。因此，编辑将这两张照片并排刊登，制作了一个共同的大标题："他们的命运为什么不一样？"这种稿件组合，使主题比单独发表其中一张照片更加深刻、尖锐、引人深思。

3. 组合内容互为补充的稿件，从稿件内容的互补性中概括主题

新闻报道的客体往往不是孤立存在的，比如一个新闻事件总有其发生的原因，发展的过程，还会引起各方面的反应，出现某些结果。因此，新闻编辑在处理稿件时，应该注意报道客体这种复杂性及其外在联系，将报道同一客体的、内容相互补充的稿件组合在一起，以全面地表现事物发生发展的前因后果，以及事物与外部环境的联系。

【案例】

内容互为补充的稿件同题组合

背景：

1995 年 5 月 29 日新华社播发了许多条有关波黑局势恶化的新闻，这些消息发自世界各地：来自波黑的消息报道，波黑塞族军队炮击执行低飞侦察任务的北约战斗机；来自纽约的消息报道，联合国召开会议，安理会成员表示不会向波黑的“讹诈”妥协；来自华盛顿的消息报道，美国白宫发言人说，克林顿总统的外交政策顾问小组主张加强在波黑的联合国维和部队的力量，但克林顿反对美国军队加入联合国部队的立场尚未改变；来自伦敦的消息报道，英政府决定向波黑增派军队；来自巴黎的消息报道，由于波黑扣留了 100 多名法国维和士兵当作人质，法国总统决定向前南附近海域派遣航空母舰，并要求安理会和前南问题联络小组召开紧急会议讨论人质问题；来自莫斯科的消息报道，俄罗斯总统叶利钦派国防部长和外交部长前往前南斯拉夫地区，力图说服交战各方达成新的停火协议。《羊城晚报》国际版采用同题组合的方式刊登了六条新闻。

标题：

波黑局势恶化　　（主题）

三百余维和士兵被扣

安理会表示决不向“讹诈”妥协

美国赞成加强维和力量

英国打算向波黑增派军队

法国向前南附近海域派遣航母

俄国派遣国防、外交部长调停

新华社的这些新闻稿在内容上有紧密的内在联系。波黑向北约战斗机开炮是事态发生变化的开端，也是联合国及美、英、法、俄等国做出强烈反应的缘由，所以这些消息的内容是互为补充的，结合在一起才能反映事物因果与全貌。

《羊城晚报》国际版编辑对这些独立播发的电讯稿采用同题组合的方法，将每条消息压缩之后连排，制作了一个共同的标题，使得这组报道互为补充，信息更加集中，报道主题更加突出，有助于读者全面了解情况。

需要强调的是，同题组合的稿件配置方式具有明显的优点，如能够使稿件之间凝聚力加强，报道主题得到升华，并且能够减少重复内容，节约版面。但是这种编辑方法也有其缺陷：一是它将若干篇稿件集中编排，每篇稿件的重要性因此不能充分体现；二是多篇稿件连排，篇幅易拉长、版面易显臃肿。所以，运用同题组合稿件的方法，要注意对组合的稿件进行必要的压缩，将重复的内容删去。

同题组合的稿件原来每篇都有自己的标题，运用同题组合时一般不再将每条标题单独刊出，而是以一条标题统领所有的稿件，这样可以突出共同的主题，并且节省了版面空间。

二、专栏组合

专栏组合就是以集纳性的专栏集中主题相关联的稿件。专栏是报纸、网页和广播电视节目中相对独立的一个组成部分，它是由某些具有特征的稿件，按照某种特殊的编排形式组成的。

从专栏的设计与制作来看，有一类专栏是固定的，在一段时间内连续出现。这种专栏有的在媒介新闻产品设计时就已经确定了，其名称、篇幅、内容和风格特色都有事先设计。如《人民日报》第一版的“今日谈”，从 1980 年开办以来，一直不间断地出现在版面上，至今仍然是该报的一个重要专栏。也有些专栏是在报道策划时确定的，围绕某一重要报道选题，在一段时间内开设某一专栏，如前文中谈到的《经济日报》围绕飞机、火车的不正点到达问题进行连续报道，专门开设了“话说‘正点率’”专栏（该专栏的前两套稿件同时运用了同题组合方式），连续刊出多次。

还有一类则是不固定的，非连续性出现的，编辑对这类专栏并没有事先的设计，而是在编排稿件时根据稿件之间的某种联系，临时将若干篇稿件组合成为一个相对独立的单元，以专栏的形式出现。这种专栏与前面那种事先周密设计的专栏不同，它是编辑在处理突发性新闻报道时随机应变集纳稿件，临时组成的专栏。

专栏的种类很多。从专栏的稿件构成上看，有单篇稿件构成的专栏，即单一性专栏；也有多篇稿件构成的专栏，即集纳性专栏。单一性专栏多为连续性的，集纳性专栏有连续性的，也有一次性的。临时组合的专栏一般都是集纳性专栏，如下面《光明日报》的头条案例。

【案例】

临时性的专栏组合

光明日报
GUANGMING DAILY
华盛顿第二届中国文化节开幕
江泽民主席和克林顿总统致贺
2000年炎黄杯世界龙舟锦标赛开幕
假日文化红红火火
北京 万众瞩目升国旗
西安 汉唐歌舞庆十一
南昌 文化活动丰富多彩
昆明 春城无处不飞花
上海 灯光美景国庆夜
大连 广场文化方兴未艾
第二十七届奥运会圣火熄灭
中国外交部发表声明
强烈抗议梵蒂冈“封圣”

图 8-4　以专栏组合的方式编排的头版头条

这个版的头条是以专栏组合的方式编排的（见图 8-4）。编辑将六篇主题相同的稿件编发成一个临时性的专栏，使得它们形成合力，能够作为头版头条，而且主题得到了强化。

从专栏的内容上看，有专一性的，即刊登的稿件是同一类型的，如全部是新闻，或全部是评论；也有综合性的，即不止容纳一方面的内容，稿件的形式不止一种，如不仅有新闻，还有资料、评论等。

从专栏的传播方式上看，有单向告知式、双向问答式和多向讨论式三种。单向告知式即单纯向受众报道新闻和评价新闻。双向问答式是针对受众关心的某些问题，有问有答，如刊登读者来信来电，同时刊登专家的解答。多向讨论式是针对某些有争议的话题，同时刊登各种不同意见的稿件。

【案例】

专栏组合的标题制作

专栏标题：

林表明霁色，城中增暮寒。虽说要到本周三才立冬，昨天的雨雪和连日来的寒风却告诉人们——

冬天来了！

2001年11月5日 星期一 第五版

都市晨报

林表明霁色，城中增暮寒。虽说要到本周三才立冬，昨天的雨雪和连日来的寒风却告诉人们——

冬天来了！

冷！供暖还得等几天

冷！变天多了感冒人

冷！带毛服装最好卖

冷！啤酒花园要"冬眠"

地坛庙会摊位拍了一百五十万

卫生局：15家企业食品最安全

大鲨鱼竟是虚拟的

节能宣传周昨天开始

鼠尾冒充牛尾卖?!

图 8-5 在版面上自成一体的组合专栏

《北京晨报》上的这组稿件（见图8-5）都是报道冬天来临时各方面情况的。编辑将它们以专栏组合的方式集中编排，并制作了统一的栏题。这个栏题是由引题与主题组成的复合式结构的标题。

此外，版面编辑还为这个临时性的专栏加了框，使它在版面上成为一个相对独立的区域，更能吸引读者注意。

专栏组合稿件在操作上需注意以下几方面：

第一，专栏组合与同题组合一样，要求被组合的稿件具有共同的特征，而且这些稿件组合在专栏中也正是为了强化和突出这种共同特征。因此，编辑在处理稿件时，要注意从稿件中提炼其共同的主题，从而突出某种编排思想。

第二，专栏特别是集纳性专栏，是由若干篇稿件组合而成的，其中每一篇稿件都是构成报道主题的一个部分，因此在写作上不必求全求大，而应写得短而精。一般说来，专栏适合发短稿，短稿虽不能反映主题的全部，但多篇稿件组合在一起，相互补充，就能够取得较好的传播效果。

第三，专栏组合在报纸版面上自成格局，与相邻的其他稿件有较明确的区分。因此新闻编辑需要根据媒介的特点作一些特殊处理，如制作专栏标题，在版面编排时适当加线围框，以示其与周围稿件的分隔。

【案例】

专栏组合的标题制作

专栏标题：

同是领导　不同态度

赞　弹

2001年 12月 9日

羊城晚报

国内新闻

赞

同是领导

不同态度

弹

民居失火！正好路过的长沙市纪委书记董学生

一马当先爬上屋顶救火

眼睁睁看女童溺死

宁夏吴忠市副市长王明忠受处分

大发酒疯大闹酒店

南京市政公用局局长朱自强被撤职

图8-6　组合专栏的栏题

《羊城晚报》上这三篇新闻稿件（见图8-6）反映的是几个领导干部在社会生活中截然不同的表现。编辑以专栏组合的方式将它们编排在一起，并制作了非常醒目的栏题，表明了编辑部的立场和态度。

这个临时性的专栏还采用了围框的方式，与周围其他稿件区分开。

运用专栏组合稿件，除了每篇稿件都保留自己的标题外，还要制作能够统领这些稿件的专栏标题（简称栏题或栏名）。连续性刊出的专栏栏题是固定的，每次都会以同样的大小、形状排列在相对固定的位置上，这类栏题一般比较简练，如“神州新貌”“八面采风”“经济短讯”等。临时性专栏通常要集纳若干篇稿件，编辑要根据这些稿件的共同特征临时制作栏题。这种栏题类似于大标题，可以做得较长，含有较多的信息，还可以做成复合式标题，即除主题外还有引题或副题。

三、集中编排

集中编排，又称“集纳”，就是将若干篇内容相关的稿件集中在一处刊登。

集中编排与同题组合不同，各篇稿件都要保留自己的标题，而不是用一条共同的标题来统率它们。集中编排与专栏组合也不同，它一般都是非连续的，没有栏名，甚至可以没有大标题，也不一定用围框、勾线等方式强调其相对独立性。集中编排的规模有大有小，小则几篇稿件占据部分版面，大则多篇稿件占据整个版面。占据整个版面的就成了“专版”。

集中编排是一种比较灵活的编辑手法，虽然它也是由若干篇稿件组成稿群，但这种组合并不像同题组合或专栏组合那样被刻意强调。

【案例】

集中编排

A6
国际新闻
美国《国际先驱论坛》就撞机事件发表评论
批评华盛顿的态度和做法
世界舆论谴责美国霸权主义行径
霸权心理作祟
欧美地区华侨华人要求美国道歉
探寻火星生命
南联盟两万人贝尔格莱德集会，高呼
“释放米洛舍维奇！”
印度继续做航天大国梦
急不可待地宣布再次试射火箭
南联盟内务部长承认
美国通牒对逮捕米氏起了作用
美表示将继续向南联盟提供援助

图 8-7 将两组稿件集中编排的版面

这块国际新闻版中集中编排了两组稿件（见图 8-7）。一组是关于中美撞机事件的 3 篇稿件：《美国〈国际先驱论坛〉就撞机事件发表评论——批评华盛顿的态度和做法》《世界舆论谴责美国霸权主义行径》《霸权心理作祟——欧美地区华侨华人要求美国道歉》。另一组是关于米洛舍维奇被捕事件的 3 篇报道：《南联盟两万人贝尔格莱德集会，高呼“释放米洛舍维奇!”》《南联盟内务部长承认 美国通牒对逮捕米氏起了作用》《美表示将继续向南联盟提供援助》。

集中编排对稿件的集中主要通过版面位置来表现，不像同题组合或专栏组合那样刻意强调一组稿件的相对独立性。

集中编排在本质上与同题组合、专栏组合一样，是利用稿件之间的某种共同特征做集中处理，形成稿群，以突出某一主题思想。因此，编辑在运用集中编排时，也是根据稿件之间的某种内在联系和共同性来操作的。上述案例中对两组稿件的集中编排，就是因为这些稿件在内容上相互联系，关系共同的主题。

第三节　稿件发展

【知识要点】

- 稿件发展是对已有的稿件做资料、观点或最新信息的补充。稿件发展的主要方式有配评论、加按语、配资料、配新闻。
- 配评论，就是为重要的新闻稿件配发简短的言论，配合新闻稿件的评论要根据报道内容立论，并且深化报道。
- 加按语，就是编辑对所发表的稿件附加简单的说明或批注。按语主要有评论性按语和说明性按语两种类型。
- 配资料，就是新闻编辑为新闻稿件补充配发相关的资料，是对新闻报道的一种“扩展”。从内容上看，所配的资料主要有新闻背景、新闻人物与组织、新闻地理、科学知识、词语解释。从形式上看，平面媒介所配的资料主要有文字、照片、图示。网络媒介除此之外，还有音频、视频、Flash、时间轴等。
- 配新闻，就是对新闻稿件中的新闻事实加以“发展”，扩大报道的新闻信息量。配新闻与配资料一样，有多种表现形式。

稿件发展是对已有的稿件做资料、观点或最新信息的补充。与改稿中的增补不同的是，这种补充是另外加发稿件，单独成篇，作为对原稿的补充说明、论述或阐释。

新闻稿件由于篇幅的限制或体裁的限制，对新闻事实的报道往往有某方面的不足，比如：报道某一突发事件的现场新闻，交代了最新的情况，却没有介绍这一事件的起因与过去的状况；报道某一建设成就的新闻，只有文字的叙述，却缺少直观的形象；揭露某一问题的新闻，虽然事实确凿，但对这一问题的分析与见解却不够深刻……凡此种种，都需要对已有的稿件加以发展。

稿件发展的主要方式有配评论、加按语、配资料、配新闻。

一、配评论

配评论，就是为重要的新闻稿件配发简短的言论，配合新闻稿件的评论要根据报道内容立论，并且深化报道。

新闻是对最新变动的新闻事实的报道，新闻报道的长处在于能够叙事，短处在于难以说理。因此对于那些特别重要的新闻报道就要配发评论，来帮助揭示隐含于事实之中的思想、道理和规律。

评论在各类新闻媒介上都是经常被运用的一种文体。尤其是纸质媒介，作为评论的发源地，评论的种类更多，有社论、评论员文章、署名评论、短评等。它们有些是单独发表的，也有些是配合新闻发表的。我们这里说的配评论是指后一种。在广播电视新闻报道中，配评论的道理和手法与报纸相同。

配评论与离开新闻稿单独发表评论有所不同，它的特殊之处如下：

第一，配评论必须从新闻稿中"借题发挥"，也就是评论要依托新闻报道。评论的议题是从新闻中产生的，但又不是对新闻中的所有问题发表见解，而是抓住其中最有意义、最能说明问题的某一点，引申开来，进行评论。

第二，所配的评论必须是对新闻主题的深化，要高于新闻报道，给人以启迪。评论应该说出新闻报道中所没有揭示出来或没有深刻阐述的道理，提出有指导意义的建议或意见，而不是重复新闻中已有的内容。

第三，配发的评论篇幅不宜过长，一般情况下不应长于它所依托的新闻稿。

现在，许多报纸为新闻配发评论，不但见报频率高，而且纷纷推出各式各样的小专栏，如《经济日报》经常对头版头条新闻配发"编辑点评"，在第二版还经常对头条新闻配发"今日话题"，这两个小栏目都是版面编辑对新闻稿进行深化、发展的"用武之地"。

【案例】

《人民日报》为头条新闻配发的评论

新闻简介：

《人民日报》第二版的头条新闻稿：

避免重复投资重复改造重复引进分散建设

8省市10家企业组建华录公司投产

今年生产150万套录像机芯　国产机芯组装的录像机将投放市场

新闻内容是，为了避免以往出现的重复投资、重复引进、重复改造、分散建设的问题，国务院做出了"集中全国力量办大事"的决策，从改革投资体制和企业组织结构入手，由分散在8个省市的10家录像机定点企业以经济利益为纽带组建股份公司——中国华录电子有限公司。这个公司今年将生产150万套录像机芯，使我国的录像机生产从此进入一个新的发展阶段。

配发的评论（"快人快语"）：

这条新闻报道的事实体现了我国经济建设发展的一种必然趋势，那就是冲破过去"大而全""小而全"的小生产观念，按照市场经济的需要集中资金、技术等资源优势，形成新的生产力，取得理想的经济效益。

但是，新闻稿件限于篇幅和体裁，对这种意义和影响难以充分论述。

包饺子不用各自擀皮儿

包饺子时，总是一人擀皮儿，供数人包，而不是各擀各的皮儿，各包各的饺子，这就是分工。分工能提高效率，这是显而易见的。由于人类的生产劳动带有社会性，所以分工古已有之，而且随着生产力的发展，越来越细，越来越专业化。

然而，在我们今天的经济生活中，却存在着不少各擀各的皮儿，各包各的饺子的现象。例如一些紧俏产品，各地争相上马，重复引进，各搞一套，结果造成资金分散，难以形成规模生产，而且因为投资规模小，技术上很难达到先进水平。

这种"小而全""大而全"的做法，实际上是小生产观念的反映，是同现代社会化的大生产格格不入的。这种落后的、陈旧的观念不清除，就很难自觉地接受国家的宏观调控措施。

按照市场经济的办法，建立股份制公司，可以较好地把资金、技术等资源优势集中起来，攥成拳头，形成新的生产力，取得理想的经济效益。新成立的华录电子有限公司就是这样，不仅集中各方的财力、人力、资源，还引进最先进的技术、设备，使录像机关键部件高起点、高水平地一次达到规模生产要求。这比分散的"大而全""小而全"不知要高明多少倍，何乐而不为呢！

这条500来字的短评针对新闻报道短于说理的特点，展开对新闻事实的评论，提示其价值和意义。它用"包饺子"这个日常生活中的小事形象生动地阐述了规模生产能够带来高效益的道理，实际上是将新闻中比较专业化的理论作了通俗而生动的说明，使读者充分了解这种经济行为的作用和意义，给实际工作以指导。这个短评的配发，使报道达到了新闻稿件本身无法达到的深度，取得了良好的社会效果。

二、加按语

加按语，就是编辑对所发表的稿件附加简单的说明或批注。按语主要有评论性按语和说明性按语两种类型。

1. 评论性按语

评论性按语是对整篇稿件或者稿件中的某一部分发表意见，以引起受众的注意和思考。配发评论性按语与配发评论的不同在于，按语更加简短，一般没有标题。

【案例】

评论性按语

新闻简介：

《羊城晚报》国际新闻版有关油价问题的新闻，主标题及三条分标题如下：

这篇国际新闻稿件介绍了日本、韩国和德国在节约能源方面的做法和经验，对我国有借鉴意义。但新闻本身并没有对如

油价攀升　节能有道

日本　精明细致多种举措并举

韩国　优惠措施鼓励车主节约

德国　政策支持开发替代能源

配发的编者按：

编者按：随着世界能源的紧张，节能的重要性也日益凸显。前些日子广东石油的紧张状况，更是将这一命题直接摆到我们面前。因此，借周末特刊本版简单介绍国外一些节能的途径和方法，以期能给我们自身一些镜鉴。但在节约使用宝贵的自然资源的同时，面对错综复杂的国内国际市场因素，我们在节约的同时，还要开源：首先是开拓市场来源，打破垄断，构建一个健康而多元的能源市场；其次是政策性应对，作为一个发展迅速的经济大省，应建立相应的储备体系，以应对诸如“台风”等外力干扰带来的紧张局面。

何借鉴这些经验发表意见，编辑采用“编者按”的形式，对此加以评论，提出“面对错综复杂的国内国际市场因素，我们在节约的同时，还要开源：首先是开拓市场来源，打破垄断，构建一个健康而多元的能源市场；其次是政策性应对，作为一个发展迅速的经济大省，应建立相应的储备体系，以应对诸如‘台风’等外力干扰带来的紧张局面”。这段评论对于加深读者对新闻事实的理解、指导实际工作是非常必要的。

还应说明的是，这段“编者按”的前半部分，对发表这篇报道的背景和目的有所说明，因此也同时具有说明性按语的特点。

2. 说明性按语

说明性按语主要是对发布稿件的背景、用意，对稿件的来源、作者的情况等加以说明，也可以对稿件中某一句话、某一个字作解释和说明，以帮助读者准确地理解其意思。在策划性选题的报道中，编辑经常采用说明性按语对整个报道的背景和宗旨加以说明。另外，在推出新的专栏时，也往往采用“编者按语”“开栏的话”等向读者说明开辟此栏的宗旨与目的，顺带向读者约稿。

【案例】

说明性按语

新闻简介：

《人民日报》第15版科教周刊策划性选题报道，大标题如下：

本期关注　新型农村合作医疗

让农民看病不再难

这一专版集纳了4篇文字稿件和一组图片报道，编辑为这组报道配发了编者按。

配发的编者按：

编者按：日前，国务院召开常务会议，决定加快建立新型农村合作医疗制度，进一步加大中央和地方财政支持力度，明年将试点的县（市、区）由目前占全国的21%扩大到40%左右，中央财政对参加合作医疗农民的补助再增加10元，同时将中西部地区农业人口占多数的市辖区和东部地区部分参加试点的困难县（市），纳入中央财政补助范围。这一重大举措，充分说明了党中央、国务院对农民健康的深切关心，令人鼓舞。

新型农村合作医疗制度是由政府组织、引导、支持，农民自愿参加，个人、集体和政府等多方筹资，以大病统筹为主的农民医疗互助共济制度。它关乎亿万农民的健康和利益，是我国统筹城乡发展、构建和谐社会的一项重要举措。

自2003年开始试点以来，目前全国共有30个省、自治区、直辖市的310个县市开展了新型农村合作医疗试点，覆盖农业人口9 504万。试点工作一年多来，各地结合实际情况，进行了有益探索，创造了新鲜经验，取得了很大成绩。为此，本版组织来自东部、西部、中部试点省份的一组报道，希望它们的经验和做法能为各地提供借鉴。

这段“编者按”说明了新型农村合作医疗这一新事物出现的社会背景，交代了中央政府的相关政策内容，以及开始试点以来的各地进展情况。这些信息可以帮助读者更好地理解新闻报道的社会意义。

同时，这段“编者按”也说明了组织这组报道的目的：将试点地区的经验和做法提供给各地作为借鉴，从而体现了党报对实际工作的指导作用。

加按语一般无须标题，报纸编辑过去大多是在按语前注明“按:”，或者在按语后标明“——编者”，甚至什么也不标，但用不同于正文的字体字号排出来放于文首或文后，读者就能心领神会。也有一些报纸在推出新专栏时以“开栏的话”“开篇的话”等作为按语的标题，但从内容上看，它其实还是一种“编者按”。

三、配资料

配资料，就是新闻编辑为新闻稿件补充配发相关的资料，是对新闻报道的一种“扩展”。

新闻报道一般注重表现最新的变动和状态，而对事件或人物的过去、对事物相关的其他情况不可能很充分地说明，这就使受众在接受新闻时由于不能全面地了解事物发展的整个过程和各个方面而产生疑惑。要为受众解开疑惑，编辑就需要对新闻进行“发展”，即由现在的状况延伸出去，由这一个延伸出相关的另一个、另一些。这种工作就是配发新闻资料。

第一，从内容上看，所配的资料主要有这样几种类型：新闻背景、新闻人物与组织、新闻地理、科学知识、词语解释。

（1）新闻背景，指新闻事件的背景资料，主要介绍新闻事件的历史渊源和发展过程。比如报道一场战争，在发布某一日战事新闻时，需要向受众介绍一下这场战争的起因和前一段时间的战况，这就要配发新闻背景资料。

（2）新闻人物与组织，指新闻中重要人物的生平资料和重要组织的基本情况介绍。比如外国总统来访，新当选的国家领导人上任，除了报道事件本身以外，通常要对这些人物的生平做简要的介绍。在新闻报道中如果涉及一些非常重要的组织、机构和社会团体，读者不一定了解全面情况，也需要进行简要介绍。新闻人物资料主要包括个人简历、家庭情况、个人爱好等。新闻组织资料主要包括组织的创建与发展历史、工作或经营范围、主要业绩等。

（3）新闻地理，指对新闻所涉及的重要地点的地理知识介绍。如战争报道中往往涉及具体的战斗地点，这些战斗地点的地形地貌和气候条件对战争影响很大。科技新闻中也时常涉及一些特殊的地理条件。这些地理方面的情况读者不一定很了解，就需要以配资料的方式加以简要介绍。

（4）科学知识，指新闻中涉及的有关自然科学与社会科学的知识。如有些新闻稿件中涉及新的科技成果、新的专业领域等，是读者比较陌生的，就需要配资料予以说明。

（5）词语解释，指对新闻稿件中比较难懂的专业术语、典故、方言、外来语等进行解释。如在许多专业性较强的报道中，往往包含着大量读者不熟悉的专业名词和术语，稿件本身并没对此进行解释，编辑就要通过配资料的方式，向读者进行通俗的解释和说明。

第二，从形式上看，报纸等平面媒介所配的资料主要有这样几种类型：文字、照片、图示。

（1）文字，以文字表述的形式配发的资料，也是报纸上采用得最多的一种资料。文字资料的特点是编写比较灵活简便，详略安排比较自由，在版面上所占空间一般不大。

（2）照片，以摄影方式获得的形象性的资料。作为资料的照片与新闻照片不同，它不强调时效性，注重的是画面形象对新闻的证实及解释作用，如在人物报道中配发的照片不一定是近照，可能是一张最有代表性的历史照片。

（3）图示，以图示的形式配发的资料。图示的种类包括统计图表、示意图和新闻地图三种。统计图表就是将统计数字制成表格图，便于读者集中阅读，一目了然。示意图不但将统计数字集中绘制成图，而且用形象化的手法表示这些数据所代表的意义，如用曲线图、柱状图表示一段时间中数据的变化走势，使数字的类比或对比更加鲜明生动。示意图还可以将复杂的情况以图画的形式表现出来，使其直观易懂。新闻地图则是根据标准地图，将新闻发生地的地理位置绘制成更加简洁明确的地图。图示资料通常是配合文字报道采用的。它能够帮助读者更加直观地理解新闻内容。

【案例】

多种形式并用的资料配置

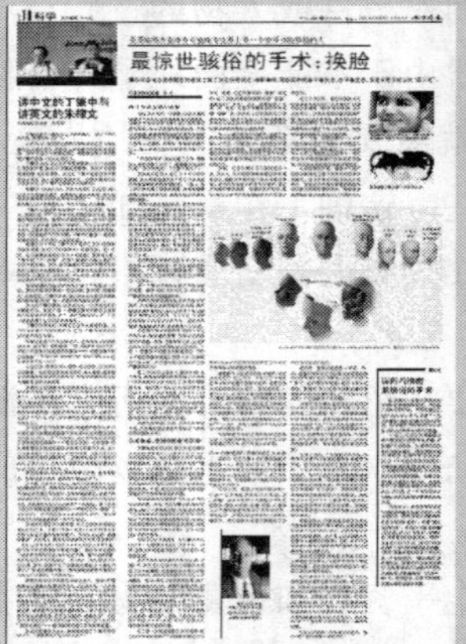
最惊世骇俗的手术：换脸

图 8-8　配发文字与图示资料的报道

《南方周末》B12 版《最惊世骇俗的手术：换脸》（见图 8-8）写的是，美国科学家在志愿捐献者的遗体上做了许多换脸试验，结果表明，移植后的脸既不像供者，也不像受者，而是不易辨认的“第三者”。人们对换脸术最关注的是当手术完成后，呈现出来的面孔是供者的还是受者的。

配发的图示资料：

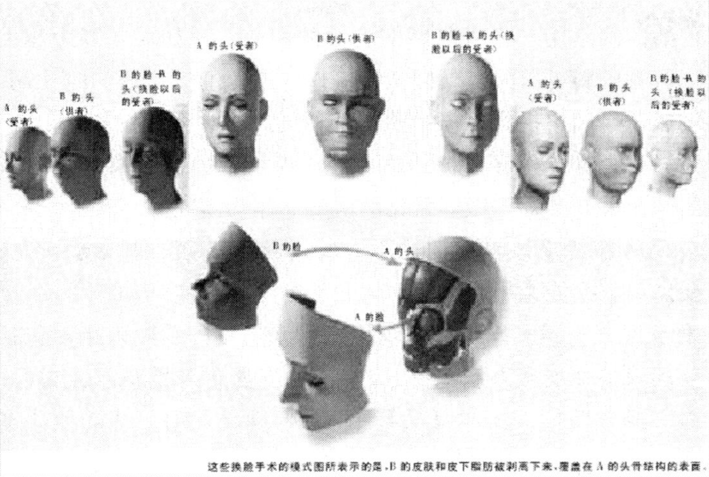

图 8-9 以图示方式配发的资料

配发的文字资料：

国内与换脸最接近的手术

就在国外3家医疗机构近年来对换脸手术跃跃欲试，并引起广泛争议的时候，中国的医生已经于2003年9月16日做了一次与所谓的“换脸术”最为接近的手术。《中华整形外科杂志》2003年第6期对这例手术进行过报道。

一名72岁的女性患者因为患头颈部巨大恶性黑色素瘤，在肿瘤扩大切除后，又接受了此次异体皮肤移植术，手术范围包括头、面颈部（包括双耳）的巨大区域。这一手术无论是在外科技术，还是在免疫抑制（即抗排斥）方案上，都堪称是世界首例。手术所采用的良好的组织配型，合理的免疫抑制剂联合应用方案，有效地预防了移植的超急性和急性排斥反应。可以说，这一手术在技术上对换脸术的实施具有重要的参考价值。

在学术上，由南京军区南京总医院烧伤整形科施行的这一手术被称为“同种异体头皮瓣和面部复合组织移植术”。所谓“复合组织移植”，是相对于器官移植（比如肾、肝、心）来说的，是新型的、非常复杂的移植技术。“同种”是指在人和人之间（而非人和其他物种之间）进行组织器官移植；“异体”是指移植物是来自个体以外的（不是自体的）；“复合组织”是带有神经、血管的非生命性的组织，包括具有结构、功能和外观的体表和肌肉骨骼组织（比如手、喉）等。而换脸术，正属于同种异体复合组织移植的范围。

编辑为这篇稿件配发了一幅用三维软件制作的示意图（见图8-9）。从图示可以很清楚地看出，在供者面部皮肤和皮下脂肪被剥离移植到受者面部后，新面孔除了嘴等部位的特征像供者以外，总体上还保留着受者的原有特征，图示很好地否定了“因‘新的’脸像死者而引发的伦理方面的问题”的猜测。

编辑还为这篇稿件配发了一份300多字的文字资料，介绍中国的相关手术的情况。这条资料实际是与报道内容相关的新闻资料。

网络媒介对资料的配置除了可以采用平面媒介的上述形式，还可以采用音频、视频、Flash、时间轴等多媒体形式。

(1) 音频，指通过声音传播向网络用户提供与新闻相关的内容，比如对新闻中相关人物、事件的历史录音资料的编播。音频资料可以配合新闻文字稿件、图片幻灯片等同时使用，重点在于补充新闻稿件中没有的内容，给用户提供更丰富的信息和更好的阅听体验。

(2) 视频，指以活动影像、声音等传播符号向网络用户提供与新闻相关的内容，生动再现新闻的背景情况，或者对新闻的相关专业知识做形象化的讲解。作为新闻文字稿件的补充，视频不但丰富了新闻的信息量，而且使传播效果更加显著。视频资料有时也来源于一些影视作品，但对这类素材的使用需要谨慎，不能滥用。

(3) Flash，该技术是一种交互式矢量多媒体技术，可以带来丰富的动画效果，包括 Flash 动漫、Flash 幻灯片、Flash 互动等多种表现形态。Flash 本身也是整合各类新闻素材的一种网络动画技术，在网络新闻传播中经常使用。新闻背景等用 Flash 动漫、幻灯片的形式来编辑，可以弥补文字报道现场感不强的欠缺，也能够在缺乏视频资料的情况下通过动漫设计，形象表现新闻背景等内容。

(4) 时间轴，是网络编辑整合多个素材的一种特殊手段，是用 Html 语言或者 Flash 技术把各种内容依据时间顺序组织起来，以表明事件的起源、发生、发展过程。以时间轴组织内容可以是纯文字的，也可以结合各种多媒体手段的，如图片、音频、视频等。以时间轴的形式为新闻配发背景资料，能够让用户一目了然地掌握新闻事件的早期状况及变化过程和相关细节。

网络媒介的资料配置需要以各种音频、视频、网页制作以及 Flash 软件等作为编辑工具，这方面的具体技术介绍与软件操作指导可以参见广播电视与网络编辑的相关教材。

四、配新闻

配新闻是对新闻稿件中新闻事实的一种“发展”。新闻编辑在处理一些意义重大或内容复杂的新闻稿件时，越来越多地运用配新闻的手法来扩大报道的信息量，帮助受众全面、深入地了解事物的全貌，准确把握事物的本质。

配新闻主要有两种情况。一种情况是通过配新闻来体现所报道的客体与其他相关事物之间的联系，从而使受众看清事物发展变化的客观环境和客观动因。马克思主义唯物论告诉我们，任何事物都不是孤立存在的，与某一变动事实相关的往往还有其他的变动事实，这些事实相互联系、相互影响，构成复杂的事物整体。因此，新闻报道要全面地反映客观事物，单篇新闻稿件有时难以胜任，新闻编辑有必要对相关的事实进行补充。这种补充可以直接添加在原来的新闻稿件中，即采用改稿中的基本方法之一“增补”，也可以另写一篇独立的新闻稿，配在原来的新闻稿件之旁，形成一主一辅相搭配的稿群，这就是这里所说的“配新闻”。

【案例】

配新闻

配发的新闻：

据新华社北京12月11日电 国务院纠正行业不正之风办公室今天发出紧急通知，要求坚决刹住发放、使用各种代币购物券的不正之风。

通知要求，必须立即停止印刷、发售、购买和使用各种代币购物券。对已经发放使用的代币购物券，限期在1998年12月20日前由售购单位妥善处理，过期一律作废。

南方周末
消费广场
购物券（卡）能否退换现金?持券（卡）购买的商品可否退货?
购物券：禁令下达后的困扰

图8-10 配发的“据新华社电”的简讯

《南方周末》第6版“消费广场”在头条刊登新闻稿《购物券（卡）能否退现金？持券（卡）购买的商品可否退货？购物券：禁令下达后的困扰》（见图8-10），报道广州一些消费者因为购物券的退换问题与一些商场发生争执，人们对此的看法颇有分歧，记者为此走访了法律界、商业界和消费者协会等各界人士，他们的意见也不尽相同，但广州市商委负责人表示，商业部门会将此问题作为“特例”妥善处理。这篇稿件反映了广州在禁止使用购物券之后面临的困扰，而与这一事实相关的是国务院此前不久下达紧急通知禁用购物券。可以说，国务院下通知是事件动因，广州出现困扰是禁令下达后的连锁反应。为了清楚地表现事物之间的这种内在联系，编辑在刊发这篇稿件时，配发了一条简讯。

这条简讯的作用其实是交代新闻事实发生的客观原因和背景情况，但与配背景资料不同的是，它是以新闻体裁刊出的。

【案例】

配新闻

配发的新闻：

相关新闻

据新华社上海1月8日电 记者今天从上海海关获悉，在我国政府大幅下调汽车进口关税的刺激下，上海海关在1月4日和7日两个工作日内，共审核放行进口汽车105辆，

《羊城晚报》“珠三角新闻”版在头条刊登新闻稿《大批进口车涌向皇岗》，报道在关税下降后的三个工作日中，皇岗口岸每天都有一百多辆轿

与去年日均放行20辆相比，涨幅达162.5%。

上海是国家规定准许汽车进口的六大口岸之一。据介绍，在今年已进口的105辆汽车中，数量较多的有宝马、大宇等品牌轿车。其中，宝马三个型号轿车的报关价格与以前相比，下降了8万～21万元人民币不等。

2002年 1月 9日

羊城晚报

珠三角新闻

大批进口车涌向皇岗

在关税下降后的三个工作日，该口岸每天都有一百多辆轿车报关进口，而去年日均只有30辆

相关新闻

图8-11　配发“相关新闻”的报道

车报关进口。这一新闻事实不是孤立的，它是国家政策调整的产物，而且这种现象在其他地区也出现了。为了使读者全面了解新闻事实及其意义，编辑在刊发这篇稿件时，配发了一条“相关新闻”（见图8-11），交代了发生在其他地区的同类新闻事实。

配新闻的另一种情况是对稿件中新闻事实的最新发展，或者由这一事实引发的相关结果进行补充报道，这种补充报道以新闻稿的形式配发在原稿旁边。按照辩证唯物主义的观点，任何事物都不是静止的，总是在发展变化之中。新闻是对变动的新闻事实的报道，但具体到某一篇新闻稿，却只能是对新闻事实发展变动的某一点或某一阶段的报道。记者的稿件完成了，报道客体的变动并没有结束。因此，编辑在处理新闻稿件时，应该考虑到这一因素，注意补充事物发展变化的最新信息。

【案例】

配新闻

配发的新闻：

本报讯　广州市综治委昨天召开了清理整顿公共浴室按摩业工作会议，广州市委常委、政法委书记郑国强要求各有关部门加大清理整顿按摩场所的力度，严格规范管理，在明年4月底前完成这项工作。他强调，在按摩服务场所的名称和广告中，不得出现“医疗保健”“药浴”“中医按摩”“洗脚屋”等字样；对

《羊城晚报》第二版头条刊登一条新闻《按摩洗脚屋多过米铺，为何?》（见图8-12），详细报道了广州按摩业的失控状态，分析了问题产生的原因，并介绍了当年6月以来公安部门对此清理整顿的情况。这是一篇揭露时弊的稿件，此问题已

目前已经开设的洗脚（手）场所，一律予以关闭。

羊城晚报

按摩洗脚屋多过米铺，为何？

公共浴室按摩业发展失控导致弊端百出，广州开始予以全面清理整顿

图 8－12 配发“本报讯”的报道

经引起了政府部门的高度重视，临发稿之前得到的最新消息是，广州市综合治理委员会召开了有关会议，对治理工作进行了新的部署。于是，编辑在这篇稿件中间配发了一条简讯。

这条新闻的内容与它所依托的新闻有非常紧密的联系，它报道了新闻事实发展的最新信息。

配新闻在报纸、广播、电视和网络媒介的新闻报道中都已经大量运用，所配的新闻一般比原来的稿件要短而精，与改稿中“增补”不同的是，配新闻是独立刊发另一篇新闻稿，因此在版面上更加引人注意。网络媒介除了在新闻专题中重视相关新闻的配置，还会在二级、三级页面上单篇新闻稿件后面提供同类新闻的标题链接。随着网络媒介影响力的日益加大，纸媒越来越多地借鉴网络传播中“超链接”的做法，以“相关新闻”“新闻链接”等为一些重要新闻配发新闻。在报纸上，配新闻可以是配文字稿，也可以是配新闻照片。新闻照片也是一种相对独立的新闻报道体裁，它与文字稿件相比，更具有纪实性的特点，一般在需要强调报道内容的某些特性时，适合配新闻照片。如报道某一活动或事件场面宏大，报道某一工程外观雄伟，报道某一运动员动作高难等，画面要比文字更能再现场景、表现细节，并且方便读者细细观赏和揣摩，还有保存价值，因此配新闻照片实际上也增加了报道的信息量和感染力。关于图片编辑已有专门章节讲述，这里不再展开。

【思考与练习题】

1. 稿件配置的意义主要体现在哪些方面？
2. 什么是稿件组合？主要方法有哪些？
3. 什么是稿件发展？主要方法有哪些？
4. 如果你是一家都市报的编辑，要根据普通市民的兴趣和文化水平对下列这篇稿件进行重新改编与稿件配置，使其更加生动活泼、通俗易懂。你认为可以采用哪些编辑方法？请简要谈谈你的设想。

“我国从 1999 年起已连续 4 年粮食减产，靠挖库存来平衡需求。而库存粮食很有限，去掉陈粮最多还能挖抵两年。如果我国粮食不足，靠进口不仅运输难以解决，国际粮价也必然上涨。”全国人大农业与农村委员会副主任委员万宝瑞日前在北京说。这意味着，两年后，如果粮食继续减产，我国的粮食缺口只能靠从国际上进口高价粮来补。

万宝瑞的说法并非危言耸听。多位专家也提醒，我国粮食生产的“数量安全”存在隐患，应引起高度警觉。

"先有数量安全，后有质量安全"，是中国绿色食品协会会长刘连馥强调的观点。他说，我国的粮食产地面积曾经高达15亿亩，年产量也曾经达到5亿吨左右。按我国现有人口12亿来说，每个人每年的平均口粮约400千克。但现在我国粮产地面积下降到14亿亩，年产量也下降为4.5亿吨，人均口粮只有375千克。"照这种趋势发展，如果粮食产地面积和产量都越来越少，而人口却在不断增加，到2030年，拿什么来维持那么多人的生存?"

国家食物与营养咨询委员会主任卢良恕也说，二三十年后，我国人口的持续增长将达到最高峰，预计达到16亿人。耕地的减少、水资源的紧缺和非耕地资源开发需投入巨大资金，人民生活水平的提高和食物需求的不断增长，都成为我国食物安全的巨大压力。

这位同时担任中国农业专家咨询团主任和中国农科院学术委员会名誉主任的院士说，1995年以后，我国连续4年粮食生产总量在5亿吨左右，人均占有量达到400千克，使我国农业进入新的发展阶段。但这个量仅仅是初步小康型标准。

1999年以后，我国粮食连年减产。数据显示，1999年至2001年，我国粮食累计减产5 965万吨。2000年以来，我国粮食消费需求大致在4.8亿至4.9亿吨之间，一般当年产需缺口在0.25亿至0.35亿吨，尽管当年生产不能满足，由于库存充足，粮食供应仍可满足。但我国库存粮食毕竟有限，去掉陈粮最多还能挖抵两年。而目前世界粮食贸易额年均只有2亿吨左右，这决定了中国的粮食供给必须坚持自力更生。

针对当前人们一听说粮食或蔬菜沾上农药化肥，就痛加讨伐的做法，刘连馥指出："发展各种安全食品的时候，一定要先考虑我国国情。不能盲目地将那些曾为我们解决粮食的数量危机起过很大作用的化学农药、化学肥料完全抛弃。"

他说，在制定绿色食品的各种标准和要求时，我们没有像西方许多国家那样，单纯追求纯净的、自然的"农业"，而是采取了分级标准。我国的绿色食品在保证食品质量安全的同时，明显表现了高产量与高质量、高效益相结合的特点。如A级绿色食品的大多数标准参照了联合国粮农组织和世界卫生组织的食品法典委员会的各种标准，安全卫生方面的检测项目和污染物标准限值，一般都严于国家标准。

刘连馥说，相比较而言，有机食品生产所侧重的是环保，无公害农产品生产侧重的是最终产品的安全，而绿色食品则是环保、安全并重。如果是严格按照各自标准生产的，肯定都是安全食品。无论是谁，都得以解决农产品的供需矛盾为前提!

专家们建议，将食物安全纳入国家的中长期发展规划，并建立食物安全预警系统，以应对突发事件。

5. ［综合练习之七］：根据第三章［综合练习之二］中的报道策划方案，将前几章中已经编辑并制作好标题的稿件进行配置。

第九章

版面设计

第一节　版面的基本知识

【知识要点】

- 版面是各类稿件在媒体上编排布局的整体产物，是媒体内容的外在表现形式，是媒体视觉形象的载体。
- 版面应该具有三种功能：导读功能，即引导与方便用户浏览和阅读的功能；导向功能，即以特殊的版面语言表现立场、态度和感情的功能；标志功能，即展示媒体的特色和个性，使其与其他媒体相区别的功能。
- 版面设计的基本原则有三点：服务品牌形象的视觉策划，服务受众阅读的“化繁为简”，使编排思想和设计艺术相统一。

一、什么是版面

用户接触媒体，首先感知的是媒体的版面。如在接触一张报纸的第一瞬间，读者就会对版面的整体形成一种印象和判断：这是什么报纸？是熟悉的还是从来不曾接触过的？这张报纸有没有值得一读的新闻？……读者的视线在版面的各个区域中迅速移动，图片、标题、色彩、线条、结构、空白等诸多的东西在刺激他的视觉神经，这些东西的排列组合在传递给他信息，给他某些暗示，令他迅速做出决定。

版面是什么？概括而言，版面是各类稿件在媒体上编排布局的整体产物，是媒体内容的外在表现形式，是媒体视觉形象的载体。

报纸的版面有着较长的发展历史。我国最早的报纸是“不立首末”的手抄本，版面受书籍排版形式的影响，篇幅大小与书页相仿，文字竖排，一栏到底，既无字体字号的区别，也没有栏的变化。19 世纪初，英国传教士在我国创办的《察世俗每月统记传》是我国最早的近代报纸，虽然当时英国本土的报纸早已是双面印刷，但这份报纸却入乡随俗，沿用书籍模式，与京报区别不大，版面上无字体字号的区别，也没有栏的变化。直到鸦片战争后，西方报纸的版面模式才逐渐影响我国报纸。1834 年，美国传教士将在中国找到的一套汉文木刻活字送往波士顿，复制成一套汉文铅活字，运来中国。1838 年，法国传教士也如法制成一套。这些铅活字的字模字架经过复制和推广，逐渐被中文报刊采用，从此才改变了木板雕印的历史。

19 世纪 70 年代以后我国大部分报纸由书册式改为单页式（单页式也在一定时期中保留有书册式的痕迹），即每张只印一面，分上下左右四个版，每版高约 27 厘米，宽约 25 厘米，对叠起来大小相当于一页书，因此整张报纸经过裁剪仍然可以订成一本书。

到辛亥革命时期，多数报纸不仅双面印刷，而且篇幅加大，每天出对开一至三张不等，外形上已经与现代报纸无太大区别。纸张加大后，一行直排到底的做法不太便于阅读，于是增加分栏，由一至三栏增到五至七栏不等，版面开始活跃。创刊于 1900 年的《中国日报》就采用“日本报式”，分栏编排。创刊于 1872 年的《申报》1905 年进行了改革，“上下横截，分列短行，另刊大字，择要标题”[①]。1926 年，天津《大公报》也参照日本一些报纸的样式，精心设计了一种新的版式。这一时期，报纸上的稿件编排打破了“首论说，次上谕或宫门抄，次为各省各埠要闻，末为本埠新闻”的旧框框，重要新闻放到头条，字体也因稿件重要程度而有所区别。报纸上栏目设置也不断增加，标题制作多样化，出现了多行题。新闻照片在 20 世纪初期开始成为报纸版面上的重要组成部分。到五四运动时期，我国报纸的版面编排已经与现代报纸非常相似。

我国报纸的版面直到新中国成立初期都还是竖文竖题、上下分栏。20 世纪 50 年代初，我国报纸编辑受苏联影响最大，编排方式模仿苏联的《真理报》，许多报纸从竖排改为横排，版面大多分四栏长栏排。1956 年汉字改革方案公布，《人民日报》率先改版，采用简化字，版面分为八个基本栏，逐渐成为我国内地报纸中占主导地位的编排形式。然而，后来多年的政治运动，使报纸沦为阶级斗争的工具，版面设计也停滞不前，甚至滥用大字标题和大幅宣传画，版面编排的浮夸风非常严重。直到 20 世纪 80 年代拨乱反正以后，报纸版面的发展才重新步入正轨。

20 世纪 90 年代，随着计算机技术的发展和印刷技术的更新，报纸生产告别了“铅与火”，走进“光和电”的新时代。计算机排版和彩色印刷的普及，带动了报纸版面的进一步创新和发展；而市场经济环境下媒介竞争的加剧，也促使报纸编辑大胆探索和创造。这一时期，版面被视为塑造报纸品牌形象的重要手段。报纸的总版数和彩版数量极大增加，为了增强版面的视觉冲击力，各种版面元素被充分地运用，现代化、国际化和个性化，逐步成为报纸改版的主旋律。

新世纪以来，互联网新媒体在我国逐步兴起，电子读书器、平板电脑、智能手机等多种便捷式移动通信设备开始普及。这些使设计网页的版面成为网络编辑的重要业务。早期的网络编辑在进行新闻网页的版面设计时仍然沿用报纸的思维方式，以报纸的版面为单位，进行简单分类，点击每一个版面的名称，则可以打开本版的新闻标题列表，每一条标题下有一条下划线，

① 徐载平，徐瑞芳．清末四十年申报史料．北京：新华出版社，1988：99.

这是每条新闻详细内容的链接。[1] 经过不断的探索和发展，新闻网页已经从简单的菜单式新闻页面设计转变为更为复杂的新闻页面设计，从固定式的 PC 机显示器页面设计转向可在多种不同屏幕分辨率的设备上浏览的自适应网页设计，从单一的 Web 页面设计转向多元化的 App 页面设计。

二、版面的基本功能

作为用户第一接触的对象，媒介版面对于读者、对于媒介本身的重要性不言而喻。好的媒介版面既是传递新闻信息的最佳载体，又是媒介赢得用户的利器。如有人提出报纸版面要有“三步五秒效应”，即在读者接触的最初几秒钟里就能吸引读者购买和阅读，说的就是这个道理。从理论上说，媒介版面应该具有三种功能：导读功能、导向功能、标志功能。

（一）导读功能

导读功能指媒介版面引导与方便用户浏览和阅读的功能。广义上的导读功能是对所有版面而言的，如版面的编排结构合理，标题、文字、图片、色彩、线条等运用恰当，能引导与方便用户选择和阅读。用户能不能在版面上迅速发现他们需要的新闻信息，在阅读这些信息时是否方便快捷，实际上取决于以下几点：媒介版面编辑是否将用户最需要的东西放在了突出的位置上，或者进行了突出的处理；编辑在安排稿件时，是不是根据稿件的内容进行了相对的分类与集中；稿件与稿件之间在版面上的排列是否有清晰的界线；色彩的运用是否会干扰读者阅读文字；等等。所以说，好版面，在稿件的位置安排、层次区分、标题制作、色彩运用等各方面都是将方便与服务用户放在首位的，这样的版面如同一个出色的导游，在用户初到这块陌生的版面上时，引导他们去选择和阅读，帮助他们节省时间和精力，并使他们兴味盎然。在媒体信息量越来越大，用户读报、浏览网页的时间却受限的情况下，版面的这种导读功能尤其重要。与此同时，编辑对版面的设计编排得当与否，还决定了能否使用户接受编辑的传播意图，如网站编辑要通过版面向网民推荐重要的新闻，希望网民注意某些内容，这种主观愿望也需要通过对网页的版面设计才能实现。

狭义的导读功能专指报纸第一版或网站导读页开辟导读窗口，向用户展示整个报纸或网站的精彩内容，方便与引导用户浏览和阅读。以报纸为例，在版面有限的情况下，报纸头版是单纯意义上的“要闻版”，即刊登最重要新闻的版面。但是，随着报纸版面的增加，我国已经有越来越多的报纸头版开辟了导读栏，还有许多都市类报纸将第一版编排成了“导读版”，占据版面最大篇幅的是导读内容，而不是新闻稿件。

在报纸第一版或网站导读页出现的“导读”主要有三种类型：一是标题式导读，以文字的形式出现，刊登报纸其他版面或网站次级页面上重要新闻的标题，标题下注明报道见第几版或是直接链接到新闻所在的页面；二是提要式导读，以文字的形式出现，将重要新闻编写成提要刊登出来，报纸上的提要式导读一般要注明全文见第几版，而网站导读页上的提要式导读则直

① 彭兰．中国网络媒体的第一个十年．北京：清华大学出版社，2005：189.

接在导读位置设计正文的链接；三是海报式导读，以图片的形式出现，刊登重要新闻的图片并同时配有简要的文字说明，图片下面注明正文见第几版或是图片直接链接到新闻所在页面。这几种类型的导读在报纸和网站页面上可同时使用。

【案例】

报纸头版和网站页面上的“导读”

新京报

冬奥会吉祥物启动全球征集

北京冬奥会吉祥物征集时间为8月8日至10月31日，计划于2019年下半年适时发布

北京南站引导标志一个月内更新完毕

北京控烟协会拟推动电子烟纳入控烟范围

对美160亿美元商品23日起加征25%关税

图 9-1　导读占据主要空间的头版

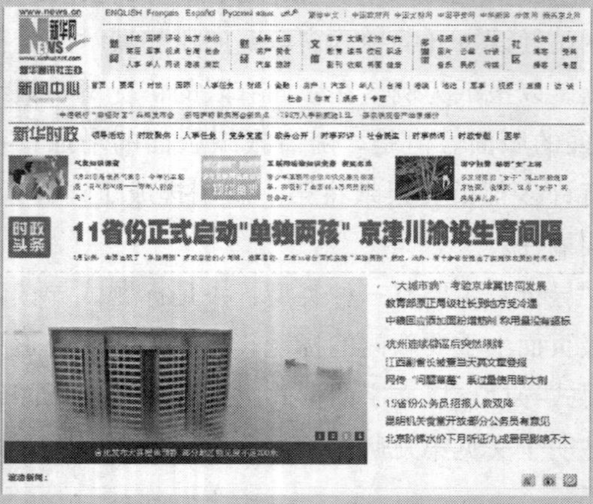

www.news.cn

ENGLISH Français Español Русский язык

新华时政

时政头条

11省份正式启动"单独两孩" 京津川渝设生育间隔

“大城市病”考验京津冀协同发展

杭州连续辟谣后突然限牌

江西副省长被查当天其文章登报

网传“问题草莓”系过量使用膨大剂

15省份公务员招报人数双降

北京阶梯水价下月听证九成居民影响不大

图 9-2　导读占据主要空间的网站新闻频道首页第一屏

《新京报》将头版主要篇幅用于导读，这块版上的头条新闻标题与大幅照片是对A5版焦点新闻的海报式导读，版面下方，三条新闻标题则是标题式导读（见图 9-1）。

新华网新闻频道首页第一屏主要篇幅设计用于导读，这块页面上时政头条的标题式导读以最大字号的标题占据页面的中心，头条左下方是四张新闻照片交替构成的海报式导读，右下方则是九条新闻标题构成的一组标题式导读（见图 9-2）。

（二）导向功能

导向功能指媒体版面以特殊的版面语言表现立场、态度和感情的功能。任何一家媒体在刊登稿件时都不是随意地将稿件码放在一起的，如选择什么新闻做头条，哪些稿件组合在一起，哪些稿件不能靠得太近，标题用多大字号，照片做成几栏，都是经过认真思考做出的决定。编辑通过版面编排传递给用户某些信号，希望用户按照编辑的意图去关注某些内容，接受某种观点。新闻传播的舆论引导功能从版面的角度来说，也是由此实现的。

版面表现编辑部的立场、态度和感情，与新闻稿件的文字表述是不同的，文字稿件尤其是评论，可以直接地、鲜明地发表意见，进行论述，而版面的表态是间接的、含蓄的。版面编辑将自己的态度和情感投入到对版面空间、编排手段和布局结构这类构成“版面语言”的要素的运用中，通过这些要素的组合与设计，来实现引导舆论的功能。

【案例】

表达立场与情感的版面

图 9－3 表达强烈情感的报纸头版

《北京晚报》在2008年5月12日四川地震后，以特殊的版面语言表达了编辑的立场与情感（见图 9－3）。

图 9-4　表达编辑立场的手机终端的新闻版面

《新京报》手机新闻客户端在报道 2013 年六一儿童节时，版面设计体现了编辑呼吁关注儿童、保护儿童的立场（见图 9-4）。

（三）标志功能

标志功能指版面能展示媒体的特色和个性，使其与同类媒体相区别的功能。媒体的定位不同，编辑方针不同，体现在版面上，也会表现出不同的版面形象。好的版面具有形象标志的功能，可以让用户不看媒体名称就能从众多媒体中一眼认出它，而且对之怀有感情。也正是版面的这种标志功能，使得媒体改版时对版面的变革会格外谨慎，要考虑到忠实用户群的感受，防止因为形象的突变使用户无所适从。如美国著名的财经报纸《华尔街日报》多年来一直保持着非常传统甚至刻板的版面形象，直到 21 世纪初期仍然坚持不用照片，不彩印。在其他报纸纷纷改变版面形象的环境压力下，该报在 2002 年终于进行了改版，开始彩色印刷，并适当使用照片。但为了保持自己多年来形成的形象风格，无论是色彩还是照片的运用，该报都非常谨慎，在版面结构上更是有意保留了过去的特点。

版面的标志功能，是在媒体设计时就需要考虑并确定的，比如版面的结构特点、标题设计的规则、稿件多少与篇幅长短的规定、版面图片的规定、色彩运用的规则等，都不应是版面编辑随心所欲的产物，而是在媒体设计时直至长期的实践中形成的规范化的操作。在美国等西方国家，版面设计通常是在媒体初创以及改版时，邀请专业的美术设计师来完成的。版面结构和风格经过这种前期性的设计形成相对稳定的操作模式和规则，编辑每天根据稿件情况进行的版面编排主要是修改和配置稿件，制作标题、提要，进行一些细部的处理，而版面的整体结构包括标题字体字号、正文的分栏、图片的运用等都是根据预先设定的模式和规则来操作的。因此，版面编排工作得到了简化与优化，大大提高了工作效率，并能确保媒体形象的统一和稳定。我国报纸过去很长时期里没有这种整体设计的理念，也缺乏相对稳定的版式规范，相反，传统的办报观念认为报纸版面每天都应该有变化，版面设计往往因人而异，随意性大。直到20世纪末，这种情况才开始有所改变。1999年杭州日报社创办《都市快报》，率先采用了长宽比例与传统规格相异的报型，并设立了“版面总监”这一特别职位，对报纸的所有版面进行整体设计和监控。此后，有越来越多的报纸开始重视版面形象，并学习借鉴西方报纸前期设计的做法，对版面进行了改革。现在，企业识别系统的概念已经被引入报界，报纸版面被视为报社“视觉形象系统”最重要的组成部分，版面的标志功能由此达成广泛共识和受到高度重视。

【案例】

《都市快报》的版面形象设计

DUSHIKUAIBAO
都市快报
中国婚姻法将作六大修改
修正案草案昨提交全国人大常委会审议
本报新闻热线
0571—
5100000
24小时全天候开通
有事找快报
我要五个灵
西博会
特别报道
导读
3版
工美展
杭州百姓赶大集
出行参考
人籁星上说成交
13版
丝博会最后一天
迎来了采购狂潮
西博会迎赚
多少门票钱
21版
我与西博会
亲历西博会
我记录的西博会
杭州市区天气预报
舒适度指数预报
明日晨练指数
金正日会见美国国务卿
颖颖回来吧，爸爸原谅你
看到快报后，颖颖，请即给家里报个平安
工美展
精品耀眼五日
众商家
赚了一点五亿
恒基电脑
中信理财会
存款很踏实

图9-5　我国第一张“异型报纸”的头版

创办于1999年的《都市快报》是中国第一张“异型报纸”（也称“瘦报”）。该报版面的各区域功能划分清楚，模块结构突出，版面以橘红色为基调，标题字体字号、文章分栏、线条使用、留白等都有统一的规定（见图9-5）。

三、版面设计的基本原则

报纸的版面设计是报纸编辑的一项基本业务，有些报纸的版面设计是由专职的美术编辑负责的，版面责任编辑只负责稿件的选择、修改和配置。这种分工有利也有弊：优点是版面设计由美术编辑来做，能够提高版面的艺术性和审美效果；缺陷是前期稿件编辑与后期版面设计容易出现观点不一致的问题，版面形式与内容难以很好地结合，不能准确表达编辑意图。也有些报纸的版面设计是由版面责任编辑负责的，从稿件选择到最后组版，全套工作都由责任编辑承担，以保持编辑思想能够得到充分的贯彻与体现。但这种情况也可能产生另一个问题，如果责任编辑缺乏设计才能，艺术修养不够，版面形象就会受到影响。因此，无论采取上述哪种分工方式，关键是担负版面设计的编辑应该是既懂新闻业务又擅长美术设计的复合型的人才。

在西方报社中编辑分工较细，一般规模较大的报社编辑部中有负责文字修改的编辑（copy editor）、负责新闻照片的图片编辑（picture editor），还有负责版面设计的艺术编辑（art editor）。在传统的编辑部中，版面设计是整个编辑工作的最后一道程序，由艺术编辑来完成。但到 20 世纪的最后 20 年，版面重新设计热兴起之后，版面设计的重要性越来越受到重视，许多报纸采取了先期总体设计的方式，负责这项工作的艺术编辑地位提升到与助理总编辑相当的位置，而且报纸编辑的整个工作流程发生了变化，版面设计已经成为前期策划的一个重要内容，有些报纸的改版设计是专门花钱请艺术设计公司来做的，外来的设计师要与报纸编辑、读者进行一段时间的交流，最终根据报纸的特点和读者的需要设计出若干种方案，有的还进行多轮修改，最终确定最佳的版式模型。在日常的版面编辑流程中，艺术编辑一方面要根据前期的总体方案进行操作，更重要的是，他们不再是等文字编辑与图片编辑做完了案头工作才进行最后的版面组拼，而是每天在记者还没有采访之前，就直接与文字编辑、图片编辑和相关记者研究报道方案，进行版面设计的构想，根据版面的需要指挥记者采访写稿和拍摄新闻照片，并搜集相关的资料，制作新闻图示，使整个编辑流程能够围绕版面表现的最终效果目标有效地运行，减少了记者编辑的无效劳动，也避免了版面形式与报道内容不匹配的情况。美国新闻界将这种新的版面设计流程称为“小组运作系统”（the team system）。①

与报纸编辑不同，多数网络编辑不需要直接完成页面的设计和制作工作，网页的版面设计由专职的美术编辑和技术人员完成。尽管如此，网络编辑也需要与美术编辑、技术人员等一起协商网站内容和形式的整体规划。所以，无论是报纸编辑还是网络编辑，都有必要了解媒体版面设计的一般原则。

（一）服务品牌形象的视觉策划

CIS（corporation identification system）即企业识别系统的英文简称，是企业营销策略中的重要内容。作为企业统一形象设计的战略，CIS 融合了心理学、经济学、设计学和传播学的成果，20 世纪 90 年代初期我国学者逐步将当时西方已流行 20 年的 CIS 战略引介到中国，并开始将之运用于杂志版面设计。当时期刊业在经历了 80 年代的迅猛发展之后，逐渐走入低谷，不

① Morn D R. Newspaper layout & design. Iowa State University Press，2000：147.

少杂志社纷纷向经济效益靠拢，刊物的同质化现象严重。这时引入 CIS 理论，将杂志的定位、风格与形象视为一个有机的统一体，从提升杂志形象的角度引导杂志业的发展，不啻为一种很好的思路。

CIS 包括理念识别、行为识别和视觉识别。理念识别是基础，决定着行为识别和视觉识别，后两者则互为补充协调，同时反作用于理念识别。在媒体阵容越来越强大，竞争越来越激烈的媒介市场，不同的媒体如何强调自己独特的个性呢？除了从内容编辑上入手，从外部形象角度塑造鲜明的视觉识别系统也是可取之途。因此运用 CIS 战略进行视觉策划已成为现代媒体展现个性的必要手段。这种 CIS 视角下的媒体视觉策划以视觉识别为基础，通过版面设计和包装，将媒体的经营理念、管理策略、行为规范等信息，通过统一化、规范化的视觉传达系统表达出来，从而在用户心目中确立独特的媒体形象。

现代媒体的版面设计要充分考虑媒体品牌形象，如建立富有特色的媒体形象 Logo，在版面设计中保证媒体内部、媒介集团下属媒体之间的版面设计遵循一定的版式设计规则，使风格整体趋向统一和协调，以加强用户对媒体品牌的形象认知。

（二）服务受众阅读的"化繁为简"

用户对新闻媒体的阅读期待是获知来自全球和国内的新信息，对新闻事件的深度报道和独家解读，因而在媒体的版面设计中，设计者应该由始至终地进行换位思考，从用户的角度出发，降低其获取信息的复杂程度，抛弃不必要的视觉干扰。《南方都市报》的美术总监墨白，曾设计过《名牌》杂志，他谈及版式设计的基本理念，提出"一切为了阅读"的基本原则，并称之为纸媒设计最根本的东西。① 正如许多媒体设计者所提倡的，设计有时要会做"减法"，用最简单的设计形式、最少的设计元素、最单纯的版面让用户最直接地获取信息，去除一切不必要的装饰和花哨的设计手法，提升其阅读效率。

"化繁为简"的设计思路不是抛弃所有修饰，编辑首先要将希望用户阅读的内容进行强化设计，突出媒体内容的特色，更有效地呈现新闻内容的轻重缓急，如在版面上设计视觉中心。所谓"视觉中心"，是指一个平面中视觉冲击力最强，最易引起用户关注的区域。现代媒体在版面设计上通常使用面积较大的一张（组）新闻图片作为视觉中心，其位置大多在版面的中部偏上一点，对稳定版面的重心、固定版式结构具有重要意义。其次，编辑还应在版面设计中为用户设置清晰的视觉引导路线，使版面富有流动感，简化用户吸纳新闻的过程。最终让用户在阅读内容的过程中既不受形式的干扰，又因为形式设计的简洁、巧妙和富有吸引力而产生阅读的快感。

（三）使编排思想和设计艺术相统一

在设计一个版面之前，编辑首先应该根据已经掌握的信息对版面安排提出设想，如版面上

---

① 方仁．版式设计：一切为了阅读——访《南方都市报》美术总监墨白．传媒观察，2007（6）．

最重要的新闻是什么？次重要的是什么？应该如何在版面上表现这些新闻？需要什么样的编排手段？要不要做相关的资料链接？要不要配发言论和图示？这一前期的研究和策划对版面设计非常重要。为此，有些媒体将编辑部的编前会时间提前，有些报社一天开两次编前会，目的就是加强对版面的前期策划，并使版面编排思想能够来得及贯彻到采编流程中。这样做，也是以版面需要作为调度采编的“指挥棒”，使整个采编流程围绕最终的版面成果运转，以提高报纸的质量。

【案例】

《文汇报（国际版）》的版面前期策划

国际部是个编辑部门，主要是编，而不是采，但《文汇报》有不少驻外记者，直接给部里发稿，所以也可以视为采和编是统一的部门。据我所知，国际部的编辑上班后总是打开新华社稿件库、国际广播电台及相关的网站，了解获悉当日的国际新闻热点，然后开始讨论确立当天的焦点聚在哪一条新闻上，具体应该怎么做，这就是策划和创意，有了确定下来的思路，接下来就是联系驻外记者，寻找相关资料、图片等等。然而由于事先看好的热点新闻被搁置了，或者发生了变化，或者有更为重要的热闹的新闻发生了，事先的策划创意就要推倒重来。于是又得开始联系驻外记者，重新寻找相关资料、图片等等。因此国际版体现出一种很强的创意性和应急性。

资料来源：缪克构．报纸模块版式再探．报刊业务研究，2001（2）.

《文汇报（国际版）》编辑将版面设计纳入了前期策划的范围，根据版面需要指挥记者采访，而不是“等米下锅”，这一编辑流程的改进很有借鉴意义。

版面前期策划形成了版面编排思想，但在开始编版前，编辑还要认真通读该版的所有稿件，通过比较与思考，发现这些稿件之间的内在联系和秩序，对如何将这些稿件编排到版面上加以更细致的考虑。后期的这项工作中，编辑思想得到进一步的明确，或者根据情况的变化做出适当的调整。

编排思想是版面编辑设计版面的指导思想，是根据对各篇稿件的评价和分析而产生的版面编排的整体构想。在“新闻报道的策划与组织”一章中，曾谈到新闻编辑在策划与组织报道时，要对新闻报道可能取得的社会效果进行预测，确立报道效果目标，报道方案的设计将围绕实现这一目标来进行。在版面设计中，编排思想与报道效果目标是一致的，因为版面设计是实现报道效果目标的一种手段。

编排思想最核心的内容包括确定版面上的头条和重点稿件，考虑稿件之间、稿件与广告的关系处理，考虑版面引导作用、表情作用的发挥等。

媒体的版面设计应该使编排思想和设计艺术相统一，确定编排思想是设计的前提，设计的根本目的是更好地呈现编排思想，为此，无论是报纸的版面设计，还是网站的网页设计都需要遵循相同的艺术法则：体现对比、统一、平衡、节奏和动感等基本原则，使版面既有对比差异的张力，又有统一的秩序感，既有流动性的平衡，又富于视觉节奏的变化。

第二节　版面语言

【知识要点】

- 版面语言指版面特有的表现手段。版面语言的基本形式包括版面空间、编排手段和版面布局结构。
- 版面空间是一个版面所提供的、用以表现编排思想和内容的空间。版面空间中包含的主要因素是区域、面积、距离、形状。
- 编排手段是安排版面所采用的物质手段，是版面语言的一种基本形式。版面编排手段包括字符、图像、线条、色彩、多媒体。
- 版面布局结构是版面各组成部分之间相互联系的形式，包括稿件的布局结构、题与文的布局结构两个方面。

版面功能是通过版面语言的运用来实现的，媒体版面的设计，主要是对版面语言的具体运用。什么是版面语言？版面语言指版面特有的表现手段。版面语言的基本形式包括版面空间、编排手段和版面布局结构。本节主要对这三方面展开阐述。

一、版面空间

版面空间是一个版面所提供的、用以表现编排思想和内容的空间。为什么版面空间能够帮助编辑表现编排思想？因为它不仅仅是一个物理意义上的空间，它还包含着多种重要的元素，编辑通过对这些元素的运用，传递给读者某些信号和暗示，才能实现良好的传播效果。

版面空间中包含的主要元素如下。

（一）区域

报纸和网站分别由若干个版和页面构成。每个版或页面都是一个版面空间。这些版面空间因为版或页面的次序排列不同，在吸引读者注意的效果上也会不同。即使在一个版面空间中，还有上下左右不同的位置，这些位置对读者的视线吸引也是不一样的。因此，版面空间中不同的区域，强势不同。

强势，是指版面具有的吸引读者注意的特性。强势大，就是吸引读者注意的程度高；强势弱，就是吸引读者注意的程度低。当然，强势并不完全是由版面空间的区域决定的，版面语言的其他形式如编排手段、布局结构等也对强势的形成有很大作用，对此后面将展开说明。

区域作为版面空间的一种元素，其运用主要体现在版序和区序两方面。

1. 版序

版序指版面的先后次序。目前比较流行的报纸版序有三种，第一种是多张叠在一起，第一张正面为第一版和最后一版，背面为第二版和倒数第二版，第二张正面是第三版和倒数第三版，背面是第四版和倒数第四版，以此类推。第二种是分张依次叠放，第一张为一至四版，第二张为五至八版，以此类推。第三种是整份报纸分若干个版组，每一版组由多张叠在一起，即以第一种方式形成其中的每一组。第一种与第二种版序为自然版序，第三种人为分隔出来的多组化的版序打破了自然版序，使报纸出现了多个头版（首页），这在报纸版面较多的情况下有利于报纸的内容分割，也方便读者选择阅读。不同报纸的版序设计不同，但共同的规则是：第一版重要于所有的其他版，版组的首页重要于本版组的其他版。这是因为，读者接触一张报纸，首先看到的是第一版。在阅读分版组的报纸时，除了第一版，就是各版组的首页要先于本版组的其他版被看到，所以第一版和各版组的首页比其他版更有强势。

在美国等西方国家，一般认为除头版和首页外，报纸中缝右侧的版要比左侧的版更有强势，如第三版强于第二版。因为读者在翻阅一份报纸时，相对于读者的目光来说，左侧的版面是翻动的，右侧的版面是相对静止的，更容易让读者接触到。所以，西方报纸通常把比较重要的稿件放在右侧的版面上，而转版的文章往往转到左侧的版面上。

与报纸类似，在网站版面设计中，通常设计者会将之分为导读页设计和正文页设计两个部分，导读页包括网站的首页、网站频道或栏目的首页，这些页面比正文页更具强势。在此基础上，网站的版序还体现在页面的层级上，首页称为一级页面，将不断延伸出来的页面称为二级页面、三级页面等，其规则是首页最具强势，前一级页面比后一级页面更有强势。

对于版序的运用，主要是注意利用头版与首页的强势特点，具体方法如下：

第一，通过开设“导读”的方式，更多地集中最重要的信息。“导读”主要有标题式导读、提要式导读、海报式导读几种，都是对新闻内容的简要提示，注明新闻报道详见后面某某版或提供新闻报道的链接。这可以最大限度地节省版面空间，发挥头版与首页的强势作用。

第二，通过长稿转版的方式，使头版与首页得到充分利用。对于那些内容重要但篇幅较长的稿件，可以在头版或首页上刊登最前面的一部分内容，后半部分转到后面其他版或页面上刊登。采用这种方式的优点是让出了重要的版面位置给其他稿件，提高了版面的利用率和信息量；缺点是不方便用户阅读，有些用户不喜欢这种转版方式，没有耐心到后面去寻找下文，因此中途放弃了阅读，也有些用户转到后面的版面阅读下文后，懒于再转回来阅读头版或首页上的其他稿件，也会造成信息传播的损失。

【案例】

三联生活网首页的长稿转版方式

图 9－6　网站首页的长稿转版

《三联生活周刊》创办的三联生活网首页采用长稿转版的方式（见图 9－6），只刊登稿件的起始部分，加大了首页的版面利用率和信息量。

第三，通过精编头版和首页稿件，链接后版相关详细报道的方式，使头版和首页得到充分利用。对于那些具有重要性而内容又较复杂的新闻，在头版或首页上刊登一条简要新闻，同时注明“详细报道见××版”，在后面的相关新闻版上，刊登更多同一主题的稿件和相关资料。这种方式既节省了版面，也不影响新闻表现的完整性，而且方便用户选择和阅读。用户即使只读头版的简要报道，也能了解最重要的新闻事实；用户如果还想了解详情，则可以再到后面相关版面上找到更多的信息。美国的《今日美国》就在头版和各版组的首页采用了这种链接编排的方式，避免了长文转版对阅读流畅性的破坏，也使得头版和首页能够充分而完整地报道新闻。

2. 区序

在一块版面上，不同的区域强势不同，这与人们浏览版面的习惯有关。以报纸为例，在横排报纸上，因为横排文字都是从左向右读，从上面的行往下面的行读，所以一般说来，上半版比下半版更有强势，左半版比右半版更有强势。如果将版面纵横分割成四个不同的区域，最具有强势的是左上区，也即头条的位置，其次是右上区。下半版的左右两区哪个更有强势，人们观点不同。一种意见认为还是左区强于右区；另一种意见认为人们浏览报纸习惯于在看了右上区后直接将视线落到右下区，所以右下区比左下区更有强势（见图 9－7）。在竖排文字的版面上，也是上半版比下半版更有强势，但由于竖排文字是由右向左逐行排列的，所以右半版比左半版更有强势，头条位置在右上方。在中国报纸版面上，区序的运用是比较重要的，对于重要的稿件，应该放在上半版刊登，对于最重要的稿件，应该放在头条位置。

网站页面的区序与报纸版面略有不同，国外专家通过眼动仪实验发现，在网站页面上，左上角区域最具强势。如 2003 年年底，波恩特研究所所做的眼动实验研究发现：被试的视线最早落在页面的左上角，随后视线才会向其他方向移动，其区序如图 9－8 所示。[①]另有研究发现，被试在浏览网页时的视线移动规律总的看来像英文字母“F”，即用户视线通常会先沿水平方向移动，多是内容区的上部，然后视线向下移动，继续做水平扫描，最后沿着内容区的左侧做垂直扫描。[②]值得注意的是，研究者指出，用户浏览网页的视觉移动并不一定依循上述规律，会因为网站具体的页面设计而产生差异，同时不同国家或地区的用户在浏览网页时的视觉移动规律也不尽相同。

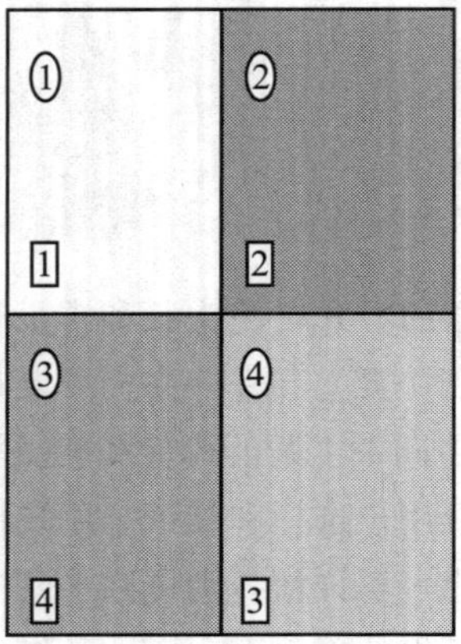

图 9－7　报纸版面上的区序

说明：将一块报纸版面纵向横向分割为四个区，通常左区比右区重要，上区比下区重要。四个区的强势由强到弱排序，有两种意见：一种观点是左上、右上、左下、右下；另一种观点是左上、右上、右下、左下。

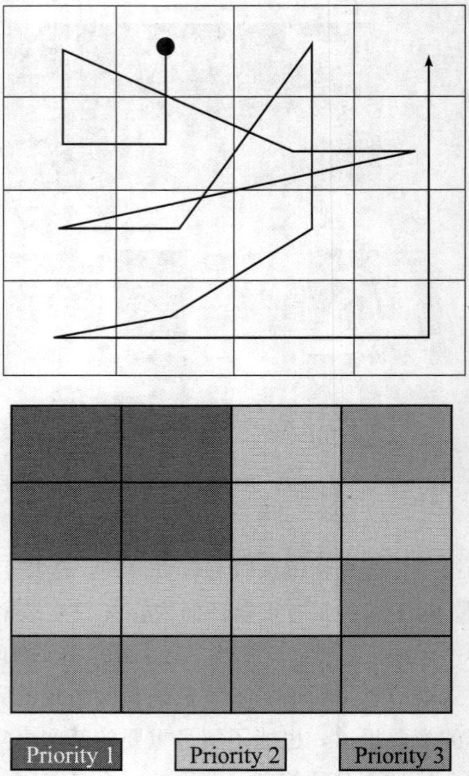

图 9－8　网站页面上的区序

说明：上图为 2003 年波恩特研究所得出的实验研究结果，显示了用户浏览网站首页时常见的视觉移动轨迹；下图为 2003 年波恩特研究所得出的实验研究结果。其中 Priority 1 为最重要区域，Priority 2 为次重要区域，Priority 3 为最不重要的区域。

（二）面积

版面空间中，面积也是能够形成强势的一个重要元素。在同一块版面上，面积越大的图片

---

① Outing S，Ruel L. The best of eyetrack Ⅲ：what we saw when we looked through their eyes. [2018－10－28]. http：//www. math. unipd. it/～massimo/corsi/tecweb2/Eyetrack-III. pdf.

② 彭兰．数字传播技术应用．北京：北京师范大学出版社，2012：351.

越能吸引读者注意，面积越大的标题也越能给读者以视觉冲击。因此，版面编辑应该根据稿件的价值，在版面设计时注意以恰当的面积来表现其重要性。

对于文字稿件来说，面积这一元素的使用主要在于标题，因为稿件正文的面积主要由稿件篇幅的长短决定，而稿件长短与稿件本身的价值并不完全成正比，有些短稿件主题重大、内容重要，虽然文字篇幅并不长，但其重要性不亚于一些长稿，应该在版面上进行突出处理。所以，文字稿件的价值主要应该通过标题的制作和编排设计来实现。最重要的稿件，标题应该占据的面积最大，在版面上最醒目。标题的面积由两方面决定：一是标题本身的结构和字数，二是标题的字体字号。同样字体字号的标题，多行题比单行题占用的面积大，长题比短题占用的面积大；而同样结构和字数的标题，用的字体越粗犷，字号用得越大，标题的面积就会越大。所以，标题编排设计时应重视面积造成的强势效果。

对于图片来说，由于很多图片没有标题，即使有标题，也不可能比图片本身更加突出，所以，图片的面积对于强势的形成具有决定性的作用。版面编辑在使用图片时，要根据图片的价值大小，确定其在版面上占有相应的面积。特别重要的图片应该不惜版面，巨幅刊登。当然，在运用巨幅照片时，同时也要考虑到照片本身的清晰度，不能因篇幅放得过大，变得模糊，影响照片的表现效果。

（三）距离

版面空间不但能表现稿件之间的强势差异，而且能表现稿件之间的联系。运用版面空间表现稿件之间的联系，是通过对稿件的空间组合来完成的。这种空间组织就是利用距离的接近，使人们很自然地将某些稿件视为一个整体来看待。从视觉效果上说，人们面对众多的物体，很容易将距离上最靠近的一组物体从其他物体中区分出来，作为一个整体来看。如有九条直线，由于其中每三条直线比较靠近，人们在视觉上就很自然地把它们看作三组（见图9－9和图9－10）。这个道理在版面的空间组合上是一样的，所以编辑应该将相关联的稿件编排在一起，使用户把它们看作一个整体。

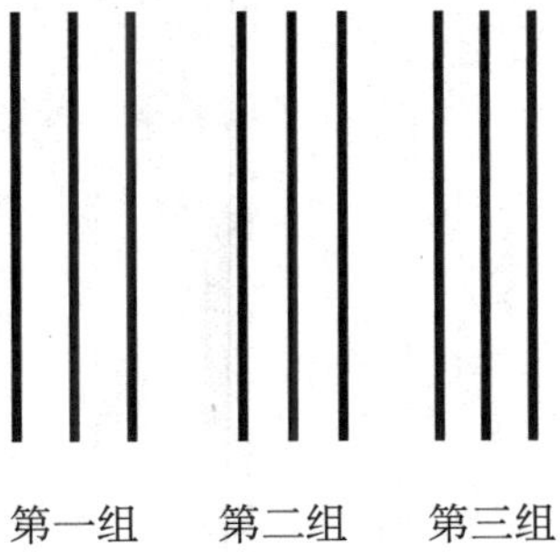

图9－9　线条的空间组合

（四）形状

稿件在版面上都是以一定的形状出现的，总体上说，稿件的形状有两类：一类是夹角都是90度的矩形，一类是夹角小于90度的多边形。矩形非常规则，结构简单，易于与周围的东西区分开，因此也容易引起人们注意。多边形因为形状不规则，结构比较复杂，要与周围的东西相区分相对难一些，不太容易引起人们注意。所以，矩形比多边形更有强势。在版面上，对重要的稿件应该考虑用矩形编排。

图9－10　形状的空间组合

说明：人们在视觉上容易将形状相同的东西看作一组。在图中，圆点被看成一组，菱形被看成另一组。

形状的另一个意义在于它有助于将相关的稿件进行归类。在版面上，采用相同形状编排一组稿件，也同样会达到这样的视觉效果，即读者会将采取相同形状编排的稿件视为一个整体。

【案例】

版面空间作为版面语言的运用

北京青年报
BEIJING YOUTH DAILY
下周刊
岁末抓拍京城笑脸
我们为二十世纪最后一刻送行
香港飞机搭救内地沉船
山东“阳信事件”正在妥善处理

图 9-11　用版面空间表现内容相关性的头版

《北京青年报》2000年12月31日头版集中了10张人物头像照片，组成头条《岁末抓拍京城笑脸》，版面右侧集中了7条短讯，形成专栏组合“我们为二十世纪最后一刻送行”。这两组稿件都运用距离、形状能够表现稿件之间的相关性的原理，在版面上形成了整体，并且具有强势（见图9-11）。

二、编排手段

编排手段是安排版面所采用的物质手段，是版面语言的一种基本形式。版面编排手段包括字符、图像、线条、色彩和多媒体。

（一）字符

字是形、声、义的统一体，形是可见的，版面上最基本的信息符号就是以形出现的字符。

字符在版面上能成为一种重要的编排手段，是因为字符的形的不同外部特征，可以给用户的视觉以不同的刺激，使用户产生不同的感受，因此具有不同的强势和风格特色，能够表现编辑思想。

在版面编排中，字符的变化主要表现在字体和字号两个方面。在电子排版取代了铅排之后，字体字号的变化都更加丰富，也容易操作了。

字体指字的外形，这有两层含义：一是按字符的长宽比例，分为正方体、长体和扁体三类。二是按字符的笔画特点，分为宋体、黑体、楷体、仿宋体、隶书体、魏碑体等。电子排版后字体的变化增加，表现如下：其一，长宽比例的变化更多样化，不再像铅排时用的活字那样变化受到限制。长体字与扁体字都是通过电子排版系统的变倍功能，从方体字变化而来的，将方体字拉长或压扁，在电脑上非常容易操作。其二，按笔画区分的字体种类有所增加，如方体字按笔画特点就分成了二十多种基本字体，而且电子排版系统中还能够加粗笔画，并变化出更多的字形，如空心字、倾斜字、立体字、旋转字、阴阳字、勾边字、花心字等。

字号是指字的大小。铅排时，计算字号主要用的是号数制，即把活字分为一号到七号，号数越大，字号越小（如四号字小于三号字），比一号字还大的“超号”以上的字是后来添加的，如初号字、六行字等，起名比较混乱。1958 年文化部出版事业管理局为了统一活字标准，公布了《关于活字及字模规格化的决定（草案）》，规定我国活字采用点数制。点是长度单位，1 点（又称“磅”，是英文“point”的音译）约为 0.35146 毫米。铅排时我国报纸上通常采用的最小字号是 7 点，相当于原来的 7 号；最大字号是 72 点，相当于原来的八行。正文一般采用 9 点或 10.5 点的活字，即原来的小五号（新五号）和老五号。由于号数制长期使用并容易记忆，所以现在多数报纸还是将点数换算为号数，两制并用。

电子排版后，报纸使用的字号共 22 个，最小字号是小七号，最大字号是 96 点。正文的排列多数报纸用新五号字，有些报纸用再小点的六号字，标题的排列一般采用大于五号字的字号。同样，电子排版系统的变倍功能也能将字号进行放大缩小，可以变出比 96 点字还要大的字来。

当前，我国大多数网站的文章正文字号为 12 或 14 点的宋体字，英文字体则以 Arial 为主。随着电脑显示器的分辨率逐步提高，也有的网站开始采用字号更大的 16 或 18 点的字，以使用户能够看到显示效果更加清晰的文字。

不同的字体字号有不同的特点。

第一，强势不同。一般说来，大号字比小号字醒目而更具有强势；同一字号中，笔画粗的字体要比其他字体醒目而更具有强势。因此，标题的字体字号选择非常重要，编辑可以利用字体字号的强势不同，表现编辑意图。

第二，不同的字体具有不同的风格色彩。黑体粗犷雄浑，宋体端庄大方，楷体活泼流畅，仿宋体清秀灵巧，隶书体古朴典雅……版面上的标题可以根据媒体的定位和报道内容选择相宜的字体。有些媒体将标题固定为某两三种字体，还有的专门设计了一套字库，以富有个性的字体制作标题，以体现独家特色。

（二）图像

图像是媒体上通过摄影、绘画、摄像等手段所呈现的形象。报纸上的图像包括照片、绘画、图表、有美术装饰的题头（经过美术装饰的标题）、栏头（报纸专栏的名称）、版头（又称刊头，报纸专版专刊上标出名称、期数等内容的部分）、报花（专作装饰用的小画）等。在报纸版面增加以后，版面趋于简洁，报花的采用越来越少，尤其是新闻版，一般不用报花，题头、栏头、版头的美术装饰也趋于简洁明快，绘画的形式比以前用得少，以网纹衬托标题、栏名、版名的形状简单的题头、栏头和版头成为主流，这也是为了版面的整齐、简洁，方便用户快速阅读。网页上的图像包括导航栏、横幅广告、网站标识图形、装饰图形图像、图标等。这些图像可能出现在不同的页面上，编辑需要按照一定的规则进行编排，使之风格统一。

图像是形象而直观的，很多图像的面积比标题的最大字号还大，而且墨色较重，在视觉上有立体感，所以给用户的视觉冲击比较大，比如新闻照片、绘画、图表等，在版面上比标题还要醒目，也更有强势。在现代报纸和网站页面上，图像是非常重要的一个元素，它在版面上能够形成“视觉中心”，成为影响版式的重要部分。图像的地位在现代媒体上非常重要，它不但传递信息，还能构成版面的风格和个性，编辑对图像的选择和运用也越来越重视。

（三）线条

线条在版面上也是运用得较多的一种编排手段。线条分为水线与花线两类，水线又分为正线（细线）、反线（粗线）、正反线（一粗一细两行平行线）、双正线、双反线、曲线和点线。花线又叫花边，是有花纹图案的线条。花线一般比水线粗而醒目。

线条在版面上具有这几个方面的作用：

一是强势作用。重要的稿件围上框或线，能够引起用户注意，也具有更大的强势。一般说来，围框，即用线条将稿件四周围成全封闭的形状，强势最大；其次是勾线，即将稿件周围的三边或两边以线条围住，形成不封闭的半包围形状，也能具有强势；再次是以平行直线勾勒稿件的上下两边，比不加线更具强势。此外，线条的形状和粗细不同，强势也不同。如同样粗细的线，花线要比水线有强势；同样是水线，反线要比正线有强势。

二是区分作用。将稿件围框勾线，能将在版面上相邻的稿件相互之间分割开来。两篇稿件之间用线隔开，不仅使它们在文字上不致混为一体，而且也表现了内容上的区别。

三是结合作用。用线条将若干稿件围在一起，能够表现这些稿件之间的内在联系性，使它们形成一个整体。

四是表情作用。线条的形状和粗细不同，给予用户的心理感受也不同。一般来说，花线比较绚丽，水线比较朴实。在水线中，曲线比较活泼，反线比较深沉。所以线条能够表现不同的感情色彩，如内容趣味性强、报告好消息的新闻，可以用花线装饰，讣告性的新闻则用反线围框。在现代媒体版面上，花线的运用趋于减少，水线的运用比较常见，这也与媒体版面追求简洁明快的时代潮流有关。

五是美化作用。线条是一种有形的存在，花线和弯曲的水线，具有一定的造型美，对版面能起到装饰作用。在字符和图像间适当采用线条，可以增加变化，活跃版面。

（四）色彩

在报纸普遍采用彩色印刷之后，色彩已经成为版面上最具有强势的一种版面元素。

色彩具有三种属性：第一是色相，即颜色面貌，我们借助色名来区别色相。色彩有红、蓝、黄三种基本色，也称三原色，通过它们之间的调配，可以调出更多的色彩。不同的色相其实是反射不同波长的光的结果，如反射光有波长为 700 纳米的物体是红色的。在七色光谱上，色相的顺序是固定的，而且相互之间没有明确的边界。不同的色相混合还可以产生新的色相。色相作用于人的心理，具有不同效应，如红色刺激强烈，活跃热烈，容易使人联想到血液、火焰，它与吉祥、喜庆相连，也能与恐怖、危险、残酷相连，使人骚动不安。绿色平静柔和，使人联想到生命、运动和活力。蓝色沉静、清澈、理智，使人联想到天空和海洋。

第二是明度，因为物体反射同一波长的光量有所不同，使颜色的深浅明暗有了差别。另外，各种波长的光明度也有差异，黄光明度最高，红光和绿光居中，蓝光暗些，紫光最暗。在色彩对比中，明度差往往是醒目的重要因素。明度加上色相，使色彩的心理效应更加复杂。

第三是彩度，指颜色的鲜艳度。彩度和色相共同构成色彩性。如果在颜色中加入白、黑、灰，都可使色彩度降低。高彩度基调，给人以丰富多彩的感觉，联想到节日气氛，华贵艳丽，欢乐、热情。中彩度基调给人以厚实、丰富又稳定的感觉。低彩度基调使人感到文雅、理智。

由于网页设计的载体是电脑显示屏，这就使网页中的色彩运用有别于依赖印刷载体的报纸。网页设计时采用的是 RGB 的色彩模式，而报纸采用的是 CMYK 色彩模式，前者相比后者色彩更为丰富，因而在设计配色上有更多的选择。色彩能够作为一种编排手段，是因为它具有以下几方面作用：

一是强势作用。在彩色版面上，色彩最能吸引用户的目光，版面因为色彩的加入而充满了变化，因此彩色版面上的标题字体变化不宜太多，字体如果再花样繁多，就会使整个版面过于花哨，反而不利于突出重点。在彩色版面上，编辑尤其需要注意彩色图片的使用，充分利用好色彩的强势特点，突出最重要的内容。同时，也要注意色彩运用的“度”，如果将所有标题、线条、栏头等都用彩色，甚至将稿件的正文也以彩色铺底，就会因色彩过多，什么也得不到突出，并且干扰用户阅读。

二是表情作用。由于不同的色彩作用于人的心理能够产生不同的效果，如红色对于中国用户来说往往代表着喜庆，黑色意味着噩耗和沉重，因此版面上对色彩尤其是面积较大的色彩的运用，能够表达情感，影响用户的情绪，从而使版面更加有感染力。

三是标志作用。色彩对人的心理的影响与象征效果，使版面编辑能够利用色彩奠定版面的基调，如前文中提到的《都市快报》选择了橘红色作为版面的主色调，报名和一些版头、栏头都统一用这种颜色，从而给读者与众不同的形象。版面的色彩基调应该与报纸的性质、功能、特点相吻合。如以海洋、航空为报道对象的媒体多以蓝色为基调，以足球、林业为报道对象的媒体多以绿色为基调等。基调确定后，在版头设计、照片的选择、网纹铺设时都要考虑与色彩基调的调和。如美国两家著名报纸《今日美国》和《纽约时报》，在这方面做法完全不同：前者以蓝色为基调，采用高彩度，图片鲜艳耀眼，表现出大众化报纸的特点；后者的报头、标题则一直不用色彩，只有图片是彩色的，而且彩度偏低，表现出严肃大报的庄重和典雅。过去我国报纸版面编辑在这方面注意得不够，这个问题现在已经引起重视。色彩的心理效应还与人们的经验、三属性对视觉的刺激以及人们的个性、气质、习惯及追求有关。由此而言，版面对色彩的调和不仅要考虑色彩的三属性，还要结合媒体的用户对象来进行选择设计。比如面向儿童的媒体版面色彩应该鲜艳、清纯，而面向知识分子的媒体版面色彩则不宜太艳丽太杂。

【案例】

色彩在报纸版面中的运用

IT WAS A VERY GOOD YEAR FOR LONG VOYAGES ... AND FOR FINE WINES P13 >>

sunday CHINA DAILY

DECEMBER 04, 2011 中国日报 chinadaily.com.cn ¥1.5

MEETING MARX
RICHARD RETURNS TO CHINA WITH A SERIES OF CONCERTS, NEW STORIES AND NEW SONGS. P15

WORLD VISION
CATHERINE NELSON AND HER FUTURE MEMORIES. P6

FEEDING CHINA

China's autumn harvest surpassed expectations this year, despite a constant battle with droughts, floods and pests. China Daily agriculture reporter **Jin Zhu** looks at how the world's most populous country makes sure it has enough to eat, and enough to help feed the world.

500 million tons

402 million hectares

sundaytalk

图 9-12　2011 年 12 月 4 日《中国日报》头版

该版面获得了第 22 届中国新闻奖报纸版面的一等奖，版面中最具强势的区域是中心色彩丰富的图形，五颜六色的粮食组合构成了一幅美妙的中国地图，象征着中国广袤的大地养育着居住在这片土地上的人们（见图 9-12）。

【案例】

《今日美国》与《纽约时报》的编排手段比较

USA TODAY

Aussie Open

'Million Dollar' wallop

Pats, Eagles storm Super Bowl XXXIX

Newsline

Ukraine leader inaugurated

He defined late-night TV and launched careers

Blizzard blankets Northeast

Recruits swamp Navy, Air Force

Army and Marines struggle with goals

Cover story

Social Security 'crisis' questioned

2 key Republicans urge taking time

图 9-13　《今日美国》2005 年 1 月 24 日头版

The New York Times

Pentagon Sends Its Spies to Join Fight on Terror

SHIITES IN IRAQ SAY GOVERNMENT WILL BE SECULAR

3 Firefighters Killed in Bronx And Brooklyn

Across Northeast, Out Come Shovels and Sleds

Johnny Carson, Low-Key King Of Late-Night TV, Dies at 79

Gray Matter and the Sexes: Still a Scientific Gray Area

图 9-14　《纽约时报》2005 年 1 月 24 日头版

《今日美国》标题字体统一，字号偏大；版面上图像使用较多，彩色报头成为报纸的标志，主要新闻图片面积较大，重视图示的运用；以文线与少量武线分割不同稿件，强调版面的模块结构；版面上色彩以蓝色为基调，色相丰富，高明度，高彩度，版面具有艳丽、醒目、活泼、明快的特点（见图 9-13）。

《纽约时报》标题字体种类较多，字号偏小；版面上图像使用比较慎重，报头不用彩色，彩色图片用量有限，并注意控制版面篇幅；以文线与少量武线分割不同稿件，强调版面的垂直与水平混合式结构；版面上色彩面积有限，中明度，低彩度，版面具有庄重、典雅的特点（见图 9-14）。

（五）多媒体

这是网页版面编排中的特殊元素，也是网页版面有别于报纸版面的特色所在。在网页中，多媒体编排手段主要包括音频、视频、动画、互动式信息图表和时间轴等。

音频是听觉上的媒介形式，一个好的网页版面不仅应该具有优质的视觉效果，还要带给用户良好的听觉感受。这种音频的植入是为了表达整个网站或网站的某个专题报道的主题风格，传达编辑的设计理念。如在单击某一对象时播放声音，在打开网络专题时播放和主题相关的背景音乐烘托气氛等。

随着数字技术的进步，视频已经成为网站不可或缺的多媒体元素。在网站中设立专门的视频频道或栏目，在报道中整合视频资源，让用户在阅读新闻的文本之外也能看到当事人的形象，听见当事人的声音，给用户带来新闻的现场感和真实感。在选择视频素材编辑时，应该尽量选择具有代表性和说服力的视频内容，对于来自电视节目的视频素材应该根据网络传播的特性进行一定程度的剪辑，制作成播放时长较短、突出重点的微视频集合。

动画是一种特殊的视频形式，其中最为典型的是通过 Flash 软件制作的网页动画，多见于动态导航、动态图标和广告中，可增强网页的娱乐性，吸引用户的注意力。但是由于 Flash 的文件体积较大，不能过量使用这类动画，以免增加网页负担，影响信息接收。

互动式信息图表是在传统平面图表的基础上增加互动性设计，这类图表不像平面图表那样将信息完全呈现在一层图片上，而是以多层级结构组织信息，一些信息隐藏于设计的触及点之后，只有当用户根据自己的需求点击这些触及点时，隐藏的信息才会以图片的形式呈现出来。这种多层级结构设置使互动式信息图表能容纳的信息量大增，且可以增加更多个性化信息的设计。

【案例】

互动式信息图表在网络报道中的应用

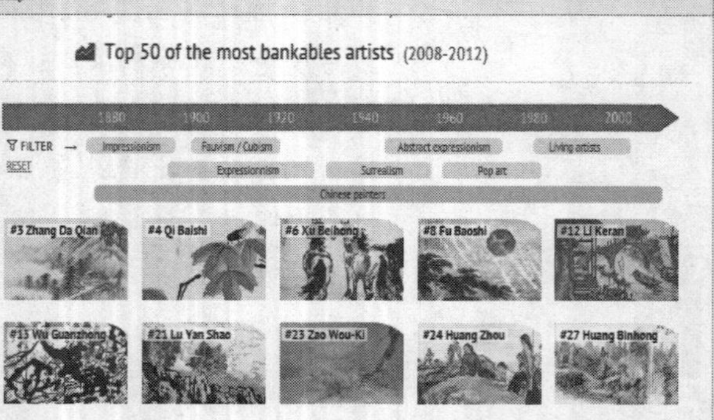

图 9－15　《“傻瓜”的艺术品市场》报道网页截图

法国数据记者让·阿比亚特西（Jean Abbiateci）发表在法语“Quoi?”网站上的报道《“傻瓜”的艺术品市场》（见图 9－15）是为关注艺术品市场的业内外人士所做的知识型报道，获得了 2013 年度的全球数据新闻奖。这个作品对 2008—2012 年拍出的最昂贵的 320 件艺术品进行数据统计与分析，涵盖了诸多互动式信息图表（见图 9－16）。在“毕加索：超级巨星”的板块，用户可以找到不同年代或艺术流派的知

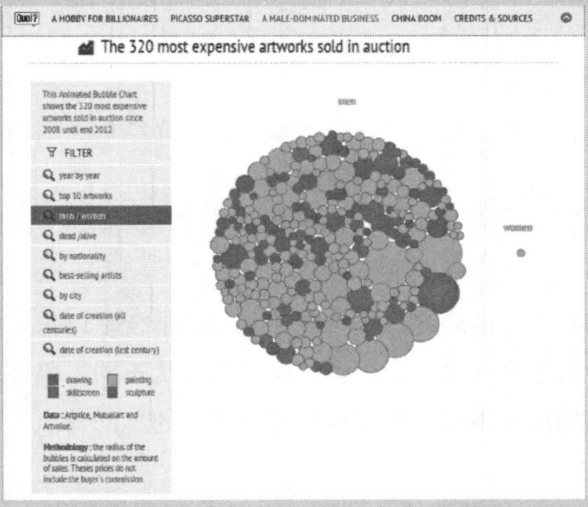

图 9-16　《"傻瓜"的艺术品市场》报道中互动式信息图表的应用

名艺术家（拍品总价位列前 50 名），并能点击了解自己感兴趣的艺术家及其作品。而在"男性主导的行业"的板块中，用户可以根据年份、售价最高的 10 件作品、艺术家性别、艺术家是否在世、艺术家国籍、艺术家作品畅销度、作品拍卖城市、作品诞生年代等指标对这 320 件艺术品的信息进行梳理。数据处理给用户提供了丰富的信息量，如 320 件艺术品中只有一件是女艺术家的作品。互动式信息图表中强烈的对比反差令人印象深刻。

时间轴是一种网络信息整合和呈现形式，即通过 Html 或 Flash 技术制作，依照时间顺序串联和记录新闻事件的各时点信息，运用图文或视频形式呈现给用户。早期新闻报道中运用的时间轴主要是一条线，线上零星排列几个关键节点，标注当时发生的事件，如今时间轴已经成为网站新闻专题中一种重要的编排手段，它从单向的静态的图片形式转为互动、立体的多元应用，不再是简单的历史事件的记录形式，而是一种包含事件相关诸要素的多形态信息结构的交互式设计。

【案例】

时间轴在网络报道中的运用

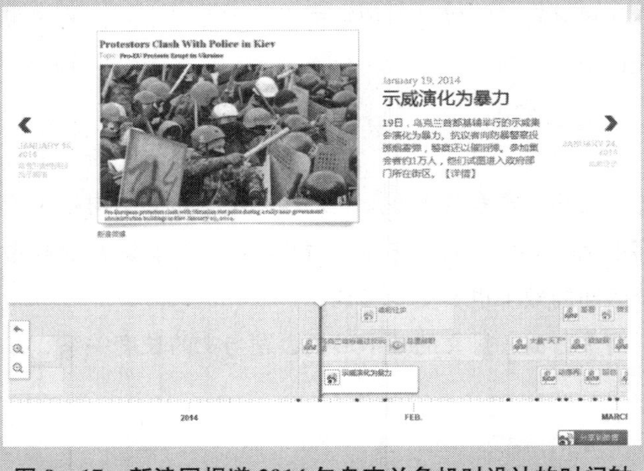

图 9-17　新浪网报道 2014 年乌克兰危机时设计的时间轴

新浪网在报道乌克兰危机时用时间轴的形式将危机演化历史中的重要时间节点与相关报道结合起来，使用户对该新闻的背景与发展有更全面和清晰的认知（见图 9-17）。

三、版面布局结构

版面的布局结构是版面各组成部分之间相互联系的形式，包括稿件的布局结构、题与文的布局结构两个方面。

（一）稿件的布局结构

稿件的布局结构是指版面上各篇稿件相互结合的表现形式。稿件之间的结合是以每篇稿件的形状为基础的，前面谈到稿件的形状可分为矩形和多边形两类，稿件的形状不同，稿件之间接壤的方式就不同，稿件在版面上的布局结构也就不同。根据稿件之间接壤的不同特点，可以将稿件的布局结构分排列和穿插两种。

（1）排列，就是稿件以规则的矩形一篇一篇整齐地排放在版面上。运用排列方式安排稿件，能使稿件之间界线分明，方便读者快速阅读，也便于编辑撤换稿件，方便组版。排列是现代媒体版面结构的趋向和主流。但排列也有不利之处，如果不能从整体上处理好稿件的相互关系，使用排列方式的版面就会因缺少必要的变化容易显得呆板和单调。

（2）穿插，就是稿件以多边形互相交错结合在一起。穿插的方式有多种，有的稿件只被一篇稿件穿插，有的稿件同时被多篇稿件穿插。穿插排列稿件的版面因稿件相互咬合，版面富于变化，而且篇幅长的稿件采用穿插方式编排，就避免了正正方方一大块，在视觉效果上可以化整为零，化长为短。但穿插带来的问题较多：一是不太方便用户快速浏览和阅读，因为稿件相互咬合容易打破阅读的次序与流畅性；二是不方便编辑组版，因为转折过多，影响了排版的工作效率，如果要撤换稿件也比较麻烦。所以，网站页面设计中基本不使用穿插的方式，而现代报纸上采用穿插结构越来越少，但在稿件数量较少而篇幅较长的专版副刊上，这种结构方式仍然有其利用价值。

在一块版面上，稿件的布局结构可以全部采用排列，也可以排列和穿插两者结合使用。稿件的布局结构从整个版面的最终效果来看，可以呈现的结构形式也即通常所说的“版式”有很多种，下一节将专门对版式展开讨论。

（二）题与文的布局结构

题与文的布局结构是标题与正文相互联系的表现形式。题与文的布局结构相对于整个版面来说只是一个局部，但这个局部不是孤立存在的，它与版面其他的局部有紧密的联系，如果局部的题与文布局结构不好，整个版面的效果也会受到影响。

题与文的布局结构主要包括四个方面：排文的基本形式、题与文的长度关系、标题自身的排列形式、题与文的位置关系。

【案例】

同时使用了排列与穿插的版面布局结构

工商时报

一纸政令下 不知几时行

国家计委不知说啥好

国务院办公厅转发国家计委关于取消地方限制经济型轿车使用意见的通知

北京:各执一词 各说各理

确保中央政令权威

关于取消地方限制经济型轿车使用的意见

福州不够档次不给户口

国家政策打败地方限制

武汉TAXI 夏利处境不妙

上海:出租车标准有嫌疑

关于进一步削减交通流量的通告

"天汽"处处壁垒 难有作为

福州市政府对小货车、私人小客车实行限量报牌的批复

图 9－18　同时采用排列与穿插的版面

该版右侧四篇稿件采用了排列方式，左边多篇稿件采用了穿插方式（见图 9－18）。

1. 排文的基本形式

有按基本栏排与按变栏排两种。在版心中，采用一定的分栏制形成等距的栏，称作“基本栏”。如横排报纸的版心是纵向等分的，基本栏的多少因报而异，过去多数对开报纸都分八个基本栏，每栏可刊登新五号（小五号）字 13 个。基本栏的划分是以方便读者阅读也便于编辑排版为目的的，基本栏太长或者太短，都会妨碍阅读，这是设计基本栏所要注意的。现在有些报纸将基本栏设计为六或七个，比之八个基本栏，每栏的字数略有增加，栏与栏之间的空隙加大，整个版面也显得更加疏朗。基本栏是版面结构的基础，它是以方便阅读和版面编排为目的进行划分的，所以，标题按基本栏排，有助于版面的整体美观和用户阅读。但基本栏的长度是有限的，有些重要稿件的标题需要突出，或者标题字数较多，这时就需要打破基本栏的限制，采用变栏的方式编排。变栏有两类：一类是“长栏”或称“并栏”，即将基本栏成倍地合并，如“二作一”（2 个基本栏合并为 1 栏）、“三作一”（3 个基本栏合并为 1 栏）等；另一类是“破栏”，即将基本栏打破，重新等分，如“三作二”（将 3 个基本栏重新等分为 2 栏）。从方便版面编排与使版面简洁明快的角度考虑，“长栏”比“破栏”效果更好。我国报纸在过去的办报传统中因版面少，黑白印刷，曾经以大量的“破栏”使版面富有变化。但是，在彩色印刷普及后，特别是多版化带来的排版压力和阅读压力下，“破栏”已经不再适应形势变化，以基本栏与长栏排文成为主流趋势。

在网站的导读页（通常指网站的首页和各频道、栏目的首页）设计中，一般也进行分栏，多数网站会将导读页设计成三栏，但有的网站设计成栏宽等宽，有的则设计成栏宽不等宽。在网站导读页排文一般限制宽度为一栏内，这与报纸的排文不同。而网站正文页则一般设计为大小不等的两栏，较宽的栏排正文，较窄的栏排其他栏目和专题的导读，有的也刊载广告。

2. 题与文的长度关系

主要有题与文等宽、题的栏宽是文的栏宽的整数倍、题的长度不等于文的栏宽或不是栏宽的整倍数这几种（见图 9-19）。比较而言，前两种有助于版面的整齐并方便阅读和排版，后一种打破了基本栏的节奏，不方便版面编排，因此不宜多用。竖题与文的高度关系也与横题一样有上述三种情况，只是标题竖排的总高度与文章的总行数相比较，有题高与文高相等、题高是文高分栏的整倍数、题高不是文高分栏的整倍数三种，最后一种也是应该少用的。

处理题与文的长度关系，要注意避免标题的长度超过文的长度。如果出现这种情况，标题的下方就会有一块空白，需要提前考虑以图片、资料或其他相关的内容填补。

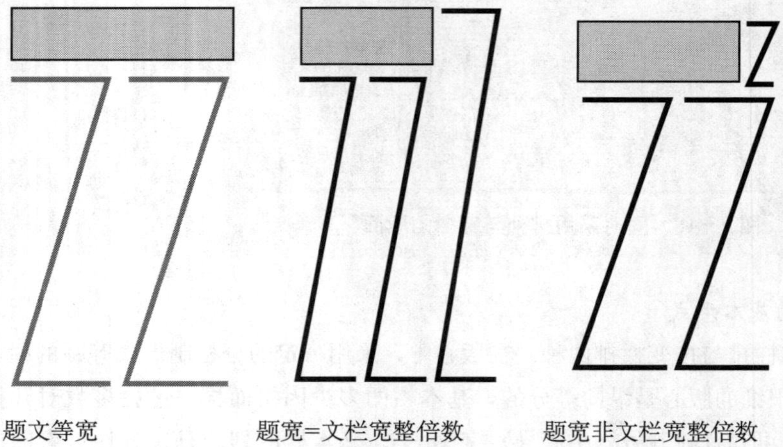

图 9-19 题与文长度关系示意图

3. 标题自身的排列形式

在报纸版面中，标题自身的排列形式较为多样，横题主要有单行式横题、多行均列式横题（左右对称）、多行斜列式横题（均衡向右倾斜）、多行左齐式横题（左边对齐）、多行右齐式横题（右边对齐）、多行低格式横题（副题短于主题，左右对称）、主辅题左右分列式横题（主题与辅题分两边排）等；竖题主要有单行式竖题、多行斜列式竖题（均衡向右倾斜）、多行半斜列式竖题（各行题开头位置均衡向右倾斜）、多行低格式竖题（副题短于主题，上下对称）等（见图 9－20）。与之相比，网站标题主要以单行式横题为主，很少使用多行式标题或竖题。

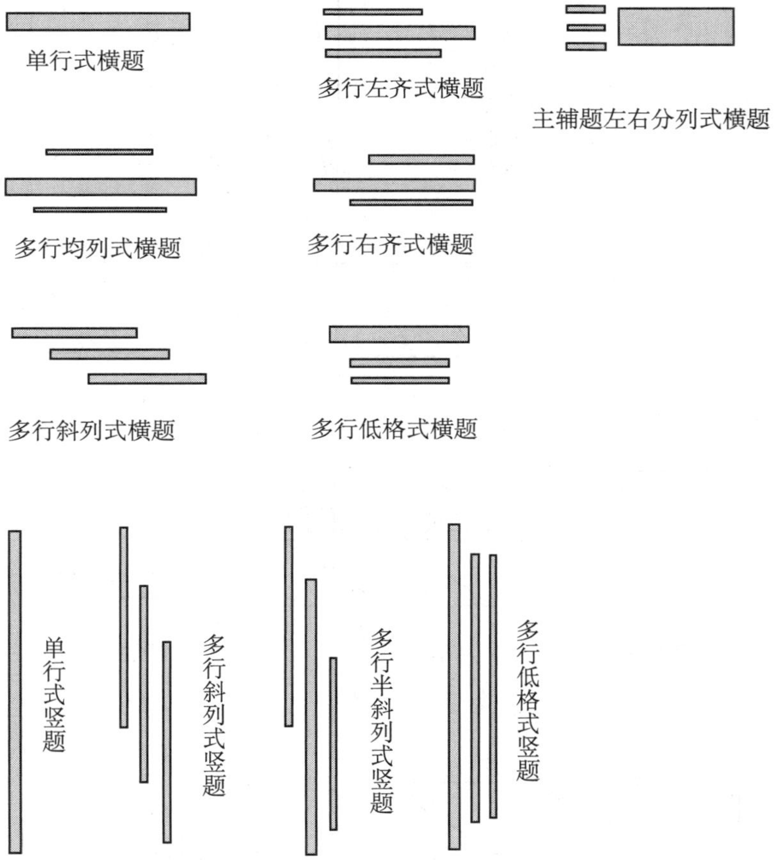

图 9－20　标题排列形式示意图

4. 题与文的位置关系

在报纸版面中，题与文的位置关系构成较为复杂，主要有：盖文横题（标题盖住正文）、一般竖题（标题与文高相等）、眉心题（也称元宝题，标题是正文栏宽整倍数并居上面中间位置）、串文题（标题与正文栏宽整倍数不等，可居上面中间位置，也可偏于一侧）、上左题（标题是正文栏宽的整倍数，并在左上位置）、中心题（也称文包题，标题被正文包围在中心位置）、对角题（标题对角对称排列）、尾式题（标题在正文尾部）、腰带题（标题在正文中间并隔断正文）、旗式题（标题长度或高度大于正文的总宽度或总高度）、左侧题（标题面积大于正文，位于正文左侧并与正文等高）、碑式题（标题面积大于正文，位于正文上方并完全盖住正文）等，此外，还有一些不规则的题文关系，如中左题、中右题等（见图 9－21）。与之相比，网站正文页面标题主要以盖文横题为主。

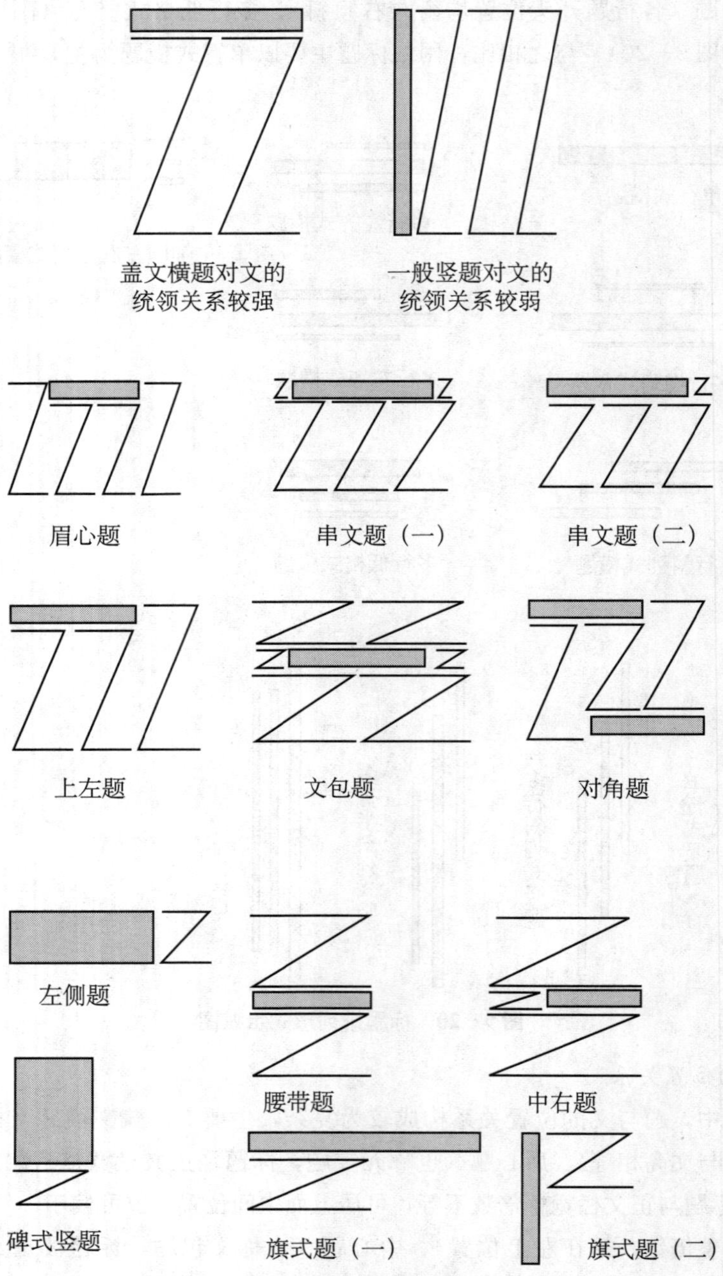

图 9－21　部分题与文位置关系示意图

从方便读者阅读、方便排版和使版面风格简洁明快的角度出发，越来越多的报纸在倾向于使用标题与正文等宽或是其整倍数的标题的同时，还注意使题与文的位置关系稳定在某两种形式上，如主张采用盖文题、上左题和一般竖题，避免采用标题对正文的统领作用不强，或者不方便读者找到文章开头的标题，如腰带题、中左题、中右题、中心题、串文题、尾式题等，这不仅能提高版面编排效率，而且也有助于形成统一的版面风格。

第三节　版式

【知识要点】

- 版式，指版面的基本形式，是通过版面区域功能划分及稿件布局结构所形成的相对稳定的设计模式。
- 西方报纸的版式变化主要经历了垂直式、水平式、垂直与水平混合式、静态模块式这几个主要阶段。我国报纸的传统版式主要是由稿件的组合与布局结构决定的。根据版面对内容的组合特点可分成综合式、重点式、集中式三大类；根据版面上稿件排列的结构特点又可分为规则对称式、非规则对称式、齐列式三大类。20世纪末以来我国报纸版面设计开始借鉴西方报纸的版式及设计方法，垂直与水平混合式版面、静态模块式版面已经在我国报纸上大量出现。
- 网页的版式除了受到页面版心及基本栏设计、版面各区域的功能划分、稿件的布局结构等因素影响之外，还受到显示终端和版面编排手段的影响。网页版式根据主导页面的元素是文字还是图像，可以划分为文字导航型和图像导航型；根据稿件模块的排列方式可以划分为垂直型、水平型、网格型和自由型。

版式指版面的基本形式，是通过版面区域功能划分及稿件布局结构所形成的相对稳定的设计模式。报纸和网站页面的版面设计虽然都遵循平面设计的基本原则，但由于媒介呈现形态的差异，报纸版式和网页版式各具特色。

一、报纸的版式

（一）报纸版式的基本概念

版式自报纸诞生之日起就出现了，我国古代报纸的版式与书籍相似，版面篇幅和长宽比例与书籍一样，文字竖排到底不加分栏的布局结构也与书籍无异。版式是随着时代进步和报业发展不断变化的，这种变化的推动力量主要有三：一是排版和印刷技术的不断改进，使版面改革具备现实条件；二是社会需求的不断扩大，包括读者和广告商对报纸改革的客观要求，使版面改革成为必需；三是媒介竞争的压力，使报纸版面改革势在必行。

报纸版式设计是一种创造性的工作，在报纸初创时期就应该进行，而且是报纸产品设计中非常重要的一部分。版式设计最重要的依据是报纸的定位及其编辑方针，对此在第二章中已经有相关阐述。

报纸版式作为版面编排的相对稳定的模式，具有规范版面编排、指导日常版面编辑业务的作用。在办报实践中，版式变化是报纸改版的一部分，应慎重对待。改版，既包括报纸内容结构的改变，也包括版面形象的变革。

报纸版式，作为一种直观形象的存在是由多种要素共同构成的。决定版式的最基本的要素如下：

1. 报型

报型指报纸的外形，包括报纸的平面面积和长宽比例。我国报纸传统的规格主要是两种：对开报与四开报。对开报的长宽比例是 1∶1.397，四开报的长宽比例是 1∶1.444。但从 20 世纪末开始，一些报纸为了版面形象的创新，或者为了节省纸张成本，开始采用长宽比例与传统规范不同的异型版面，如杭州《都市快报》的报型比传统四开报更加窄长，长宽比例是 1∶1.629。西方国家的报纸报型规格非常多，每家报纸都可以根据自己的喜好设计报型，而且有些报纸在用纸上也追求与众不同的效果，如用彩色纸印刷。我国报纸在 20 世纪末期也开始出现这种情况，不但出现了异型报纸，还出现了用浅橙色新闻纸印刷的彩报，如《经济观察报》等。由于报型是报纸版面一个重要的外部特征，也是稿件布局结构所依托的基础。所以，报型对版式具有重要影响。

报型的选择一方面要考虑读者的需要，另一方面要考虑报纸本身的定位与形象要求。如 2003 年英国一份著名的大报《独立报》由大报改为小报，2004 年《泰晤士报》也改成小报，引起了世界关注。这两家报纸的改变是在其发行量下降的巨大压力下进行的，它们希望借此挽回读者。因为英国读者有在公共汽车、地铁和其他公共场所阅读报纸的习惯，这些地方大多比较拥挤，报纸开张过大，会让读者读起来不太方便。大报改为小报以后，不但方便人们在地铁和公共汽车的车厢内阅读，而且便于携带。但对报型的改变，两家报纸都是非常慎重的，在完全采取小报报型前，都是采用同时制作发行大报与小报两种报纸的做法，观察读者的反应，直到最终证明读者能接受并喜欢小报报型后，才完全改为小报，而且仍然坚持严肃的办报方针，不以猎奇、煽情的新闻手法争夺读者，力争保持原有的权威性。在我国，也有越来越多的报纸从改变报型着手进行版面创新，如 2002 年 8 月《南方日报》改版，报型由传统的对开报变窄加长，使整个版面形象发生了根本变化。

2. 版心及基本栏设计

版心是一块版在除去周围留的空白以后容纳文字与图片的区域，版心的大小决定了版面的容量，如传统的对开报的版心面积通常是 35 厘米×49 厘米，能够刊登 13 104 个新五号字。基本栏是将版心进行纵向等分后的栏，如传统的对开报纸的版面上分成八个基本栏，每栏刊登新五号字 13 个，栏与栏之间的空隙是一个新五号字的宽度。过去很长时期，我国报纸的版心与基本栏都是统一规格的。20 世纪末，随着报业竞争的加剧，版式创新蔚然成风，一些报纸开始借鉴西方国家报纸的版式设计方式，对版面四周的留空、版心的面积和基本栏的划分，打破以往的统一规格，出现多样化的设计。有些报纸加大了周围留空，有些报纸将基本栏由八个减为七个或六个，栏与栏之间的间隔也加大了。

在现代报纸版面设计中，为了方便读者快速阅读和编辑排版，绝大多数稿件按照基本栏排列，图片和标题的宽度也都采用基本栏的整倍数。因此，基本栏成了版面设计的基础，并决定了版面的疏密和节奏。如西方报纸版面设计首先要确定版面上的基本栏设置，目前美国大报中有分五个基本栏的如《华盛顿邮报》，也有分六个基本栏的如《纽约时报》。基本栏不同，报纸的版式也必然有所不同。

在视觉效果上，分栏较少、栏间隔加大的版面，要比传统的分栏较多、栏间隔只有一个字宽的版面显得疏朗、大方；将大部分稿件的正文以基本栏排列的版面，要比将大部分稿件的正文变栏排列的版面更加整齐、规则，也更富有节奏感并方便阅读。基本栏为所有稿件的编排确定了走文与节奏的基调，因此也为整版稿件的布局结构奠定了基础，成为影响版式的又一个要素。

3. 版面各区域的功能划分

报纸版面上刊登的内容较多，有单篇的稿件，也有固定的专栏，还有广告，这些内容在版面编排上需要相对独立。在多版面的报纸上，重要版面如头版与首页不仅担负着刊登新闻稿件的任务，还要具备“导读”的功能，有的还刊登广告。这些内容的比重应该各占多少，如何在版面上将它们分隔开，并能使读者非常容易地发现它们，进而形成一种阅读习惯？西方国家的报纸很早就开始重视这个问题。1982 年《今日美国》创刊伊始，以版面各区域的功能划分，确定了报纸的基本版式，而且二十多年来坚守不变。在编辑学中，这种版面设计方式被称为“静态式设计”，指版式在前期设计之后，就作为相对稳定的模式长期运用，并不因为每天新闻内容的不同而改变统一的版式风格。所谓“静态”，是相对于传统的“动态”（即版面天天不一样，总在变化中）而言的。静态式设计，现在在西方报界已经得到普遍采用，我国的一些报纸也在 20 世纪末开始借鉴和采用这种设计方式。

静态式设计，除了前面谈到的报型设计、版心与基本栏设计外，非常重要的一点就是明确版面各区域的功能划分，这种划分决定了版面的整体结构，如有些报纸的版心平分为六个基本栏，以一栏、三栏、二栏的基本栏组合结构奠定版面总体格局，左侧第一栏为导读区域，左二至四栏通常为重要新闻区域，右侧两栏为固定专栏区域，广告则固定在版面最下方通栏刊登。也有些报纸是七个基本栏，采用二栏、四栏、一栏的基本栏组合结构。需要说明的是，静态式设计，只是使版面的基本结构框架得到确定，每天版面编辑对版面的设计都是在这个大框架中进行的，如导读内容不能放到新闻区域中，广告不能放在导读区域中。但具体到每篇稿件的位置与面积、图片的位置与大小、正文的分栏等，还是可以在这个大框架中有局部的、适度的变化，这种变化是根据每天新闻稿件的内容需要与报道意图来确定的。

版面各区域的功能划分决定了版式的基本模式，也使版面的形象具有稳定性，并且还能有效地节省版面编辑的工作时间，使他们主要集中精力于稿件的修改、标题的制作及稿件的配置等。静态式设计的版面，还有一个优点是，在重大事件报道时，一旦需要进行超常规的版面表现，就可以采用打破固定结构的方式进行版面设计，使读者一眼就能注意到版面的变化，意识到有不同寻常的事件发生了。从这个意义上说，版式的固定为表现重大内容提供了可变的空间，而没有固定版式、每天都在变化中的报纸版面，在表现重大新闻题材时反而难以使读者意识到新闻的重要性。

【案例】

美国报纸版面的静态式设计

USA TODAY
05.01.13
2013 TONYS
LEGAL ONLINE POKER BEGINS
When rain, rain won't go away
Boston medals have eBay buzzing
THE BETTER-FOR-YOU B-B-Q.

图 9-22 《今日美国》2012 年改版后的常规版面一

USA TODAY
2.10.14
MONDAY
OLYMPICS COVERAGE 1-8D
Outlook rosy this year after pallid start
1,000 days out: Calmer landscape for '16 race
Save 25% off FedEx One Rate pricing.

图 9-23 《今日美国》2012 年改版后的常规版面二

《今日美国》是美国报业的后起之秀，它的出现标志着现代报纸设计理念的形成。该报 2012 年 9 月 14 日全面改版（见图 9-22 和图 9-23），在沿用早期的色彩策略的基础上，改变了报头徽标，以蓝色圆圈作为常态徽标，有重要新闻事件时编辑对徽标进行变形设计，使之与新闻事件产生联系。改版后的《今日美国》仍然延续静态式设计的理念，可以看到清楚的版面区域功能划分，其头版的模块结构如图 9-24 所示。

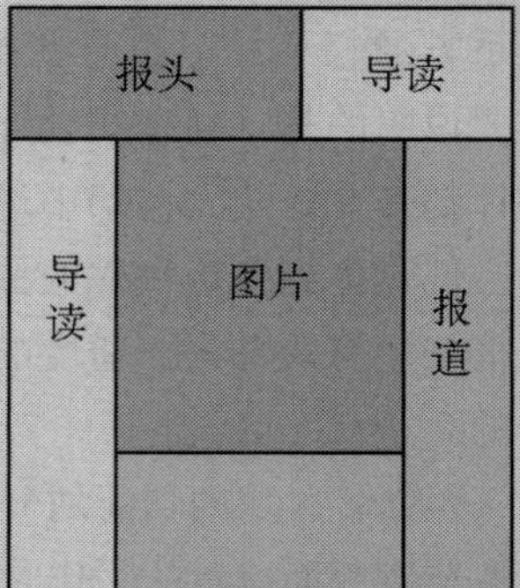

图 9-24 《今日美国》头版模块结构示意图

$1.00　THE NATION'S NEWS　TUESDAY

USA TODAY
04.16.13
A GANNETT COMPANY

INSIDE
GOLD'S WORST PLUMMET IN 30 YEARS 1B
BOSTON NEWS SLAMS JITTERY WALL STREET 1B
NFL DRAFT PREVIEW 5-7C

TERROR RETURNS
Boston blasts rattle Americans as nation goes on alert

Federal investigators join police; authorities pore over video, seek witnesses, 4A

Photos, videos and news of Boston horrors spread quickly on social media, 7A

Blast injuries can be difficult to treat; many are similar to war wounds, 4A

NEWS PHOTOS QR READER

Bill Iffrig, 78, of Lake Stevens, Wash., who was knocked down by a blast, says he got a scrape on his knee and was able to walk across the finish line. Others weren't as lucky: Some lost limbs or suffered other severe injuries. "I don't know if I'll come back (to Boston)," one runner says. 6A

That post-9/11 quiet? It's over.
As Boston news sweeps America, nation's worst fears are reawakened

We'll 'get to the bottom of this'
In D.C., flags lowered, a moment of silence, a vow for justice 3A

HOME DELIVERY
USATODAYSERVICE.COM

Massive search to answer who, why
Bombing investigation won't be "simple, easy," Mass. governor says

William M. Welch

▸ STORY CONTINUES ON 4A
▸ STORY CONTINUES ON 3A

图 9－25　《今日美国》超常规版面

静态式设计在这张报纸的版面上还表现在版面的分栏是固定的，照片运用的规格、标题的字体字号、线条的运用、色彩的运用都有统一的规定。

版面根据内容需要所发生的变化是以不突破版面总体结构框架和上述各方面的规定为前提，有限地进行操作的，如图片的面积、在固定区域中某一篇稿件的文字分栏等，可以有局部的变动。

静态式设计的版面在表现重大新闻时可以采用突破常规的方式，使版面引人注意。《今日美国》对波士顿马拉松爆炸案进行报道的版面破例采用通栏大标题，照片篇幅超过常规，标题字号大于平时，打破了原有的版面区域功能划分，整个版面围绕一个新闻事件展开报道，使得版面具有强烈的视觉冲击效果（见图 9－25）。

4. 稿件的布局结构

稿件的布局结构，除了总体上划分的“排列”与“穿插”两类之外，从整个版面上稿件的相互关系上看，还会有不同的类型，如：稿件的完全统一编排，能够形成一种布局结构；稿件在版面上的对称排列，又能形成一种布局结构。在静态式设计理念提出之前，版式主要是由稿件的布局结构决定的。在采用静态式设计之后，稿件的布局结构受到了总体设计框架的制约，但它依然对版式具有影响。对此，我们通过对中西方报纸基本版式的分析来进一步阐述。

【案例】

几种特殊的头版头条

北京 晨报

当场拍板实事

现场写成报告

62万人昨天考研

网络搭桥 信息为媒

民航大厅竟有票贩子

跨栏王送我T恤

来这儿就像到了家

汪延张朝阳谁也不怵谁

招聘

双头条

北京日报

市委市府理论学习中心组学习生物科学知识

推进文化产业发展 加强住房市场管理

朝阳 齐抓共管保平安

执政为民 立党为公

市政协九届五次会议明年1月24日至28日召开

昌平订京报集团报纸17000多份

书市捐书5万册

做好党报党刊征订工作

商贸系统积极订阅本报

媒体应对入世挑战

“大雪”时节好大雪

市府发出扫雪令

雪天路难行

十万余人扫雪忙

送新兵

倒头条

［资料链接］

报纸版面术语：

1. “印张”与“开”

“印张”是计算出版物篇幅的单位，全张平板纸横裁为二，称为“对开”，对开报就是占全张纸的一半，对开报每个版的面积约 39 厘米×55 厘米，如《人民日报》。每张对开纸为一“印张”。对开纸再一分为二，就是“四开”，四开报的每个版面积约27.5厘米 ×39 厘米，如《新民晚报》。

报纸的版面多少可以由“印张”来体现，如一印张新闻纸双面印刷，能够印对开报纸 4 个版，如果一张对开大报是 20 版，那一份报纸就要用纸 5 印张。报纸的版面越多，印张也越多。20 世纪末以来，我国报纸的总印张数的增长比报纸种类的增长要快，就说明报纸的版面普遍增多了。

2. 报头

报头是报纸第一版刊登报名和其他内容的区域，多数横排报纸的报头位于一版左上角，面积为二分之一版心宽，六分之一版心高。报头刊登的常规内容包括报名、出版单位、刊号、总期数、出版日期等。

随着报纸版面的变革，报头设计也出现多样化的趋势，报头的位置和所刊登的内容正不断突破传统，如：不少报纸的报头变成通栏宽，除常规内容外，还刊登“便民电话”等；有些报纸将自己的办报格言标注在报头中。

3. 报眼

报眼，又称“报耳”，是横排报纸第一版报头（指非通栏报头）右侧的版面区域。如果报头通栏，报眼就不存在了。

报眼所占版面不大，但因位置显著，一般用来刊登比较重要而又短小的新闻，或者刊登

13种行为属价格欺诈

400个县五年内实现电气化

“请不到作WTO报告的同志就不回去”

外经贸部门口排起长队

让消费者不再受“欺诈”

出入境管理将作重大改革

假头条

图 9-26　采用了几种特殊的头条编排方式的要闻版

当日报纸的内容提要，也有的报眼不单独编排，而与下面的版面连接编排。

4. 报线、眉线、报眉

报线是版面上分隔版心与周围空白的线条。有些报纸的版面上只有上下各一条线，也有报纸以上下左右四条报线围框突出版心。

眉线是版面顶端横向分隔版心与上部空白的报线。

报眉是报纸眉线上方所印的文字，一般刊登该版名称、版序、出版日期、版面内容标识等。

5. 中缝

中缝是一张报纸相邻两块版之间的空隙，也称作“报缝”。中缝可以空着，也可刊登广告、实用信息，或者用于版面上长文的转文等。一些大报为了版面的庄重与美观，将中缝空而不用；也有不少报纸，特别是四开报纸，为了更充分地利用版面，则用报缝刊登广告、电视节目介绍、知识小品等。

6. 通版

通版指打通报纸上相邻的两个版而形成的版。通版的面积包括这两个版和两版间的中缝，一般用于报道重大事件。对于四开报等小报来说，通版的使用有助于表现重要的新闻内容。但对于篇幅较大的大报来说，通版往往不方便读者阅读，因此不宜过多使用。

7. 头条、双头条、倒头条、假头条

横排报纸版面左上方、竖排报纸版面右上方的位置被认为是版面中最重要区域，用以刊登最重要的稿件，称头条。

双头条，指在报眼位置或版面右下方刊登一篇与头条同样重要的稿件，形成“双头条”。双头条的特点是两篇头条的标题同样突出，在图片使用、围框等强化性的编辑方法上也同样做突出处理。

倒头条，是一种特殊的双头条，即在版面右下方刊登与头条同等规格处理的重要稿件。

假头条，又称“小头条”或“头条前”，是处于版面重要位置但实际并非头条的稿件。一般位于真正的头条之上、之左，标题小于头条，涉及重要人物、机构、活动但无实质性的重要内容（见图 9-26）。

（二）西方国家报纸的版式变化

自16世纪威尼斯小报诞生后至今，西方的近现代报纸已有了四五百年的历史。与中国的情况一样，最初西方国家报纸的版式也与当时的图书非常接近。直到18世纪报纸版式才逐渐抛弃了标准的图书样式，纷纷采用大型号纸张以扩大版面，但这一时期的报纸除了在纸张的尺寸规格上有所改变外，在印刷和视觉因素（如插图）上几乎没有什么变化，这种状况一直维持到19世纪中期。此后，西方报纸的版式变化主要经历了垂直式、水平式、垂直与水平混合式、静态模块式这几个主要阶段。

1. 垂直式

1845年，理查德·霍改良了传统印刷机，制造出高速轮转印刷机，实现了报纸印刷的机械化，这个发明带来了报纸版面的一场变革，使垂直式版面成为主流。这种版式的形成与当时的印刷条件密切相关，因为高速旋转的印刷机为了防止印版上的活字在印刷机高速旋转时脱落，使用了从上至下贯穿印版的长金属条嵌在版中起固定作用，这些金属条在印刷中形成的细线自然将版面分割成各栏，因此一栏以上的标题不可能出现在报纸版面上。

垂直式版面是最古老的版面形式，曾长期统治美国报纸的版面。虽然后来起固定作用的金属条由于印刷技术改进而消失，水平式版面也越来越多地出现在报纸上，但按基本栏排文布题的传统却保留下来，垂直式版面一直延续到19世纪末。

垂直式版面的主要特点如下：

第一，标题与正文都按基本栏排列，版面纵向分割，整齐、有次序，但缺少变化。

第二，稿件的重要性主要通过标题的行数区分，而不是由标题的长度（栏数）区分。编辑习惯于制作多行标题，或称“标题组”来概括新闻内容，并使用不同的字体字号吸引读者注意。

第三，很少采用图片，版面修饰少，版面语言贫乏，版面设计对内容的表现力较差。

【案例】

垂直式版面

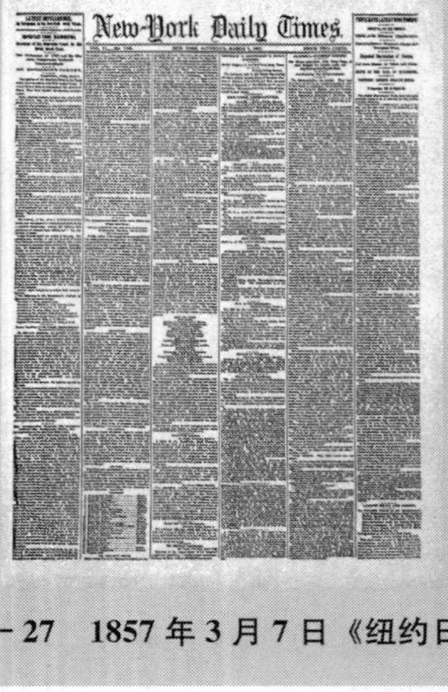
New-York Daily Times

图9-27　1857年3月7日《纽约日报》

图9-27这块垂直式版面表现出的特点如下：

标题与正文都按基本栏排列，版面纵向分割，整齐、有次序，但缺少变化；以标题的行数多少表现稿件的重要性；使用了不同的字体字号；没有图片，版面修饰少，版面语言贫乏。

2. 水平式

19 世纪 60 年代，报纸印刷开始采用铸版术，浇注的铅版使图片、标题、广告等不再受分栏的限制，到 1890 年，轮转印刷机已经被铸版和卷筒纸的印刷机取代。同时，美国报业步入了大众报纸时代，报纸由过去的稀缺资源变得相对过剩，激烈的竞争促使报人除了在新闻内容上较量，也求在报纸版式上有所突破。水平式版面就是在这种历史背景下出现的。

在水平式版面出现之前，先是标题突破基本栏排列的限制。1862 年 9 月 22 日，《费城问询报》头版出现了最早的跨栏横标题。该版头条标题长 4 栏（版面共分 6 栏），之下是一幅同长的图片。1864 年美国国内战争的消息促使《纽约时报》的标题打破长期以来以基本栏排列的传统，第一次使用通栏横题。但当时正文排列仍是垂直式。直到 20 世纪初，版面上正文排列才突破基本栏纵向直文的限制，水平式版面由此成为主流。

水平式版面的主要特点如下：

第一，多数稿件随着标题的栏数截为短行，串排在标题下面，题与文构成横的长方形。这要比垂直式版面更方便阅读，因为它合乎人的阅读习惯。

第二，标题排列突破了基本栏的限制，较多使用二三栏题与多栏题，标题形式简化，层次减少，字号加大。

第三，图片增多、篇幅加大，而且不像垂直式版面那样限于基本栏排列照片主要是竖的长方形照片，而多用横的长方形照片。

第四，版面抽去栏线，删除装饰性印刷符号，题与文之间、图片周围空隙加大。

【案例】

水平式版面

The Washington Post

'The Eagle Has Landed'—
Two Men Walk on the Moon

'One Small Step For Man…Giant Leap for Mankind'

Moon Walk Yields … for Science

Squared Away and in Good Shape…

Millions Follow Moon Landing Around the World, Except in China

图 9-28　1969 年 7 月 21 日《华盛顿邮报》

图 9-28 这块水平式版面表现出的特点如下：

标题打破基本栏的限制，头条是通栏标题，字号加大，特别醒目；下半版稿件的排列与垂直式版面的做法不同，是串排在标题下面的，题与文构成横的长方形，更加方便阅读；版面上采用了大幅照片；抽去了栏线，题与文之间、图片四周注意留空。

3. 垂直与水平混合式

20 世纪印刷出版技术不断取得新的突破，为报纸版式革新提供了更大的技术空间。1904—1905 年，美国的鲁贝尔（W. Rubel）发明了胶版印刷，能适用于各种图片、书刊和彩色包装材料的印刷。1907 年英国人西蒙（S. Simon）取得了丝网印刷的专利，丝网印刷制版成本低，印墨能牢固地附着在任何形状的被印物表面。20 世纪 50 年代，一场“冷字”革命把摄影术引进了印刷程序，照相排版机、活字排版机等开始稳步入侵“热金属”排字领域。60 年代末引进的计算机排版和新的印刷技术，显著地降低了制造成本，也增加了色彩和图像的运用。1977 年，美国 94%的日报已经从热排过渡到照相排版，65%采用了电子计算机，57%采用了录像显示终端机。而 80 年代扫描仪使色彩分解后通过卫星传输成为可能，并且其价格也变得能为大部分日报所接受。这样的技术成就，使编辑运用版面元素几乎达到了随心所欲的地步。技术的发展与市场竞争的进一步加剧，促使报纸版面革新继续向前发展，电视的出现对报纸造成的威胁，也使得报纸在图片运用与版面的视觉效果上进一步探索和创新。在 20 世纪后半期，垂直与水平混合式版面在西方报界成为主流。

垂直与水平混合式版面的主要特点如下：

第一，版面编排以横为主，横竖结合。如在版面左或右侧刊登一些竖新闻，使版面横竖结合，避免单调。

第二，头版在变化中讲求连续性。版面样式的连续和秩序主要通过那些固定的部分如刊头、索引和摘要实现。重要内容摘要和带花边的索引成为第一版的固定成分。一些报纸还强调内页各部分的第一版，对此按头版标准处理。

第三，特别重视图片的作用，使图片成为版面的核心。图片的剪辑编排更具有艺术性。

第四，标题字号比前一时期减小，同一版上用粗体字和细体字形成强烈对比，不再强调字体的变化，而注重字体的一致性。一块版上稿件数量减少，为报纸创造了一种结构生动而平稳的期刊式外表。

第五，基本栏减少、加宽，使版面更加优雅、简单。对重要新闻或有特色的长新闻加框。框的尺寸可以很大，框内的新闻往往配上图片，框线用细线。

【案例】

垂直与水平混合式版面

The Washington Post
Mayor Well Ahead, Exit Survey Shows
Johnson Is Triumphant In Pr. George's Primary
White House Raises Terrorism Alert
Smith Defeated In N.H.
Hamburg's Cauldron of Terror
Democrats Unconvinced On Iraq War
Paralyzed Actor Regains Some Motion, Feeling

图 9-29　2002 年《华盛顿邮报》

图 9-29 这块垂直与水平混合式版面表现出的特点如下：

版面编排以横为主，横竖结合。版面左下角的内容索引是版面上固定的一部分；图片受到重视，大幅照片成为版面的核心；标题字号适中，主题与辅题的字体字号形成较强烈的对比；基本栏减少了，栏宽加大；版面下端的特稿加框，框内的新闻配上了图片。整个版面兼有垂直式与水平式的优点，简洁而不单调，富有活力。

4. 静态模块式

1982年，甘尼特报业集团创办了美国第一份成功的全国性报纸《今日美国》，该报的版面设计令人耳目一新，它以色彩和图片为基础，以大量富含信息的图表来解释新闻，成为西方报纸版面发展史上的一个里程碑。在它的影响下，西方报纸掀起了一场“重新设计运动”。以《今日美国》为代表的新型版面，是一种从垂直与水平混合式版面进一步发展起来的静态模块式版面。

前文中已经谈到静态式设计，这种设计理念的精髓是，报纸版面设计要保持一致的风格和形式，不追求变化，而且报纸的各版组甚至各版的设计也都大体相同。这种设计理论认为，报纸的版面只是“货架”，是为陈列内容服务的。内容每天都要换成最新鲜的，但“货架”不应该经常变。读者阅读静态式设计的报纸，就可以像在自己熟悉的超市里购物一样，能快速寻找到自己需要或感兴趣的信息。

静态式设计，与模块的使用是不可分割的。静态版式的确定要以划分与固定版面的不同区域为基础，而西方报纸版面的区域划分是以模块设计（modular layout）来实现的。

模块，是版面上以矩形编排一篇或一组相关稿件所形成的相对独立的部分。模块式设计以基本栏规定的网格（grid）为基础，每篇（组）稿件都形成一个规则的矩形，用围框或周围留空与其他稿件分开，读者在阅读过程中不会发生串行或误读，更加方便快捷。并且，因为矩形可以放在版面的任何位置，也使编辑可以迅速撤换稿件。最初，模块设计是在杂志版面上采用的，到20世纪60年代后，美国一些报纸的版面设计才引入这种方式。实际上，垂直与水平混合式版面上已经出现模块结构的特征，但将模块结构与静态式设计相结合，使版面形式保持相对稳定和整体一致，直到20世纪最后20年才在美国等西方国家逐步普及，然后在世纪交替的时候为我国一些报纸所采纳。

静态模块式版面的主要特点如下：

第一，采用静态式设计，版面完全以模块为基础确定整体结构框架，并规定专栏版位和形式、稿件题文格式、标题字体字号、色彩与线条的使用规则，每天的版面设计都是在这个大框架中进行，不轻易改变。报纸的各个版组及其中各版的结构框架图也基本固定并风格一致，以塑造完整统一的报纸形象和风格。

第二，对模块的设计包括单稿模块与多稿组合的模块两类。单稿模块就是单篇稿件以矩形呈现；多稿组合的模块，是以同题组合、专栏组合或集中编排的方式将若干篇稿件放置在更大的矩形区域中，强调其共同性。模块结构便于报纸版面各部分功能划分，方便读者阅读和保存，方便编辑撤换稿件及报纸实行滚动出版。

第三，重视彩色图片，较多地使用示意图来解释新闻，使信息传播更加直观、形象，方便读者的阅读和理解。

第四，重视稿件的精编和内容提示，标题结构简单、字体统一、字号较大，重视版面留白，色彩鲜艳，版面结构清晰，富有美感和活力。

上述西方报纸版式的主要类型，只是依据历史发展脉络进行的比较粗略的划分，着重于归纳每一阶段版式的主要共同特征。如果具体到每个国家的报纸，在版式上还会有各自的特点，同一时期的不同报纸，版式也会有所差异。如在现阶段，美国仍然有相当多的报纸继续保持着垂直与水平混合式版面，静态模块式版面并没有完全取代前者。

值得注意的是，尽管西方报纸版式发展变化较大，以《今日美国》为代表的现代版式甚至影响了全世界的报纸版面改革，但一批有着悠久历史和社会影响的大报并没有因追逐时代潮流而轻易放弃传统，如《华尔街日报》在 2002 年改版时，依然保持着垂直式版面特征，《纽约时报》也没有效仿《今日美国》的做法，变成鲜艳抢眼的快读报纸。西方报纸在版式变革中的做法值得我们研究和思考。

（三）我国报纸的主要版式类型

我国报纸版式的变化比西方国家报纸更加复杂，因为中文字符是方块汉字，可以横排，也可以竖排，会对版式产生很大影响。早期的报纸都是竖排版面，直到 20 世纪 50 年代，横排版面才成为内地报纸的主流，而香港、澳门和台湾的报纸有不少依然还保留竖排的传统。内地报纸由竖排变成横排后，在版面上还是经常采用局部的竖排稿件、竖排标题，报纸版面因此富于变化，但版式也因此多了不确定的因素。

从我国报纸的办报传统看，基本栏过去对版式的影响不像西方报纸版式那样大，变栏在传统报纸版面上运用较多，加之竖题竖文排列容易打破基本栏的限制，因此，决定版式的主要因素是稿件的组合与布局结构。而稿件的组合与布局通常要根据内容的需要而定，因此我国报纸版式长期以来处于变动中，每天的版面因内容不同而版式不同的情况比较普遍。总体上说，根据版面上内容组合的特点可分成综合式、重点式、集中式三大类，根据版面上稿件排列的结构特点又可分为规则对称式、非规则对称式、齐列式三大类。需要说明的是，这两种分类方法划分出的类型是可以交叉并用的，如：综合式可与规则对称式并用，也可以与非规则对称式并用；集中式可以与非规则对称式并用，也可以与齐列式并用；等等。为了学习的方便，我们对这些版式分别进行介绍。

1. 根据内容组合特点分类的主要版式

（1）综合式。综合式版面的特点是稿件多、报道面广，虽然报道内容有主次之分，但是在版面处理上并不有意突出这种差别。如在这种类型的版面上，头条标题的字号与二条、三条标题的字号差别不是很大，版面轻重均匀。

【案例】

综合式版面

4 | 经济要闻

“真金白银”改善民企融资环境

最高法：坚决防止将经济纠纷当作犯罪处理

民企要在新时代展现新作为

下大力气帮助民营经济解决发展中的困难

图 9-30　综合式版面

该版共有 8 篇稿件、1 张图片。总体上看，稿件的轻重缓急并不明显，整个版面布局较为均匀（见图 9-30）。

（2）重点式。重点式版面的特点是有意突出版面上的某一部分内容，使其成为版面上引人注意的重点。对重点内容的处理通常用加大标题字号、配发大幅照片、加框等编排手法，使读者一眼就注意到这一重点区域的内容。

【案例】

重点式版面

北京青年报
BEIJING YOUTH DAILY
新闻热线:65902020

我国6年来首现贸易逆差

山西省王家岭矿难目前已有28人遇难

波兰总统坠机身亡

在俄罗斯境内坠毁　专机上97人全部遇难

市属高校将大比例招二志愿高分考生

六名员工接连坠亡　富士康首度作检讨

美商务部终裁对华油井管征反倾销税

今日看点

北京物业费将由第三方机构评估

妇产医院率先设儿童性早熟门诊

法院在10分钟内可查封老赖房产

紧凑新三居户型房源会上成新宠

本市市场未发现"毒韭菜"

武广高铁隧道施工致金沙洲地陷频发

泰总理府昨遭炸弹袭击

龙文学校涉嫌虚假宣传被查

图 9－31　重点式版面

该版中对“波兰总统坠机身亡”的报道是版面的重点，采用了一张总统人物照片和一张坠机现场照片形成版面的视觉中心，并以围框的方式进行强调（见图 9－31）。

（3）集中式。集中式版面的特点是用整个版面或版面的绝大部分刊登同一主题的稿件。集中式版面上的稿件可以是相互并列、互为补充的，从各种角度、各个侧面来反映问题；也可以是对比式的，通过正反两方面的对照来表现某一主题。

【案例】

集中式版面

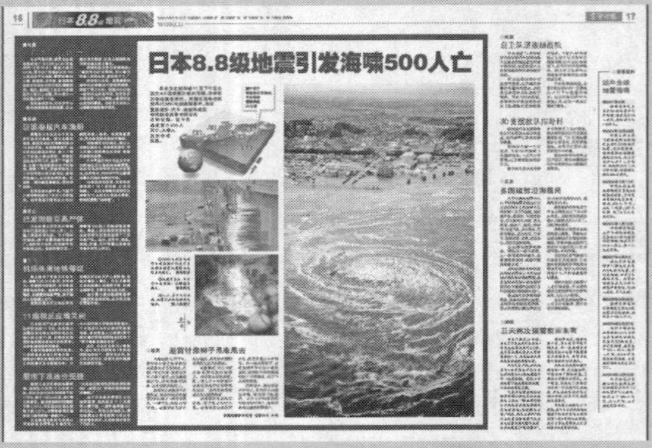
日本8.8级地震引发海啸500人亡

图 9-32　集中式版面

《京华时报》这两个相邻版被打通，形成跨页版，围绕“日本地震”这一报道主题集中报道，包含了多篇文字稿件、新闻图片和信息图表（见图 9-32）。

2. 根据稿件排列的结构特点分类的主要版式

(1) 规则对称式。规则对称式版面的特点是版面左右对称，即以版面的垂直中分线为对称轴，左右两边安排同量的、同形的稿件，稿件长短和标题大小形状完全相同，从而使版面匀称、整齐。由于规则对称式版面对稿件的要求较特别，比如相对称的稿件必须长短一样，相对

【案例】

规则对称式版面

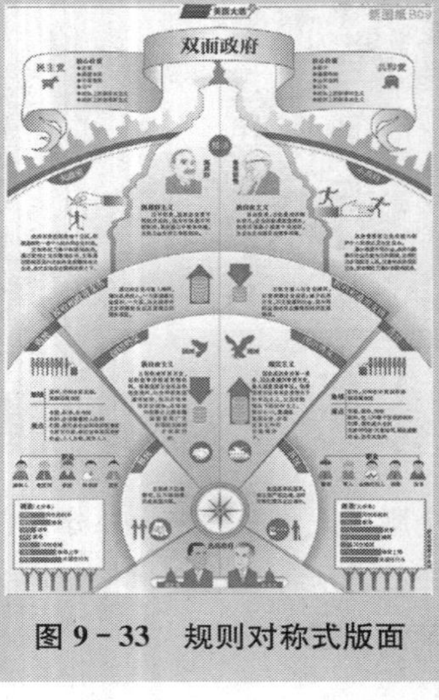

图 9-33　规则对称式版面

《新京报》2012年11月24日报道美国大选时用了规则对称式版面，以红、蓝两色区分左右版面，体现出对美国大选中两党的“驴象之争”的典型现象持不偏不倚的态度（见图 9-33）。

称的标题也必须长短、结构相似，有时为了这种完全对称，就会因“削足适履”而影响稿件内容。另外，规则对称式版面也容易显得呆板，所以在新闻版面上不宜多用。

（2）非规则对称式。非规则对称式版面的特点是讲求整个版面的对称，通常以上下呼应或者对角对称的方式，形成整个版面的平衡。非规则对称式不像规则对称式要求那么严格，必须以中心轴左右对称，而是一种不对等的对称，在对称中有变化，匀称而且生动。

非规则对称式版面主要有上下对称和对角对称两种。

上下对称是利用上下两个半版的对应关系来形成对称，比如：上半版放了通栏标题的新闻，下半版就放一幅通栏照片；上下两半版各放一篇有通栏标题的稿件，各放一张大幅图片；等等。由于上下对称要求上下两半版各有一篇通栏或近于通栏的稿件（图片），一般来说，这种情况不会很多，因而上下对称的版式也不常用。

对角对称是利用版面四个角的对应关系来形成对称，比如在左上角和右下角各放一张图片，在右上角和左下角各有一个专栏等，达到一上一下两角或上下四个角的对称，使版面重心稳定、轻重均衡。由于对角对称对版面上稿件的要求不像上下对称那样严格，因而适用面较广，它是版式设计中用得最多的一种类型。

【案例】

非规则对称式版面

Francia retomó ayer el liderato del Dakar

图 9－34　上下对称版面

该版是对有“勇敢者游戏”“世界上最艰苦的拉力赛”之称的“达喀尔拉力赛”的报道。在这个集中报道同一主题的版面上，运用两张大幅比赛图片展现赛事的摩托车组和小型汽车组两个组别的赛况，形成了上下对称版面（见图 9－34）。

光明日报
GUANGMING DAILY
建设杭州新天堂
一场无形的考核

图 9-35　对角对称版面

该版右上角与左下角的两组新闻照片形成了版面的对角对称（见图 9-35）。

（3）齐列式。齐列式版面的特点是采用统一的方式整齐地排列稿件，使版面出现整齐划一的效果。这种版式的最大特点是版面上所有稿件在表现形式如标题形式、排列形式、装饰手法等各方面完全相同，变化较少。齐列式版面对稿件的要求比较特殊，它只适用于表现内容上具有共同性、无须特别强调差别的稿件，而且由于编排方式统一，变化较少，容易使版面过于严肃。

【案例】

齐列式版面

国际专题
美国总统哪个最爱读书
罗斯福兄弟"力压群雄"

图 9-36　齐列式版面

该版以统一的方式编排了10篇关于美国历届总统读书的稿件，形成齐列式版面（见图 9-36）。

需要说明的是，上述版式类型只是对传统报纸版式较为粗略的划分，归纳了每一类的最基本的共同特点。在办报实践中，这些基本类型之间并没有不可跨越的鸿沟，版面设计可以根据内容的需要将这些版式进行组合和变化，在版式上更加多样化和个性化。

自20世纪末以来，我国报纸版面改革步伐加大，很多报纸的版面设计开始借鉴西方报纸的版式及设计方法，目前在西方报纸中盛行的垂直与水平混合式版面、静态模块式版面，已经在我国报纸上大量出现。版式设计作为报纸创刊与改版时产品设计的重要部分，受到前所未有的重视。整体设计、静态式设计，正在成为我国报纸版式设计的最新潮流。一些报社在报纸创刊或改版设计时就确定了版式，制定了版面操作规范，而且往往将这种操作规范以工作手册的形式下发给编辑。操作规范中对版面分栏、标题形式和字体字号、图片编排、排文方式、色彩、留白、线条等等都有非常细致的规定，这些规定是版面设计必须遵守的原则。

【案例】

《南方日报》版式标准细则

（2004年改进版）

一、整体版式格调气质

区域性国际化的主流政经大报的品质定位及高端的读者定位决定了《南方日报》的版式格调气质：简洁严谨、挺拔舒展、端庄大气。《南方日报》所有版式元素的设计运用均须牢牢坚持体现这一版式格调。简洁、易读是版式设计的首要标准。

1. 新闻类（含要闻版、区域版、珠三角新闻版、国际版、文化版、体育版）版式风格特色偏严谨典雅；

2. 财经类（含南方财富、南方楼市）版式风格特色偏朴素明快；

3. 生活类（含生活版、旅游版）版式风格特色偏清雅精致、明快活泼；

4. 个性类（含观点、视界、一周、海风、专栏版）版式风格特色要求在与本报版式气质相统一的基础上又各具特色，并保持相对稳定。

二、各类版式标准细则

（一）分栏

1. 基本规范：基本骨形以六栏（五栏逐渐少用）为标准栏，尽量保持栏宽一致；除广告影响或特殊情况才可以微调个别栏栏宽，以不超过1.5个基本栏宽为限；一篇文章内的栏距固定为1.5个字，篇与篇栏距多为2至3个字。

2. 新闻类：版块结构以竖方块为主，文字模块要保持平齐感，竖栏分明，整体保持通透挺拔（在保持块面感的基础上，偶尔可使部分版块错落排布）。

3. 财经类：篇距可比新闻类宽疏，版块结构以横块为主，文字模块更大方，整体保持舒展明快。

4. 生活类：尽量尊重基本栏，根据具体内容可灵活变化基本栏（4至6栏均可）；个别栏的宽窄可以微调，但一个版的栏宽不能有两种以上变化；篇距可比基本类宽疏；版块结构较灵活多样，竖栏分明，整体保持通透挺拔。

注：在广告影响或其他特别情况下，可以在个别版面上出现两种走栏，如5夹6或6夹5，但一定要以其中一走栏为绝对主体（多于4/5）。

（二）留白

1. 基本规范：留白贵在自然生动、疏密有致，忌留白呆板或留白空洞。行栏明朗通透，栏头、插图、尾花、照片等与文字都留一字以上空隙。篇距>行距>字距，标题与正文的距离一定小于该标题与上一篇文章之间的距离。

2. 新闻类：留白相对较少，文图细密朴实，版块保持方正紧凑严谨。

3. 财经类：标题后留白相对较多，多留白于篇、栏之间，版块方正、简洁、舒展。

4. 生活类：标题后、文章尾可适当留白，留白空灵生动均衡，富于节奏呼应变化。

（三）正文

1. 基本规范：一律横行文，正文标准字号小5号，黑色，严禁变宽、斜、窄，行距0.25字，字距为0，行距不能做任何微调，字距可微调，报宋为正文基本字体。

2. 其他补充字体运用规范：

(1) 时评、专家点评、编者手记、记者手记的正文用楷体，文题用小标宋左齐，标题用5号大黑，前加小方块，均左齐；

(2) 社论、珠三角评弹正文用楷体，文题用小标宋居中对齐，栏题一行半红色字块5号大黑反白字居中上画齐栏黑线；

(3) 链接、相关、资料正文用仿宋体，栏题用小5大黑加下划正线；

(4) 对话之问话内容的正文用楷体，答话内容的正文用报宋；

(5) 本报讯、电头、转版脚注、对话人名、文章署名用黑体；文前署名记者与人名之间以空一格分隔；文后署名位置为齐右，一律不用符号，人名与人名之间一律以空一格为分隔；

(6) 特殊文章署名：记者署名可放在题下居中（如社论、时评）或在正文首栏前齐左，再下加一栏正线并空一行（如通讯、观点、阅读），小品、专栏、生活版署名可灵活设计。

(7) 图片说明、摄影署名、提要、文章引言用中等线；图片说明、摄影署名一律用小5号，提要、文章引言可稍加大字号、行距并可用灰色。

(8) 表格中正文为细黑或报宋，字号一般为小5号或6号（证券、足彩表格字号最小可用小6号），表格标题一律大黑，中对齐，一般在5号到小2号之间；图表用线一般为正线，外框或主骨格可用100线。

(9) 正文内的段题用小5大黑加左右括符【】[] 两种任选其一，特别重要的可以用加大字号并加线框。

3. 新闻类、财经类：不能在色块或图片上排正文。

4. 生活类及文化版、体育版：有必要可个别在色块或图片上排正文。

（四）框线装饰

1. 基本规范：版面设计元素应用单纯、统一，以“简约”为设计原则，无底纹；少线框、去装饰。版面清晰、简洁。

2. 新闻类：多用线或线框区别篇章，一般用正线；装饰只用一种小方块，以突出重点。栏题下用齐文短正线，分篇横线一般要齐文宽，文内画线或组文区分可用虚线或半栏正线；散碎而成一组小块文章或重要内容可用正线框，特别重要内容可以用100线线框或上下加文武线强调。

3. 财经类（略）。

4. 生活类（略）。

（五）标题

1. 基本规范：

(1) 标题一律横题（个别专栏的栏名可竖排，但凡8个字以上均不得竖排），任何标题不可拉宽、拉长、变形，不得明显拉字距（字距须小于字宽的1/5以下）。

(2) 标题一般位于文上齐左；社论、公告、专栏的重大头条标题或一统全版的标题才可以居中对齐；图片新闻标题放在图下齐图左；少于正文栏数的标题一般放在左边栏，被包入文章居中的标题要与该正文最高一行齐头，以形成方块面。

(3) 标题字体以大标宋、小标宋、书宋三者搭配为主；一个版的一级文章标题用大标宋（文内小标题用小标宋），二级文章标题用小标宋（文内小标题用书宋），三级文章标题可用小标宋或书宋；特殊情况如十六大之类才允许用特粗宋。

(4) 栏目名称、导读标题、标题新闻、图片新闻标题一律用大黑字体，栏目名称字号一般为5号大黑加下划正线，特刊报头报眉名称一般用大黑或书法字体。

(5) 标题一律用黑色，头版头条特殊性标题可用红（Y100M100K10）字，生活类个别可用彩色底反白字或彩色字。

(6) 副题、引题、眉题、肩题一律用书宋；一篇文章之内的小标题字号、字体要统一；超过30字以上的文内小标题可用黑体字当作重要段落处理。主次分明，一篇文章的主题与副、引、眉、肩的字号大小至少要拉开2级，最大不超过6级。

(7) 标题的大小一般以电脑现成提供的级数为准，不能随意拉变大小；英文、数字与汉字字体搭配以大标宋配黑正，小标宋、书宋配白正，再调大一级英文、数字的字号以求大小感觉一致。

(8) 主题与副题、引题、眉题、肩题之间的距离及与正文之间的距离不得大于副题一个字高，或小于一个正文字的1/2高，最佳是眉/副题的3/5字高。

2. 新闻类：头版头条标题7个字以上一般不得大于63磅，7个字以下才可用到72磅。各新闻版的主标题不得超过头版头条标题字号63磅（建议小一级）。标题的走栏多少以其重要性及文字的多少来共同决定：每版头条主标题一般走五或四栏，非特别重要，不提倡走整版通栏题，标题字少一般走栏就少；标题文字太多，可以走折行题，以标题厚度体现其重要程度；标题文字过少，可让正文左右包题或左包题（即题在正文左侧）；还可以将副题或引题做并列处理，以始终保持标题区留白在一栏以内，尽可能饱满方正。

3. 经济类（略）。

4. 生活类（略）。

(六) 色彩

1. 基本规范：

《南方日报》色彩运用坚持遵循简洁、清雅的原则，惜色如金。版式素净、清雅。

新闻版面：以黑白为主调，取消套红版面。除彩色图片、图表或小色块突出重点外，一般不考虑用色。

财经、副刊版面：用色精简，尽量避免用纯色、深色，多用复色和次纯色。

文体、生活版面：用色简约、明快、清雅，多用间色和浅色。

2. 运用原则：

(1) 统一性：版面主色调的确定。

(2) 均衡性：色彩的搭配运用既有对比又协调。

(3) 简约性：把握好用色的“度”（详细内容略）。

3. 各类版面常用标准色（略）。

(七) 图片图表插图

1. 图片运用原则：

(1) 以新闻价值的重要性、图片信息的多少来取舍，并决定其大小主次，而均不得为突出图而不顾实际加大、加强图片或以图撑凑版面。

(2) 图片色彩的统一性：可微调色彩使得色调统一（不能改变得与实际色彩差别太明显，以肤色正常为准）；色彩冷暖或色相对比太强的图片甚至可以把其中一张改成黑白或单色图，以统一色调；生活类版面需要用色块的话，要与图片的主色调协调统一。

(3) 图片信息的单纯性：一张图片最好只传达一个主信息，单纯不代表简单，单纯不代表细节少；可以通过剪裁取舍来“聚焦”图片信息，次要且干扰主信息的细节可做局部精细的处理，但不得有损图片信息的真实性。

(4) 图片信息的完整性：新闻照片一律不得变形、叠加；文体、生活类版面要挖切处理时不得有损图片信息的有效信息；除个别单纯背景的图片可在空处插叠标题外，图片上不能压图、标题、正文。

(5) 图片运用的主次性：一个版面一般只能有一张图片或一组图片成为视觉中心，图多不怕齐，图少不怕散。

2. 新闻类：

平均每个版面的图文比重为3∶7。

图片多少应适度自然，注重图片新闻信息性，一般只能用新闻照片；不能对照片进行拼接挖切加工处理，图片之间不得互相叠压，文字、标题一律不能压在图片上，确保图片的真实性与完整性；图片一般四角齐栏，文字一律不能插在图片中；场景图一般不能小于一栏，一般肖像不宜大于一栏，特写贵大。

图片一般左右留白为1.5个字，上下边空2个字；主图一般为3至4栏，特别主图才可为5至6栏；除了空白太多的图片可以加正线黑框，其他照片不要加边框或铺底色；彩版可用黑白、单色图片，黑白版尽量加强图片的反差。

提倡多制作注解性图表和事件示意图，以使内容一目了然；一般漫画图不宜大于两栏。

3. 财经类：平均每个版面的图文比为2∶8（略）。

4. 生活类：平均每个版面的图文比为4∶6（略）。

5. 个性类：平均每个版面的图文比为2∶8（略）。

6. 相关细则：

(1) 图片新闻尽量加一简明的标题，标题一律用大黑字，正文用小5号中等线字（最好跟回基本栏宽，标题太短时，可以破基本栏而紧接着标题）。

(2) 图片说明一般用小5号中等线字，随图放图下，一般与图同宽，均齐左，而行以上也不用空两格；摄影记者署名或图片来源也用小5号中等线字，放在图片说明后齐右；不要多张图片说明混合集中在一块让读者去一一对号，图片出处及图片注解要准确明了。

(3) 选用照片的技术要求：颜色准确，基本无色偏；层次分明，细节丰富；印刷品等二次原稿最好是网线 150 目以上印品，且不要放大使用；网站下载的低分辨率图片层次少、色彩不准，应尽量不用或慎用（一般用作一栏图）。

（八）特别规范速查

1. 报头（略）。

2. 报眉（略）。

3. 社论（略）。

4. 栏头、题花（略）。

资料来源：杨兴锋．高度决定影响力．广州：南方日报出版社，2004：346－354.

值得我们注意的是，在学习与借鉴西方报纸版式设计的同时，我们要认识到中文报纸与西方报纸的差别，比如版面上语言文字不同，文化环境和读者的审美标准也不同，还有我国一些机关报所担负的特殊职能对版面内容的表现也有一些特殊的要求，因此，传统版式中合理的因素需要继承，国外的先进经验和方法也要学习。只有处理好继承传统和借鉴创新的关系，才能不断创造出适应时代需要而又具有特色的新的版式。

二、网页的版式

（一）影响网页版式的因素

与报纸相比，影响网页版式的因素更多，除了页面版心及基本栏设计、版面各区域的功能划分、稿件的布局结构等因素之外，还有两个主要因素：显示终端和版面编排手段。

1. 显示终端

显示终端对网页版式设计的影响主要体现在三个方面：

第一，从网站页面显示屏尺寸的变化上看，报纸报型较为固定，网页版式设计则需要适应不同尺寸的显示屏。伴随着数字技术的推进，各种移动设备的发展已经超过了桌面设备，如今用户访问新闻类网站的常见终端包括台式电脑、笔记本电脑、平板电脑、智能手机等多种形式，而传统媒体也开始转战移动互联网。从 2005 年开始，国外媒体就尝试布局互联网，如美联社推出了“数字美联”战略，于 2008 年开发了“美联社移动应用”（AP Mobile），包括针对市场主流移动互联网设备而专门开发的一系列应用软件，以及一个提供整合后新闻信息数据的独立网站，浏览者可通过移动设备进入 AP Mobile 网站浏览国际国内新闻、搜索内容、通过美联社的排序获取相关度最高的信息，下载各种应用。[①] 2008—2009 年，《纽约时报》、彭博社、CNN、《华尔街日报》等相继推出了 iPhone 版应用。2009 年 9 月，《中国日报》（*China Daily*）成为中国首家登陆苹果 iPhone 手机的英文媒体。2010 年年初，苹果公司在美国率先推出 iPad，

① 夏欣．传统报业需要拥抱移动互联网．青年记者，2012（10）.

西方主流报刊推出了相应的客户端应用。同年 5 月 7 日，《南方都市报》成为第一家进入 iPad 的中文媒体。7 月，《广州日报》iPad 客户端、iPhone 客户端正式改版上线。9 月 18 日，在 iPad 正式登陆中国内地市场后翌日，《人民日报》也推出了 iPad 客户端。此后，《解放日报》《扬子晚报》也纷纷登陆 iPad。在诸多移动设备中，手机的屏幕比较小，宽度通常在 600 像素以下；而台式电脑或笔记本电脑的屏幕宽度，一般都在 1 000 像素以上（目前主流宽度是 1 366×768），有的还达到了 2 000 像素。如何才能在屏幕尺寸不同的设备上呈现相同的网页呢？网站设计师曾经一度为不同的设备提供了不同的网页设计，以解决这个难题，如既设计供给台式电脑和笔记本电脑的常规网站页面，又针对 iPhone / iPad 等移动设备提供适合这类设备的网页设计。这样做虽然能确保网站在不同屏幕上显示的视觉效果，但是设计和维护多个版本带给网站设计师很大的负担。

2010 年，网站设计师伊桑·马科特（Ethan Marcotte）提出了“自适应网页设计”（responsive Web design）的概念（见图 9－37），它是指可以自动适应屏幕尺寸并做出相应布局调整的网页设计。① 为解决上述设计难题提供了一种新的设计思路。

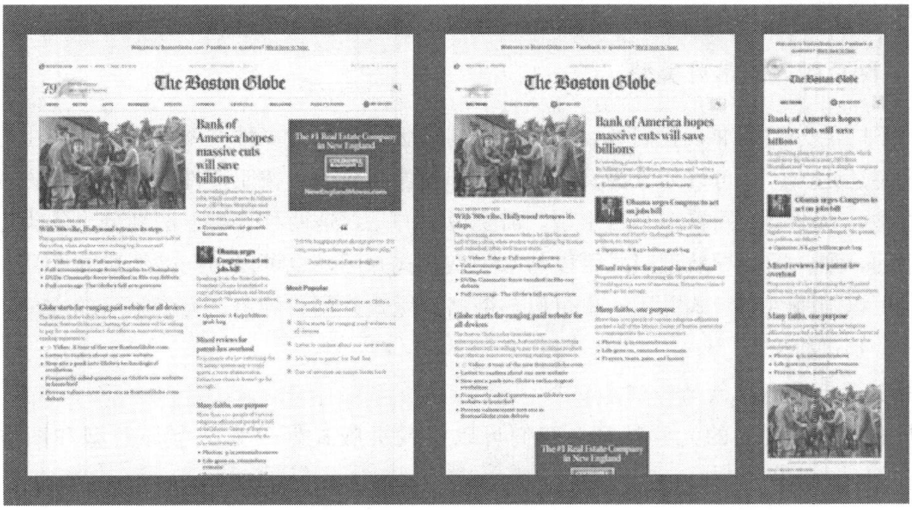

图 9－37 美国《波士顿环球报》网站的自适应网页设计

说明：图中的报纸网站通过自适应网页设计可满足不同媒体终端用户的阅读需求。

自适应网页设计的兴起给我们的启发是：未来的网站页面的版面设计虽然会适应不同的媒体终端而有所差异，但不同终端的网站页面的版式差异会逐步缩小，而呈现相对稳定的态势。

第二，在网页版式设计时，网页显示的方式有别于报纸。一方面，其内容信息不是一次性全部呈现的，而是通过超链接呈现于一个多维空间中，因此网页设计者需要在网页版式设计时充分考虑视觉连续性，这种视觉连续性不只体现在单个页面设计上，还体现在各个前后连续的页面设计上。比如采用相同的字体和 Logo 设计前后页面相关内容，以引导视觉移动，让用户体验统一和谐的视觉观感。另一方面，设计者可以通过透视的变化使用户看到一个虚拟的三维

① Marcotte E. Responsive Web design.（2010－05－25）［2018－10－30］. http：//alistapart. com/article/responsive-web-design.

空间，在设计版式时应该运用各种构成元素的比例关系、位置关系和动静变化等突出网站页面的空间层次，并通过对设计元素尺寸、色彩和位置的对比设计使页面产生视觉纵深感，丰富用户的浏览感受。

第三，网站显示终端对用户阅读方式的开发也不容忽视。以 iPad 平板电脑为例，它的尺寸比一般报纸尺寸小，清晰度却很高，横、竖屏可以切换，用户可以通过触屏横向、纵向滑动，以点击的方式展开另一层空间。这些阅读方式有别于传统报纸阅读，因而网页版式的设计就需要在新、旧两种阅读方式中找到平衡。如果设计的版式过于超前，用户则可能无法习惯而影响阅读体验，反之，如果依然按照印刷品的版式做设计，则让用户感觉无趣且缺乏新意。

2. 网络版面编排手段

正如前面分析的，网站和报纸拥有很多共同的版面语言，但也有部分差异，其中最显著的区别就是网页版式设计中可采用多媒体元素。多媒体元素的应用极大地开拓了网页设计的动态视觉效果，使用户具有视听双重享受。在网页版式设计中，需要合理、灵活地运用多媒体元素，使版面更富活力。

（二）网页版式的常见类型

按照不同的分类标准，我们可以把常见的网页版式划分为多种类型，如：按照主导页面的元素是文字还是图像，可以划分为文字导航型和图像导航型；按照稿件模块的排列方式可以划分为垂直型、水平型、网格型和自由型。需要说明的是，这两种分类方法划分出的类型是可以交叉并用的，如：图像导航型版式可以与水平型版式并用，也可以与网格型版式并用；文字导航型版式可以与垂直型版式并用，也可以与网格型版式并用；等等。为了学习的方便，我们对这些版式分别进行介绍。

1. 根据页面导航元素的特征来划分

根据主导网页页面的元素特征，我们可以将网页版式划分为文字导航型和图像导航型两种。

（1）文字导航型版式。

文字导航型版式是以文字作为页面导航元素的网页版式。互联网诞生初期，网站页面主要以文字为主，文字在结构页面的版式中起决定性的作用。随着数字技术的发展，虽然网站上的图像和多媒体元素更加丰富，但是仍有网站依然沿用文字导航型版式，这类版式并不排斥图像的运用，但是图像的装饰性高于叙事性，它们只是版面的点缀，这类页面中图像的面积远小于文字的面积，文字才是页面的主导视觉元素。大量使用文字、省略图片，使这类网站在色彩构成上较为简单，页面显得理性和清晰。

在当代网站设计中，一些以传递观点性信息为主的网络专题也常采用文字导航型版式，以期通过文字传递一种更为理性的、逻辑的思考。

此外，文字导航型版式也是网站手机页面中不可或缺的版式之一。受限于网速和上网资费，无图模式是网站手机页面中的必备设置。因而网站手机的首页页面多设计为文字导航型版式，以便于为用户节省流量，提供更大的信息量。

【案例】

文字导航型版式

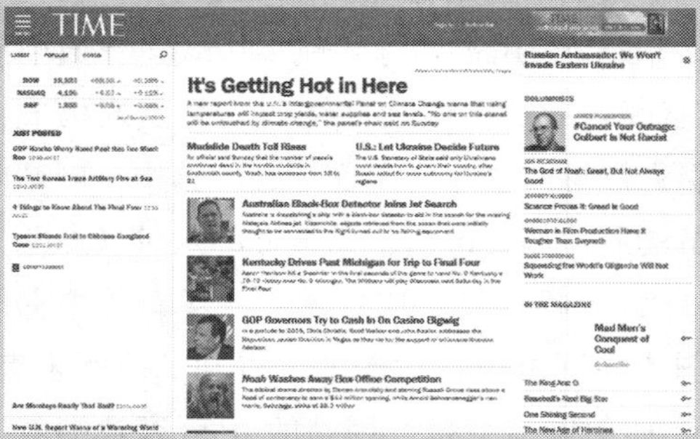

图9-38　《时代》周刊的网站首页截图

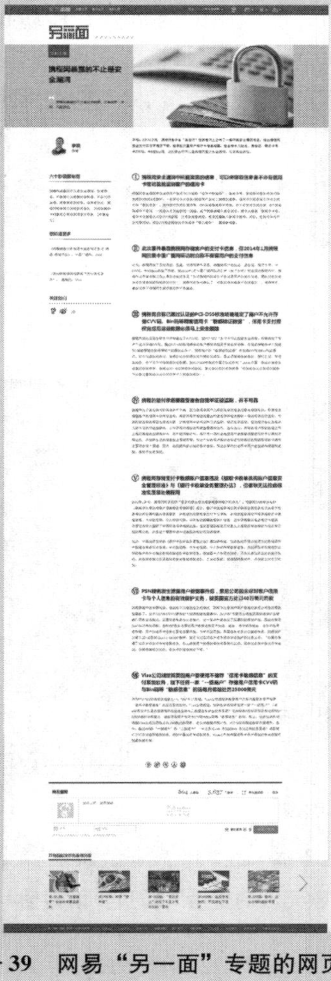

图9-39　网易“另一面”专题的网页截图

《时代》周刊网站首页以文字为主导的视觉元素，只保留了数张小尺寸人物照片，版面留白多，视觉感受简洁、清朗（见图9-38）。

网易的“另一面”是一个集纳型专题，主要传递对最近发生的新闻事件或新闻现象的看法，在网页页面版式上采用文字导航型版式，除了专题名下的压题大图外，整个页面几乎是清一色的文字（见图9-39）。

（2）图像导航型版式。

在图像导航型版式中，图像不只是页面的装饰，还成为页面结构中的导航元素，图像在页面中占据显著的位置，且图像面积远大于文字面积。这类版式首先出现在西方的一些网络专题页面设计中。如《华尔街日报》曾采访了欧元区国家的六个家庭，制作了名为“欧元区的生活”的专题，以个人视角揭示欧元区国家民众在面临欧债危机时心理的担忧，如何回应，以及他们对子女前景的期待等。[①] 这个专题的首页页面就运用了图像导航型版式，页面中间是专题名称和简介，专题的视觉中心由六个被采访家庭各成员的照片环绕而成的围框构成，不同年龄、性别的人在照片中流露出不同的表情，引人深思，也起到印证主题的作用。网站专题内部仍然发挥图像导航的作用，以六个家庭各成员的照片作为链接新闻报道的入口（见图 9-40）。

2010 年，苹果公司推出 iPad 平板电脑。对设计界而言，这意味着一场新的视觉设计浪潮的诞生。iPad 的高分辨率和清晰的显示屏使图像在网页设计中的地位得到了前所未有的重视，一些图像导航型版式也在 iPad 客户端中出现。如英国《卫报》网站的 iPad 客户端就以图像作为主要视觉元素，以颜色和图像来结构页面（见图 9-41）。这股风潮对网站 PC 端的页面设计的影响也不可小觑。2012 年，《今日美国》网站改版，新改版的网站借鉴移动媒体设计，以图像作为网页的导航元素，在业界引起较大的反响（见图 9-42）。

图 9-40 《华尔街日报》网站专题“欧元区的生活”首页页面截图

---

① http://online.wsj.com/article/SB10001424052970204879004577111212152742988.html? mod=wsj_share_twitter#articleTabs=interactive.

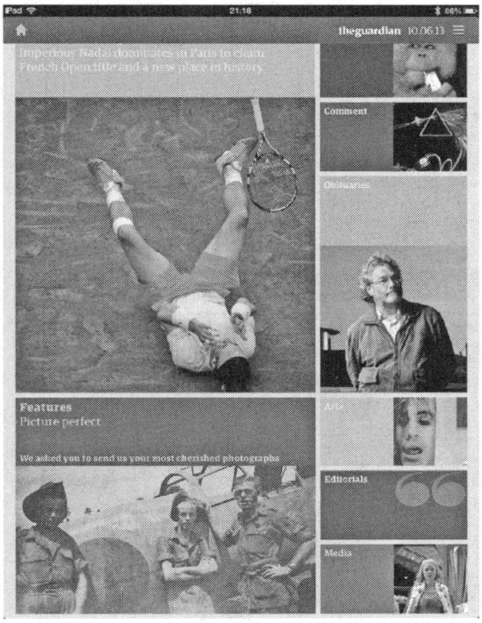

图 9-41　《卫报》网站 iPad 客户端网页截图

图 9-42　《今日美国》网站的网页截图

2. 根据稿件模块的排列方式来划分

根据稿件模块的排列方式来划分，网页的版式有垂直型版式、水平型版式、网格型版式和自由型版式四种类型。

（1）垂直型版式。

垂直型版式类似报纸的垂直式版式，其页面一般纵向分割为两栏或三栏，突出主导模块的纵向感，视觉上清劲修长，给人整齐、理性和有次序的视觉观感，但如果网页向下延伸的距离较长，垂直型版式就会给人带来页面缺少变化的感觉。垂直型版式在网站首页中运用较为广泛，很多网页设计者在采用垂直型版式时会将页面人为地分隔成若干个屏，如第一屏就是用户打开页面时所看到的网页的最上端至屏幕能显示的最下端之间的页面部分，在第一屏页面顶端一般设计通栏的导航条，标识网页的频道或栏目名称。如新浪网的新闻中心首页就采用了类似的设计方法（见图 9-43）。然后将剩余的第一屏页面分为等分或不等分的二三栏，逐步延伸到网页下方。在不同屏的切换中，为了增加网页的变化，使页面看起来较灵活而不死板，设计者会在一些屏的最上端设计类似第一屏的通栏，标注栏目名称或是推荐内容或是安排一通栏的组图，增加视觉跳跃感。

垂直型版式在手机页面的版式设计中尤为普遍，因为手机的形状和浏览的限制，用户使用手机登录互联网时相对更习惯和更方便用手指上下翻动页面，所以一般的手机新闻客户端在页面设计上多采用垂直型版式，页面采用一栏排文，沿屏幕纵向延伸。

（2）水平型版式。

水平型版式主要突出主导模块之间的宽窄对比，强调横向的稿件模块，相比垂直型版式在网站页面中的普及，这种版式一般出现在较为小型的网站首页，或是一些网络专题首页上。水平型版式往往采用富有设计感和视觉冲击力的图像作为网页第一屏的主要元素，给用户带来开阔大气的视觉感受。如图 9－44 中凤凰网制作的网络专题首页采用水平型版式，将版面分为上下两个部分，页面简洁且重点突出。

图 9－43　新浪网新闻中心首页截图

图 9－44　凤凰网 2010 年度策划专题“你赶上了城市大跃进”首页截图

（3）网格型版式。

有别于前面两种版式以相对固定的分栏作为主要的稿件布局格式，网格型版式页面几乎没有纵向或横向贯通版面的栏，取而代之的是一系列大小有区别的矩形网格错落有致地结合起来，形成一种更为灵活多变的视觉效果。

网格型版式最早源自杂志的版式设计，与欧洲现代杂志版式设计中流行的栅格系统设计有着异曲同工之妙。网格型设计在互联网的兴起与网络流行的扁平化设计浪潮不无联系。扁平化设计（flat design）的概念首先源自 Window 推出的 Metro UI 界面设计，它是微软公司在 2010 年年初提出的用于移动操作系统 Windows Phone 7 和 Windows 8 等多款微软产品的设计方案。2013 年苹果 ios7 也开始使用类似的设计，使得这种设计潮流迅速在互联网上兴起。扁平化设计的特点是摒弃高光、阴影等能造成透视感的效果，通过抽象、简化、符号化的设计元素来表现。界面上极简抽象，采用矩形色块、大字体，显得现代感十足，其交互核心在于功能本身的使用，所以去掉了冗余的界面和交互。① 色彩的运用和网格的设计是扁平化设计中最重要的两个部分，这也构成了网格型版式的重要特征。

网格型版式已经成为平板电脑客户端网页设计的重要版式，因为平板电脑的尺寸与杂志相类似，因而更便于体现网格型设计的视觉优势。如《中国日报》网站 iPad 版就采用网格型设计，网格以白、蓝、黑、灰色作为主基调，图文搭配，显得较为灵动（见图 9－45）。

还有一些网站的 PC 端网页也借鉴这种设计思路，如《第一财经周刊》网站的首页就被拆分为若干矩形，每个矩形内部都是类似的网格群，其结构整齐中又富于变化，具有现代感（见图 9－46）。

图 9－45　《中国日报》网站的 iPad 新闻客户端网页截图

① 视觉中国．"扁平化设计"专题．[2018－10－30]．http：//shijue. me/topic/flat _ design.

图 9-46　《第一财经周刊》网站首页截图

（4）自由型版式。

自由型版式突破了各种规范的稿件布局的限制，采用变形的不规则的文字或图像编排方式，形成与一般网站常规设计不同的版式，从而给用户带来耳目一新的视觉观感。这种自由型版式的创新之处在于其对常规版式的突破，它较多地出现在网站专题的首页设计上，体现出专题从内容到形式的策划性和独具匠心。但是对于一个网站的常规页面而言，自由型版式因其不遵循一般的分栏规则，因而不易也不适合推行。《中国青年报》的中青在线网站 2014 年推出的专题“城里城外”就是采用了自由型版式，页面以图像为导航元素，主图是一张白描式绘图，图中一个爬上墙的青年在墙头眺望“城里”，页面中设计了五个图像窗口，点击即可进入与主题相关的多媒体报道页面（见图 9-47）。

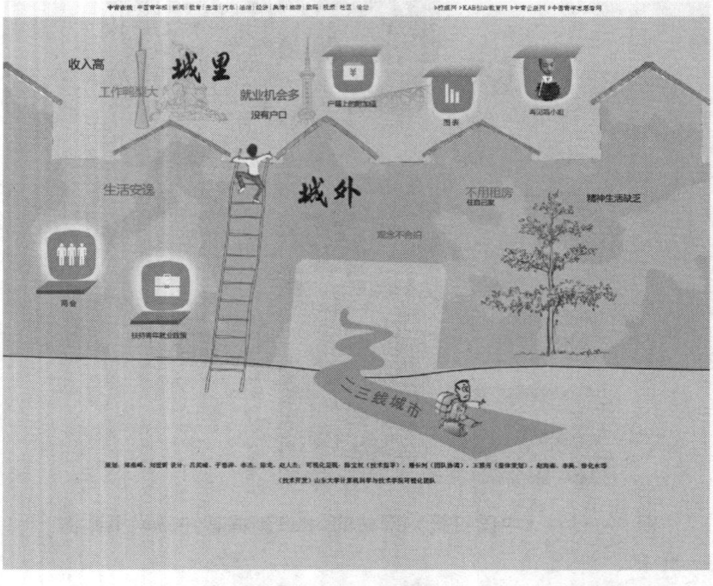

图 9-47　中青在线策划的专题“城里城外”首页截图

以上是网页版式中一些常见的类型，其与报纸版式有相似之处，也有区别。在实际的网页设计中，一个网站页面的版式设计往往是多种版式相互结合的产物，网页版式设计是一项与时俱进、不断创新的工作，将随着数字技术的发展和设计潮流的更新而不断发展进步。

【思考与练习题】

1. 什么是媒体的版面？版面的功能是什么？

2. 什么是“版面语言”？请选择你所熟悉的一家新闻网站，分析其版面语言的特点。

3. 报纸的版式和网站的版式各有哪些主要类型？它们各自的特点是什么？

4. 对若干媒体有关同一主题报道的版面编排进行比较分析，指出其各自的特点和不足，并提出改进的建议。

5. ［综合练习之八］：根据第三章［综合练习之二］中的报道策划方案，将前几章中已经编辑与配置好的稿件设计编排成一个报纸版面，画出版样图，并进行电子排版。

附　录

一、校对符号及其用法（中华人民共和国国家标准）

本标准规定的符号及用法，适用于出版印刷业中文（包括各少数民族文字）各类校样的校对工作。

编号	符号形态	符号作用	符号在文中和页边用法示例	说　明
（一）字符的改动				
1	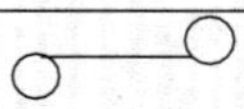	改　正	增高出版物质量。　提	
2	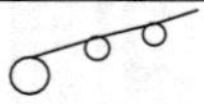	删　除	提高出版物物质质量。	
3	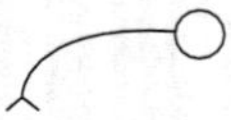	增　补	要搞好校工作。　对	增补的字符较多，圈起来有困难时，可用线画清增补的范围。
4	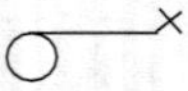	换损污字	坏字和模糊的字要调换。	
5		改　正 上下角	$16=42$　2 H_2 SO4　4 尼古拉.费欣　· $0.25+0.25=0\ 5$　. 举例　$2\times3=6$　: X：Y=1∶2　:	
（二）字符方向位置的移动				
6		转　正	字符颠倒要转正。	
7	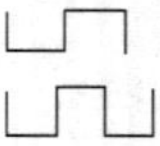	对　调	认真经验总结。 认真经结总验。	
8	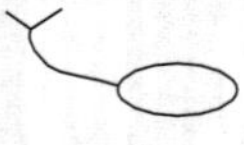	转　移	校对工作，提高出 版物质量要重视。	

续前表

编号	符号形态	符号作用	符号在文中和页边用法示例	说 明
9		接 排	要重视校对工作， 提高出版物质量。	
10		另起段	完成了任务。明年……	
11	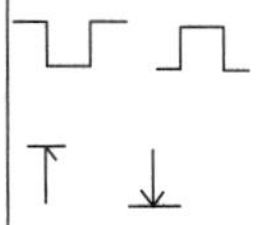	上下移	序号 名称 数量 01 ××× 2	字符上移到缺口左右水平线处。 字符下移到箭头所指的短线处。
12	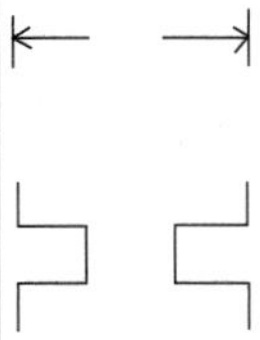	左右移	要重视校对工作， 提高出版物质量。 3 4 5 6 5 欢呼 歌 唱	字符左移到箭头所指的短线处。 字符左移到缺口上下垂直线处。 符号画得太小时，要在页边重标。
13	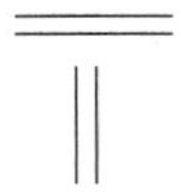	排齐	校对工作非常重要。 必须提高印刷质 量，缩短印刷周期。	
14		排阶梯形	RH₂	
15	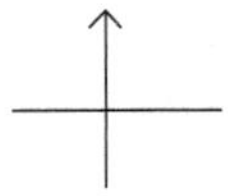	正 图	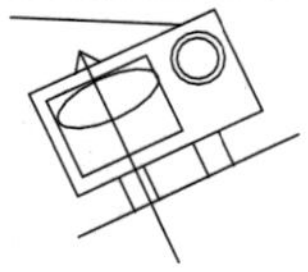	符号横线表示水平位置，竖线表示垂直位置，箭头表示上方。

(三) 字符间空距的改动

编号	符号形态	符号作用	符号在文中和页边用法示例	说 明
16		加大空距	一、校对程序 校对胶印读物、影印书刊的注意事项：	表示适当加大空距。
17		减小空距	二、校对程 序 校对胶印读物、影印书刊的注意事项：	表示适当减小空距。 横式文字画在字头和行头之间。
18		空 1 字距 空 1/2 字距 空 1/3 字距 空 1/4 字距	第一章校对职责和方法	
19		分 开	Good morning!	用于外文。

续前表

编号	符号形态	符号作用	符号在文中和页边用法示例	说　明
(四) 其他				
20	△	保　留	认真搞好校对工作。 △	除在原删除的字符下画△外，并在原删除符号上画两竖线。
21	○=	代　替	机器由许多另件组成，有的另件是铸出来的，有的另件是锻出来的，有的另件是…… ○= 零	同页内，要改正许多相同的字符，用此代号，要在页边注明。
22	。。。	说　明	第一章 改三黑 校对的职责	说明或指令性文字不要圈起来，在其字下面圈，表示不作为改正的文字。

使用要求：

1. 校样中的校对引线不可交叉。初、二、三校样中的校对引线，要从行间画出。
2. 校样上改正的字符要书写清楚。校改外文，要用印刷体。
3. 校对校样，应根据校次分别采用红、纯蓝、绿三种不同色笔（墨水笔或圆珠笔）书写校对符号。
4. 著译者改校样所用笔的颜色，要与校样上已使用的颜色有所区别，但不可用铅笔。

二、电子排版常用字体

报　宋	中华人民共和国	繁报宋	中華人民共和國
仿　宋	中华人民共和国	繁仿宋	中華人民共和國
黑　体	中华人民共和国	繁黑體	中華人民共和國
楷　体	中华人民共和国	繁楷體	中華人民共和國
书　宋	中华人民共和国	繁書宋	中華人民共和國
小标宋	中华人民共和国	繁小標宋	中華人民共和國
中等线	中华人民共和国	繁秀麗	中華人民共和國
细　黑	中华人民共和国	繁中楷	中華人民共和國
行　楷	中华人民共和国	繁行楷	中華人民共和國
魏　体	中华人民共和国	繁魏體	中華人民共和國
美　黑	中华人民共和国	繁平黑	中華人民共和國
姚　体	中华人民共和国	繁方珊瑚	中華人民共和國
大　黑	中华人民共和国	繁大黑	中华人民共和国
大标宋	中华人民共和国	繁大標宋	中華人民共和國
舒同体	中华人民共和国	繁舒同體	中華人民共和國
细　圆	中华人民共和国	繁細圓	中华人民共和国
中　圆	中华人民共和国	繁中圓	中華人民共和國

准　圆	中华人民共和国
粗　圆	中华人民共和国
淡古印	中华人民共和国
综　艺	中华人民共和国
琥　珀	中华人民共和国
隶　书	中华人民共和国
彩　云	中华人民共和国
隶　变	中华人民共和国
黑　变	中华人民共和国
行　草	中华人民共和国
细黑一	中华人民共和国
超　黑	中华人民共和国
中长宋	中华人民共和国
日　文	中华人民共和国
日文黑	中华人民共和国
楷　宋	中华人民共和国
胖头鱼	中华人民共和国
繁准圆	中華人民共和國
繁粗圓	中華人民共和國
繁淡古印	中華人民共和國
繁綜藝	中華人民共和國
繁琥珀	中華人民共和國
繁隸書	中華人民共和國
繁彩雲	中華人民共和國
繁隸變	中華人民共和國
繁黑變	中華人民共和國
繁細黑一	中華人民共和國
繁超黑	中華人民共和國
繁中長宋	中華人民共和國
繁通心	中華人民共和國
繁廣告	中華人民共和國
繁胖頭魚	中華人民共和國

三、标题与正文字数（行数）换算表

类别 / 字数 / 字号	四开版一栏	四开版两栏	类别 / 字数 / 字号	直排所占行数	类别 / 字数 / 字号	八开版一栏	八开版两栏	类别 / 字数 / 字号	直排所占行数
五号	11	23	五号	1	五号	9	20	五号	1
方小四号 扁小四号 长三号	9	20	长小四号 方小四号 扁三号	1.5	方小四号 扁小四号 长三号	8	18	长小四号 方小四号 扁三号	1.5
方四号 扁四号 长小二号	7	16	长四号 方四号 扁小二号	1.5	方四号 扁四号 长小二号	7	15	长四号 方四号 扁小二号	1.5
方三号 扁三号 长二号	7	16	长三号 方三号 扁二号	1.5	方三号 扁三号 长二号	6	4	长三号 方三号 扁二号	1.5
方小二号 扁小二号 长小一号	6	13	长小二号 方小二号 扁小一号	2	方小二号 扁小二号 长小一号	5	12	长小二号 方小二号 扁小一号	2
方二号 扁二号 长一号	5	11	长二号 方二号 扁一号	2	方二号 扁二号 长一号	4	10	长二号 方二号 扁一号	2

续前表

类别 字数 字号	四开版 一栏	四开版 两栏	类别 字数 字号	直排所 占行数	类别 字数 字号	八开版 一栏	八开版 两栏	类别 字数 字号	直排所 占行数
方小一号 扁小一号 长小初号	4	10	长小一号 方小一号 扁小初号	2.5	方小一号 扁小一号 长小初号	4	9	长小一号 方小一号 扁小初号	2.5
方一号 扁一号 长初号	4	8	长一号 方一号 扁初号	2.5	方一号 扁一号 长初号	3	7	长一号 方一号 扁初号	2.5
方小初号 扁小初号 长小特号	3	7	长小初号 方小初号 扁小特号	3	方小初号 扁小初号 长小特号	3	7	长小初号 方小初号 扁小特号	3
方初号 扁初号 长特号	3	6	长初号 方初号 扁特号	3	方初号 扁初号 长特号	2	6	长初号 方初号 扁特号	3
方小特号 扁小特号 长大特号	2	5	长小特号 方小特号 扁大特号	4	方小特号 扁小特号 长大特号	2	5	长小特号 方小特号 扁大特号	4
方特号 扁特号 长 63 磅	2	4	长特号 方特号 扁 63 磅	4	方特号 扁特号 长 63 磅	2	4	长特号 方特号 扁 63 磅	4
方大特号 扁大特号 长 72 磅	2	4	长大特号 方大特号 扁 72 磅	5	方大特号 扁大特号 长 72 磅	1	3	长大特号 方大特号 扁 72 磅	5
方 63 磅 扁 63 磅 长 84 磅	2	4	长 63 磅 方 63 磅 扁 84 磅	5	方 63 磅 扁 63 磅 长 84 磅	1	3	长 63 磅 方 63 磅 扁 84 磅	5
72 磅	1	3	72 磅	6.5	72 磅	1	2	72 磅	6.5
84 磅	1	3	84 磅	8	84 磅	1	2	84 磅	8

注：1. 表中正文均指小五号字，行距为小五号的 1/4。

2. 表中横标题只列出一栏和二栏，三栏以上的标题用一栏和二栏相加计算。

3. 表中直排所占行数中的数字是指直排标题每个字所占正文的行数。

后记

《新闻编辑学》第四版在2014年第三版的基础上做了补充和修订。前两版分别是我国普通高等教育“十五”国家级规划教材和“十一五”国家级规划教材。由于本人作为首席专家主编的“马克思主义理论研究和建设工程”（简称“马工程”）教材《新闻编辑》被指定为本课程唯一的“十二五”国家级规划教材，本教材不再参与国家级规划教材的评选。但与前三版一样，这部教材依然是作者主持的全国精品课“新闻编辑”的配套教材。

新闻编辑是一门应用性极强的新闻专业课程，经过我国几代学者的努力，这一学科已先后出版了多部教材，形成了较为完善的教学体系。在我个人长达30年的新闻教学和研究工作中，独立或参与编写的新闻编辑学教材就有6部，最早是1995年由四川人民出版社出版的《现代新闻编辑学》，其后是应新华出版社之约编写的通俗教材《漫谈新闻编辑》，再就是20世纪末参与了郑兴东教授主持的《报纸编辑学教程》（中国人民大学出版社出版）和全国自学考试统一教材《报纸编辑》（武汉大学出版社出版）的编写工作，承担其中部分章节的编撰任务。本世纪又主编了“马工程”教材。这本教材的编写借鉴了大量已有的成果，包括我自己的和其他专家学者的教材与专著。在此，我尤其要向我的两位导师——中国人民大学新闻学院郑兴东教授和复旦大学新闻学院叶春华教授表示敬意和感谢，他们是我国老一辈著名的新闻编辑学专家，为这一学科的发展做出了重大贡献。他们在学科领域中获得的成果为今天我们建设精品课程、出版重点教材奠定了坚实的基础。

进入21世纪后，新闻媒介融合发展加速，完整意义上的“新闻编辑学”应该既包括对各类型媒介新闻编辑业务的共同规律与原理的揭示，也包括对不同类型媒体的新闻编辑业务技能的传授。虽然不可能在一本教材中穷尽各种媒介的编辑业务的技术细节，但作为新闻编辑专业教学的基础性教材，我们试图在前几版的基础上，进一步拓展视野，以全媒体新闻编辑业务为教学基本点，在各个章节的内容编写中都突出媒介融合进程中融合新闻编辑的理论、知识和技能。为了让这本教材更好地与时俱进，从第三版开始，我邀请了人大新闻学院两位年轻教师许向东副教授和方洁博士参与教材的编写工作，他们和我一起主讲本院的新闻编辑课程，在专业领域中均有多年积累，各有建树。许老师负责改编了第七章“新闻图片与信息图表”，方老师改编了第九章“版面设计”，其他七章的改编由我本人负责完成。相比前面的版本，第四版教材更紧密地与当前媒体变革与新闻编辑业务改革实践相结合，更换了一批案例，更加注重对传统媒介编辑业务与网络新媒体编辑业务的兼顾、比较和整合。在理论和案例两方面都更加切合当下的新闻业发展需要。

考虑到新闻教学改革的需要，也为了与“全国精品课”的教学规划和教学方式相配合，本教材继续采用理论阐述与案例分析并重的方式，每一章几乎都穿插了若干独立的案例及相关分析，并在每节之前对知识要点加以提示，在每章之后配有思考练习题。其中，还特别设计了贯穿全部教学内容的一套综合练习题，旨在引导学生将新闻编辑业务的全部知识融会贯通，将编辑业务的各个环节整体串联，掌握从设计新闻产品、策划报道、选稿改稿到版面设计的全过程操作。

我们对新闻编辑课程的教学改革与教材建设近几年来一直得到中国人民大学“985 工程”新闻传播研究哲学社会科学创新基地的支持，第四版教材还作为中国人民大学“十三五”规划教材得到学校的立项支持。同时，这部教材也一直是编者所在的中国人民大学新闻与社会发展研究中心的一项研究成果。限于编者的学术水平，这本教材难免会有一些欠缺与不足，期待新闻教育界的同行与广大读者们批评指正。

蔡　雯

2018 年 9 月于北京世纪城晴雪园

图书在版编目（CIP）数据

新闻编辑学/蔡雯，许向东，方洁著．—4版．—北京：中国人民大学出版社，2019.3
新编21世纪新闻传播学系列教材
ISBN 978-7-300-26788-3

Ⅰ．①新… Ⅱ．①蔡… ②许… ③方… Ⅲ．①新闻编辑-高等学校-教材 Ⅳ．①G213

中国版本图书馆CIP数据核字（2019）第040421号

普通高等教育“十一五”国家级规划教材
国家级精品课“新闻编辑”配套教材
中国人民大学“十三五”规划教材
新编21世纪新闻传播学系列教材
新闻编辑学
第四版
蔡雯　许向东　方洁　著
Xinwen Bianjixue

出版发行	中国人民大学出版社		
社　　址	北京中关村大街31号	**邮政编码**	100080
电　　话	010－62511242（总编室）		010－62511770（质管部）
	010－82501766（邮购部）		010－62514148（门市部）
	010－62515195（发行公司）		010－62515275（盗版举报）
网　　址	http://www.crup.com.cn		
经　　销	新华书店		
印　　刷	北京昌联印刷有限公司	**版　　次**	2006年6月第1版
开　　本	787 mm×1092 mm　1/16		2019年3月第4版
印　　张	25.5	**印　　次**	2024年6月第7次印刷
字　　数	597 000	**定　　价**	58.00元

关联课程教材推荐

书号	书名	第一作者	定价(元)	出书时间
978-7-300-03905-7	报纸编辑学教程	郑兴东	30.00	2001-12
978-7-300-17508-9	新闻编辑	方毅华	35.00	2013-08
978-7-300-17804-2	报刊编辑	王灿发	45.00	2013-07
978-7-300-17786-1	新媒体编辑	詹新惠	35.00	2013-08
978-7-300-10329-7	新闻编辑案例教程	蔡 雯	34.00	2009-04
978-7-300-26519-3	数据新闻概论（第二版）	方 洁	49.80	2019-02
978-7-300-21565-5	信息图表编辑	许向东	35.00	2015-07
978-7-300-10731-8	编辑的艺术（第八版 翻译版）	［美］布雷恩·S·布鲁克斯	44.00	2009-09
978-7-300-11904-5	全能记者必备	［美］凯利·莱特尔	64.00	2010-04
978-7-300-21033-9	超越门户	吴晨光	39.80	2015-05
978-7-300-25971-0	自媒体之道	吴晨光	49.80	2018-07

配套教学资源支持

尊敬的老师：

衷心感谢您选择使用人大版教材！

相关的配套教学资源，请到人大社网站（www. crup. com. cn）下载，或是随时与我们联系，我们将向您免费提供。

欢迎您随时反馈教材使用过程中的疑问、修订建议并提供您个人制作的课件。您的课件一经采用，我们将署名并付费。让我们与教材共成长！

联系人信息：

地址：北京海淀区中关村大街 31 号 206 室　　龚洪训 收　　邮编：100080

电子邮件：gonghx@crup. com. cn　　电话：010-62515637　　QQ：6130616

如有相关教材的选题计划，也欢迎您与我们联系，我们将竭诚为您服务！

选题联系人：　　电子邮件：　　电话：

翟江虹　　zhaijh@crup. com. cn　　010-62515636

俯仰天地　心系人文

人大出版社网站　www. crup. com. cn

全国新闻教师 QQ 群：

259226416

欢迎您登录人大社网站浏览，了解图书信息，共享教学资源

期待您加入专业教师 QQ 群，开展学术讨论，交流教学心得